JN440824

유라시아와
동아시아

HK 러시아・유라시아 연구시리즈 24/48

유라시아와 동아시아

통합・협력・갈등

초판1쇄 발행 2024년 10월 31일

엮은이 한양대학교 아태지역연구센터 러시아・유라시아 연구사업단, 김영진
지은이 김영진 외
펴낸이 홍종화

주간 조승연
편집・디자인 오경희・조정화・오성현・신나래
박선주・정성희
관리 박정대

펴낸곳 민속원
창업 홍기원
출판등록 제1990-000045호
주소 서울 마포구 토정로 25길 41(대흥동 337-25)
전화 02) 804-3320, 805-3320, 806-3320(代)
팩스 02) 802-3346
이메일 minsokwon@naver.com
홈페이지 www.minsokwon.com

ISBN 978-89-285-2039-8 94910
SET 978-89-5638-985-1

ⓒ 김영진 외, 2024
ⓒ 민속원, 2024, Printed in Seoul, Korea

이 책은 저작권법에 따라 보호를 받는 저작물이므로 무단전재와 복제를 금지하며,
이 책의 전부 또는 일부를 이용하려면 반드시 저작권자와 출판사의 서면동의를 받아야 합니다.

책 값은 뒤표지에 있습니다.
잘못된 책은 바꾸어 드립니다.

이 책은 2018년도 한국연구재단의 지원을 받아 수행된 연구임 (과제번호 : 2018S1A6A3A02024971).

HK러시아·
유 라 시 아
연구시리즈
24/48

Eurasia and East Asia : Integration, cooperation, and conflict

유라시아와 동아시아
: 통합 · 협력 · 갈등

한양대학교 아태지역연구센터
러시아 · 유라시아 연구사업단
김영진 엮음

민 속 원

서문

차르 시대부터 러시아의 국가 상징인 쌍두 독수리는 대칭적인 모습을 하고 있지만 항상 서쪽을 향해 기울어져 있었다. 러시아는 처음에는 유럽의 강대국으로 인정받기를 열망했고, 그 다음에는 유라시아 대륙의 큰 부분을 지배하려고 했다. 반면, 러시아에 있어 아시아는 대부분 자신의 뒷마당으로 여겨졌는데, 러시아는 이곳에서 상대적으로 약한 이웃국가와 식민지 건설에 놓인 광대한 영토를 마주했다. 러시아의 아시아 정책을 뒷받침하는 지정학적·전략적 기반은 대개 경제적 요인에 의해 좌우되었다. 이는 차르 시대와 소비에트 시대, 특히 냉전이 끝나고 러시아가 새로 독립한 후에도 마찬가지였다.

러시아의 아시아 중시 정책은 냉전 종식 이후 존재론적 우선순위였던 유럽·대서양 체제로의 통합에서 벗어나 아시아로의 포괄적 방향을 재설정하고 '비서방'과의 연계에 우선순위를 부여하는 탈소비에트 러시아의 복합적인 전략이다. 이런 의미에서 러시아에게 '아시아'는 명확한 지리적 경계와는 상관없이 러시아의 대안적 비전이다. 여기서 아시아는 한국, 중국, 일본 등 동북아시아 국가들뿐만 아니라 보다 넓은 의미에서 이해되어야 한다. 따라서 러시아의 아시아 회귀전략은 2014년 우크라이나 사태 이후 서방 제재에 대한 임기응변적인 반응을 넘어서는 러시아의 새로운 그랜드 전략의 중요한 구성요소로 이해할 필요가 있다. 실제적인 운용의 면에서 볼 때, 오늘날 러시아의 '아시아 회귀전략'은 국내적으로는 극동·시베리아 개발, 대외적으로는 동아시아 국가들과의 협력 강화라는 두 가지 상호 연관된 측면으로 이루어져 있다.

이 책의 발간 목적은 아시아 회귀라는 러시아의 발전전략을 배경으로 하여 동북아시아와 동남아시아를 포함한 동아시아 국가들과 유라시아 지역 간에 공유하는 주요 이슈와 관련 국가들 간의 관계를 분석하는 것이다. 이를 통해 양 지역 및 국가 간의 통합과 연결의 시도와 갈등의 관계를 조망하고자 한다. 2014년 초 러시아의 크림반도 병합과 2022년 2월 24일 발발한 우크라이나 전쟁은 러시아를 둘러싼 국제 정치·경제 환경을 크게 변화시키고 러시아와 서방국가들 간의 관계를 급격히 악화시켰다. 러시아는 이러한 대외적 환경의 악화에 대처하기 위해 발전전략의 전환을 강요받았다. 이와 관련하여 주목받고 있는 정책이 적대적인 서방으로부터 아시아로의 전환, 이른바 '아시아로의 회귀Pivot to Asia' 혹은 '동방으로의 전환Turn to the East' 등으로 불리는 아시아 회귀전략이다.

이 책은 세 부분으로 구성되는데, 제1부에서는 '러시아의 발전전략과 동아시아'를 주제로 하여 '러시아의 아시아 회귀전략과 동아시아'(1장), '러시아의 극동개발전략과 동아시아'(2장) 등의 이슈를 분석함으로써 제2부와 제3부의 논의를 집약적으로 이해할 수 있도록 한다. 제2부에서는 '유라시아와 동북아시아'를 연구 범위로 하여 '우크라이나 전쟁이 러시아·중국의 에너지 협력에 미친 영향'(3장), '우크라이나 전쟁 이후 러시아-일본 관계'(4장), '중앙아시아 주요 3개국과 중국 간의 에너지 협력'(5장) 등의 이슈를 심층적으로 분석한다. 제3부에서는 '유라시아와 동남아시아'를 연구 범위로 하여 '러시아의 대 ASEAN 전략'(6장), '러시아와 베트남의 협력관계'(7장), '푸틴 3기 이후 러시아와 인도네시아의 협력관계 분석'(8장) 등의 이슈를 중점적으로 분석한다.

김영진은 제1장 「러시아의 아시아 회귀전략과 동아시아 : 극동지역개발, 경제협력, 안보협력」에서 다음 세 가지 주요 질문에 대한 답을 구하고자 한다.

첫째, 러시아의 '아시아 회귀전략'이 추구하는 목표와 과제는 무엇인가? 둘째, 이 전략은 지금까지 어떤 성과를 낳았으며 어떠한 문제점을 갖고 있는가? 셋째, 우크라이나 전쟁은 아시아 회귀전략 및 동아시아 국가들과의 관계에 어떠한 영향을 미쳤는가? 김영진에 따르면, 2012년에 공개적으로 선언된 러시아의 '아시아 회귀전략'은 현시점에서 볼 때 러시아와 아시아 파트너들 간의 관계에 목표로 한 근본적인 변화를 꾀하는 데 성공하지 못했으며, 동아시아에서 러시아의 입지를 크게 강화하는 데도 기대한 성과를 달성하지 못했다. 또한 러시아 극동지역 현대화를 위해 아시아·태평양 지역의 경제적 역동성을 활용할 수 있는 효과적인 메커니즘을 구축하는 데도 소기의 성과를 달성하지 못했다. 그러나 러시아는 이 지역의 다자구도에서 더욱 적극적이고 가시적인 존재가 되었으며, 여러 주요 지역 행위자들과 양자관계를 꾸준히 발전시켜 왔다. 이러한 활동의 결과 중 하나는 러시아 외교정책의 다변화이며, 이는 점차 '서방 중심성'을 완화하는 흐름을 조성했다. 그러나 이러한 다변화는 정치 및 외교적 차원에 국한되어 있으며 경제 영역으로 확대되지는 못했다.

염동호·김현태는 제2장 「러시아의 극동개발전략과 동아시아 : 한·중·일의 대러 협력 특징과 방향성을 중심으로」에서 러시아의 극동전략에 영향을 미치는 대내외 요인과 극동지역의 산업구조 및 한·중·일 3국과의 협력 특징과 한계를 분석함으로써, 향후 대극동협력 구도의 방향성을 고찰하고 한국의 극동협력에 대한 시사점을 도출하고자 했다. 염동호·김현태에 따르면, 러시아의 극동전략은 초기에는 국내적 요인에 의해 영향을 많이 받았으나, 푸틴 3기 이후에는 대외적 요인에 더 크게 영향을 받고 있다. 최근 대러 제재 속에서 한국·일본과의 극동협력이 부진해지자, 러시아는 중국과의 협력을 강화하는 동시에 협력대상국을 아태지역 주요국으로 확대하려는 전략적 전환을 추구하고 있다. 또한 미중 분쟁의 격화 속에 세계적으로 소지역주의가 대두되고 우호국 중심의 신뢰가치사슬TVC이 나타나고 있는데, 극동지역에서도 러시아-중국 간의 협력이 심화되는 TVC가 전개될 가능성이 높아졌다.

다만 러시아는 중국의 지나친 영향력 확대를 경계하기 때문에 한국・일본과의 극동협력 수요는 여전히 높으며, 이에 한국은 가치와 이념에 기반을 둔 가치사슬만이 아니라 각국의 이해관계 등에 따른 다양한 가치사슬 형성을 고려하면서 극동지역과의 협력에 대응해 나갈 필요가 있다.

정선미는 제3장 「우크라이나 전쟁이 러시아・중국의 에너지 협력에 미친 영향」에서 우크라이나 전쟁이 러・중 간 에너지 협력에 미친 영향을 천연가스와 석유 부문을 구분하여 분석하고, 양국 간 에너지 협력에 노정된 한계점을 살펴보고 있다. 정선미에 따르면, 유럽은 전통적인 러시아의 에너지 교역파트너였으나 우크라이나 전쟁으로 러시아의 에너지 교역구조가 변화하고 있다. 이 전쟁으로 유럽이 러시아에 각종 경제제재를 부여하고 러시아산 에너지 수입 금지를 발표하자, 이에 러시아가 일부 유럽에 대한 천연가스 공급중단 등으로 맞대응하면서 러시아와 유럽 간 에너지 교역 규모는 역대 최저치를 기록하고 있다. 반면, 중국은 우크라이나 전쟁으로 촉발된 서방과 러시아의 에너지 갈등을 기회로 삼아 러시아산 에너지를 저렴하게 구매하면서 러시아와 중국 간 에너지 교역이 크게 증가했다. 러・중 간 에너지 협력에 관한 논의는 천연가스를 중심으로 활발하게 진행되고 있으나, 천연가스는 기체상태로 존재하여 수송을 위한 시설과 설비가 필요하다는 점에서 양국 간 실질적인 에너지 협력은 석유를 중심으로 심화되고 있다.

장하영은 제4장 「우크라이나 전쟁 이후 러시아・일본의 관계 : 외교적 갈등과 경제협력」에서 우크라이나 전쟁 이후 러시아・일본의 관계가 어떻게 변화했는지, 그리고 외교적 갈등과 에너지를 중심으로 한 경제협력의 양상을 종합적으로 평가하고 있다. 장하영에 따르면, 러시아・일본 간에 외교적 갈등이 분명히 존재하지만, 실용주의적 접근에 의한 양국 관계의 개선 의지는 여전히 남아있는 것으로 평가된다. 러시아와 일본의 관계는 오랫동안 쿠릴열도를 둘러싼 영토분쟁이 주요 현안이었고, 이를 경제협력과 연계하여 양국 간 외교적인 문제를 해결하는 방안이 고려되었다. 2022년 우크라이나 전쟁 이전의 러시아·일본 관계는 정상 간 수준에서 합의한 경제협력 프로젝트를 바탕으로 크게 개선될 가능성이 높았다. 그러나 우크라이나 전쟁이 발발하자, 일본은 G7과 연대하여 러시아에 대해 전쟁 반대의 목소리를 높이며 우크라이나를 지지하는 외교 노선을 견지했고, 러시아 또한 강경한 대응을 전개하여 양국 외교는 갈등을 빚게 되었다. 우크라이나 전쟁으로 양국 관계는 갈등의 양상이 눈에 띄게 나타났으나, 일본은 에너지 안보와 경제적 이익을 고려하여 러시아와 에너지 협력 사업은 포기하지 않았다.

조영관은 제5장 「중앙아시아 주요 3개국과 중국 간의 에너지 협력 : 기존의 성과와 향후 변동 전망」에서 중앙아시아와 중국 간의 에너지 협력에서 어떤 성과를 거두었으며, 안정적인 것으로 평가되는 두 지역 간의 에너지 협력에 어떤 취약성이 있는지를 살펴보고 있다. 또한 우크라이나 전쟁이 중앙아시아와 중국의 에너지 관계에 어떤 영향을 주었는가를 평가하고 있다. 조영관에 따르면, 우크라이나 전쟁은 중앙아시아의 대외 에너지 협력관계에 적지 않은 영향을 주고 있는데, 중앙아시아 최대 에너지 수출국인 카자흐스탄은 기존의 대러시아 에너지 협력을 유지하면서도 EU와 에너지 협력을 확대하는 방법을 모색하고 있다고 한다. 우크라이나 전쟁의 와중에서도 중앙아시아와 중국의 에너지 협력은 안정적으로 지속될 것으로 전망되며, 중국의 경제성장 지속 여부가 변수이기는 하나 중국의 중앙아시아에 대한 투자가 이어질 가능성이 높으며, 기존에 계획된 중앙아시아·중국 간 에너지 수송망이 완공될 경우 에너지 교역량도 증대될 것으로 보인다. 이와 함께 중앙아시아 국가들의 중국에 대한 경제적 의존도가 심화될 것이라는 점과 중국의 중앙아시아에 대한 영향력이 경제적 측면을 넘어서 정치적인 측면으로 확대되고 있다는 점도 중앙아시아와 중국 간 관계의 딜레마라고 할 수 있다.

윤영민은 제6장 「러시아의 대 ASEAN 전략 : 양자관계의 발전과 러시아의 대외정책에서 ASEAN의 위치」에서 그간 국내에서 제대로 다루어지지 않았던 러시아와 ASEAN 관계의 발전을 추적하고 러시아의 대외정책에서 ASEAN이 갖는 가치를 분석, 평가하고 있다. 윤영민에 따르면, 러시아의 대외정책에서 ASEAN은 분명 최우선 순위에 있는 정책 대상은 아니지만, 러시아가 추구하는 지역구상과 우크라이나 전쟁 이후의 대외정책에서 ASEAN의 중요성은 더욱 강조되고 있다고 한다. ASEAN은 러시아가 중국과 인도와의 연대와 균형을 추구하는 과정에서 중요한 파트너로서의 가치를 갖고 있으며, 러시아의 신동방정책과 확대유라시아 파트너십에서도 나름의 역할을 하고 있다. 그러나 러시아와 ASEAN 간 협력 발전을 가로막는 물리적, 제도적, 인적 연결성 문제가 존재하며 이러한 장애요인을 극복하고 교류를 증진하기 위해서는 양자 간에 더욱 적극적인 노력이 필요하다고 한다.

박지원은 제7장 「러시아와 베트남의 협력관계 : 상호 전략적 인식과 발전 양상의 분석」에서 군사·안보, 통상, 에너지 등 세 가지 측면에서 양국이 어떤 협력의 모습을 보이고 있는지 살펴보고, 우크라이나 전쟁 이후 글로벌 환경의 변화가 초래할 수 있는 양국 관계의 변화 가능성에 대해 검토하고 있다. 박지원에 따르면, 러시아에 있어 베트남은 동남아시아 시장 진출을 위한 교두보이자 지역 안보에 영향력을 발휘하기 위한 발판이며, 베트남은 러시아를 통해 남중국해 분쟁의 조정자 역할과 경제 부문, 특히 에너지 부문에서 협력을 기대하고 있다. 현재 양국 관계에서 핵심 분야이자 협력의 근간을 형성하는 분야는 군사·안보 분야로, 러시아의 군사기술과 무기를 베트남에 이전 또는 판매하는 형태로 지속되고 있다. 두 번째는 통상 분야로서, 러시아 주도의 EAEU와 베트남 간에 FTA 체결을 통해 양국 간에는 교역 및 투자가 활발히 전개되고 있다. 세 번째 분야는 에너지 협력으로, 베트남의 주요 에너지 개발에 러시아가 적극적으로 참여하는 방식으로 나타나고 있다. 최근의 우크라이나 전쟁으로 양국 관계는 군사관계 및 대외관계 측면에서 다양한 우려를 낳고 있으나 당분간 굳건한 관계를 흔들만한 요인은 없다고 평가하고 있다.

이주연은 제8장 「푸틴 3기 이후 러시아와 인도네시아의 협력관계 분석」에서 푸틴 3기 이후 러시아와 인도네시아의 관계, 특히 우크라이나 전쟁 이후 양국 관계의 변화와 양국 외교 관계의 특징과 한계를 검토한 후 향후 양국 관계를 전망하고 있다. 이주연에 따르면, 러시아에게는 국제사회 고립 회피와 국제사회 블록화를 추구하기 위해 인도네시아와의 협력이 중요하며, 인도네시아는 러시아와의 협력을 통해 자국의 외교적 역량을 강화할 기회를 얻고자 하며 우크라이나 전쟁으로 입은 피해는 별로 없었던 반면 어느 정도 목적을 달성했다고 한다. 특히 러시아와 인도네시아는 서방과의 협력에 대해 부정적인 시각을 견지하면서 과도한 중국화를 억제해야 하는 과제를 공유하고 있다는 점에서 양국은 공통의 과제를 해결하는 데 서로 도움이 되는 위치에 있다. 우크라이나 전쟁은 양국의 관계에 큰 영향을 미치는 변수가 아니지만, 향후 우크라이나 전쟁의 장기화 여부, 러시아의 승패 여하, 휴전의 방식과 조건 등 다양한 요인이 양국 관계에 영향을 미칠 수 있다고 한다.

이 책은 한양대 아태지역연구센터가 HK+ 연구사업의 일환으로 추진하고 있는 도서발간 작업에 따른 성과물이다. 본 연구사업단은 연구사업을 진행한 지난 10년간 3단계에 걸쳐 유라시아 관련 연구성과를 30권의 단행본으로 발간한 바 있으며, 이 책은 새로 진행하고 있는 HK+ 연구사업의 6년차 연구작업의 성과로서, 유라시아와 동아시아 간의 통합과 협력 및 갈등에 초점을 맞추어 관련 주제의 연구를 모은 것이다. 약 1년의 기간 동안 집필진이 노력한 결과 훌륭한 단행본이 나오게 된 것을 진심으로 기쁘게 생각하며, 바쁜 시간을 할애하여 참여해 준 모든 필자들께 감사드린다. 또한 이 책의 편집을 담당한 신나래 선생님과 〈민속원〉 관계자들께도 감사드린다.

2024년 8월 15일

필진을 대표하여

김영진

차례

第2부 유라시아와 동북아시아 : 통합과 연결

제3부 유라시아와 동남아시아 : 협력과 갈등

제1부

러시아의 발전전략과 동아시아

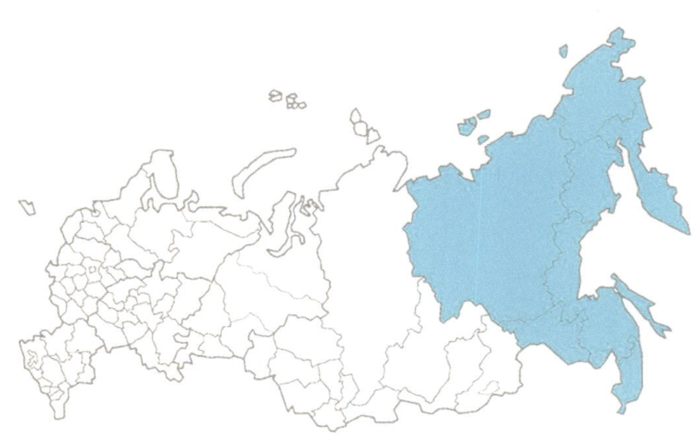

러시아의 아시아 회귀전략과 동아시아*
-극동지역개발, 경제협력, 안보협력-

김영진

1. 서론

러시아의 '아시아 회귀Поворот к Азии' 혹은 '동방 회귀Поворот на Восток'는 지난 10여 년 동안 추진되었다. 2014년 이전에는 주로 아시아의 급속한 경제성장을 활용하는 데 관심이 있었으나, 2014년 우크라이나에서 전개된 일련의 사건으로 인해 '아시아 회귀'는 보다 분명한 지정학적 근거를 갖게 되었다. 러시아의 크림반도 병합과 우크라이나 남동부 지역에서 적대 행위가 발생하면서 유로-대서양 공동체와의 관계가 악화되자, 러시아는 대외관계를 다변화해야 할 필요성이 절실해졌다. 이에 따라 러시아는 외교정책의 방향을 급격히 서방에서 아시아·태평양으로 돌렸다.[1] 러시아 지도부는 자국의 지정학

* 이 글은 김영진, 「러시아의 아시아 회귀전략과 동아시아 : 극동지역 개발, 경제협력, 안보협력」, 『슬라브학보』 제39권 1호, 한국슬라브유라시아학회, 2024, 127~162쪽에 게재된 논문을 부분 수정한 것임을 밝힙니다.

1 '아시아·태평양'과 '인도·태평양'이라는 용어는 본질적으로 동일한 지리적 범위를 지칭한다. 그러나 이 두 용어는 정치적 의미에서 두 지역의 발전 방향에 대한 대조적인 비전을 반영한다. 미국이 주도하는 인도·태평양 개념은 쿼드(Quad)의 안보적 아키텍처에 기반하고 있는데, 이에 대해 러시아(및 중국)는 이 지역에서 중국과 러시아의 영향력을 견제하려는 시도로 간주하고 있다. 그 결과 러시아는 이 지역 개념에 적대적이며 대신 이 지역을 정치적으로 더 중립적인 아세안(ASEAN)의 제도적 아키텍

적 위상을 개선하고 시베리아와 북극 등 자원이 풍부한 러시아 극동지역과 주변 지역의 개발을 촉진하기 위해 '아시아 회귀'의 중요성을 강조했다.

표면적으로 볼 때, 이 과정은 지난 10여 년 동안 추진력을 얻었다. 오늘날 러시아는 자국의 최대 교역국이자 가장 중요한 전략적 파트너인 중국과 더욱 긴밀한 경제관계를 발전시키고 있다. 러시아는 또한 아시아·태평양 지역의 여러 국가들과의 관계를 다변화하기 위해 상당한 노력을 기울여 왔다.[2] 이는 향후 러시아가 중국과의 무역에 과도하게 의존하게 되는 것을 막는 데 도움이 될 수 있을 것으로 기대되었고, 이와 관련해서는 어느 정도 성공을 거두었다. 인도는 베트남과 방글라데시 등과 마찬가지로 러시아의 중요하고 오랜 파트너로 자리 잡게 되었다. 또한 러시아는 인도네시아, 미얀마, 싱가포르와 같은 국가들과 새로운 시장을 개척하고 관계를 구축하는 데 어느 정도 성공을 거두었다. 그러나 러시아가 아시아·태평양 국가들과 긴밀한 경제관계를 구축하기 위해 기울인 모든 노력에도 불구하고 아시아 회귀는 중국으로의 중심축 이동에 의해 지배되고 있다. 중국의 영향력을 억제하고 러시아를 소외시키려는 의도로 미국과 그 동맹국들이 추진하는 인도·태평양 지역 구상의 출현은 중국을 넘어 아시아·태평양 국가들과 더욱 긴밀한 경제관계를 구축하려는 러시아의 계획을 더욱 복잡하게 만들 위험이 있다.

이 논문에서는 세 가지 주요 질문에 대한 답을 구하고자 한다. 첫째, 러시아의 '아시아 회귀' 전략이 추구하는 목표와 과제는 무엇인가? 둘째, 이 전략은 지금까지 어떤 성과를 낳았으며 어떠한 문제점을 갖고 있는가? 셋째, 우크라이나 전쟁은 아시아 회귀전략 및 동아시아 국가들과의 관계에 어떠한 영향을 미쳤는가?

처에 기반한 아시아·태평양으로 계속 지칭하고 있다.

2 S. Charap et al., *Russian Grand Strategy : Rhetoric and Reality*, Santa Monica, CA : RAND Corporation, 2021.

이 글은 다음과 같이 구성된다. 제2절에서는 러시아의 아시아 회귀전략의 추진배경과 주요 내용을 통해 그 목표와 방향을 검토함으로써, 아시아 회귀전략의 목표가 극동지역개발, 아시아 국가들과의 경제협력, 그리고 아시아·태평양 지역에서 러시아의 지위 및 위상을 강화하는 데 있다고 주장한다. 이어서 제3절에서는 아시아 회귀전략의 성과와 문제점을 평가하는데, 제2절에서 제시한 극동지역개발, 경제협력, 안보협력이라는 세 가지 기준을 통해 평가할 것이다. 극동지역개발에 대한 성과는 미흡한 수준에 그쳤고, 중국의 대러시아 무역 비중은 급격히 증가했지만 여타 동아시아 국가들의 비중은 별로 증가하지 않았다는 점에 주목할 필요가 있다. 또한 러시아연방과 아시아·태평양 지역 경제를 더욱 긴밀하게 연결하려는 러시아의 목표를 촉진하기 위한 투자 활동의 대부분은 천연자원 분야의 '메가 프로젝트'에 참여하는 러시아 국영기업에 의해 수행되고 있다는 점을 강조할 필요가 있다. 극동지역에서 추진된 중요한 신규 투자는 중국이 주도하였으며, 주목할 만한 프로젝트 중 아시아·태평양 지역의 다른 국가가 참여한 프로젝트는 거의 없다. 제4장에서는 우크라이나 전쟁이 러시아의 아시아 회귀전략 및 동아시아 국가들과의 관계에 어떠한 영향을 미쳤는지를 살펴본다. 마지막으로 결론에서는 본문에서의 논의를 간략히 정리하고 그 시사점을 제시할 것이다.

2. 아시아 회귀전략의 배경과 내용

1) 아시아 회귀전략의 배경

푸틴 대통령이 2012년 대선 과정에서 발표한 '동방으로의 회귀'는 러시아가 대외정책의 방향을 아시아로 전환하려는 첫 시도는 아니다. 역사적으로 볼 때, 러시아의 지리적 전략은 유럽과의 관계와 유럽 지향성을 아시아에 대한 새로운 이니셔티브와 균형을 맞추려는 수많은 시도 간의 긴장에 의해 형성되어 왔다.[3] 러시아는 1689년 네르친스크 조약을 통해 시베리아를 통과하는 새로운 무역로를 열면서 중국과 조약을 체결한 최초의 유럽 국가가 되었다. 그 이후의 확장은 순탄한 과정을 거치지 않았다. 차르 제국은 1858~1864년 동안 시베리아, 중앙아시아, 극동지역에서 665,000평방마일 이상의 영토를 중국으로부터 빼앗았다.[4] 1890년대 시베리아횡단철도의 건설은 러시아 극동지역을 개방시켜 정착, 무역, 군사 배치를 가능케 하였으나, 러시아를 동아시아 지정학에 더욱 깊숙이 끌어들였다. 그러나 1905년 러일 전쟁에서 아시아 국가에 의해 첫 패배를 당하면서 러시아 차르가 뒤늦게 시도한 아시아로의 방향 전환은 치욕으로 끝났다.

포스트소비에트 러시아는 동방의 인접국에 대한 정책에 있어 열정과 무관심 사이를 오가면서 이전과 유사한 패턴을 따랐다. 한국, 중국, 일본과의 관계는 1990년대에 눈에 띄게 개선되었지만, 일본과의 관계는 러시아가 지배하는 쿠릴 열도 영유권을 둘러싼 분쟁으로 인해 기대한 돌파구는 마련되지 않았다. 그 대신, 러시아의 동아시아 정책은 점점 더 중국과의 양자 관계에 의해 지배되었다. 러시아와 중국은 1996년 프리마코프 당시 외무장관의 보다 균형적인 외교정책에 대한 약속에 따라 '전략적 동반자 관계strategic partners'를 맺었다. 2001년 러시아는 중국과 선린우호협력조약을 체결했고, 2005년에는 오랜 국경 분쟁을 해결했다. 무역 및 경제통합의 진전은 더뎠는데, 중국은 미국과의 긴밀한 관계에 더 관심이 있었고 러시아는 전략 부문에 대한 중국의 투자에 신중했기 때문이다.

3 러시아의 '아시아성(Asianess)'에 대한 논의는 다음을 참조. M. Hauner, *What is Asia to Us? Russia's Asian Heartland Yesterday and Today*, Boston : Unwin & Hyman, 1990.

4 D. Lewis, "Strategic Culture and Russia's 'Pivot to the East' : Russia, China, and 'Greater Eurasia'", *Marshall Center Security Insight* No.34. July 2019, https://www.marshallcenter.org/en/publications/security-insights/strategic-culture-and-russias-pivot-east-russia-china-and-greater-eurasia-0 (검색일 : 2024.01.10)

러시아가 동방으로의 방향 전환을 실행하는 데 있어 이정표가 된 것은 2012년 9월 블라디보스토크에서 열린 APEC 정상회의였는데, 개최국으로 참여한 러시아는 이 회의에서 지역 의제를 설정할 수 있는 정회원국의 지위를 공고히 했다. 푸틴 대통령은 아시아·태평양 지역에 대한 러시아의 입장을 다음과 같이 설명했다. "러시아는 역사적으로나 지리적으로 양도할 수 없는 아시아·태평양 지역의 일부다. 우리는 아시아·태평양 공간으로의 본격적인 진출을 러시아의 성공적인 미래와 시베리아 및 극동지역의 발전을 보장하는 핵심 요소로 보고 있다."[5] 푸틴은 2013년 12월 연방의회 연설에서 시베리아와 극동지역개발을 "21세기 전체에 걸친 국가적 우선순위"라고 선언했다.[6]

그러나 2014년 크림반도 병합을 둘러싼 서방과의 관계 악화로 인해 러시아 정부는 아시아 회귀전략의 목표와 속도를 대폭 조정해야 했다. 그 이전 시기의 아시아 회귀전략은 아시아가 세계 경제성장의 주요 동력이 될 것이라는 전망에서 아시아와 상호 호혜적인 관계를 모색해야 한다는 필요성에 의해 촉발되었다면, 이제 러시아의 주요 동기 중 하나는 서방 전체(특히 유럽)에 대한 경제적 의존도를 줄이고 러시아의 에너지 공급처를 다변화하려는 시도였다.[7] 이러한 재평가의 이유 중 하나는 러시아의 주요 아시아 파트너(중국, 한국, 인도 및 동남아시아 국가)가 반러시아 제재에 동참하기를 거부했다는 점과 비록 제재에 동참한 일본도 러시아 경제에 거의 피해를 주지 않았기 때문이다.

2014년 이후 러시아가 외교정책 우선순위의 수정과 함께 유라시아경제연합EAEU이라는 자체적인 유라시아 통합 프로젝트를 개시하면서 러시아의 아

5 В. Путин, "Владивосток-2012 : Российская повестка дня форума АТЭС", Статья Путина опубликована в издании *Wall Street Journal Asia*. Президент России, 5 сентября 2012, http://kremlin.ru/events/president/news/16390 (검색일 : 2023.12.20)

6 В. Путин, "Обращение Президента в Федеральное Собрание. Президент России", 12 декабря 2013, http://kremlin.ru/events/president/news/19825 (검색일 : 2023.12.20)

7 А. Е. Савченко и І. Ю. Зуенко, "Движение Пивота России на восток. Сравнительная политика", Т.11. № 1, 2020, p.111.

시아 회귀전략은 또 다른 차원을 획득했다. 2015년까지 러시아, 벨라루스, 아르메니아, 카자흐스탄, 키르기스스탄을 통합한 EAEU는 아시아의 주요 파트너들을 초청하여 상호 호혜적인 협력의 틀을 마련했다. 크림반도 합병 이후 러시아는 시베리아와 극동지역의 새로운 석유・가스 자원 개발을 위해 아시아 국가, 특히 중국으로부터 투자를 유치하기 위해 노력했다. 푸틴 대통령은 여러 차례 공개 연설을 통해 러시아의 외교정책 우선순위에서 아시아 벡터의 역할을 강조했다. 예컨대, 2019년 2월 대통령 연설의 외교정책 부분에서 푸틴은 유럽이나 미국보다 아시아 국가를 먼저 언급했다.[8]

러시아의 동방으로의 중심축 이동은 경제뿐만 아니라 금융 분야에서도 두드러졌다. 2018년 러시아 은행은 미국 자산 비중을 29.9%에서 9.7%로 줄이면서 동시에 중국(2.6%에서 14.1%)과 일본(1.5%에서 7.5%)의 자산 비중을 늘렸다. 러시아 은행의 달러화 표시 준비금 비중은 45.8%에서 22.7%로 감소한 반면, 위안화 표시 준비금은 2.8%에서 14.2%로 급증했다.[9]

시베리아 및 극동 개발과 관련된 아시아 회귀전략의 우선순위도 점진적으로 조정되었다. 원래 동방으로의 회귀는 시베리아 및 극동지역의 개발과 부흥에 도움이 될 주요 인프라 및 에너지 프로젝트에 아시아 지역의 투자자를 유치하려는 의도로 추진되었다. 그러나 이러한 프로젝트는 지역 경제에 미치는 영향이 제한적이었으며, 무엇보다 이 지역 내 대다수 인구의 이익에 별로 영향을 미치지 않았다는 사실이 분명해졌다. 이러한 프로젝트의 문제점은 많은 프로젝트가 처음부터 정치화되었고, 외국 파트너의 관심이 과대 평가되었다는 사실이다. 이는 특히 인프라 개발 프로젝트(예 : 한반도 종단철도 및 한반도 종단 가스관 건설, 사할린과 홋카이도 간 파이프라인 및 철도교량 건설)에서 두드러졌다.

8 В. Путин, "Обращение Президента в Федеральное Собрание", Президент России, 20 февраля 2019, http://kremlin.ru/events/president/news/59863 (검색일 : 2024.12.20)

9 A. Torkunov, "Russia's Pivot to The East : Achievements, Problems, and Prospects", *Social Sciences* Vol.52, No.2, east view press, 2021, p.7.

2) 아시아 회귀전략의 주요 목표와 방향

2012년 APEC 정상회의의 개최와 함께 아시아 회귀전략의 목표가 공식 선언된 것으로 평가할 수 있는데, 아시아로의 중심축 이동의 목표는 ① 러시아 극동지역개발, ② 아시아・태평양 지역과의 경제관계 다변화, ③ 아시아 지역 내 러시아의 존재감 향상으로 제시되었다. 2016년 러시아는 중앙유라시아와 유럽뿐만 아니라 동북아시아, 동남아시아, 남아시아 국가들을 아우르는 확대유라시아Greater Eurasia에 대한 훨씬 더 큰 비전을 발표했다. 다시 말해, 동방으로의 회귀는 이제 더 넓은 틀 안에 포함되었으며, 확대유라시아의 여러 하위 지역에서 성공적인 파트너십을 구축하게 되면 이는 아시아 회귀전략을 수행하는 데도 도움을 얻을 수 있게 된 것이다.[10]

러시아가 공식적으로 아시아로의 중심축 이동에 초점을 맞추기 시작한 지 10여 년이 지났지만, 그 효과에 대한 의문은 여전히 남아 있다. 이러한 회의적인 관점은 세 가지 핵심 요소, 즉 중심축 이동을 통해 달성하고자 한 원래 목표의 미충족, 불명확한 정책 목표, 그리고 현재 진행 중인 아시아・태평양 지역의 재편에서 비롯된다.

러시아가 아시아・태평양 지역에서 달성하고자 하는 경제적 목표는 러시아의 영향력과 전략적 자율성이 강화되는 다극 세계의 구축이라는 더 큰 전략적 목표의 하위 아젠다에 속하는 정책 목표이다[11] 이를 위해 정책입안자들은 러시아의 대외경제관계를 다변화하려는 노력을 가속화했다. 2012년 푸틴

10 김영진, 「러시아의 아시아 중시 정책의 주요 내용과 평가」, 『중소연구』 46(2), 2022, 334~343쪽.

11 이 점은 앞서 두 차례에 걸쳐 발표된 러시아 국가안보전략에서도 언급된 바 있다. 다음을 참조. Совет Безопасности Российской Федерации, “Стратегия национал’ной безопасности Российской Федерации до 2022 года”, 2015, http://www.kremlin.ru/acts/bank/ 40391 (검색일 : 2023.11.15); Совет Безопасности Российской Федерации, “Стратегия национал’ной безопасности Российской Федерации”, 2021, http://scrf.gov.ru/media/files/file/l4wGRPqJvETSkUTYmhepzRochb1j1jqh.pdf (검색일 : 2023.11.15)

대통령은 "러시아 경제의 돛에 중국의 바람을 일부라도 잡을 수 있기를 희망한다"고 밝혔다.[12] 그는 이러한 노력이 상호투자 확대와 양국의 과학 및 생산기업 간의 협력을 강화하는 결과를 가져올 것이라고 주장하였다.

러시아는 또한 아시아 회귀가 러시아의 북극 및 극동지역의 경제발전에 도움이 될 것으로 기대했다. 소비에트 시대부터 러시아의 정책입안자들은 극동지역을 개발하는 것을 중요한 정책 목표로 삼았으나, 사실상 이 지역은 러시아 내에서 정치적・경제적 주변부에 머물러 있었다. 1980년대 이후 중앙집권식 계획이 종언을 고하게 되면서 중앙정부에서 거리가 멀고 열악한 이 지역의 경제를 활성화하는 데 막대한 비용이 소요된다는 사실이 확인되었다. 그 결과 이 지역에 대한 투자가 급감하고 인구가 감소하였다. 아시아 회귀는 이러한 과정을 역전시키기 위한 수단으로 여겨졌다. 이 지역의 자원을 채굴하기 위해 아시아・태평양 지역 내 주요 국가들의 투자를 유치함으로써 이 지역은 동방으로 향하는 관문 역할을 할 수 있는 유리한 위치에 서게 될 것으로 기대되었다.[13]

지난 10여 년 동안 러시아 당국자들은 아시아・태평양 지역과의 경제관계를 발전시키려는 목표하에서 많은 공식적 전략문서를 통해 러시아의 노력을 강조했다. 러시아의 외교정책과 경제발전의 미래 방향을 정의하고자 하는 이 문서들은 러시아의 대외경제관계를 유럽의 전통적인 파트너를 넘어 아시아・태평양 지역에서 빠르게 성장하는 새로운 파트너로 다변화하는 명확한 방향을 제시하고 있다. 러시아 대외경제정책의 방향 전환은 아태지역 국가들과의 경제관계를 강화함으로써 다극화 또는 '다중심' 세계질서로의 광범위한 전환을 뒷받침하려는 것으로 보인다. 방향 전환에 성공한다면 러시아가 지정학

12 В. Путин, "Россия и меняюшийся мир", *Российская газета*, 27 февраля 2012, https://www.mn.ru/politics/78738 (검색일 : 2023.12.20)

13 I. A. Makarov, "Accelerated Development of the Russian Far East", *Russia in Global Affairs* Vol.16, No.3, 2018, pp.110~29.

적 행위자로서 더 큰 자유를 누릴 수 있게 해줄 것으로 기대되었다.

이러한 목표는 국가안보전략(2015, 2021)과 경제안보전략(2017)에 명시되어 있으며, 두 전략 모두 서방의 제재와 같이 정치적 동기에 의한 경제적 압박, 그리고 유럽 등 세계 경제의 특정 지역에서의 경제실적 악화에 대한 러시아의 노출을 줄여야 한다고 언급했다.[14] 이러한 대외적인 취약성을 감소시키는 것은 러시아의 경제 안보와 주권을 강화하는 데 도움이 될 것이라 보았다. 이러한 측면에서 역동적이고 빠르게 성장하는 경제를 가진 아시아·태평양 지역은 가장 중요한 협력파트너이다. 러시아의 에너지, 원자력 발전소NPP, 무기 및 식량 수출 확대계획 등과 관련된 다른 전략문서에서도 아시아·태평양 지역의 중요성을 명시적으로 강조하고 있다.

2020년에 승인된 '2035년 러시아 에너지 전략'은 빠르게 성장하는 주요 아시아 경제를 대상으로 석유와 가스의 생산과 수출을 늘리는 데 초점을 맞추고 있다. 실제로 에너지 '피벗pivot'은 아시아로의 전환에서 가장 중요한 요소이다. 고소득 유럽 경제에서는 탄화수소 수요가 감소할 것으로 예상되었지만, 중국, 인도를 비롯한 아시아·태평양 지역에서는 탄화수소 수요가 급격히 증가할 것으로 예상되므로 러시아는 이러한 수요 증가의 원천을 활용해야 한다고 선언했다. 이 전략은 아시아에 대한 에너지 수출을 늘려 2035년까지 러시아 전체 에너지 수출의 절반 이상을 공급한다는 야심찬 목표를 세웠다.[15] 따라서 에너지 강국으로서의 러시아의 입지는 아시아·태평양 지역과의 긴밀한 관계 구축 능력과 밀접하게 연관되어 있다.

무기 판매는 러시아가 정치적 동맹관계에 있는 국가들과 긴밀한 관계를 형성하고 영향력을 확대하는 데 중요한 역할을 해왔다. 무기 수출의 주요 목적

14 R. Connolly, *Russia's Response to Sanctions*, Cambridge : Cambridge University Press, 2018, chapter 3.

15 Ministry of Energy of the Russian Federation, "Energy Strategy of the Russian Federation for the Period up to 2035", 2020, https://policy.asiapacificenergy.org/node/1240 (검색일 : 2023. 12. 20).

은 "세계 여러 지역에서 러시아연방의 군사적-정치적 입지를 강화하는 것"이라고 명시되어 있다.[16] 이는 다른 지역과 마찬가지로 아시아・태평양 지역에서도 마찬가지였다. 무기 판매는 인도, 방글라데시, 미얀마, 베트남, 말레이시아 등의 국가들과 러시아 간 경제관계의 기반이 되어 왔으며, 러시아는 새로운 시장으로 진출을 모색하기도 했다.

농업 또한 최근 러시아가 아시아・태평양 지역과 긴밀한 관계를 구축하는 데 도움이 될 수 있는 전략적으로 중요한 분야로 부상하고 있다. 2010년 이후 식량 생산이 급격히 증가함에 따라 러시아 지도자들은 특히 곡물에서 러시아의 세계 식량수출 점유율을 늘리겠다고 언급하기 시작했다. 2018년 푸틴 대통령은 2024년까지 연간 450억 달러 상당의 식품을 수출하겠다는 야심찬 목표를 선언했다. 1년 후, 식품 수출은 석유와 가스를 제외한 여타 모든 제품보다 총수출에서 더 큰 비중을 차지하게 되었다. 러시아 식품산업 분야의 한 전문가는 "식량 수출 목표는 러시아의 국제적 영향력과 위상을 높이기 위한 정치적 목표의 하나"라고 말했다.[17] 러시아 고위관리들은 2025년까지 곡물 수출을 아시아・태평양 및 중동 시장에 중점을 두고 4천만~5천만 톤으로 늘리겠다는 목표를 밝혔다.[18]

3. 아시아 회귀전략의 정책적 성과와 한계

러시아의 아시아 회귀는 2014년 3월 러시아가 우크라이나의 크림반도를

16 N. Mehdiyeva, "Development Strategy of State Corporation Rosatom to 2030", NATO, 30 March 2019, https://www.ndc.nato.int/research/research.php?icode=584 (검색일 : 2023.12.20)

17 S. K Wegren, "Can Russia's Food Exports Reach $45 Billion in 2024?", *Post-Communist Economies* Vol.32, No.2, 2020, pp.147~75.

18 R. Connolly, "Russia's Economic Pivot to Asia in a Shifting Regional Environment", *Emerging Insights*, RUSI, September 2021.

병합한 이후 서방과의 관계가 악화되면서 가속화되었다. 앞서 살펴보았듯이, 아시아 회귀전략은 ① 러시아 극동지역의 경제발전 가속화, ② 중국을 비롯한 아시아 국가들과의 경제협력 강화, ③ 아시아・태평양 지역에서 러시아의 영향력 제고 및 긴밀한 외교, 안보협력 관계의 구축이라는 세 가지 새로운 추진방향을 담고 있다. 이하에서는 이 세 가지 방향을 기준으로 지금까지 아시아 회귀전략의 성과와 문제점을 평가한다.

1) 극동지역개발

러시아가 극동지역개발에 집중한 결과 국가 평균에 비해 높은 성장세와 투자 증가라는 성과를 낳았지만, 러시아 극동지역의 시장 규모는 여전히 작은 수준이다. 2019년의 경우 러시아 내 외국인직접투자FDI의 약 20% 또는 약 20억 달러만이 극동지역에 유입되었다. 그 이전에는 서방의 자금원이 극동지역 FDI의 대부분을 차지했지만, 이는 2014년 크림 병합 이후 서방의 제재가 단행된 이후 고갈되었다. 중국의 FDI에 대한 기대 역시 실현되지 않았고, '중국의 동북 3성과 러시아 극동 및 동시베리아 간의 협력 프로그램(2009~2018)'은 정해진 목표를 달성하지 못한 채 2018-24년을 실행기간으로 하는 새로운 프로그램이 수립되었다. 한국, 중국, 일본은 이 지역의 주요 교역상대국이지만, 양자간 무역의 총액은 그리 크지 않다. 일본은 양적으로 볼 때 규모는 제한적이지만 극동지역의 중소기업 부문에서 어느 정도 성공을 거두었다. 한국의 신북방정책은 러시아를 중요한 연결고리로 보았으나 2014년 이후 극동지역에 대한 투자가 감소했고, 인프라 부족과 전반적인 경제 환경과 같은 문제로 인해 무역 기회는 제한되었다. 인도는 최근에야 이 지역으로 관심을 돌렸고 2019년 10억 달러 규모의 신용공여 계획을 발표했지만 아직 실행되지 못하고 있다. 러시아 극동지역은 인도 기업들에게 새로운 지역이며, 이 지역에 대한 그들의 관심 수준은 아직 더 지켜볼 필요가 있다.[19] 즉, 극동지역을 아시아・태평양 경제에 통합시킨다는 러시아의 야망은 아직 실현되지 못하고 있다.

2000년대 후반부터 러시아는 극동지역개발을 촉진하고 아시아 국가들과의 무역 및 투자를 늘리기 위해 여러 가지 조치를 시행했다. 2012년 러시아는 동시베리아·태평양 송유관을 개통했으며, 2019년 12월에는 중국에 천연가스를 공급하기 위한 '시베리아의힘Сила Сибири' 가스관이 가동되었다. 또한 러시아는 아시아·태평양으로 향하는 러시아의 주요 관문인 블라디보스토크의 인프라를 업그레이드하는 데 막대한 자금을 투자했다. 푸틴은 극동 개발을 위한 전담 부서와 극동지역을 담당하는 부총리 직책을 신설했다. 푸틴의 측근 중 한 명인 유리 트루트네프Yury Trutnev가 2013년에 부총리겸 극동연방관구의 대통령전권대표로 임명되었다. 트루트네프의 지휘 아래 러시아 극동지역의 비즈니스 환경을 개선하고 러시아 및 해외 투자자들에게 매력적인 지역으로 만들기 위한 특별법과 새로운 규정이 채택되었다. 이 정책의 핵심은 그린필드 투자자들을 극동지역으로 유인하기 위해 아시아의 모범 사례를 모델로 한 특별경제구역(선도개발구역과 블라디보스토크 자유항)을 조성하는 것이었다.[20]

〈표 1〉 선도개발구역(TOR) 상위 5개 지역 현황 (2023년 12월 기준)

순위	입주 기업 수		총 투자액		일자리 수	
	연방주체	기업 수 (개사)	연방주체	투자 금액 (십억 루블)	연방주체	일자리 수 (개)
1	연해주	130	아무르주	1,806.1	연해주	38,324
2	캄차카주	118	연해주	1,411.6	사하공화국	12,679
3	하바롭스크주	84	추코트카 자치구	606.7	자바이칼주	11,366

19 N. Kapoor, "Russia's Pivot to Asia – A 10-Year Policy Review", *Valdai Discussion Club* 21 March 2022, https://valdaiclub.com/a/highlights/russia-s-pivot-to-asia-a-decadal-policy-review/ (검색일: 2024.01.10)

20 2023년 12월 현재 러시아에는 총 23개의 선도개발구역이 지정되어 있으며 무르만스크주의 '북극의 수도(Capital of the Arctic)' 선도개발구역을 제외한 나머지 22개가 극동 지역에 위치해 있다. 지정 면적은 최소 1,340헥타르부터 최대 1,321만 헥타르까지 다양하며 각 지역의 지리, 산업적 특성을 반영한 전문화 분야를 특정하여 해당 분야 기업을 집중 유치하고 산업 발전을 꾀하고 있다.

4	추코트카 자치구	62	자바이칼주	213.7	캄차카주	11,135
5	사하공화국	53	하바롭스크주	201.6	하바롭스크주	10,859

자료 : 러시아 극동북극개발공사, https://erdc.ru/

〈표 2〉 블라디보스토크 자유항(SPV) 상위 5개 지역 현황 (2023년 12월 기준)

순위	입주기업수		총 투자액		일자리 수	
	연방주체	기업수 (개사)	연방주체	투자금액 (십억 루블)	연방주체	일자리수 (개)
1	연해주	1,880	연해주	1,048.3	연해주	85,909
2	캄차카주	141	하바롭스크주	171.2	하바롭스크주	6,270
3	사할린주	48	사할린주	28.3	사할린주	2,707
4	하바롭스크주	26	캄차카주	18.8	캄차카주	2,306
5	추코트카 자치구	11	추코트카 자치구	13.3	추코트카 자치구	539

자료 : 러시아 극동북극개발공사, https://erdc.ru/

러시아의 적극적인 노력에도 불구하고 극동지역은 지금까지 외국 기업을 끌어들이는 데 성공하지 못했으며, 여전히 정부와 국영기업의 자본 투입에 크게 의존하고 있다. 우크라이나 전쟁이 발발하기 전인 2021년 말까지 극동지역 경제에 대한 전체 투자에서 외국인이 차지하는 비중은 7%에 불과했다. 그 이전 수년 동안 완료되었거나 진행 중인 프로젝트 중 외국인 투자자가 참여한 프로젝트는 거의 없었다. 러시아 극동지역의 외국인직접투자FDI 대부분은 1990년대 후반과 2000년대의 사할린-1 및 사할린-2 해상 석유·가스 프로젝트 덕분에 축적되었다. 그 이후로 극동지역에는 새로운 대규모 외국인직접투자가 거의 들어오지 않았다.

중국 자금이 러시아 극동지역으로 몰리지 않는 이유는 러시아가 앙골라나 라오스와 같이 상대적으로 적은 감독과 규제로 천연자원을 개발할 수 있는 개발도상국이 아니기 때문이다. 러시아 및 극동지역에 대한 중국의 투자를 저해하는 또 다른 요인은 러시아가 항구와 같이 전략적으로 중요한 자산에 대한 통제권을 외국 기업에 양도하는 것을 꺼린다는 사실이다. 러시아는 주요 항구인 피레우스Piraeus 항의 지분 대부분을 중국 코스코COSCO에 매각한 그리스와는 다르다. 그리스와 달리 푸틴의 러시아는 외국 자금을 대가로 중요 자산을 전당포에 넘길 만큼 재정적으로 절박한 적이 없다. 또한 중국은 러시아가 경제적 이익보다 정치적 주권을 중시하는 강대국 정체성을 가지고 있기 때문에 러시아에 대한 대규모 투자로도 러시아 외교정책에 큰 영향력을 행사할 수 없다는 것을 알고 있다. 이는 동남아시아나 중동부유럽과 같이 중국의 자금을 유치하기 위해 중국의 입맛에 맞게 외교정책을 조정하는 다른 국가들과 러시아를 차별화시킨다.[21]

〈표 3〉 러시아 극동지역 FDI의 지리적 구성

(누적액, 단위 : 백만 달러)

	2020년 1월 1일 기준	2021년 1월 1일 기준
총액	**73,995**	**79,944**
바하마	25,862	21,906
버뮤다	36,939	47,369
키프로스	4,530	3,365
기밀 데이터 포함한 비공개 지역	4,642	5,674
기타 국가(동북아 3개국을 포함)	3,677	1,630
- 중국	566	572
- 한국	212	184
- 일본	187	175

자료 : Denis V. Suslov, "The Russian Far East Foreign Trade and FDI with Northeast Asia under COVID-19 Pandemic", http://www.akes.or.kr/conf/papers/2021/5A1F.pdf (검색일 : 2024.03.15)

다른 아시아 투자자들도 관망하는 자세를 보이고 있다. 외국 기업들은 러시아 극동지역 진출에 따른 위험은 높은 반면, 그 위험을 상쇄할 만큼 수익률은 매력적이지 않다고 보는 경향이 있다. 해외 기업들에게 러시아 극동지역

21 A. Lukin, "In Russia's Pivot to Asia, Economic Attraction Lags Hard Power", *RANE World View* 12 Sep. 2019.

은 주로 광물, 탄화수소, 목재, 어류와 같은 천연자원 공급처로서 관심을 받아왔다. 그러나 야쿠티아의 다이아몬드를 제외한 대부분의 자원은 현지에 고유한 것이 아니기 때문에 다른 곳에서도 어렵지 않게 구할 수 있다. 러시아 극동지역은 겨울의 혹독한 추위, 험난한 지형, 교통 및 에너지 인프라 부족으로 인해 아프리카, 남미 또는 동남아시아의 경쟁국에 비해 천연자원을 추출하고 운송하는 데 더 많은 비용이 소요된다.

그동안 러시아 극동지역으로의 투자 유치가 어렵다는 점은 누차 지적되어 왔다. 가장 큰 장벽은 극동지역 시장의 협소함이며, 산업의 다양성 결여와 기업 간 네트워크의 미성숙, 안보상의 이유로 인한 규제(극동지역은 전략적으로 중요한 광상을 보유하고 있을 뿐만 아니라 군수산업의 한 축을 담당하고 있다)도 외국자본의 진입을 가로막고 있다. 요컨대, 지금까지의 극동지역은 투자자들에게 그다지 매력적이지 않았다는 것이다.[22]

2) 경제협력 다변화

(1) 러시아와 동아시아 지역 간의 무역

러시아의 아시아 회귀전략의 성과를 평가하기 위해서는 아시아 지역 국가들과의 교역 및 투자의 증가, 특히 북극 및 극동지역의 투자유치 성과를 검토할 필요가 있다.

러시아의 주요 비교우위 분야에서 관찰되는 추세는 아시아·태평양 지역과의 일반적인 무역 패턴에 반영되어 있다. 2014년 이후 러시아의 수출(주로 석유가 주도)과 수입에서 중국이 차지하는 비중이 급격히 증가했다. 중국은 이제 러시아의 최대 무역상대국이며, 이 지위는 당분간 변하지 않을 것으로 보

22 M. Shagina, "Russia's Pivot to Asia : Between Rhetoric and Substance", *Orbis*, Summer 2020, pp. 447~460.

인다. 반면, 중국을 제외하면 러시아 수출에서 동아시아 및 태평양 지역이 차지하는 비중은 2014년 이후 감소하고 있다. 게다가 2021년에는 러시아의 수입에서 이 지역이 차지하는 비중이 2008년보다 더 낮아졌다. 이에 따라 아시아로의 회귀가 광범위하게 이루어질 수 있을 것이라는 러시아의 기대는 충족되지 않았다. 그 대신 무역의 중심축은 중국으로의 이동이 지배적이었다(<그림 1> 및 <그림 2> 참조).

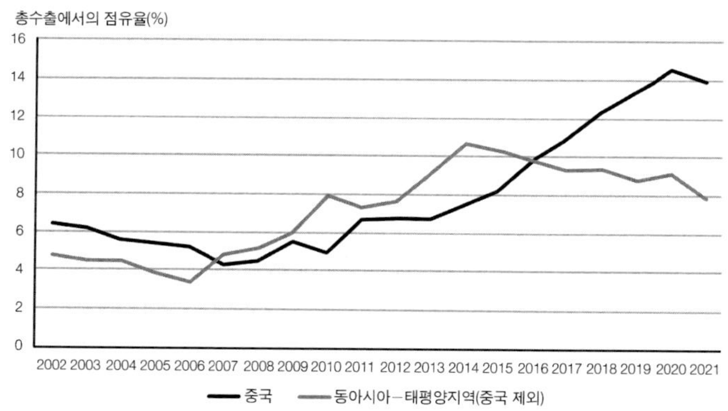

<그림 1> 러시아 총수출에서 중국 및 아태지역의 점유율 (2002~2021년)
자료 : WITS, https://wits.worldbank.org/

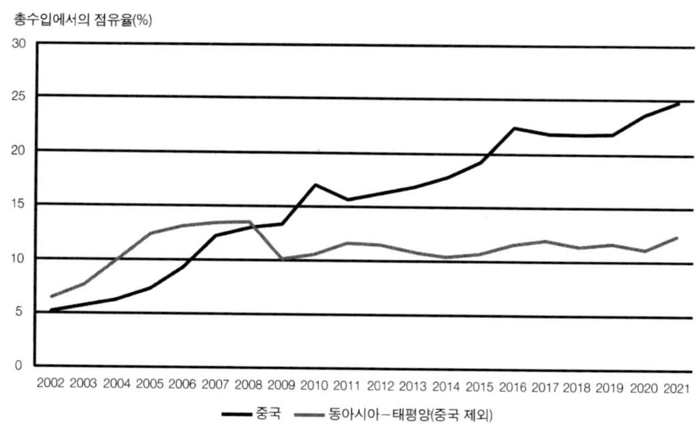

<그림 2> 러시아 총수입에서 중국 및 아태지역의 점유율 (2002~2021년)
자료 : WITS, https://wits.worldbank.org/

에너지 수출은 아시아 회귀전략의 가장 성공적인 요소였다. 2019년 러시아의 동아시아 및 태평양 지역 수출액은 약 950억 달러에 달했다. 이 중 원유 및 정제유 판매는 550억 달러를 차지했다. 그러나 그중 대부분은 2010년 ESPO 송유관 완공에 힘입어 중국(370억 달러)으로 판매되었다. 한국(97억 달러), 일본(37억 달러)과 같은 아시아・태평양 지역의 다른 주요 경제국들은 훨씬 적은 양의 석유를 수입했으며, 러시아와의 근접성을 활용하여 러시아 에너지 부문에 더 긴밀히 관여하지 못하는 상황이 지속되고 있다. 동남아시아 지역에서는 싱가포르만이 러시아로부터 10억 달러 이상의 석유를 수입했다.[23]

〈표 4〉 러시아의 아시아 내 주요 무역상대국 (단위 : 백만 달러)

	2020년			2021년			2022년		
	수출	수입	**무역액**	수출	수입	**무역액**	수출	수입	**무역액**
중국	49,583	54,908	**104,491**	68,423	72,686	**141,108**	62,488	60,887	**123,375**
한국	12,524	7,159	**19,683**	16,900	12,983	**29,882**	21,224	7,908	**29,132**
일본	9,294	7,114	**16,408**	10,760	9,126	**19,885**	12,045	6,175	**18,220**
인도	5,958	3,458	**9,416**	9,129	4,427	**13,556**	11,225	3,127	**14,352**
ASEAN	7,003	10,112	**15,689**	7,375	12,607	**19,982**	11,104	8,750	**19,854**

자료 : IMF, *Direction of Trade Statistics*, https://data.imf.org/DOT

향후 이 지역으로의 석유 수출은 더욱 증가할 것으로 보인다. 북극 북부에 위치한 로스네프트의 거대한 보스토크 프로젝트는 2030년까지 매년 5천만 톤에서 1억 톤의 석유를 선적하여 북극해 항로를 따라 아시아로 운송할 것으로 예상된다.[24] 그러나 이 여분의 석유가 더 광범위한 시장에 도달할지 아니면 단순히 러시아의 중국 수요에 대한 의존도를 강화할지는 알 수 없다.

23 R. Connolly, Op. cit., 2021, p.5.

24 President of Russia, "Meeting with Rosneft CEO Igor Sechin", 11 February 2020, http://en.kremlin.ru/catalog/persons/61/events/62763 (검색일 : 2024.01.10)

가스와 석탄의 판매는 더 다양한 수요처를 대상으로 했지만 2019년 아시아・태평양 지역으로의 가스 수출액은 60억 달러로 석유 수출액의 일부에 불과했다. 2019년 시점에 일본은 러시아 가스의 아시아・태평양 지역 최대 구매국으로, 해외 러시아 가스 수출의 10% 이상을 차지했다. 이는 두 나라를 연결하는 파이프라인이 없다는 점을 감안하면 놀라울 정도의 수치이다. 한국은 전체 가스 수출의 3.5%를 차지한 반면, 중국은 1.8%에 불과했다.[25] 하지만 '시베리아의힘' 가스관을 통한 가스 공급량이 연간 380억 입방미터로 증가하고 액화천연가스LNG 공급량이 증가함에 따라 이러한 상황은 변화할 것으로 예상할 수 있다. 우크라이나 전쟁의 발발로 2022년 러시아의 대중국 가스 수출액은 대일본 수출액에 근접했으며,[26] 2023년에는 중국에 대한 가스 수출이 일본을 능가함으로써 중국은 이 지역에서 러시아 가스를 가장 많이 수입하는 국가가 되었다.[27]

(2) 러시아에 대한 투자

아시아・태평양 지역의 외국인 투자가 증가하면 러시아가 이 지역에 더 가까워지는 데 도움이 될 것이라는 기대도 있었다. 이 지역의 방대한 자원을 개발할 수 있는 투자를 유치하는 데 있어 러시아 경제특구가 중요한 역할을 할 것이라는 기대가 컸다.[28] 그러나 러시아의 무역관계 발전 궤적과 마찬가지로 아시아・태평양 지역의 다양한 지역에서 러시아 경제특구로의 외국인 투자가 유치될 것이라는 기대는 충족되지 못했다. 그 대신 이 지역에 대한 투자

25 R. Connolly, Op. cit, 2021.

26 Luke Pachymuthu, "China closes in on Japan as top destination for Russian LNG in 2022", *The Straits Times*, November 23, 2022, https://www.straitstimes.com/business/china-closes-in-on-japan-as-top-destination-for-russiAN-lng-in-2022 (검색일 : 2024.03.15)

27 Niccolo Conte, "Who's Still Buying Russian Fossil Fuels in 2023?", https://www.visualcapitalist.com/whos-still-buying-russiAN-fossil-fuels-in-2023/ (검색일 : 2024.03.15)

28 I. A. Makarov, "Accelerated Development of the Russian Far East", *Russia in Global Affairs* Vol.16, No.3, 2018, pp.110~29.

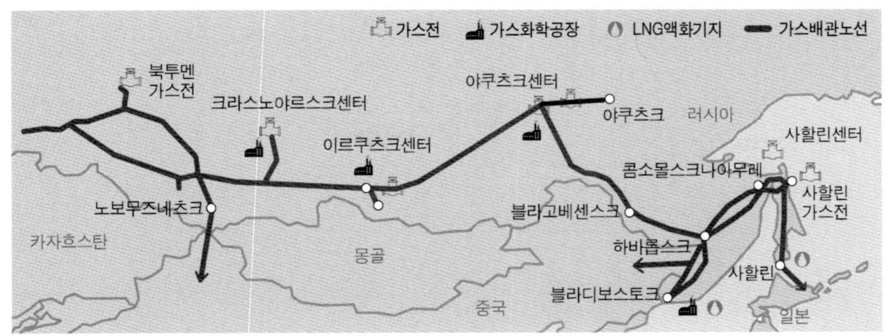

〈그림 3〉 러시아 - 중국 가스관

는 주로 중국 시장을 겨냥한 소수의 국가 주도 '메가 프로젝트'로 제한되었다.

'시베리아의힘' 가스관은 현재까지 러시아 극동지역에서 행해진 가장 큰 프로젝트였다. 가스프롬이 2019년 말에 완공한 이 파이프라인은 총 1조 1,000억 루블이 소요되었으며, 차얀다 가스전 등 업스트림 프로젝트 지원을 위한 관련 투자 비용까지 합하면 약 2조 1,000억 루블이 소요되었다. 특히 러시아와 서방과의 관계가 악화일로에 있었던 2014년 5월에 최종 계약이 체결되었기 때문에 이 파이프라인은 러시아와 중국 간의 긴밀한 관계를 상징하는 가장 중요한 프로젝트로 평가되었다.[29]

이후 가스프롬은 2019년에 총 200억 유로로 추정되는 아무르 가스처리공장 건설을 위해 114억 유로를 조달했으며, 이 공장은 SIBUR의 아무르 가스화학단지에 제품을 공급할 계획이었다. SIBUR의 프로젝트에는 100억 유로가 추가로 소요될 것으로 추정된다.[30] 2013년 이후 러시아 극동지역의 누적 사업 투자액은 약 5조 5,000억 루블(2021년 평균환율 기준 약 750억 달러)에 달했다.[31]

29 RIA Novosti, "The Cost of the 'Power of Siberia' Pipeline was Assessed at 1.1 Trillion Rubles", 28 April 2018, https://ria.ru/20180428/1519598069.html (검색일 : 2023.10.20)

30 M. Condon, "Russian SIBUR Breaks Ground on Amur GCC, Looks to China", *ICIS*, 18 August 2020, https://www.icis.com/explore/resources/news/2020/08/18/10542395/russiAN-sibur-breaks-ground-on-amur-gcc-project-looks-to-china (검색일 : 2024.01.10)

31 РЖД, "В девелоперские и инфраструктурные проекты на Дальнем Востоке инвестировано уже

그러나 위에 나열된 세 가지 프로젝트가 전체의 거의 절반을 차지하며, 모두 중국 시장을 겨냥한 프로젝트이다.

극동지역을 넘어 아시아 시장에 가스를 공급하기 위한 북극 자원 기지에 대한 투자는 중국을 넘어 더 많은 관심을 받고 있다. 노바텍Novatek의 210억 달러 규모의 북극 LNG 프로젝트는 프랑스의 토탈Total, 중국의 중국석유천연가스공사CNPC와 국영해양석유공사CNOOC, 일본의 미쓰이물산Mitsui & Co과 에너지금속광물자원기구JOGMEC로 구성된 북극LNG컨소시엄Japan Arctic LNG consortium 등 다양한 투자자로부터 외부 자금을 유치했다. 이는 러시아 경제에 대한 일본의 참여에 중요한 이정표가 되었지만 추가 투자로 이어질 것이라는 징후는 별로 보이지 않는다.[32] 또한, 한국의 북극 프로젝트에 대한 대규모 투자에 대한 소문에도 불구하고 눈에 띄는 성과는 없었다.[33] 다른 예로, 인도의 석유천연가스공사ONGC는 2015년에 동시베리아에 위치한 로스네프트의 반코르 클러스터 프로젝트의 지분 15%를 인수했다. 그러나 ONGC가 로스네프트의 거대 보스토크 프로젝트 지분 인수에 관심이 있다는 소문에도 불구하고 추가 투자로 이어지지는 않았다.[34] 결과적으로 아시아·태평양 국가들의 많은 관심에도 불구하고 중국은 여전히 북극과 극동지역에 대한 가장 중요한 외국인 투자자로 남아 있다.

이러한 증거는 아시아·태평양 지역 투자자들이 극동지역이든 그 밖의 지역이든 러시아에서 선불리 입지를 늘리려 하지 않는다는 사실을 분명히 보여

5,5 трлн. руб. Инвестиции", 6 марта 2021, https://www.rzd-partner.ru/other/news/v-promyshlennye-i-infrastrukturnye-proekty-na-dalnem-vostoke-privlecheno-uzhe-5-5-trln-rub-investits/ (검색일 : 2024.01.10)

32 J. Brown, "Why Japanese Investment in Russian LNG Is an Isolated Deal", Carnegie Moscow Center, 14 October 2019, https://carnegie.ru/commentary/80059 (검색일 : 2024.01.10)

33 TASS, "Russia's Investment Agency, Korea's Kogas Agree to Operate on Arctic Shelf, Says Deputy PM", 6 September 2019, https://tass.com/economy/1076918 (검색일 : 2024.01.10)

34 D. Keohane and J. Farchy, 2015, "Rosneft Sells 15 Per Cent Stake in Vankor to India's ONGC", *Financial Times*, 4 September 2015.

준다. 이는 서방의 제재보다는 러시아에서 사업을 하는 데 따르는 장기적이고 문서화된 어려움의 결과일 가능성이 크다. 예를 들어 크림병합 사태가 발생한 이후 한국은 어떤 종류의 제재도 가하지 않았고, 일본은 서방의 제재에 동참했지만 에너지 부문에 대한 제재에는 참여하지 않았다. 투자에 대한 장벽이 무엇이든, 결과적으로 중국이 아시아・태평양 지역의 외국인 투자를 지배하고 있다. 그 결과, 러시아 극동지역과 북극의 자원 기반을 확충하여 더 넓은 인도・태평양 지역과 통합하려는 러시아의 야망은 실현되지 않고 있다. 러시아의 대외무역관계에서 관찰되는 패턴과 마찬가지로 2014년 이후 러시아의 중국에 대한 의존도는 줄어들기는커녕 오히려 증가했다.

3) 안보협력

러시아와 동아시아의 안보협력과 관련해서는 군사분야와 비군사분야의 안보협력으로 구분할 수 있고, 비군사부문의 안보협력과 관련해서는 에너지 및 식량 부문에서의 협력이 중요한 요소이다. 에너지 및 식량 부문의 협력은 경제협력에 포함될 수도 있으므로, 여기서는 주로 군사분야의 협력을 중심으로 살펴본다.

러시아의 동아시아 관여는 본래 러시아 극동지역개발과 병행하여 경제 및 외교 분야에서 진행되어 왔지만, 그것이 미진한 만큼 군사-안보 분야는 중요한 의미를 지닌다. 아시아・태평양 지역에서 러시아가 존재감을 드러낼 수 있는 분야는 러시아 극동지역의 경제와 산업보다 에너지 자원과 군사력이다. 러시아의 동아시아 접근을 군사-안보적 관점에서 살펴보면, 2014년 들어 중국으로 기우는 경향이 강화된 듯이 보이지만, 여전히 이전과 마찬가지로 가능한 범위에서 협력 사업을 추진하여 이익을 얻으려는 태도를 엿볼 수 있다.[35] 러시아가 미국과 일본을 적대시하고 중국과 협력하는 것처럼 보이지만, 군사훈련에서의 협력은 한계가 있었다. 중국에 대한 러시아의 경계심은 여전하며 군사적 속내를 모두 드러낼 수는 없다. 러시아는 중요한 이웃 국가인 중국과의 관계를 진전시키는 동시에 과도한 의존관계에 빠지지 않기 위해 인도, 베트남 등 다른 아시아 지역 파트너와의 관계에도 주의를 기울이고 있는 것으로 보인다.

군수품 무역과 관련하여 2016년부터 2020년까지 러시아는 중국의 가장 중요한 무기 공급원으로, 중국의 전체 무기 수입에서 러시아가 차지하는 비중은 77%에 달했다. 러시아 무기 수출의 18%를 차지한 중국은 인도에 이어 러시아의 두 번째로 큰 무기 수입국이다. 또한 이 기간 동안 러시아의 대중국 무기 수출은 이전 5년과 비교했을 때 거의 50% 증가했다. 2014년 러시아의 크림반도 병합에 따른 러시아와 서방 간의 위기로 인해 러시아는 이제 중국과 첨단 방위 기술을 공유하려는 의지가 훨씬 더 강해졌다.[36]

러시아는 전통적으로 아시아・태평양 지역의 주요 무기 공급국 역할을 해왔다. 중국과 인도가 가장 큰 고객이었으며, 두 국가가 이 지역 무기판매의 대부분을 차지했다. 그러나 지난 10년간 러시아 무기에 대한 중국의 수요는 급감했으며, 현재 중국의 방위산업이 자체 생산할 수 없는 S-400 방공 시스템과 같은 소수의 고급 시스템으로 제한되고 있다. 동시에 중국은 러시아의 경쟁자로 부상하고 있다. 러시아와 오랜 기간 무기 공급 관계를 맺어온 인도도 무기 공급원을 다변화하기 시작했으며, 대량의 첨단장비 공급을 위해 미국으로 눈을 돌리고 있다. 미국과 인도가 이 분야에서 계속 협력한다면 러시아의 가장 중요한 전통적 무기 시장에서 러시아의 입지는 위협을 받게 될 것이다. 다른 곳에서는 방글라데시, 미얀마, 베트남 등에 대한 판매를 늘리는 데 어느 정도 진전을 이루었다. 그러나 이러한 작은 진전은 러시아가 중국과 인도 시

35 H. Yamazoe, "The Prospects and Limits of the Russia-China Partnership", *RUFS Briefing* No.32, wedish Defence Research Agency, December 2015.

36 U. Jochheim, "China-Russia relations : A quantum leap?", *European Parliamentary Research Service*, European Union, March 2022.

장에서 대체되는 손실을 보상하기에 충분치 않을 것이다.[37]

SIPRI의 추정에 따르면 러시아는 아시아 지역의 주요 무기 공급국으로 남아 있긴 하지만, 2011~15년과 2016~20년 사이에 아시아와 오세아니아에 대한 무기 수출은 36% 감소했다.[38] 이는 S-400 미사일 방어시스템을 포함하여 최근 몇 년 동안 다시 속도를 회복한 인도에 대한 공급이 감소했기 때문이다. 러시아는 인도와 동남아시아의 주요 무기 공급국이며, 전 세계에서 두 번째로 큰 무기 공급국이다. 2014년 이후 러시아와 중국의 군사협력이 증가해 합동군사훈련뿐만 아니라 군수품 무역(S400, Su-35 포함하여 중국의 미사일 방어시스템 구축을 지원) 수준도 높아졌다. 인도는 최근 몇 년 동안 무기 수입을 다변화했지만, 군사 장비의 약 80%가 소련/러시아제이다. 중국－인도 국경의 긴장이 지속되는 가운데 제재의 위협이 증가하고 러시아와 중국이 가까워지면서 인도에서는 대러 무기 의존도를 줄여야 한다는 목소리가 커지고 있다. 주요 수입국인 인도가 러시아에 대해 자국의 영향력을 어떻게 행사할지는 지켜봐야 겠지만, 우크라이나 전쟁의 장기화는 러시아와 인도의 관계에 영향을 미칠 수밖에 없을 것이다. 이 위기에서 어떤 러시아가 등장하느냐에 따라 인도의 계산이 좌우될 것인데, 특히 인도의 외교정책에서 미국의 비중이 커지고 있는 상황에서는 더욱 그렇다.[39]

〈표 5〉 러시아의 주요 무기 수출 상대국(2018~2022년) (단위 : 100만 달러)

	2018	2019	2020	2021	2022	합계
인도	1,322	1,572	1,274	1,455	1,342	**6,965**
중국	1,825	1,237	632	773	727	**5,194**
이집트	860	763	454			**2,077**

37 R. Connolly, Op. cit, 2021.

38 SIPRI, https://www.sipri.org/ (검색일 : 2023.12.20)

39 N. Kapoor, Op. cit.

알제리	1,136		522	150	20	**1,828**
카자흐스탄	267	220	266	85		**838**
벨라루스	141	333	13	69	225	**781**
베트남	332	137	9	72	72	**622**
수출총액	**7,173**	**5,627**	**3,904**	**2,857**	**2,820**	**22,381**

출처 : SIPRI Arms Transfers Database, https://www.sipri.org/databases/armstransfers

러시아는 동남아시아에 대한 주요 무기 공급국임에도 불구하고 역내 기구 및 아세안의 개별 국가들과 전반적으로 협력관계를 발전시키는 데 느린 진전을 보였다. 러시아는 베트남과 같은 전통적인 파트너들과의 관계를 개선했지만, 경제 및 정치 영역에서의 러시아의 참여는 여타 역내 강대국들에 비해 훨씬 낮은 수준에 머물러 있다. 러시아는 이 지역에서 자국을 독자적 행위자로 자리매김하기 위해 노력해 왔고 그 노력은 여전히 계속되고 있으나, 미·중 간의 경쟁이 심화되는 가운데 점점 더 문제가 복잡해지고 있다. 이 지역에서의 무기 판매는 양국 관계를 구축하는 데 중요한 역할을 하지만 지정학적 차원에서 역할이 증가하는 것으로 볼 수는 없다. 이 지역은 역내 강국과의 심층 방어네트워크를 활용하고 있는 다양한 세력들의 본거지이며, 러시아와의 관계에 비해 경제적, 외교적, 문화적으로 역내 국가들 간에 더욱 잘 연결되어 있다.[40]

이는 로위연구소Lowy Institute가 2023년 아시아파워지수Asia Power Index에서 과거 초강대국 러시아를 아시아의 중견국으로 분류하고 러시아의 역내 영향력을 평가한 데서도 알 수 있다.[41] 러시아는 회복력(자원의 가용성, 핵 억지력)에서 높은 평가를 받았는데, 풍부한 자원 안보와 잘 구축된 핵 억지력을 반영하여 2위를 차지했다. 가장 취약한 지표는 경제관계로 2021년 대비 2계단 하락한

40 Ibid.

41 Lowy Institute, *Asia Power Index*, https://power.lowyinstitute.org/ (검색일 : 2023.12.20)

18위를 기록했으며 모든 항목에서 순위 상승에 실패했다. 러시아가 가장 큰 하락폭을 보인 항목은 외교적 영향력으로, 2022년 우크라이나 침공에 대한 역내 시각을 반영하여 4계단 하락한 8위를 기록했다. 이 지수에서 1위(미국)와 5위(러시아)의 차이도 크다. 종합점수에서 전자는 80.7점, 후자는 31.6점을 받았다. 러시아의 강점 중 하나인 군사력 면에서도 미국과의 전력 차이가 크다(90.7 대 52.5). 이는 미국과 중국 같은 주요 강대국뿐만 아니라 일본, 인도, 호주, 한국을 비롯한 영향력 있는 중견국들이 자리하고 있는 이 지역에서 러시아가 취하는 정책의 한계를 드러낸다.

따라서 러시아는 아시아·태평양 지역에 초점을 맞춘다는 반복적인 언사에도 불구하고, 그러한 정책 전환을 할 수 없었다. 아시아에서의 협력 다각화는 제한된 역사적 경험, 취약한 경제적 연결, 다른 영향력 있는 강대국들의 존재, 그리고 취약한 전략 등의 다양한 요인으로 어려움을 겪어왔다. 우크라이나에서 러시아의 군사작전이 초래하는 경제적, 정치적 결과로 인해 종전을 둘러싼 양국 간의 협상이 지체될수록 이 모든 것이 복잡해질 수도 있다.

이러한 세부적인 사항은 러시아가 동방과 관계를 맺을 때 중요한 결점을 드러낸다. 즉, 러시아의 전통적인 영향력과 지리적 존재감만으로는 강력한 역내 강국이 되기에는 충분치 않다는 것이다. 아시아 회귀전략은 이러한 우려를 해소하기 위해 시도되었지만, 그 정책이 처음 발표된 지 10년 이상 지난 지금에 와서도 전반적인 결과는 기대한 수준에 못 미치고 있다. 아시아·태평양 지역에 대한 러시아의 이해관계를 부인할 수는 없지만, 러시아는 다양한 하위 지역에 걸쳐 불균등한 수준의 영향력을 행사하고 있다. 어쨌든, 동방으로의 중심축 이동은 러시아의 장기적인 정책 방향이 될 것으로 보이지만, 지난 10여 년을 놓고 볼 때 정책 선언의 핵심 목표 중 일부는 달성되지 못하고 있거나 느리게 진행되고 있다고 평가할 수 있다.

4. 우크라이나 전쟁의 영향

1) 러시아와 동북아시아

역사적, 현대적 연원에 기인하여 동북아시아에는 이미 여러 가지 안보 이슈가 남아 있는 가운데, 러시아의 우크라이나 침공은 향후 역내 긴장을 더욱 고조시킬 것으로 보인다. 안보 측면에서 각국 정부는 국방비를 늘리고 기술 기반 사이버 시스템과 방공 시스템에 투자함으로써 심각한 안보 불안정에 대비하는 한편, 외교를 통해 확전을 방지하고자 노력할 것이다. 동북아시아의 모든 국가는 그 여파가 계속 분명해짐에 따라 극도의 경계심을 갖고 상황변화를 주시하게 될 것이다.[42]

동북아시아는 세계 최대 수출국인 중국을 비롯, 한국, 일본을 포함하는 고도로 상호 연결된 경제이다. 이와 같이 연결된 경제에서 분쟁 확산에 따른 위험은 경제적인 손실에 국한되지 않는다. 미국은 한국 및 일본과의 동맹(그리고 대만과 구속력이 약한 약속)을 맺고 있기 때문에 이 지역에서 분쟁이 발생한다면 미국의 개입을 불러올 가능성이 우크라이나 전쟁의 경우보다 더 높아 보인다.

(1) 러-중 관계

2017년 말부터 가시화된 미·중 경쟁은 러시아와 중국을 더욱 밀착시켰지만, 양국 관계를 새로운 관계로 전환시키지는 않았다. 한 가지 이유는 두 국가의 완고하고 신중한 입장 때문이고, 또 다른 이유는 경제, 무역, 기술과 같은 분야에서 중국에 힘을 보태기에는 러시아의 역량이 부족하기 때문이었다.

42 B. Lkhaajav, "How the Russia-Ukraine War Is Changing Northeast Asia's Geopolitics", *The Diplomat*, 17 March 2022.

따라서 '동맹보다 더 나은 관계'를 내세우는 양국의 공식적인 수사는 더욱 실질적인 협력에 대한 장애물을 숨기고 있다.

2022년 2월 4일 코로나-19 팬데믹 이후 처음으로 성사된 푸틴 대통령과 시진핑 국가주석 간의 정상회담은 러-중 관계의 새로운 시대를 연 것으로 보인다. 공동발표는 이례적으로 이념적인 색채를 드러냈고, 두 국가 모두 자신들의 민주적인 전통을 강조했다. 중국은 러시아가 주장한 유럽에서의 '합법적인 안보 우려'에 지지를 표명했고 나토의 추가 확대에 반대했다. 러시아는 아시아에서 중국의 정책을 지지함으로써 이에 호응했다. '한계가 없는 관계'라거나 '레드라인이 없는 관계'라는 슬로건이 정상회담 이후의 담론을 지배했다.

러시아와 중국이 서로에게 제공한 전략적 지원은 명시적이기도 하고 암묵적이기도 하다. 명시적인 지원에는 어떤 식으로든 상대방을 비판하지 않으려는 태도가 포함되는데, 러시아와 중국 사이에 쐐기를 박으려는 서방을 비난하는 수준에까지 이른다. 또한 여기에는 서방 국가들이 매우 비판적인 입장을 취하는 정책에 대해 공개적인 지지를 표명하는 것도 포함된다. 예를 들어 푸틴 대통령은 중국의 신장 정책을 옹호하기도 했다. 러시아는 또한 미중러 3자간 군비통제 이슈에서 중국에 대한 압력을 계속 거부했다.[43] 러시아는 일관되게 중국 편을 들었고, 러시아 대표들은 중국의 입장을 이해한다고 주장하면서 중국에 대한 영향력을 행사하려는 의사가 없음을 밝혔다.

우크라이나의 전쟁은 중러 관계의 전략적, 정치적, 규범적 차원을 강화했을 뿐이다. 중국은 미국의 노력과 관심이 아시아·태평양에서 유럽으로 향하는 데서 이익을 얻었다. 또한 이 전쟁은 중국 지도부에 상대적으로 잘 준비된 적을 상대로 전쟁을 수행하는 데 관한 독특한 교훈을 제공했다. 또한 군사력 사용에 대한 서방의 반응을 점검할 수 있는 기회를 제공했으며, 제재를 가할

43 T. Countryman, "Russia, China, arms control, and the value of new start", *Arms Control Today*, 2020.

준비가 되어 있는 서방의 태세와 장기간에 걸친 단결 유지의 어려움도 파악할 수 있었다.

중국이 서방의 제재를 회피할 수 있도록 러시아를 지원했는지 여부와는 상관없이 중-러 관계가 해체될 것이라고 예상하기는 어렵다. 오히려 중국이 러시아에 대해 명시적인 경제 지원을 하거나, 경제 지원 없이 양국이 긴밀한 정치적 유대를 유지할 것으로 예상하는 것이 더욱 현실적이다. 전자의 경우에는 러시아의 대 중국 의존도가 급격히 증가하고 외교정책에서 자율성의 여지를 감소시키고 궁극적으로 미국과의 글로벌 경쟁에서 러시아를 중국이 활용할 수 있는 카드로 만들 것이다. 후자의 경우, 러시아는 중국과 긴밀한 정치적 협력과 반서방 연합을 추구하면서 자율적인 행위자로 남겠지만, 경제적으로는 점점 더 고립되고 약해질 것이다. 러시아의 국내 정치적 변화, 특히 푸틴의 개인 통치가 종료되는 시점에 되어서야 러시아는 중국과의 관계에 대해 재평가하고 변화를 시도할 수 있게 될 것이다.[44]

러시아가 우크라이나와의 전쟁에서 신속하고 결정적인 승리를 거두지 못한 것은 서방의 제재 압박과 맞물려 중-러 간 힘의 비대칭을 크게 심화시킬 것으로 예상할 수 있다. 2010년대 군사력을 동원한 사례와 달리 러시아는 전쟁이 비대칭을 반전시키거나 완화할 것으로 기대하기는 어렵다. 러시아의 군사력 저하는 군대 현대화의 결함을 드러냈을 뿐만 아니라 효율적인 군사 대국으로서의 러시아의 이미지에도 흠집을 냈다. 중국의 구체적인 조치와 상관없이 우크라이나 전쟁은 2014년 크림반도 병합 때보다 훨씬 더 러시아를 중국에 의존하게 만들었다.

러시아는 무역 관계와 에너지 프로젝트를 아시아로 전환했다. 우크라이나 전쟁 이전까지만 해도 러시아의 가장 중요한 교역 상대는 EU였지만, 전쟁 이

44 M. Kaczmarski, "The war in Ukraine and the future of Russia-China relations", *NDC Policy Brief* No.8, April 2022.

후 러시아의 가장 중요한 무역파트너는 중국, 튀르키예, 인도, 카자흐스탄이 되었다. 러시아 관세청의 데이터에 따르면, 러시아의 2023년 총수출액은 전년 대비 28.3% 감소한 4,251억 달러로, 유럽으로의 수출은 전년 대비 68% 감소한 849억 달러를 기록했다. 반면 아시아로의 수출은 5.6% 증가한 3,066억 달러로 러시아 수출에서 아시아가 차지하는 비중은 2022년 49%에서 72%로 증가했다. 러시아의 2023년 총수입은 11.7% 증가한 2,851억 달러로 유럽으로부터의 수입이 12.3% 감소한 785억 달러, 아시아로부터의 수입이 29.2% 증가한 1,875억 달러로 집계되었다. 중국 관세청海關總署 데이터에 따르면, 2023년 러시아와 중국 간의 무역 규모는 전년 대비 26.3% 증가한 2,400억 달러에 달했다.

에너지 분야는 러시아가 아시아로 눈을 돌리게 된 주요 분야 중 하나이다. 2022년 러시아는 '시베리아의힘' 가스관을 통해 155억 입방미터㎥의 가스를 중국에 수출했다(2021년에는 104억 입방미터). 2023년에는 이 수치를 약 230억으로 늘릴 계획을 가졌으며 2027~2028년에는 '시베리아의힘-2' 가스관이 가동될 예정이다. 또한 러시아는 아시아 국가에 대한 압축가스 수출을 늘리고 있으며, 실제로 한국과 일본은 러시아에서 가스를 계속 수입하고 있다. 러시아는 2025년까지 아시아·태평양 지역으로의 천연가스 수출을 700억㎥까지 늘릴 계획이다. 또한 러시아와 튀르키예 정부는 튀르키예 가스 허브를 구축하기 위해 노력하고 있다.[45]

(2) 러시아와 한국, 일본 관계

러시아 침공에 대한 비판과 제재를 둘러싸고 글로벌 균열이 발생하였다. 자유주의 진영과 비자유주의 진영이 상반된 태도를 보인 것이다. 미국이 주

45 I. Kemaloglu, "3 Questions－Russia's pivot to Asia" *AA*, 2023, https://www.aa.com.tr/en/analysis/3-questions-russias-pivot-to-asia/2833755 (검색일 : 2023.12.20)

도하는 대러 제재에는 선진민주주의 국가들이 동참하였다. 하지만 대러제재에 참여한 국가는 49개국에 불과하며 나토와 유럽연합 회원국을 제외하면 한국, 일본, 호주, 뉴질랜드 정도가 제재에 참여했다.[46] 한국과 일본은 모두 러시아의 우크라이나 침공을 비난했다. 일본은 즉시 미국의 대러시아 제재에 동참했다. 한국은 처음에는 러시아와의 경제 관계를 위태롭게 하지 않으려 했지만 결국 미국의 정치적 압력에 따라 러시아에 대한 포괄적인 무역 제재에 동참했다. 동시에 한국의 외교정책 방향이 바뀌면서 미국과 더욱 밀접하게 연계되고 있는데, 이는 한국이 인도태평양경제프레임워크IPEF에 가입하기로 한 결정과 쿼드QUAD 참여에 대한 관심에서 알 수 있다.[47]

일본 정부는 서방의 대러시아 제재에 동참하고 있는데, 한 가지 예외는 에너지 수입으로, 일본은 독일처럼 러시아에 대한 의존도가 높지 않지만 에너지 수입은 예외이다.[48] 일본의 경우 러시아에 대한 독자적인 제재를 시행하는데, 자국 내 러시아 은행의 자산을 동결하였으며, 돈바스 지역의 도네츠크공화국과 루한스크공화국 주민의 입국을 금지하였다. 기시다 총리는 2023년 3월 우크라이나 방문을 앞두고 러시아 내 24명의 개인과 80여 개의 기관에 대해 추가 자산동결 조치를 취하기도 했다.

한국은 대러제재에 소극적인 태도를 보이고 있다. 우크라이나 전쟁 발발 직후 미국과 유럽의 제재에 따르겠다고 밝혔지만, 독자적인 제재조치를 추가로 선언하지는 않았다. 한국이 미국의 제재조치를 따를 수밖에 없었던 것은 자유주의 진영의 일원으로서 책임 있는 모습을 보이는 점도 있지만, 미국 재

46 고상두, 「우크라이나 전쟁과 동북아 정치지형의 변화」, 『한반도 포커스 : 우크라이나 전쟁의 현재와 미래』, 경남대학교 극동문제연구소, 2023, 91쪽.

47 F. R. Chen, "The War in Ukraine : Impact on Northeast Asian Economies and Geo-political Relations", *RSIS*, 20 April 2023, https://www.rsis.edu.sg/rsis-publication/cms/the-war-in-ukraine-impact-on-northeast-asiAN-economies-and-geo-political-relations/ (검색일 : 2024.01.10)

48 S. Y. Shah and J. Pachaly, "The Ukraine War : Perspectives and Reactions in Asia", 19 May 2022, https://www.boell.de/en/2022/05/11/ukraine-war-perspectives-and-reactions-in-asia (검색일 : 2024.01.10)

무부가 자국의 원천기술이 사용된 제품을 러시아로 수출하려면 미국 정부의 승인을 받아야 한다고 발표했기 때문이다. 한국이 러시아에 수출하는 주요 품목은 반도체, 전자제품, 자동차 등 첨단제품인데, 미국과의 기술협력에서 완벽하게 자유로운 제품은 없는 것이다.[49]

우크라이나에 대한 지원은 주로 미국과 유럽 등 서방 국가들이 주도하고 있는데, 동북아에서는 일본이 가장 많은 지원을 하고 있다. 총 15억 달러 중에서 대부분이 차관 공여 등 재정적 지원인데, 기시다 총리는 2023년 2월 55억 달러의 추가지원을 약속하였다. 일본이 러시아에 대한 제재뿐만 아니라 우크라이나에 대한 지원에서도 적극적인 자세를 취한 것은 2023년도 G7 정상회담 개최국으로서 미국과 유럽 등 자유주의 국가에 걸맞는 대응자세를 보여야 할 필요성 때문으로 볼 수 있다.[50]

한국은 2022년까지 총 1억 달러를 인도적 목적으로 지원하였다. 소아용 백신, 긴급의료품, 발전기 등을 보냈고, 우크라이나 인근 국가로 피신한 난민을 위한 지원을 하였다. 윤석열 대통령은 2023년 9월 인도 뉴델리에서 열린 주요 20개국G20 정상회의에서 23억 달러 규모의 우크라이나 지원 계획을 발표했다. 이는 2024년도에 3억 달러를 지원하고 중장기적으로 2025년 이후 20억 달러의 EDCF(대외경제협력기금) 지원 방안을 밝힌 것으로, 우크라이나의 평화회복 지원에 앞장서는 역할을 보여주는 한편, 향후 우크라이나 재건사업에 본격적으로 참여하기 위한 기반 조성 작업으로 이해할 수 있다.

아시아의 많은 지역은 지금까지 우크라이나 분쟁의 여파에서 상대적으로 안전했다. 더 큰 분쟁에 대한 두려움은 유럽에 비해 멀리 느껴지고, 에너지 공급에 대한 충격은 덜 직접적이고 덜 즉각적이었으며, 식량 불안은 아직 특

49 고상두, 「우크라이나 전쟁과 동북아 정치지형의 변화」, 『한반도 포커스: 우크라이나 전쟁의 현재와 미래』, 경남대학교 극동문제연구소, 2023, 92쪽.

50 위의 글, 94쪽.

정 지역만큼 가시화되지 않았다. 위기가 장기화됨에 따라 공급망과 가격에 미치는 영향이 커지면서 이러한 괴리감은 지속되기 어려울 수 있다. 그러나 지금까지 우크라이나 사태로 인해 아시아에서 지정학적 리스크에 대해 가장 많이 언급된 국가는 대만일 것이다.[51]

일본의 기시다 총리는 2022년 샹그릴라 전략대화에서 유럽에서 벌어진 전쟁이 아시아에서도 똑같이 일어날 수 있다고 말했다. 이러한 우려가 제기되는 이유는 러시아가 우크라이나를 독립국가로 인정하지 않는 인식을 가지고 있기 때문이다. 일본은 대만 유사시에 개입을 선언하였다. 일본경제의 가치사슬과 해상통로라는 중요한 전략적 가치가 대만에 있다고 보기 때문이다. 이러한 배경에서 일본 정부는 GDP 대비 방위예산 비율을 2배로 늘리겠다고 선언하였다. 한국은 대만 개입에 관한 공식적인 입장을 표명한 바는 없으나, 주한미군이 유사시 출동하는 것에 대해서는 양해할 수 있다는 기조를 띠고 있다.

2) 러시아와 동남아시아

러시아의 대 동남아시아 전략은 크게 두 가지로 나누어 볼 수 있다. 첫째, 러시아는 전략적 파트너십이라는 공식적인 수사를 앞세워 고위급 지역 정상회담을 추진해 왔다. 그러나 실제 행동 측면에서 볼 때, 러시아의 대동남아 전략은 대부분 개별 국가, 특히 베트남과 인도네시아와의 양자 무역 외교에 의존해 왔다. 특히 베트남과 인도네시아는 냉전 시대부터 이어져 온 역사적 관계가 있다. 새로운 군사 정비시설의 설치와 남중국해를 둘러싼 중국과의 분쟁에서 베트남을 조용히 지원한 로스네프트의 행보는 러시아가 베트남과

51 A. Gilholm, "Planning for geopolitical flashpoints : a Northeast Asia perspective", 4 April 2022, https://www.controlrisks.com/our-thinking/insights/planning-for-geopolitical-flashpoints-a-northeast-asia-perspective (검색일 : 2024.01.10)

협력을 강화하는 동시에 중국의 영향력을 견제하기 위해 노력해 왔음을 보여준다. 베트남의 전통적 동맹국인 러시아가 군사 시설과 가스에 집중하는 것은 이 지역의 주요 상품인 군사 장비와 에너지를 반영한다.[52]

러시아의 우크라이나 침공에 대한 동남아시아 국가들의 반응은 크게 세 가지로 나뉜다. 첫째, 러시아를 명백히 비난하는 것이다. 동남아시아 11개국 중 유일하게 싱가포르만이 '러시아'라는 국가명을 명시하여 "어떠한 명분으로도 주권 국가에 대한 무분별한 침략을 강력히 규탄한다"는 외무부 대변인 논평을 발표했다.[53] 또한, 싱가포르는 2022년 3월 초 러시아에 대한 경제제재 조치를 발표하여 군사장비 관련 제품의 수출과 은행거래를 금지했다.[54]

두 번째는 절제되고 소극적인 우려 표명이다. 여기서 핵심 키워드는 '자제'와 '평화적 해결'이며, 이를 러시아와 우크라이나 양측에 촉구한다. 또한 '우크라이나 사태'에 대한 우려를 표명하면서도 러시아나 우크라이나 등 교전 주체의 국가명을 언급하지 않아 러시아에 대한 강한 배려를 엿볼 수 있다. 동남아시아 내 대다수 국가들의 성명이 이런 표현을 사용했는데, 이러한 대다수 국가들의 사고가 아세안 외무장관 성명에 반영되었다고 할 수 있다.

다만 인도네시아가 "우크라이나에 대한 군사적 공격은 용납할 수 없다"고 했고, 브루나이가 "어떤 국가의 주권, 독립과 영토의 일체성에 대한 어떠한 침해도 규탄한다" 하는 등 다소 진전된 언급을 하는 등 명확한 대러 비난과 러시아에 대한 배려의 중간 지점에 있는 국가도 있었다.[55]

52 R. Dharmaputra, "Russia's Pivot to the East : Between China, the US and the Other Asia", *ICDS Commentary*, 24 October 2019.

53 싱가포르는 첫 번째 유엔총회 결의안에는 분명하고 신속한 입장을 취했지만, 두 번째 결의안에는 그렇지 않았다. Ministry of Foreign Affairs, Singapore, "MFA Spokesperson's Comments on the Situation in Ukraine", 24 February 2022.

54 Ministry of Foreign Affairs, Singapore, "Sanctions and Restrictions against Russia in Response to its Invasion of Ukraine", March 5, 2022.

55 Ministry of Foreign Affairs of the Republic of Indonesia, "Indonesian Government Statement regarding the Military Attack in Ukraine", 25 February 2022.

셋째, 러시아를 적극적으로 지지하는 것이다. 미얀마 군사정권 대변인은 "러시아는 자국의 주권을 유지하기 위해 행동하고 있다"며 미국에 대항하는 러시아의 역할을 옹호했다.[56]

유엔에서도 동남아시아 국가들의 투표 행동이 엇갈렸는데, 2022년 3월 2일 유엔 특별긴급총회가 열려 러시아의 우크라이나 침공에 대한 규탄 결의안을 표결했다. 표결에서 동남아시아 9개국은 찬성표를 던졌고, 라오스와 베트남은 기권했다(미얀마의 경우 쿠데타 이전 민간정부가 계속 대표를 맡고 있어 대사가 찬성표를 던졌다). 또한, 싱가포르 외에 캄보디아와 동티모르가 결의안 공동 제안국으로 이름을 올렸다.[57] 다수의 동남아시아 국가들이 개별 성명서에서는 러시아를 배려해 온건한 대응에 그쳤지만, 유엔이라는 집단적 장에서는 무력에 의한 국가 주권 및 영토의 일체성 침해를 용납하지 않겠다는 입장을 표명하였다.

그러나 2022년 4월 7일에 있었던 러시아의 유엔 인권위원회 참여 자격 정지 결의안에 대해 많은 동남아시아 국가들은 또다시 기회주의적 태도를 보였다. 찬성표를 던진 것은 필리핀, 동티모르와 민간정부가 들어선 미얀마뿐이었고, 라오스와 베트남은 반대, 싱가포르와 캄보디아를 포함한 6개국은 기권했다. 러시아를 실명으로 비난하고 경제 제재에 동참하고 있는 싱가포르는 기권 이유에 대해 "우크라이나의 인권 및 국제인도법 위반에 관한 독립조사위원회의 결과를 기다려야 했기 때문"이라고 해명했다.[58]

러시아의 우크라이나 침공에 대한 동남아시아 국가들의 반응과 대응이 일

56 The Irrawaddy, "Myanmar Regime Backs Russia's Invasion of Ukraine", 25 February 2022, https://www.irrawaddy.com/news/burma/myanmar-regime-backs-russias-invasion-of-ukraine.html (검색일 : 2024.01.10)

57 S. Tiezzi, "How Did Asian Countries Vote on the UN's Ukraine Resolution?", *The Diplomat*, 3 March 2022, https://thediplomat.com/2022/03/how-did-asiAN-countries-vote-on-the-uns-ukraine-resolution/(검색일 : 2024.01.10)

58 Channel News Asia, "Singapore abstains from vote to suspend Russia from UN human rights body, urges support for inquiry on violations in Ukraine", 8 April 2022, https://www.channelnewsasia.com/singapore/singapore-abstains-vote-suspend-russiAN-un-humAN-rights-council-2615841 (검색일 : 2024.01.10)

관성 없이 엇갈리는 이유는 그들이 중시하는 다양한 국익이 서로 모순되기 때문이다. 우선 동남아시아 국가들은 강대국의 힘에 의한 주권과 영토의 일체성 침해에 매우 민감하며, 법치주의에 기반한 국제사회의 질서가 유지되기를 간절히 원한다. 이는 추상적인 이상론이 아니라 식민 지배와 냉전 시대 강대국 간 대립의 역사를 딛고 독립을 유지하면서 국가 건설을 추진해 온 동남아시아 국가들에게는 현실적이고 절실한 문제이다.

특히, 베트남은 세계 5위, 동남아시아 1위의 러시아 군사 장비 수출국으로 러시아 군수산업의 '단골 고객'이며, 베트남 인민군의 러시아산 장비에 대한 의존도는 매우 높다. 베트남은 과도한 대러 의존도를 문제 삼아 조달처 다변화를 시도하고 있지만, 현재 배치된 러시아산 장비와의 상호운용성, 러시아산 장비의 '사용 편의성'과 러시아에 대한 친근감(베트남 인민군의 간부는 러시아에서 교육훈련을 받은 사람이 많다), 그리고 베트남에 적합한 조달 가격 등의 이유로 러시아에 대한 의존도는 쉽게 해소할 수 있는 것이 아니다.[59]

5. 결론

이 글에서는 크게 세 가지 주요 질문에 답하고자 했다 : '아시아 회귀' 전략에 대한 러시아의 추진 방향과 목표는 무엇인가? 세 가지 주요 목표 분야에서 현재까지 어떠한 성과가 이루어졌는가? 그리고 2022년에 발발한 우크라이나 전쟁은 러시아 회귀전략, 특히 동북아시아 및 동아시아 국가들과의 관계에 어떠한 영향을 미쳤는가? 러시아의 아시아 회귀전략은 글로벌 무대에서 러시아의 전략적 자율성을 높이고 경제발전을 돕기 위해 추진되었다. 이를 위해 러시아는 탄화수소, 곡물, 무기 수출국으로서 비교우위를 활용하려고 노력해

59 L. H. Hiep, "Will Vietnam Be Able to Wean Itself Off Russian Arms?", *Fulcrum*, 4 April 2022.

왔다. 이와 관련하여 어느 정도 진전이 있었고 아시아・태평양 지역과의 전체 교역량이 증가했지만, 이는 주로 중국과의 무역관계 심화에 의해 주도되었다. 따라서 러시아 무역에서 중국의 비중은 급격히 증가한 반면, 다른 아시아・태평양 국가들의 비중은 거의 증가하지 않았다. 또한 러시아의 북극 및 극동지역과 아시아・태평양 지역을 연결하기 위해 수행된 외국인 투자 활동의 대부분도 중국에서 이루어지고 있다. 그 외에 아시아・태평양 지역의 다른 국가들이 참여하는 프로젝트는 찾아보기 어렵다. 요컨대, 지금까지 러시아의 아시아 회귀는 사실상 중국으로의 회귀라 평가하는 것이 타당해 보인다. 냉전 종식 이후 주로 EU의 원자재 공급원이었던 러시아는 이제 아시아・태평양 지역, 특히 중국과의 관계에서 이러한 경제발전 경로를 반복하고 있다.

2010년대 이후 러시아가 추진하고 있는 아시아 회귀전략은 이전 역사적 시기의 아시아로의 방향 전환보다 더 지속적이고 내용이 풍부한 현상으로 나타났다. 장기적으로 볼 때 이 전략은 정치적 이익보다 경제적 이익을 우선시하고 외교와 국내적 필요를 연계하는 데 기반을 두고 있다. 이전 단계와 다른 점은 점점 더 적대적인 외교정책 배경에서 시행되고 있다는 점이다. 즉, 협력보다는 대결이 우선시되고, 세계 경제성장의 주요 동력인 유로-대서양 지역과 아시아・태평양 지역의 안보 상황이 더욱 복잡해지고 있으며, 세계질서의 주요 이슈를 둘러싼 러시아와 서방 간의 대립이 첨예화되고 있다는 것이다.

러시아 극동지역은 경제 논리와 정치 논리가 대립하고 있는 양면성을 지닌 지역이다.[60] 극동지역 북부는 인구가 희박하고 자원에 특화된 전근대적인 경제구조를 가지고 있으며, 반면 남부는 대도시와 산업 집적지가 존재하지만 러시아의 정치-경제 중심지인 유럽부와 멀리 떨어져 있기 때문에 그 경제구

60 В. Заусаев, “На перепутье, Российская газета－Экономика Дальнего Востока”, № 77 (8131), 2020, https://rg.ru/2020/04/09/reg-dfo/razvitieproizvodstva-na-dalnem-vostoke-potrebovalo-konsolidaciiu-vlasti.html (검색일 : 2024.01.10)

조는 고비용 구조일 수밖에 없다. 경제 논리, 즉 시장의 조정에 맡긴다면 굳이 높은 비용을 들여 이런 지역을 개발할 필요가 없을 수도 있다. 반면, 급속한 경제성장을 이루며 정치적으로나 군사적으로 부상하는 중국이라는 거대한 이웃이 존재한다는 것은 러시아 극동지역의 특성상 지정학적으로 무시할 수 없는 리스크가 될 수 있다. 러시아 정부는 이러한 정치와 경제의 논리를 저울질하며, 경제 논리를 뛰어넘어 극동지역개발을 추진해 왔다. 또한 최근에는 선도개발구역TOR과 블라디보스토크 자유항SPV 등의 경제적 인센티브를 제공함으로써 동방으로의 방향 전환과 극동지역개발의 가속화를 꾀하고 있다. 요컨대, "극동개발은 21세기 러시아의 국가적 최우선 과제"라는 푸틴의 강한 의지가 아시아 회귀전략을 지탱해 왔다고 할 수 있으며, 이러한 정치적 의지가 있는 한 아시아 회귀전략은 그때그때의 경제 상황에 따라 무게 중심을 옮기면서 지속될 것이다.

러시아의 우크라이나 침공 이전에는 미중 대립이 세계 정치경제의 최대 관심사였다. 지금은 그 관심이 중국에서 러시아로 옮겨가고 있다. 그러나 미국, 유럽, 한국, 일본 등이 러시아에 대한 비난을 강화하는 가운데 중국이 러시아와의 관계를 더욱 강화한다면, 우크라이나 전쟁이 진정된 후 서방과 중국과의 균열은 더욱 커질 가능성이 높다. 우크라이나 전쟁 이후 미국과 그 동맹국들이 러시아의 전쟁 노력을 차단하기 위해 무역을 축소하고 제재를 가하면서 중국은 우크라이나 침공 이후 러시아의 핵심적인 경제적 생명줄로 부상했다. 중국은 중립적이며 우크라이나의 평화만을 원한다고 주장해 왔다. 그러나 중국 지도부는 러시아를 긴밀한 전략적 파트너이자 적대적인 서방에 대항하는 핵심 균형추로 보고 있다. 중국은 이 과정에서 러시아산 에너지 구매를 늘리고 러시아 시장에 중요한 소비재 공급국이 되었다.

결론적으로, 2012년에 공개적으로 발표된 러시아의 '아시아 회귀전략'은 러시아와 아시아 파트너들 간의 관계에 목표로 한 근본적인 변화를 꾀하는 데 성공하지 못했으며, 동아시아에서 러시아의 입지를 크게 강화하는 데도 기대한 성과를 달성하지 못했다. 또한 러시아 극동지역 현대화를 위해 아시아·태평양 지역의 경제적 역동성을 활용할 수 있는 효과적인 메커니즘을 구축하는 데도 성공하지 못했다. 그러나 '동방으로의 전환'은 단순한 수사에 그치지 않았는데, 러시아는 지역 다자구조에서 더욱 적극적이고 가시적인 존재가 되었으며, 여러 주요 지역 행위자들과 양자 관계를 꾸준히 발전시켜 왔다. 이러한 활동의 결과 중 하나는 러시아 외교정책의 다변화(아직까지는 제한적이지만)이며, 이는 점차 '서방 중심성'을 완화하는 흐름을 조성했다. 그러나 이러한 다변화는 정치 및 외교적 차원에 국한되어 있으며 경제 영역으로 확대되지는 못했다. 대 중국 무역을 제외하면, 러시아의 대외무역 및 외국인직접투자에서 서방 국가의 비중이 여전히 우세한 상황이며 여타 아시아 국가의 비중은 별로 증가하지 않았기 때문이다.

참고문헌

고상두, 「우크라이나 전쟁과 동북아 정치지형의 변화」, 『한반도 포커스 : 우크라이나 전쟁의 현재와 미래』, 경남대학교 극동문제연구소, 2023, 87~99쪽.

김영진, 「러시아의 아시아 중시 정책의 주요 내용과 평가」, 『중소연구』 제46권 2호, 2022, 323~357쪽.

박정호 외, 『푸틴 집권 4기 극동개발정책과 한러 신경제협력 방향』, 세종 : 대외경제정책연구원, 2018.

심성은, 「우크라이나 전쟁과 대서양 동맹의 미래」, 『NARS현안분석』 제258호, 2022, 1~24쪽.

Brown, James, "Why Japanese Investment in Russian LNG Is an Isolated Deal", Carnegie Moscow Center, 14 October 2019, https://carnegie.ru/commentary/80059 (검색일 : 2024.01.10)

Channel News Asia, "Singapore Abstains from Vote to Suspend Russia from UN Human

Rights Body, Urges Support for Inquiry on Violations in Ukraine", 8 April 2022, https://www.channelnewsasia.com/singapore/singapore-abstains-vote-suspend-russiAN-un-humAN-rights-council-2615841 (검색일 : 2024.01.10)

Charap. Samuel et al., *Russian Grand Strategy : Rhetoric and Reality*, Santa Monica, CA : RAND Corporation, 2021.

Chen, Frederick R., "The War in Ukraine : Impact on Northeast Asian Economies and Geo-political Relations", *RSIS*, 20 April 2023, https://www.rsis.edu.sg/rsis-publication/cms/the-war-in-ukraine-impact-on-northeast-asiAN-economies-and-geo-political-relations/ (검색일 : 2024.01.10)

Condon, Morgan, "Russian SIBUR Breaks Ground on Amur GCC, Looks to China", *ICIS*, 18 August 2020, https://www.icis.com/explore/resources/news/2020/08/18/10542395/russiAN-sibur-breaks-ground-on-amur-gcc-project-looks-to-china (검색일 : 2024.01.10)

Connolly, Richard, *Russia's Response to Sanctions*, Cambridge : Cambridge University Press, 2018.

________________, "Russia's Economic Pivot to Asia in a Shifting Regional Environment", *Emerging Insights*, RUSI, September 2021.

Dharmaputra, Radityo, "Russia's Pivot to the East : Between China, the US and the Other Asia", *ICDS Commentary*, 24 October 2019.

Gilholm, Andrew, "Planning for geopolitical flashpoints : a Northeast Asia perspective", 4 April, 2022, https://www.controlrisks.com/our-thinking/insights/planning-for-geopolitical-flashpoints-a-northeast-asia-perspective (검색일 : 2024.01.10)

Conte, Niccolo, "Who's Still Buying Russian Fossil Fuels in 2023?", https://www.visualcapitalist.com/whos-still-buying-russiAN-fossil-fuels-in-2023/ (검색일 : 2024.03.15)

Countryman, T., "Russia, China, arms control, and the value of new start", *Arms Control Today*, 2020.

Hiep, Le Hong, "Will Vietnam Be Able to Wean Itself Off Russian Arms?", *Fulcrum*, 4 April 4 2022.

Jochheim, Ulrich, "China-Russia relations : A quantum leap?", *European Parliamentary Research Service*, European Union, March 2022.

Kaczmarski, Marcin, "The war in Ukraine and the future of Russia-China relations", *NDC Policy Brief* No.8. April 2022.

Kapoor, Nivedita, "Russia's Pivot to Asia－A 10-Year Policy Review", *Valdai Discussion Club*,

21 March, 2022, https://valdaiclub.com/a/highlights/russia-s-pivot-to-asia-a-decadal-policy-review/ (검색일 : 2024.01.10)

Kemaloglu, Ilyas, "3 Questions－Russia's pivot to Asia", *AA*, 2023, https://www.aa.com.tr/en/analysis/3-questions-russias-pivot-to-asia/2833755 (검색일 : 2023.12.20)

Keohane, David and Farchy, Jack, "Rosneft Sells 15 Per Cent Stake in Vankor to India's ONGC", *Financial Times*, 4 September 2015.

Lewis, David, "Strategic Culture and Russia's 'Pivot to the East' : Russia, China, and 'Greater Eurasia'", *Marshall Center Security Insight* No.34. July 2019.

Lkhaajav, Bolor, "How the Russia-Ukraine War Is Changing Northeast Asia's Geopolitics", *The Diplomat*, 17 March 2022.

Lowy Institute, *Asia Power Index*, https://power.lowyinstitute.org/ (검색일 : 2023.12.20)

Lukin, Artyom, "In Russia's Pivot to Asia, Economic Attraction Lags Hard Power", *RANE World View*, 12 Sep. 2019.

Makarov, Igor A., "Accelerated Development of the Russian Far East", *Russia in Global Affairs* Vol.16, No.3, 2018, pp.110~29.

Mehdiyeva, Nazrin, "Development Strategy of State Corporation Rosatom to 2030", NATO, 30 March 2019, https://www.ndc.nato.int/research/research.php?icode=584 (검색일 : 2023.12.20)

Ministry of Energy of the Russian Federation, "Energy Strategy of the Russian Federation for the Period up to 2035", 2020, https://policy.asiapacificenergy.org/node/1240 (검색일 : 2023.12.20)

Ministry of Foreign Affairs of the Republic of Indonesia, "Indonesian Government Statement regarding the Military Attack in Ukraine", 15 February 2022.

Ministry of Foreign Affairs, Singapore, "MFA Spokesperson's Comments on the Situation in Ukraine", 24 February 2022a.

________________, "Sanctions and Restrictions against Russia in Response to its Invasion of Ukraine", 5 March 2022b.

Pachymuthu, Luke, "China closes in on Japan as top destination for Russian LNG in 2022", *The Straits Times*, 23 November 2022, https://www.straitstimes.com/business/china-closes-in-on-japAN-as-top-destination-for-russiAN-lng-in-2022 (검색일 : 2024.03.15)

President of Russia, "Meeting with Rosneft CEO Igor Sechin", 11 February 2020, http://en.kremlin.ru/catalog/persons/61/events/62763 (검색일 : 2024.01.10)

RIA Novosti, "The Cost of the 'Power of Siberia' Pipeline was Assessed at 1.1 Trillion Rubles", 28 April 2018, https://ria.ru/20180428/1519598069.html (검색일 : 2023.10.20)

Shagina, Maria, "Russia's Pivot to Asia : Between Rhetoric and Substance", *Orbis*, Summer 2020, pp.447~460.

Shah, Shalini Yog and Pachaly, Jost, "The Ukraine War : Perspectives and Reactions in Asia", 19 May 2022, https://www.boell.de/en/2022/05/11/ukraine-war-perspectives-and-reactions-in-asia (검색일 : 2024.01.10)

SIPRI, https://www.sipri.org/ (검색일 : 2023.12.20)

TASS, "Russia's Investment Agency, Korea's Kogas Agree to Operate on Arctic Shelf, Says Deputy PM", 6 September 2019, https://tass.com/economy/1076918 (검색일 : 2024.01.10)

The Irrawaddy, "Myanmar Regime Backs Russia's Invasion of Ukraine", 25 February 2022, https://www.irrawaddy.com/news/burma/myanmar-regime-backs-russias-invasion-of-ukraine.html (검색일 : 2024.01.10)

Tiezzi, Shannon, "How Did Asian Countries Vote on the UN's Ukraine Resolution?", *The Diplomat*, 3 March 2022, https://thediplomat.com/2022/03/how-did-asiAN-countries-vote-on-the-uns-ukraine-resolution/ (검색일 : 2024.01.10)

Torkunov, Anatoly, "Russia's Pivot to The East : Achievements, Problems, and Prospects", Social Sciences Vol.52, No.2, east view press, 2021, pp.4~16.

Wegren, Stephen K., "Can Russia's Food Exports Reach $45 Billion in 2024?" *Post-Communist Economies* Vol.32, No.2, 2020, pp.147~75.

Yamazoe, Hiroshi, "The Prospects and Limits of the Russia-China Partnership", *RUFS Briefing* No.32, Swedish Defence Research Agency, December 2015.

Заусаев, В., "На перепутье, Российская газета－Экономика Дальнего Востока", № 77 (8131), 2020, https://rg.ru/2020/04/09/reg-dfo/razvitieproizvodstva-na-dalnem-vostoke-potrebovalo-konsolidaciiu-vlasti.html (검색일 : 2024.01.10)

Путин, В. В., "Владивосток-2012 : Российская повестка дня форума АТЭС", Статья Путина опубликована в издании *Wall Street Journal Asia*, Президент России. 5 сентября 2012, http://kremlin.ru/events/president/news/16390 (검색일 : 2023.12.20)

____________, "Россия и меняюшийся мир", Российская газета. 27 февраля 2012, https://www.mn.ru/politics/78738 (검색일 : 2023.12.20)

____________, "Обращение Президента в Федеральное Собрание. Президент России", 12 декабря 2013, http://kremlin.ru/events/president/news/19825 (검색일 : 2024.12.20)

____________, "Обращение Президента в Федеральное Собрание", Президент России, 20 февраля 2019, http://kremlin.ru/events/president/news/59863 (검색일 : 2024.12.20)

РЖД, "В девелоперские и инфраструктурные проекты на Дальнем Востоке инвестировано уже 5,5 трлн. руб. Инвестиции", 6 марта 2021, https://www.rzd-partner.ru/other/news/v-promyshlennye-i-infrastrukturnye-proekty-na-dalnem-vostoke-privlecheno-uzhe-5-5-trln-rub-investits/ (검색일 : 2024.01.10)

Савченко, А. Е. и Зуенко, І. Ю., "Движение Пивота России на восток, Сравнительная политика", Т. 11. № 1, 2020, pp.111~125.

Совет Безопасности Российской Федерации, "Стратегия национал'ной безопасности Российской Федерации до 2022 года", 2015, http://www.kremlin.ru/acts/bank/40391 (검색일 : 2023.11.15)

Совет Безопасности Российской Федерации, "Стратегия национал'ной безопасности Российской Федерации", 2021, http://scrf.gov.ru/media/files/file/l4wGRPqJvETSkUTYmhepzRochb1j1jqh.pdf (검색일 : 2023.11.15)

러시아의 극동개발전략과 동아시아*
-한 · 중 · 일의 대러 협력 특징과 방향성을 중심으로-

염동호 · 이현태

1. 서론

미 · 중 전략경쟁이 첨예화되고 있는 가운데 우크라이나 전쟁이 발발함에 따라 오늘날 경제와 안보의 분리가 더욱 어려워지고 있다. 즉, 정치 및 국제 정세가 경제에 영향을 더 크게 미치고 과학기술 등 가치중립적 요인이 자원과 함께 패권의 핵심 요소가 되면서, 지정학 · 지경학적 측면에서 전략적 이해관계에 대해 통찰하는 것이 더욱 중요해 졌다. 이러한 맥락에서 2014년 크림반도 사태 이후 서방세계는 대러경제 제재를 지속하고 있다.

최근 러시아는 극동지역개발의 확대 · 강화를 표방함으로써 동아시아로의 회귀 방침을 더욱 선명히 하고 있다.[1] 그동안 러시아는 다양한 사회 · 경제적 과제를 해결하는 수단으로서 극동 개발을 강조해 왔다. 극동지역은 석유 · 천

* 이 글은 염동호 · 이현태, 『러시아 연구』 34권 1호, 2004, 167~202쪽에 게재된 논문을 부분 수정한 것임을 밝힙니다.

1 푸틴 대통령은 2023.9월에 열린 동방경제포럼에서 극동지역개발을 「21세기 러시아의 최우선 과제」로 선언하는 등 극동개발을 통한 동아시아 경제권 편입을 선명히 하고 있다. **Министерство иностранных дел Российской Федерации**, "Концепция внешней политики Российской Федерации" 31. мар. 2023, https://mid.ru/ru/detail-material page/1860586/ (검색일 : 2024.01.17)

연가스 등의 천연자원이 풍부하지만, 개발은 충분히 이루어지지 못했다. 에너지 자원은 소련시대부터 전통적인 외화 획득의 주요 수단이었기 때문에 러시아는 새로운 에너지 자원의 공급지로 동부 시베리아·극동지역개발을 모색해 왔다. 또한 에너지 자원 이외에도 극동지역에 더욱 관심을 갖게 된 대외 환경 변화 요인으로 러시아가 직면한 ①서방으로의 확장 한계, ②서방의 대러의존도 축소, ③구소련 해체 이후 발트해·흑해의 항만 상실, ④구공산권을 경유한 수출의 정치·경제적 장애 등이 있다.

러시아는 구소련시대부터 전통적으로 서방과 관계가 깊었다. 에너지 수출을 포함해 무역 상대국의 거의 절반이 서방세계였다. 그러나 서방의 경제성장에 한계가 나타나면서 에너지 수요 확대도 어려워지고, 카스피해 연안 각국 등이 에너지 공급국으로 등장하면서 경쟁이 격화되었다. 여기에 서방 국가들이 러시아에 대한 에너지 의존도를 낮추기 위해 공급원 다각화를 추구하기 시작하였다. 이러한 가운데 지속된 서방의 대러 제재로 상호 정치 경제적으로 거리감이 커졌다. 또한, 우크라이나 전쟁 이후 중앙아시아에서도 러시아의 정치·경제적 영향력은 다소 약화되는 경향이 나타났다.[2] 반면, 서방세계와 관련해서 전략적인 이해가 일치하는 중국과는 정치·외교적 측면과 함께 경제적으로도 밀접해지고 있다.

이 같은 러시아의 대내외적인 상황을 고려하면 우크라이나 전쟁 이후 극동지역의 위상과 극동 중시 정책은 더욱 강화될 것으로 전망된다. 이런 예측을 뒷받침하듯이 실제로 극동을 중심으로 한 동아시아 및 환태평양 경제권으로의 편입 및 팽창 전략도 지속·확대하고 있다. 그러나 극동지역의 자체 역량

2 염동호, 「국제경제질서 변화와 한국의 대중앙아 전략」, 『Great Transformation in Eurasia and Korea's Approach Strategy to Eurasia』, 산업통상자원부, 2022, 57~59쪽. 러시아의 우크라 침공에 대한 일련의 유엔결의(대러시아 비판결의, 인도결의, 이사국 자격 정지결의)에서 상당수 CIS 국가가 찬성, 기권, 불참 등의 형태로 직·간접적인 동의 의사표시를 함으로써 러시아에 대한 구심력이 약화되는 양상을 보였다.

만으로는 성공이 어렵기 때문에 극동의 인접국인 한・중・일과의 협력은 환태평양 경제권 편입 등 러시아의 대극동 전략 성공에 중요한 요인이라고 할 수 있다. 극동지역은 러시아의 신동방정책과 한국의 북방정책, 중국의 일대일로, 일본의 북방영토문제 및 에너지 안보 정책이 접목되는 곳으로, 한・중・일 3국에게도 경제협력을 중심으로 하는 대러 관계 형성에 중요한 지역이다.

이에 이 장에서는 지정・지경학적 측면에서 대외환경 변화에 따른 극동개발정책의 패러다임 변화를 검토하고, 극동지역의 산업 및 교역구조를 토대로 한・중・일 3국과의 관계 및 역할을 고찰한다. 본 장의 구성은 다음과 같다. 먼저 2절에서는 대외환경 변화에 따른 극동지역개발에 대한 정치・경제적 패러다임 변화를 정리하고, 3절에서는 극동지역의 산업구조 특징과 변화를 분석한다. 4절에서는 극동지역과 한・중・일 중국과의 교역구조 변화를 바탕으로 3국의 대극동협력의 특징과 한계를 고찰한다. 마지막으로 5절에서는 극동에서의 한・중・일 3국의 역할을 중심으로 정책적 함의를 정리한다.

2. 극동 개발의 정치・경제적 패러다임 변화

대내외 환경 변화에 따라 러시아의 한・중・일과의 극동협력 전략에도 변화가 나타났다. 변화 과정과 특징을 확인하기 위해 통시적 관점에서 푸틴 집권기를 1기(2007~07년), 푸틴 2기(2008~11년), 푸틴 3기(2012~17년), 푸틴 4기(2018~22년)로 구분하고 지정・지경학적 가치 변화를 중심으로 패러다임 전환을 분석한다. 극동개발 전략은 푸틴 2기 이후 역동성을 띄기 시작하고 푸틴 3기 활성화되었다. 이 때가 대내외 환경 변화와 함께 주변국과의 협력이 전제되고, 지정・지경학적 측면에서의 가치가 본격적으로 제고되기 시작한 시기다. 이하에서는 러시아 지역정책과 극동개발정책의 특징을 정리하고 이를 토대로 극동개발 전략의 패러다임을 분석한다.

1) 러시아 지역정책과 극동개발

러시아 지역정책의 기조는 큰 틀에서 '지역 간 균형'에서 '개발'로 전환되어 왔다.[3] 러시아는 대내적으로 지역별 경제적 수준만이 아니라 성장과 발전에서도 격차가 크고, 대외적으로는 경제규모에 비해 산업발전이 부족한 경제구조의 특징을 갖고 있었다. 이러한 이유에서 지역정책은 지역 간 격차해소에 초점을 맞춰졌다. 다만, 시장경제도입기인 1990년대에는 중앙정부에 대한 분리주의 및 탈집권화, 중앙정부와 지방정부의 대립 및 혼란으로, 사실상 국내 불균형 해소에 대한 정책이 부재했다. 푸틴 대통령 집권 초기인 2000년대 초중반에는 중앙정부의 권력을 강화하면서 지역균등화 정책을 추진하였다. 2000년대 후반에는 중앙과 지방의 사회・경제적 격차를 인식하고 불평등 해소보다는 불균형 발전을 기반으로 다양한 정책을 시도하였다. 2000년대 추진된 일련의 지역정책이 실효성 있는 결과를 도출하지 못하자, 2010년대 이후에는 사실상 정부의 지방 균등화 정책이 극동지역에 대한 정책으로 집중되었다. 특히 극동지역을 중심으로 하는 '통합적 지역발전integrated regional development' 전략을 통한 경쟁력 강화에 목표를 두었다. 정부의 투자 확대와 함께 대외개방을 통한 투자유입 증대를 활용해 발전이 더딘 지역경제를 활성화하고, 단기간에 한・중・일 3국을 중심으로 한 동아시아 환태평양 경제권으로 편입시켜 극동지역의 빠른 경제성장을 이룩하고자 하였다.

푸틴 정권은 지역 간 격차, 특히 모스크바를 중심으로 한 서부지역과 극동

3 러시아는 중앙정부 주도의 산업정책과 지역개발정책에 입각해 지역산업을 발전시켜왔는데, 극동개발이 본격화되기 이전까지 일련의 지역정책에 대해 김상원(2010)은 지역격차 축소 측면에서 4단계로 분류하고 있다. 1단계(1990년대 중반기)는 탈집권화 및 지역분리주의의 진행으로 연방정부와 지방정부가 대립한 시기, 2단계(1990년대 후반기)는 지역의 사회경제개발 수준의 균등화가 시도된 시기, 3단계(푸틴1기 : 2000~2005년)는 균등화정책이 권력의 통합・강화와 결합된 시기, 4단계(2005년 이후)는 지역의 다양한 개발을 지향하는 시기로 구분한다. 김상원, 「러시아의 지역 간 경제격차 문제」, 『Russia & Russian Federation』 제1권 제1호, 한국외국어대학교 러시아연구소, 2010, 20~24쪽.

지역 간의 격차 해소에 힘을 기울였다. 집권 2기 이후에는 경제특구 등을 중심으로 지역의 산업발전을 통해 사회・경제적 격차를 해소하는 정책을 추구하여 '지역 간 격차해소 정책'을 '지역거점화 정책'으로 전환하였고, 중점지역의 특성을 살려 '성장엔진'을 육성하고 그 파급효과를 공유함으로써 균형발전을 도모하는 낙수효과를 추구하였다. 극동지역에 대해서는 초기의 격차해소나 거점발전에서 극동지역 자체의 경제발전에 초점을 맞추는 정책으로 전환하였다. 2010년대 이후에는 독자적인 지역개발계획의 수립, 극동지역 전역에 대한 단계적 규제 해소 및 투자유치 방안도입 등으로 지역 전체의 개발과 성장을 도모하였다. 그러나 그 성과는 미미했다는 평가가 지배적이다.[4]

2) 푸틴 집권기 극동개발정책

러시아에게 극동지역의 경제적 위상은 그다지 높지 않다. 그러나 푸틴 대통령은 집권 초기부터 극동지역의 개발 필요성을 지적하였다. 집권 2기부터는 지경학적 측면에서 극동지역의 잠재력을 재평가하고 전략적 개발을 강조하기 시작하였다. 이러한 인식은 푸틴 대통령의 2013년 국정연설과 2023년 제8차 동방경제포럼 기조연설 등에서도 확인된다.[5] 푸틴 3기 이후 극동개발정책은 신동방정책의 활성화와 밀접하게 연관되면서 큰 변화를 보이기 시작했다. 그 중 하나가 대외정치・경제 환경 변화에 따라 지경・지정학적 측면

4 염동호, 「러시아 극동지역의 산업구조 분석 : 특화계수와 노동생산성 변화를 중심으로」, 『슬라브연구』 제35권 2권, 2019, 4~5쪽.

5 푸틴 대통령은 제8차 블라디보스토크 동방경제포럼 기조연설에서 「극동의 선진적인 발전은 21세기 가 러시아의 전략적 우선과제 중 하나」라고 강조한다(https://forumvostok.ru/archive/2023/outcomes-of-the-eef-2023/ 검색일 : 2024.03.21). 실질적으로 푸틴 정부는 2012년 블라디보스토크 APEC 정상회담 개최하는 한편 극동개발부(현재는 극동・북극개발부) 설립을 필두로 2015년 경제특구(선도개발구역과 블라디보스토크 자유항) 지정과 동방경제포럼 창설 및 정례화, 2016년 극동 헥타르 프로그램 시행, 2017년 '극동지역 인구확대 정책 2025' 발표 및 실행을 통해 극동지역의 개발과 사회・경제적 발전을 위한 막대한 자금을 투입해 왔다. 박정호 외, 『푸틴과 러시아 극동개발 20년 : 한－러 극동 협력 심화를 위한 新방향 모색』, 대외경제정책연구원, 2019, 18쪽.

에서 극동지역 위상의 전면적인 제고와 함께 나타난 '주변국 활용론'의 부상이다. '신동방정책'을 중심으로 한 극동정책은 대내외 환경 변화에 영향을 받으며 진화하였다. 조지아전쟁, 크림반도 병합, 우크라이나 전쟁에 대한 서방측의 경제제재 심화로 인한 영향 등의 대외적 환경 변화와 밀접한 연관성을 갖는데, 푸틴 4기에는 주변국과의 협력에 한계가 나타나고, 특히 한・일과의 협력이 정체되면서 인도, 아세안ASEAN 등 아태지역 우호국들로 전략적 협력 범위를 적극적으로 확대하였다.

(1) 푸틴1기(2000~07년) : '동방'의 경제적 가치 증대와 '중국 위협론' 대두

푸틴 1기 극동개발정책은 1990년대 고르바초프나 옐친 시기에 하던 사회적 인프라에 연방 예산을 투입하여 지역 불균형을 해소하는 데 중점을 둔 지역정책 및 극동개발정책과 크게 다르지 않았다.[6] 이 시기의 극동개발정책은 에너지산업, 광물자원 분야, 기반설비 정비와 관련된 대형 프로젝트에 집중되는 등 이전의 지역 및 개발정책과 크게 다르지 않았다. 그 성과 또한 모스크바를 비롯한 서부지역의 발전 수준에 비해 크게 못 미쳤고 중국의 동북 3성이나 한국과 일본 등 극동지역 주변국가와 비교해도 경제적 역량이 크게 뒤처졌다.

다만 푸틴 대통령은 블라고베셴스크Blagoveshchensk 연설에서 러시아 경제정책의 방향은 '동방'을 향한다고 선언하는 한편, 극동 바이칼지역에 설비투자를 확대하는 등 극동지역에 대한 인식과 정책에서 기존과 다른 점을 보였다.[7] 그러나, 이런 인식과 정책의 변화에도 지역정책의 중심 기조는 여전히

6 「극동 자바이칼지역의 경제・사회 발전 국가 프로그램」은 1986년 미하일 고르바초프가 블라디보스토크에서 연설한 이후 극동개발정책을 채택한 것과 유사한 것이었으며, 내용 측면에서 푸틴의 국가 프로그램 자체도 1차(1987년)와 2차(1996년) 국가 프로그램과 거의 비슷했다. 특히 극동지역 인구 안정화, 아시아・태평양 국가와의 대외 경제협력 발전, 극동지역 교통에너지 문제 해결 등 3대 핵심 과제가 그대로 강조되었으나 별다른 성과는 얻지 못했다. 박정호 외, 위의 책, 22~23쪽.

7 김학기, 『APEC 이후 러시아 극동지역 개발 전략과 대응 방안 혁신적 지역클러스터 정책을 활용한 산

동부지역과 서부지역 간의 격차 해소에 초점이 맞춰졌고, 극동지역의 역할은 '연방 전체의 발전을 위해 기여해야 하는 지역'으로 인식되는데 머물렀다. 이러한 상황 속에서 극동지역에서 서부지역으로 이주하는 인구가 급증하였다. 이러한 현상에 따라 노동력 감소 등으로 인한 성장잠재력 하락을 우려하는 목소리와 함께 노동력 공백을 중국인들이 대체하게 될 것이라는 '중국 위협론'이 대두되었다.

(2) 푸틴2기(2007~12년) : 극동의 아시아 중심 글로벌화와 '주변국 활용론' 대두

푸틴 집권 2기는 극동지역의 글로벌화가 시작된 시기로, '극동개발 프로그램'이 본질적으로 수정되었다.[8] 하바롭스크에서 유럽연합EU과 러시아 간 정상회담(2009년 5월)을 개최하고, 블라디보스토크에서 APEC 정상회담(2012년)을 여는 등 극동지역에서 처음으로, 정상회담을 포함한 대규모 국제회의를 열었다. 러시아는 이런 일련의 국제회의를 발판삼아 극동지역의 글로벌화를 추진하여 외국인투자 활성화 등을 도모하고자 하였으나, 이 회의들을 통해서 러시아는 극동의 가능성뿐만 아니라 한계도 명확하게 인식하게 된다.

당시 APEC 정상회의에는 미국, 한국, 중국, 일본을 포함한 아시아・태평양지역 국가의 수반들이 대거 참석하여 러시아 극동의 미래 성장잠재력, 아시아・태평양지역의 경제적 역동성과 국제협력 가능성, 그리고 자유무역 등의 이슈를 집중적으로 논의한 반면, 유럽연합과 러시아 간 정상회의에서 유럽연합 국가 대표들은 가스분쟁과 러시아와 조지아의 전쟁에 대해 관심을 보였을 뿐, 극동지역과 아시아 이슈에 대해서는 전혀 관심을 보이지 않았다. 극

업협력』, 산업연구원, 2013, 93쪽.

8 2007년 수정안에 따라 2008~11년 동안 극동지역에 약 6,000억 루블 이상(당시 환율로 환산하면 200억 달러)의 연방정부 예산이 투입되었다. 당시 투입된 예산은 대부분 블라디보스토크 인프라 재건 및 신규 시설 구축 등에 사용되었다. 그 결과 블라디보스토크가 극동지역의 정치적, 행정적, 재정적 자원을 집약하는 거점도시 형성으로 이어졌다.

동지역의 글로벌화를 위해 심혈을 기울여 추진한 두 개의 정상회담을 통해 러시아가 얻은 교훈은 명료했다. 즉, 극동개발은 유럽이 아니라 아시아 국가들과 함께 추진해야 한다는 것이었다. 이를 계기로 중국을 비롯해 한국, 일본 등 주변국들과의 협력을 토대로 극동지역을 개발해야 한다는 '주변국 활용론'이 더욱 힘을 얻게 된다.

그런데 러시아 연방정부와 극동 지방정부 사이에 정책 우선순위와 주변국 경제권에 대한 이해도에 괴리가 존재했다. 특히 극동지역과 연방정부가 인식하는 중국 역할론에 대한 입장은 크게 달랐다. 연방정부는 러시아 전체의 발전 방향성을 우선시하면서 중국을 포함한 극동 주변국을 적극적으로 활용하고자 하였으나, 중국과 국경을 접하고 있는 극동정부는 중국의 지정학적·지경학적 영향력이 지역에서 강화되는 현상을 경계하고 있었다. 그럼에도 지정학적 변화에 따라 '주변국 활용론'은 더욱 강해졌다. 2008년 러시아는 조지아와의 전쟁에서 승리하면서 아시아·태평양 전략과 극동개발 전략에 전환이 필요하다고 인식하기 시작하였는데, 같은 해 중국이 2008년 베이징 올림픽을 성공적으로 개최한 것도 이러한 러시아의 전략적 사고를 강화하는 계기가 되었다. 즉, 성장하는 중국의 위협을 더 이상 방치할 수 없었던 러시아는 극동개발 가속화를 통해 대응해야 한다고 판단하게 된다. 러시아는 극동개발 가속화의 일환으로 극동개발부를 신설하여 한정된 자원과 노력을 집중하는 등 극동지역 전체의 불균형 선도 개발을 통한 거점도시 육성을 시도하였다.

이처럼 극동개발에 대한 주변국 활용의 필요성은 증대했지만 두드러진 진전은 나타나지 않았다. 가장 큰 요인은 극동개발 참여에 따른 경제적 매력이 크지 않았기 때문이지만, 대내외적인 환경도 악재로 작용하였다. 이 시기 중국의 전체적인 성장과는 달리 동북 3성의 경제는 침체 상태에 있었고, 한국과 일본의 극동지역에 대한 관심도 상대적으로 낮았다. 이러한 상황이 지속되는 가운데 러시아 연방정부의 예산 제약 등도 복합적으로 작용하여 극동개발의 정체 요인으로 영향을 미쳤다.

(3) 푸틴3기(2012~17) : '자강론'에서 '주변국 활용론'으로 전환

푸틴 집권 3기부터 본격화된 신동방정책은 지역 균형 발전과 아시아·태평양지역으로의 외교 및 경제 지평 확대에 목표를 두었다. 부상하는 동북아시아 국가(특히 한국, 중국, 일본)와의 경제협력 확대를 통해 새로운 경제성장의 동력을 찾으려 하였다. 푸틴의 신동방정책은 2012년 극동개발부 신설, 2015년 경제특구(선도개발구역과 블라디보스토크 자유항) 지정, 2015년 동방경제포럼 창설 및 정례화, 2016년 극동 헥타르 프로그램 시행, 2017년 '극동지역 인구확대 정책 2025' 발표 등으로 이어지며 심화되었다.

2013년에 새로운 국가 프로그램으로 채택된 '2025년 극동 바이칼지역 사회·경제 발전 국가 프로그램'은 두 가지 측면에서 이전 프로그램과 차이가 있다. 대표적인 것으로 수백 개에 달하는 구체적인 사업을 제시하고 각 사업별로 대략적인 정부 예산을 책정하는 한편, 주변국과의 협력 필요성을 강조하고 있다. 이른바 '중국 위협론'이 상존하는 가운데 '중국 활용론'이 현실화되어 가는 과정으로, 극동개발을 위해 러시아 내부의 동력을 활용해야 한다는 '자강론'에서 '주변국 (특히 중국) 활용론'으로의 전환이 구체화되어 가고 있다는 것을 의미한다.

'중국 위협론'은 극동지역에서 매우 뿌리가 깊고 상당한 파급력이 있는 대외적 경계 요인이었다. 그럼에도 전략적 차원에서 중국과의 협력 강화론이 현실화된 대내외적 배경으로 크게 두 가지를 들 수 있다. 첫 번째는 주변국인 한국과 일본과의 협력 수준이 기대에 미치지 못한 점이 큰 요인으로 작용했다. 일본은 2차 세계대전 이후 구 소련에 귀속된 쿠릴 4도서(일본명 북방영토) 반환 문제 등이 장애로 작용하여 대규모 투자 및 첨단 기술 이전에 상대적으로 적극적이지 못했다.[9] 또한 미-일 동맹체제에 대한 중압감도 큰 요인이

9 염동호(2022)는 러·일 관계 변화의 핵심 요인으로 북방 4도서의 영토협상을 지적한다. 염동호, 「러·일관계 협력과 갈등 메커니즘의 게임이론적 분석-북방 4도서 영유권 분쟁과 경제협력을 중심으로」, 『슬라브연구』 제38권 제2호, 한국외국어대학교 러시아연구소, 2022, 48~53쪽.

된 것으로 분석된다.[10] 한편 한국은 러시아와 영토문제나 과거사 문제 등이 없고 경제적 상호 보완성이 강하다. 사회・문화적 측면과 일부 경제협력 등에서는 적극적이었지만, 러시아가 원하는 첨단 기술 및 에너지 협력에서는 그다지 속도를 내지 못했다. 이는 한미 동맹과 북한 핵 문제, 서방의 대러 경제제재 등이 대러시아 협력을 전 방위적으로 확대하는 데 제약요인으로 작용한 결과라고 할 수 있다.[11] 두 번째는 푸틴 3기에 대러 제재 등 국제 정세의 변화와 글로벌 경제위기, 에너지 가격 하락 등으로 러시아 정부의 예산 집행 능력이 크게 낮아진 점을 들 수 있다.

이러한 대내외 환경 변화는 푸틴 정부에게 중국과의 협력 필요성을 각인시키는 한 편, 중국의 영향력을 견제하고 중화시키기 위해서는 한국, 일본 등과의 협력을 활용할 필요가 있다는 인식에 이르도록 했다고 할 수 있다. 물론 한국 및 일본 활용론이 단순히 중국 견제를 위한 것이라고는 할 수 없다. 즉 산업 및 기술적 측면에서 보완관계에 있다는 측면도 강하다. 이 같은 러시아의 인식 변화에도 대러제재 등의 영향으로 한국과 일본의 협력이 기대에 미치지 못하자 러시아는 협력 대상을 환태평양 국가로 확대하기 시작하였다. 그러한 인식 전환은 2022년 및 2023년 신동방경제포럼에서 표면화되었다.

(4) 푸틴 4기(2018~24) : 전략적 협력국・범위 확대와 한・일 역할 약화

이 시기에 나타난 극동개발정책과 이로 인한 대내외적 변화는 크다. 크게

10 러・일 관계에서 일본의 전략 변화와 미・일동맹이 미치는 영향에 대해서는 염동호(2021)를 참조할 수 있다. 염동호, 「러・일 관계의 협력과 갈등 메커니즘」, 『러시아연구』 제31권 제1호, 서울대학교 러시아연구소, 2021, 194~207쪽.

11 2014년 러시아의 크림반도 병합은 러－중 간의 협력관계를 더욱 강화하는 중대한 계기가 되었는데, 전략적 차원에서 중국과 경제협력을 강화해야 한다는 '중국 활용론'은 ① 러시아의 글로벌 시장에 대한 접근 제한과 동시에 서방세계의 러시아에 대한 압박 심화, ② 미・중 갈등으로 중국에 대한 미국의 압박이 강화되면서 중국 내에서 러시아의 가치가 상대적으로 커지게 된 대외적 요인이 그 배경에 있다. 즉, 러시아에서는 디지털 경제로의 전환 및 디지털 경쟁력 확보를 위해 중국을 적극적으로 활용해야 한다는 주장이 있으며, 중국에서는 에너지 자원의 안정적인 수급과 함께 중국 내 첨단 기술 기업들의 해외시장 개척에 러시아와의 전략적 협력이 중요하다는 양자의 이해관계에 따른 것이다.

두 가지로 정리할 수 있는데, 첫 번째는 대내적 변화로서 극동개발에 대한 기조 변화다. 극동개발에 대한 기조는 2019년 이전까지는 극동 연방관구 내 지역들 간 균형성 및 형평성의 원칙을 유지하였으나, 2019년부터는 블라디보스토크에 집중적으로 예산을 투입하는 불균형 정책으로 전환하였다. 이는 집권 4기 들어서 신동방정책의 가시적인 성과를 도출하기 위해 취한 새로운 접근의 일환이라고 할 수 있는데, 대표적인 것으로 극동연방관구에 대한 행정기구 개편을 들 수 있다.[12] 2018년 11월 시베리아 연방관구 소속 2개 연방주체(부랴트 공화국과 자바이칼리예 변강)를 극동연방관구로 편입하고, 극동지역의 행정 중심지를 하바롭스크에서 블라디보스토크로 변경하였다. 나아가 극동개발부의 업무를 확대하고 극동·북극개발부를 출범시키는 등 대대적인 조직개편을 단행하였다.

두 번째는 협력 대상국 및 범위의 확대를 들 수 있다. 기존 한·중·일 이외에도 인도, 아세안 등 아시아·태평양 지역의 우호국들과의 협력을 강조하면서 극동지역을 매개로 한 전략적 협력의 범위 확대를 시도하였다. 이는 러시아가 우크라이나 전쟁 이후 강화된 서방측의 제재와 급변하는 국제질서 변화에 대해 대응하기 위한 극동정책의 새로운 패러다임이라고 볼 수 있으며, 이러한 변화를 통해 극동 개발의 모멘텀을 지속하고 아태 시장에서의 입지를 강화하려는 노력으로 평가할 수 있다. 2022년과 2023년의 신동방경제포럼에서 나타난 변화는 극동지역의 전략적 가치를 강조하고, 중국, 인도 및 우호국 중심의 가치사슬 강화 및 확대를 모색했다는 점에서는 큰 변화가 없었으나 협력 대상국을 아태지역으로 확대하고 우호국에서 비우호국으로 확

12 동방경제포럼(Eastern Economic Forum, EEF, Восточный экономический форум, ВЭФ)은 러시아가 연방정부 차원에서 지원하는 3개 포럼 가운데 하나로, 푸틴 대통령이 집권 3기부터 본격화한 신동방정책의 핵심 정책 수단으로서 2012년부터 추진해 왔다. 크림반도 사태(2014년 3월) 이후인 2015년 5월, 푸틴 대통령은 극동 개발과 아시아태평양 지역 국가들과 협력 활성화를 촉진하기 위해 EEF 창설을 지시했으며, 2015년 9월 1차 회의를 시작으로 블라디보스토크 극동연방대학교에서 연례 회의로 개최해 왔다(2020년에는 코로나 19로 미개최).

대를 모색하면서 한국과 일본의 역할이 약화하였다는 점이다.[13]

3. 극동지역의 산업구조와 지경학적 가치

1) 극동지역의 지경학적 위상

극동지역은 러시아 전체 면적의 40.6%를 차지하고 있으나, 인구 비중은 8개 연방관구 가운데 가장 낮은 4.2%에 불과하다. 극동지역의 1인당 월평균 소득은 74,799루블(러시아 평균 65,338루블), 1인당 월평균 임금은 48,613루블(러시아 평균 44,937루블)로 집계되는 등 러시아 평균을 상회하는 개선을 보인다. 반면, 석유・가스, 금, 다이아몬드(러시아 전체의 약 80%) 등 다양한 천연자원의 풍부한 매장량을 자랑한다.[14] 동쪽으로 태평양에 접해 있는 추코트카 자치구, 캄차트카 변강, 사할린 주 등은 많은 해양자원을 보유하고 있다. 다양한 자원은 경제발전의 핵심 잠재력으로 자원에 기반한 산업이 발전해 왔다.

<표 1>은 지역총생산Gross Regional Production을 토대로 극동지역의 경제적 위상과 산업구조를 정리하고 있다. 2022년을 기준으로 6.15%로 중앙관구 33.67%의 5분의 1 이하 수준에 머물러 있다. 푸틴 집권기를 기준으로 보면

13 2022년 포럼에서는 다극세계 구축에 극동지역이 지정학적 및 지경학적으로 그 중요성이 매우 높다는 것을 강조하고, 러・중, 러・인도, 러・베트남, 러・아세안, 러・베트남과 양자 비즈니스 다이얼로그를 개최하는 등 국제사회와의 협력을 통해 경제 공간을 확대에 대한 야심을 드러냈다. 2023년의 8차 동방경제포럼에서는 '다극 질서 형성과 새로운 협력 공간 확보'라는 목표를 내걸고 글로벌 협력 구축・강화를 모색하였다, 새로운 국제질서 속에서 러・중 간의 협력확대 기조를 더욱 선명히 하는 한편, 포럼에 참석한 인도, 미얀마, 라오스, 베트남 등 동・서남아 국가로 협력 공간을 넓혔다. 또한 협력 분야도 다양화하는 등 주요 아태국가들과 극동 개발을 연계한 협력 활성화를 모색하였다. 그러나 여전히 우호국 중심에 머물러 있다는 한계가 지적된다.

14 이 밖에도 러시아 기준으로 안티모니・붕소・주석(95%), 형석・수은(60%), 텅스텐(24%), 철광석・납・원황・아파타이트(10%) 등의 매장량이 풍부하다. 또한 삼림자원 보유고가 110억㎥에 달해 러시아 삼림자원의 약 35%를 차지하며, 레나강, 아무르강 등 다양한 강과 호수가 위치하여 수자원도 풍부하다.

푸틴 1기 5.65%, 2기 6.13%, 3기 6.03%, 4기 6.19%로 다소 증가하는 추세다.

〈표 1〉 극동지역의 경제규모 변화 : GRP 비중

(단위 : %)

	GRP 변화					
	1999년	2022년	푸틴 1기	푸틴 2기	푸틴 3기	푸틴 4기
중앙	31.12	33.67	34.48	35.70	35.03	34.61
북서	10.51	13.46	10.02	10.45	10.79	12.15
남부	6.02	6.98	5.54	6.18	7.10	6.99
북캅카스	1.93	2.21	2.00	2.35	2.61	2.36
프리볼시스키	18.43	13.98	16.15	15.52	15.21	14.42
우랄	13.65	14.27	15.90	13.93	13.67	13.81
시베리아	11.25	9.28	10.25	9.74	9.57	9.47
극동	7.10	6.15	5.65	6.13	6.03	6.19

주 : 푸틴 1기~4기의 GRP는 푸틴 1기 : 2000~2007년, 푸틴 2기 : 2008~2012년, 푸틴 3기 : 2013~2017년, 푸틴 4기 : 2018~2022년의 각 기간 평균값이다.
자료 : 러시아 연방 통계청(https://rosstat.gov.ru/) 데이터를 토대로 필자 작성.

극동지역은 후기로 올수록 다른 연방관구에 비해 높은 성장세를 보였다(<표 2> 참조). 극동연방관구가 중앙연방관구보다 높은 성장률을 보인 것은 푸틴 2기부터이다. 푸틴 집권기를 전기(푸틴1~2기)와 후기(푸틴3~4기)로 나눌 경우 전기에는 극동 1.995%로 전국 2.261%(중앙 2.513%)에 비해 낮았으나, 후기에는 0.623%로 전국 0.616%(중앙 0.591%)에 비해 성장률이 높았다.

〈표 2〉 극동지역의 성장률 변화 : GRP 성장률

(단위 : %)

	GRP 성장률				평균 성장률	
	푸틴 1기	푸틴 2기	푸틴 3기	푸틴 4기	전기 (푸틴 1~2기)	후기 (푸틴 3~4기)
전국	2.75	1.77	0.67	0.56	2.261	0.616
중앙	3.16	1.87	0.64	0.54	2.513	0.591

북서	2.58	1.89	0.73	0.75	2.232	0.741
남부	2.46	2.09	0.92	0.53	2.273	0.728
북캅카스	2.90	2.26	0.86	0.41	2.579	0.632
프리볼시스키	2.29	1.66	0.64	0.48	1.975	0.559
우랄	3.37	1.43	0.64	0.57	2.398	0.608
시베리아	2.42	1.63	0.64	0.54	2.026	0.593
극동	1.98	2.01	0.65	0.60	1.995	0.623

주 : 푸틴 1기~4기의 GRP는 푸틴 1기 : 2000~2007년, 푸틴 2기 : 2008~2012년, 푸틴 3기 : 2013~2017년, 푸틴 4기 : 2018~2022년의 각 기간 평균값이다.
자료 : 러시아 연방 통계청 (https://rosstat.gov.ru/) 데이터를 토대로 필자 작성.

이를 인구구조를 고려해 1인당 GRP 성장률로 정리한 것이 <표 3>이다. 극동은 푸틴 1기 2.17%로 전국 2.82%와 중앙 3.18%에 비해 낮았으나, 푸틴 2기부터 전국과 중앙을 웃돌기 시작했으며, 푸틴 4기에는 0.73%로 전국 0.62%, 중앙 0.58%에 비해 상대적으로 높은 성장률을 기록했다. 이를 푸틴 집권 전기(1~2기)와 후기(3~4기)로 나누어 보면 전기 2.136%로 전국 2.301%, 중앙 2.510%에 비해 상대적으로 낮았으나, 후기에는 0.697%로 전국 0.630%와 중앙 0.596%에 비해 높은 성장률을 기록했다.

<표 3> 극동지역의 1인당 GRP 변화

(단위 : %)

	성장률				평균 성장률	
	푸틴 1기	푸틴 2기	푸틴 3기	푸틴 4기	전기 (푸틴 1~2기)	후기 (푸틴 3~4기)
전국	2.82	1.78	0.64	0.62	2.301	0.630
중앙	3.18	1.84	0.62	0.58	2.510	0.596
북서	2.73	1.92	0.70	0.85	2.326	0.775
남부	2.51	2.10	0.67	0.53	2.304	0.602
북캅카스	2.43	1.95	0.80	0.41	2.189	0.604
프리볼시스키	2.40	1.73	0.65	0.57	2.067	0.611

우랄	3.49	1.45	0.62	0.64	2.469	0.631
시베리아	2.57	1.69	0.64	0.64	2.128	0.639
극동	2.17	2.11	0.67	0.73	2.136	0.697

주 : 푸틴 1기~4기의 GRP는 푸틴 1기 : 2000~2007년, 푸틴 2기 : 2008~2012년, 푸틴 3기 : 2013~2017년, 푸틴 4기 : 2018~2022년의 각 기간 평균값이다.
자료 : 러시아 연방 통계청 (https://rosstat.gov.ru/) 데이터를 토대로 필자 작성.

2) 극동지역의 산업구조

극동의 산업구조는 채굴업이 발달해 있고 상대적으로 제조업이 약하다는 특징을 갖는다(<표 4> 참조). 러시아의 산업구조는 제조업이 16.3%로 산업 비중이 가장 크고, 이어 도소매업 15.0%, 채굴업 14.5%, 부동산업 11.0%로 구성되어 있는데, 극동연방관구는 채굴업이 31.9%로 가장 높고, 이어 운송 및 통신 10.6%, 도소매업 8.4%의 구성비를 보인다. 제조업은 4.2%로 전국 16.3%나 중앙 18.6%에 비해 현저히 낮다. 반면 31.9%를 차지하는 채굴업은 전국평균 14.5%보다 높고, 농축수산업도 5.0%로 전국평균 4.2%에 비해 높게 나타난다.

<표 4> 지역별 산업구조 : GRP (2022년)

(단위 : %)

	전국	중앙	북서	남부	북코카서스	볼가	우랄	시베리아	극동
농축수산업	4.2	2.9	2.1	10.6	15.8	6.7	1.6	4.6	5.0
채굴업	14.5	0.8	6.0	5.0	1.1	16.2	47.7	21.4	31.9
제조업	16.3	18.6	17.0	11.9	8.1	21.5	14.2	16.5	4.2
전기/가스/상하수도	2.8	2.7	2.5	3.0	3.2	2.9	2.3	3.5	3.0
건설업	5.5	5.4	3.4	5.7	10.7	5.3	5.6	5.8	7.9
도소매업	15.0	17.7	29.5	13.7	15.2	10.9	5.5	9.9	8.4
호텔요식업	0.9	0.9	0.8	1.7	2.3	0.7	0.5	0.8	0.9
운송 및 통신	6.9	7.1	7.3	9.3	4.5	5.5	4.9	7.4	10.6
정보통신	3.2	5.8	2.7	1.7	2.0	2.3	1.1	1.9	1.2

금융업	0.5	1.1	0.3	0.2	0.1	0.3	0.1	0.2	0.1
부동산업	11.0	14.2	10.6	17.1	11.2	10.1	5.1	8.8	6.3
공공행정/군사보안	4.9	4.5	4.6	6.1	10.3	4.7	2.8	5.5	8.2
교육	3.1	2.9	2.9	3.7	6.0	3.5	2.0	3.9	3.8
보건/사회서비스	2.9	2.8	2.7	3.9	5.3	3.1	1.9	3.5	3.5
기타서비스	1.5	1.9	1.4	1.7	1.5	1.2	0.8	1.2	1.1
과학기술	4.5	7.2	4.1	2.9	1.4	3.4	2.4	3.3	2.0
행정/관련 부가서비스	2.3	3.5	2.1	1.8	1.3	1.7	1.5	1.8	1.9

주 : 1) 농 · 축 · 수산업은 농축산업과 수산업을 합산한 값이다.
2) 2016년부터 정보통신 분야가 분리되고, 과학기술, 행정 · 관련 부가서비스 분야가 세분화되어 집계되고 있다.

자료 : 러시아 연방 통계청(https://rosstat.gov.ru/) 데이터를 토대로 필자 작성.

〈표 5〉 극동지역 산업구조 변화 : 산업별 GRP 변화

(단위 : %)

	푸틴 1기			푸틴 2기			푸틴 3기			푸틴 4기		
	전국	중앙	극동	전국	중앙	극동	전국	중앙	극동	전국	중앙	극동
농축수산업	5.43	2.83	8.85	4.76	2.64	6.42	4.74	3.10	5.94	4.32	3.02	5.42
채굴업	11.60	0.83	14.90	10.48	0.76	21.98	10.82	0.58	24.88	13.32	0.94	29.70
제조업	19.33	18.10	7.45	17.84	16.88	5.90	16.60	16.12	5.56	16.90	18.18	4.74
전기/가스/상하수도	3.73	3.65	4.95	4.06	4.18	4.08	3.76	3.80	4.10	3.26	3.12	3.38
건설업	5.93	4.73	8.93	6.94	4.74	10.74	6.54	5.28	6.44	5.40	4.84	6.92
도소매업	21.10	33.70	13.33	19.30	29.88	11.18	17.44	26.30	10.84	14.36	19.94	8.88
호텔요식업	0.98	1.18	0.90	1.04	0.96	0.94	1.04	0.90	1.00	0.92	0.86	0.90
운송 및 통신	10.48	9.10	16.23	10.24	9.54	14.18	8.68	7.60	13.16	7.04	6.52	10.44
정보통신	-	-	-	-	-	-	1.12	1.76	0.64	3.14	5.26	1.36
금융업	1.03	2.38	0.20	0.60	1.06	0.26	0.48	0.92	0.20	0.54	1.08	0.14
부동산업	9.18	13.15	7.00	11.28	16.48	6.20	11.78	16.14	6.60	10.46	13.10	6.46
공공행정/군사보안	3.55	3.00	6.63	5.08	4.54	8.36	5.74	5.80	8.92	5.40	5.28	8.42
교육	2.78	2.23	4.43	3.06	2.70	3.92	3.10	2.66	4.06	3.06	2.76	3.80
보건/사회서비스	3.33	2.68	4.88	3.82	3.42	4.74	4.00	3.54	4.84	3.72	3.40	4.42
기타서비스	1.60	2.48	1.35	1.50	2.22	1.10	1.48	1.78	1.38	1.48	1.84	1.26
과학기술	-	-	-	-	-	-	1.72	2.66	0.74	4.40	6.92	1.76

행정/관련 부가서비스	-	-	-	-	-	-	0.96	1.06	0.70	2.28	2.94	2.00

주 : 1) 농·축·수산업은 농축산업과 수산업을 합산한 값이다.
2) 2016년부터 정보통신 분야가 분리되고, 과학기술, 행정·관련 부가서비스 분야가 세분화되어 집계되고 있다.
3) 푸틴 1기~4기의 GRP는 푸틴 1기 : 2000~2007년, 푸틴 2기 : 2008~2012년, 푸틴 3기 : 2013~2017년, 푸틴4기 : 2018~2022년의 각 기간 평균값이다.

자료 : 러시아 연방 통계청(https://rosstat.gov.ru/) 데이터를 토대로 필자 작성.

극동지역의 경우 채굴업은 지속적으로 확대된 반면 제조업은 축소되는 특징이 확인된다(<표 5> 참조). 극동의 채굴업은 푸틴 1기 14.90%로 전국 11.60%보다 3.30%p 높았으나, 푸틴 2기 21.98%(전국 10.48%), 푸틴 3기 24.88%(전국 10.82%), 푸틴 4기 29.70%(전국 13.32%)로 확대되었다. 한편 제조업은 푸틴 1기 7.45%(전국 19.33%), 푸틴 1기 5.90%(전국 16.88%), 푸틴 3기 5.56%(전국 16.60%), 푸틴 4기 4.74%(전국 16.90%)로 지속적으로 축소되어 온 것을 확인할 수 있다. 농·축·수산업은 푸틴 1기 8.85%(전국 5.43%)에서 푸틴 4기 5.42%(4.32%)로 비중은 축소되고 있으나 여전히 전국 대비 높은데, 운송통신업도 유사한 양상을 보여주고 있다.

3) 극동지역 산업 경쟁력

극동지역의 산업 경쟁력을 살펴보기 위해 양적인 변화를 토대로 상대적으로 경쟁력을 확보하고 있는 산업의 구조적 변화를 보는데 유용한 특화계수를 활용한다. <표 6>은 극동연방관구의 산업별 부가가치, 종사자수, 노동생산성의 특화계수를 정리한 것으로, 특화계수의 산출식은 $LQ_{ij} = (Q_{ij} / Q_j) / (Q_j / Q)$이며, LQ 는 특화계수, Q_i 는 해당 지역 i 산업 역내총생산액의 구성비, Q_i 는 전국 i 산업의 국내 총생산 구성비를 의미한다. 기반산업 및 수출산업의 분포 등에 따른 왜곡의 존재 가능성을 해소하기 위해 GRP의 특화계수GLQ(GRP Location Quotient), 종사자수의 특화계수ELQ(Number of Employees Location Quotient), 노동생산성LP의 특화계수를 산출하여 산업별 경쟁력을 분석한다.[15]

일반적으로 전국=1을 기준으로 산출하기 때문에 일반적으로 1 이상의 경우를 특화되어 있는 것으로 판단하나 본 글에서는 산업의 지역적 편중성 등을 고려하여 특화계수 1.25 이상일 경우에 특화된 것으로 평가하기로 한다.

〈표 6〉 극동연방관구의 산업별 특화계수

	GRP	종사자수	노동생산성
전산업	1.00	1.00	1.16
농축수산업	1.30	0.96	1.58
채굴업	2.32	2.28	1.18
제조업	0.33	0.59	0.66
전기가스수도	1.10	1.66	0.77
건설업	1.06	1.01	1.22
도소매업	0.65	0.93	0.81
호텔 · 요식업	1.00	0.96	1.21
교통 · 통신업	1.25	1.27	1.15
금융업	0.40	0.00	0.00
부동산업	0.46	0.77	0.70
공공행정서비스	1.21	0.00	0.00
교육	0.75	1.13	0.76
보건 · 사회서비스	1.18	1.10	1.25
기타서비스	1.00	1.16	1.01

자료 : 러시아연방 국가통계청(http://www.gks.ru/) 자료를 토대로 산출.
염동호(2020) 등을 토대로 필자 정리.[16]

극동연방관구는 채굴업, 농축수산업, 교통통신업, 공공행정서비스에 특화

15 지역총생산과 노동생산성, 종사자 수의 관계는 다음과 같다.

$$\frac{\triangle P}{P} = \frac{1}{P}\sum_i (P_i + \frac{1}{2}\triangle P_i) \cdot \triangle S_i + \frac{1}{P}\sum_i (S_i + \frac{1}{2}\triangle S_i) \cdot \triangle P_i$$

이때, $P_i = Y_i/L_i$, $S_i = L_i/L$이며, $Y = \sum_i Y_i$는 총생산, $P = Y/L$는 노동생산성, $L = \sum_i L_i$는 종사자 수를 나타낸다.

16 특화계수는 염동호, 앞의 책, 2019, 6~7쪽을 준용한다.

가 확인되고 있다. 노동생산성은 농축수산업 1.58, 보건・사회서비스 1.25, 건설업 1.22, 채굴업 1.18로 확인된다. 극동연방관구의 부가가치와 종사자수가 모두 증가한 산업은 보건사회와 전기・가스・수도업이다. 부가가치는 증가하였으나 종사자수가 축소된 산업은 확인되지 않았는데, 부가가치는 축소하였으나 종사자수가 증가한 산업은 채굴업과 교통통신업으로 나타났다.

결과적으로 극동의 비교우위산업은 채굴업, 건설업, 보건사회, 교통통신업, 전기・가스・수도업이라고 할 수 있으며, 이 가운데 부가가치와 고용 확대에 기여한 산업은 보건사회와 전기・가스・수도업이다. 부가가치 축소에도 고용확대에 기여한 산업은 채굴업, 교통・통신업이다. 채굴업은 종사자수는 증가하고 있으나 부가가치와 노동생산성은 약화되고 있는 것으로 나타났다. 교통・통신업은 부가가치는 축소되고 있으나 종사자수와 노동생산성은 개선되고 있었다. 보건사회업은 부가가치, 종사자수, 노동생산성 모두 개선되고 있다. 건설업은 부가가치, 종사자수, 노동생산성 모두 축소되고 있다. 한편 농축수산업은 부가가치와 노동생산성 모두 개선되고 있으나 고용확대에 대한 기여도는 약한 것으로 분석된다.

특화계수를 토대로 극동의 산업특징을 정리하면 다음과 같다. 기반산업은 파급효과는 낮으나 비중이 가장 큰 채굴업, 상대적으로 비중은 낮으나 종사자수의 비중이 큰 농축수산업, 비중과 종사자수 모두 성장세에 있는 도소매업과 교통・통신업이라고 할 수 있다. 지역총생산과 고용확대에서는 채굴업과 교통통신업, 지역총생산과 노동생산성에서는 농축수산업, 고용확대와 노동생산성에서는 비교우위 산업이 확인되지 않았다. 결과적으로 기반산업 가운데 세 변수 모두 개선을 보인 산업은 농・축・수산업이 유일하다.

4. 한 · 중 · 일 3국의 대극동협력 현황과 과제

1) 한 · 중 · 일 3국과 극동지역 교역 · 투자 현황

2021년 기준 극동연방관구의 교역규모는 러시아 전체의 4.96%이며, 수출은 5.79%, 수입 3.57%에 머물러 있다. 주요 수출품은 광물성 연료 에너지 49.3%, 귀금속 15.2%, 어패류 14.0% 등으로 대부분이 1차 산품이다. 상위 3개 품목의 비중을 합치면 80%에 육박할 정도로 수출 품목의 편중이 심하다(<표 7> 참조). 반면 2021년 기준 주요 수입품은 기계류 26.2%, 전자기기 12.3%, 자동차 10.4% 등으로 기계를 비롯한 운송장비 등 자본재가 주를 이룬다. 상위 3개 품목의 비중을 합하면 50%에 육박한다. 즉, 극동연방관구는 주로 1차 산품을 수출하고 자본재를 수입하는 특징을 지닌다.

극동연방관구 교역의 특징 중 하나는 한 · 중 · 일 3국이 70% 이상을 차지한다는 점이다. 2021년 기준으로 수출상대국은 한 · 중 · 일 3국이 76.3%이며, 이 중 한국 31.4%, 중국 30.9%, 일본 14.0%를 차지한다. 수입 상대국도 한 · 중 · 일 3국이 73.2%를 차지한다. 특히 중국과의 교역이 증가하고 있다. 대중국 수출은 2017년 55.4억 달러에서 2021년 88.7억 달러 달러를 기록하였다. 대중국 수입도 동기간 32.5억 달러에서 51.5억 달러로 연평균 17.7% 증가했다. 수출입의 연평균 복합 성장률CAGR이 12%를 넘는다. 그 결과 2021년 기준 중국은 전체 극동 무역의 35.6%(2017년 29.2%)를 차지하면서 극동의 제1교역대상국으로서의 위상을 굳혔다. 수지로 보면 극동은 중국에 대해서 대규모 무역흑자를 늘려가면서 2021년 기준 37.2억 달러를 기록했다(2017년 22.9억 달러).

〈표 7〉 극동연방관구 수출입 추이

(단위 : 10억 불)

		2017년	2018년	2019년	2020년	2021년
수출		23.1	28.7	27.3	23.5	28.7
품목별 비중	광물성 연료에너지(27)	52.3%	58.7%	58.5%	54%	49.3%
	귀금속(71)	17.1%	13.8%	12.4%	13.9%	15.2%
	어류(03)	10.8%	10.9%	12.4%	13.4%	14.0%
	소계	80.2%	83.4%	83.3%	81.3%	78.5%
국가별 비중	한국	27.0%	31.9%	31.4%	31.0%	31.4%
	중국	23.5%	23.1%	22.7%	29.0%	30.9%
	일본	21.5%	21.9%	22.1%	18.2%	14.0%
	소계	72.0%	76.9%	76.2%	78.2%	76.3%
수입		6.9	6.5	8.1	7.6	10.5
품목별 비중	기계류(84)	25.7%	23.7%	24.9%	25.6%	26.2%
	전자기기(85)	7.8%	11.1%	8.6%	10.1%	12.3%
	자동차(87)	6.5%	6.6%	12.1%	11.2%	10.4%
	소계	40.0%	41.4%	45.6%	46.9%	48.9%
국가별 비중	한국	13.9%	8.3%	8.3%	8.4%	12.6%
	중국	46.8%	55.9%	48.0%	49.0%	48.7%
	일본	8.3%	7.5%	15.0%	13.1%	11.9%
	소계	69.0%	71.7%	71.3%	70.5%	73.2%
수지		16.2	22.2	19.2	15.9	18.2
무역		30.1	35.2	35.5	31.1	39.3

주 : 1) 품목은 HS코드 2단위 기준.
2) 우크라이나 전쟁 이후 러시아는 무역 세부 정보를 공개하지 않고 있어 2022년 이후 자료는 활용이 불가능함.

자료 : The Observatory of Economic Complexity(https://oec.world/)를 토대로 필자 작성.

직접 투자 측면에서 보아도 중국 기업들의 투자가 한국, 일본을 능가하고 있다. 러시아는 2014년 12월 선도사회경제개발구역TOR(Territories of Advanced Social and Economic Development)에 관한 연방법률(선도개발구역법), 2015년 7월 블라디보스토크 자유항FPV(Free Port of Vladivostok)에 관한 연방법률(블라디보스토크 자유항법)을 제정하고 2014년 극동개발공사(2020.12 극동북극개발공사로 개편)를 설립한 후 각종 지원 정책을 통하여[17] 국내외 투자기업을 유치하고 있다. 러시아에 총 23개의 선도개발구역이 지정되어 있는데, 그 중에서 22개가 극동에 위치해 있다. 이들 경제특구에서도 중국 기업이 외국인 투자를 주도하고 있다. 2023년 10월 주駐하바롭스크 중국 총영사 장샤오양姜笑洋은 언론 인터뷰에서 중국은 극동 선도개발구역과 블라디보스토크 자유항 내 최대 외국기업 투자국으로 현재 53개 기업에서 132억 달러를 임업, 농업, 에너지 및 광물, 운송 및 물류 분야에 투자했다고 밝혔다.[18] 국가별로 보면, 2022년 8월 기준 선도개발구역 입주 기업 중 외국 자본이 투입된 기업은 전체의 5%인 30개인데, 국가별로는 중국이 10개사, 일본이 6개사, 한국이 2개사였다. 자유항 입주 기업 중 외국 자본이 투입된 기업은 전체의 2.8%인 60개로 중국 38개사, 한국 8개사, 일본 5개사 순이었다. Суслов Д. В.(2023)에 따르면 2022년 기준 ASEZ와 FPV 전체 외국인 투자액에서 중국 투자가 70% 이상을 차지했다. 선도개발지역의 총투자 금액에서 중국이 차지하는 비중은 3%, 일자리 창출 비중은 3%였다. 블라디보스토크 자유항에서 중국은 전체 투자의 4.8%를 차지하며 일자리 창출 비중은 10.8%였다. 이 지역들에 대한 중국 투자의 중요 특징으로는 대다수가 민간 투자이며, 주로 제조, 물류 및 운송, 농업, 관광 및 기타 부문에 대한 투자가 많았다.[19]

17 KOTRA, 「러시아 선도개발구역 및 블라디보스톡 자유항 운영 현황」, 2023, https://dream.kotra.or.kr/kotranews/cms/news/actionKotraBoardDetail.do?SITE_NO=3&MENU_ID=100&CONTENTS_NO=1&bbsGbn=322&bbsSn=322&pNttSn=200303 (검색일 : 2024.01.17)

18 EastRussia, 2023, "Китайско-российское сотрудничество обязательно совершит новые прорывы", https://www.eastrussia.ru/material/kitaysko-rossiyskoe-sotrudnichestvo-obyazatelno-sovershit-novye-proryvy/ (검색일 : 2024.01.17)

19 Суслов Д. В. ПРИВЛЕЧЕНИЕ ПРЯМЫХ ИНОСТРАННЫХ ИНВЕСТИЦИЙВ ЭКОНОМИКУ РОССИЙСКОГО ДАЛЬНЕГО ВОСТОКАВ НОВЫХ УСЛОВИЯХ, ЭКОНОМИКА ДАЛЬНЕГО ВОСТОКА РОССИИ : НОВЫЕ ВОЗМОЖНОСТИ В МЕНЯЮЩЕМСЯ МИРЕ. НАУЧНО-ПРАКТИЧЕСКАЯ КОНФЕРЕНЦИЯ 15~16 ноября 2022 г. МАТЕРИАЛЫ КРУГЛЫХ СТОЛОВ. Дальневосточный институт управления, 2022. (검색일 : 2024.01.11)

2) 한 · 중 · 일 3국의 대극동협력 특징

(1) 한국의 대극동협력

그동안 한국의 대극동협력은 경제협력을 중심으로 디자인되었으나 정책적 수요에 입각해 경협에 경도되어 왔다는 특징이 있다. 경제협력의 방향성, 투자유망분야, 산업구조 및 경쟁력을 토대로 다양한 경협모델이 제시되는 등 심화되어 왔다. 그럼에도 성과는 기대수준에 미치지 못하고 있다는 평가가 지배적이다. 그 이유는 크게 세 가지 요인으로 정리할 수 있다. 첫 번째는 정책적 수요가 우선시되어 국내의 경협수요보다 상대국 수요에 초점이 맞춰졌다는 점이다. 선행된 정책수요를 토대로 거시적이고 포괄적인 방향성이 제시되고 이를 수행하기 위한 근거로서 경협효과 등이 제시되었으나, 국내의 미시적 수요분석이 심도 있게 이루어지지 않아 추진력이 약했다. 두 번째는 '정부의 정책'과 '기업 및 시장의 경제적 수요'를 토대로 이루어질 때 효과를 극대화 할 수 있음에도 기업의 경협수요가 경시되었다는 점이다. 경협의 궁극적인 수행주체인 기업은 경제적 이익에 기초해 의사결정을 하므로 정책적 수요에 기반한 우대조치는 의사결정의 부수적인 요인에 지나지 않는다. 세 번째는 정책적 수요가 우선시 되었음에도 국가적 차원의 목표와 전략이 부재했다는 점이다. 한국은 우크라이나 전쟁 이후 대극동협력을 비롯해 대러전략이 전면 중단된 상황에 이르렀다. 이는 일본의 에너지 전략 등과 대조를 이룬다. 일본의 기시다 정권이 우크라이나 전쟁 이후 대러제재 강화로 급선회하면서도 에너지 분야에서는 대극동협력기조를 유지하였다. 이는 70년대부터 지속된 일본의 에너지 안보정책 기조를 유지하는 차원에서 이루어진 대응이라고 할 수 있다.

한국은 한국 전쟁 이후 신냉전 시기에 북한에 가로막혀 유라시아 대륙과 직접 연결되지 못하는 섬나라와 다름없는 상황이다. 1980년대 말부터 한국은 미국과 소련의 데탕트 분위기에 힘입어 막혀 있던 북방 대륙으로의 연결을 시도하는 북방정책을 본격적으로 추진하기 시작한다. 이런 기조는 이후 모든 정부의 중요한 정책으로 항상 자리잡았는데, 노태우 정부의 북방정책, 김대중 정부의 동아시아 구상, 노무현 정부의 동북아시대 구상, 박근혜 정부의 동북아평화협력구상, 그리고 문재인 정부의 신북방정책으로 이어진다. 그리고 중점 대상국가는 한반도와 국경을 맞대고 있는 중국과 러시아였다.

이에 러시아 극동지역에서의 협력은 한국의 북방정책에서 매우 중요한 위치를 차지하였다. 한반도와 통하고 있는 러시아의 영토로서 유라시아 진출의 교두보 역할을 기대할 수 있기 때문이었다. 특히 문재인 대통령은 취임 4개월 만에 러시아 극동을 방문하여 2017 동방경제포럼EEF(Eastern Economic Forum)에 참가하였고, 기조연설을 통해 신북방정책의 비전을 선언하고 한・러 간 9개 협력분야인 '9-Bridge 전략' 구상을 제시하였다.[20] 나아가 러시아의 극동개발부에 대응하는 대통령 직속 북방경제협력위원회를 설치하면서 극동협력에 큰 의욕을 보였다. 한국 정부의 정책적 노력과 더불어 한국 기업들도 선도개발구역 및 블라디보스토크 자유항 지역에서 추진되는 사업들에 참여하는 방안을 실행하거나 검토하기도 하였다.[21]

그러나 한국의 대극동협력은 교역과 관광 분야를 제외한 다른 협력 사업들은 제대로 추진되지 못하였다. 특히 중국과 일본과는 달리 극동의 주력 산업인 에너지 자원에 대한 투자가 부재하다. 그 주된 이유는 이 지역에서의 지정학적 긴장 고조라는 대외요인에 있다. 2014년 크림반도 사태, 2022년 우크라이나 전쟁으로 인해 서방의 대러경제 제재가 지속되고 있기 때문에 막대한

20 9-Bridge 전략은 가스, 철도, 항만, 전력, 북극항로, 조선, 일자리, 농업, 수산 분야에서 러시아와 한국 사이에 9개의 다리를 놓아 동시다발적인 협력을 진행하자는 구상으로 대다수가 극동지역과 연계된 협력이다.

21 예를 들어, 코즈미노(Kozmino) 마을(프리모리예 변강) 미네랄 비료 공장단지 조성 사업, 프리모리예 변강 유제품 낙농단지 조성사업, 사할린수소클러스터 프로젝트 협력, 선도개발구역 내 1만 톤의 생산능력을 가진 수산물 가공단지 건설 사업 등이 그것들이다. 북극항로, 북극 인프라 및 북극지역개발에 참여하는 방안도 논의되었다. 변현섭, 「러시아 극동지역 개발 신정책과 한-러협력방향」, 『중소연구』 Vol.44, no.4, 2021, 390~393쪽.

자금을 투자해야 하고 수익 창출에 시간이 걸리는 대규모 투자 사업에는 선뜻 나서지 못하는 것이다. 또한 북한의 핵개발로 인한 대북 제재 등 북한 리스크의 영향도 크다. 한국 정부가 추진해 온 북방정책의 궁극적인 지향점이 한반도 평화와 안정, 북한과의 통일 기반 조성에 있었기에, 북방정책은 항상 분단 극복이라는 국내적 목표에 종속되는 측면이 강했다. 따라서 북한과의 관계가 악화되면 북방정책의 추진력도 동시에 소실되는 현상이 수시로 발생했고 이는 정권과 상관없이 반복되는 양상을 보였다. 이러한 이유에서 경제적 수요보다는 정책적 수요가 우위를 차지했고, 정책적 수요 또한 유동적으로 작용하면서 전반적인 극동협력이 중국・일본에 비해 상대적으로 뒤처지는 결과를 낳았다.

(2) 중국의 대극동협력

극동은 중국의 일대일로 전략이 러시아의 '신동방정책look east' 전략과 결합되는 지역이다. 중국은 2013년 9월 시작한 일대일로 구상에서 유라시아 국가들과의 협력을 통해 지역개발과 신성장동력을 모색하고자 했다. 반면, 러시아는 2014년 3월 크림반도 합병 이후, 유럽 의존을 줄이고 극동지역개발을 통해 경제 성장을 이끌고자 신동방정책을 가속화하였다. 따라서 중국은 양국의 이해가 일치되는 극동에서 러시아와 지속적으로 연계 프로젝트를 모색해왔다. 이렇듯 중국은 일대일로 구상을 추진하는 데 있어 극동의 중요성에 공감하고 극동에서의 협력을 활성화시키고자 했다. 또한 러시아의 극동과 국경을 접하고 있는 중국의 동북은 중국내에서 낙후된 지역으로 지역 발전 차원에서도 극동과의 협력을 통해 시너지 효과를 낼 필요가 있었다.

특히, 시진핑 2기(푸틴4기)에 중・러의 강화된 경제 협력 흐름은 극동협력의 가속화로 이어지고 있다. 2018년 2월 양국은 2018년과 2019년을 '러－중 지역간 협력의 해'로 선포하면서 중・러 극동 지역 협력의 중요한 계기를 마련하였다. 같은 해 9월 동방경제포럼에서 양국은 [중－러 협력 및 러시아 극동지역 발전 계획 2018~2024中俄在俄罗斯远东地区合作发展规划 2018~2024年]에 합의하면서 극동협력에 대한 새로운 계획을 세웠다.[22] 2019년 70주년 공동성명에서도 중－러 지방 교류 확대, 지속적인 지방 간 경제무역 협력 심화, '중－러 극동지역 협력 발전계획(2018~2024)'의 실행, 상트페테르부르크 국제경제 포럼, 동방경제포럼, 중국국제수입박람회, 중・러박람회, 중국－동북아박람회 등의 전시 플랫폼을 통해 지방 간 협력을 확대하자고 명시했다. 또한, 극동과 연결된 북극에서의 지속가능한 개발협력을 공동 추진하면서 연안국의 권익에 따른 북극 항로 개발 이용 확대, 북극 지역 기반시설, 자원개발, 관광, 생태환경 등의 분야에서의 합작도 추진하기로 하였다. 이후 2020년 이후 코로나19로 인해 극동의 중러 국경이 폐쇄되는 등 다소 부침을 겪었지만 중・러 극동협력은 계속되었고, 미중 전략적 경쟁과 우크라이나 전쟁 속에서의 중・러 밀착은 극동개발에서의 협력 강화로 이어지고 있다. 2023년 3월에 발표한 '2030년 이전 중・러 경제 협력계획에 관한 공동성명'에서도 러시아 극동 지역과 중국 동북지역 간의 협력 강화에 대한 내용이 포함되었다.[23]

이런 양국의 강한 정책적 공조에 힘입어 경제협력 성과가 최근 두드러지고 있다. 우선, 위 절에서 분석했듯이, 중국-극동 간 무역과 투자가 빠르게 성장하면서 중국은 극동의 제1무역・투자국으로 위상을 굳혔다. 에너지 분야에서는 2022년 '시베리아의힘' 파이프라인이 완성되었고 2023년 현재 '시베리아의힘-2'를 건설하는 프로젝트가 논의 중이다. 교통물류 인프라 분야에서는 2022년 중국의 헤이허黑河와 극동의 블라고베셴스크를 잇는 자동차 전용 교량이, 중국의 퉁장同江과 극동의 니즈네레닌스코예Nizhneleninskoye를 잇는 철

22 CARNEGIE ENDOWMENT FOR INTERNATIONAL PEACE, "A Milestone, Not a Turning Point : How China Will Develop the Russian Far East", 2018, https://carnegiemoscow.org/commentary/77671 (검색일 : 2024.02.19)

23 中华人民共和国, 「中华人民共和国主席和俄罗斯联邦总统关于2030年前中俄经济合作重点方向发展规划的联合声明」, 2023, https://www.gov.cn/xinwen/2023-03/22/content_5747725.htm (검색일 : 2024.01.11)

도 대교가 잇따라 완성되면서 중국의 동북 3성과 러시아 극동 간 물적, 인적 교류를 가속화하는 계기를 마련하였다.

(3) 일본의 대극동협력

일본의 대러협력과 대극동 정책은 영토문제(북방 4도서 반환 문제)와 경제협력을 중심으로 이루어졌다. 단, 에너지 자원 확보 이외에는 경제적 가치에 입각한 경제협력 보다는 영토문제에 중심을 둔 측면이 강했다.[24] 과거의 에너지 안보와 영토문제 해결을 위한 대러협력 기조에서 벗어나 투자를 중심으로 한 포괄적 협력 강화로 선회한 것은 2016년 전후라고 할 수 있다. 이러한 정책 선회도 영토문제 해결과 러시아산 가스 개발 참여 등 에너지 안보라는 큰 틀에서 벗어나지 못했다.[25]

그런데 이러한 일본의 기조는 2022년 우크라이나 전쟁 발발 이후 일본이 대러제재에 적극 참여하면서 큰 전환점을 맞는다. 기시다岸田文雄 내각이 러시아의 우크라이나 침공을 규탄하며 대러제재에 적극 동참한 것을 계기로 러시아가 기존 평화협정 협상 파기를 선언한 것이다.[26] 그동안 일본은 러・일 평

24 일본의 입장에서 극동지역은 지리적으로 가장 가까운 러시아 영토이나 기본적인 시각에서 극동지역을 러시아 진출의 교두보로 생각하는 경제적 관점보다는 영토분쟁과 회복이라는 외교적인 분쟁의 관점에서 바라보는 시각이 컸다. 이로 인해 에너지 부문을 제외하고 상대적으로 수동적인 모습을 보였던 것도 사실이다.

25 일련의 정책 전환은 일본 정부가 극동 지역의 발전 잠재력을 평가한 부분도 있으나, 고착된 북방영토 영유권 문제에서 돌파구를 마련하기 위해 경제논리에 바탕을 둔 전략적 접근을 시도한 것이라고 할 수 있다. 2016년 5월 러・일 정상회담에서 일본 정부는 경제 분야를 중심으로 한 8개의 양자 협력 프로젝트를 러시아 측에 제안하였으며, 이 가운데 상당수가 극동지역 경제협력과 연계를 시도하였다. 러・일 정상은 2016년 12월 일본 야마구치현에서 개최된 정상회담을 통해 앞서 일본 측이 제시한 8개 과제의 구체적인 현실화 방안에 대해 심도 있는 논의를 진행하였다. 러・일 협력논의의 변천과정에 대한 구체적인 내용은 염동호(2022)를 참조할 수 있다. 염동호, 「러・일관계 협력과 갈등 메커니즘의 게임이론적 분석－북방 4도서 영유권 분쟁과 경제협력을 중심으로」, 『슬라브연구』 제38권 제2호, 한국외국어대학교 러시아연구소, 2022, 48~53쪽.

26 일본의 기시다 정부가 대러정책을 전환한 것은 아베 정부가 추진해 온 평화협정을 목적으로 한 경제협력 중심의 대러협력이 한계에 달했으며, 굴욕적인 자세로는 지속가능하지 않다는 국내의 평가가 크게 작용하였다. 이는 아베정권 당시 외무장관을 지내며 아베 정권의 대러정책에 의문을 품었던 기시다 총리가 경제협력에 경도된 경제산업성에게 주도권을 빼앗기며 소외되었던 4섬의 반환이라는 영토문제를 최우선시 해온 외무성의 손을 들어준 것이라고 해석할 수도 있다.

화협정 체결을 목적으로 경제협력을 중심으로 '선先영토－후後경제'에서 '선先경제－후後영토'를 표방하며 대러협력정책을 펼쳐왔다. 결과적으로 아베정권이 제시한 8개항을 중심으로 한 포괄적 협력 강화 전략의 궁극적인 목적과 제도적 틀 또한 형해화되었다.[27] 그럼에도 일본이 포기하지 않은 것은 사할린 II 등 에너지 개발 지분과 협력에 대한 확고한 의지였다.[28]

그동안 일본의 대극동협력은 자원개발과 농업협력이 주축을 이뤘다. 특히 자원개발에 집중되었으며, 사할린을 중심으로 자원개발에 일본 상사들이 적극적으로 참여해 왔다. 일본의 극동 투자는 1990년대부터 시작된 사할린 가스 개발 사업을 중심으로 이뤄졌으며 사할린II는 2009년부터 LNG를 생산하기 시작하여 2013년 기준 생산량의 80%를 일본으로 수출하였다.

일본은 농업분야 및 제조업에도 진출하고 있으나 투자규모는 상대적으로 크지 않다. 10여개의 일본 농업기업이 화학농약 사용을 줄여 친환경・효율적 방법으로 수익을 얻을 수 있는 전통 홋카이도식 농업기술을 활용하여 극동에서 1,000ha 규모의 농장을 운영하고 있다. 2013년 초 아무르 주의 농업 특별경제지대 조성 계획에 발맞추어 홋카이도 은행과 아무르 주도 농업 협력협정을 체결하였으며, 우크라이나 전쟁 이후에도 농업협력을 확대하기 위한 노력을 하고 있다. 이처럼 일본은 대외환경 변화 속에서 미국 중심의 국제질서 변화에 공조하면서도 에너지와 농업을 중심으로 협력의 끈을 놓지 않고 강화

27 일본의 대러제재 동참에 대한 러시아의 보복조치 가운데 일본을 가장 당황하게 한 것은 푸틴 대통령이 일본 기업이 지분 참여한 '사할린2'를 무상 양도한다는 대통령령에 서명한 것이었다. 2022년 6월30일 극동 동사할린 석유・천연가스사업 '사할린2(약 1천만t, 2009년 생산 개시)'를 신설 기업으로 이관해 현 운영사(사할린 에너지 인베스트먼트사)의 자산을 무상 양도한다는 대통령령에 서명하였으나 LNG 공급은 유지하기로 하였다.

28 기시다 총리가 사업에서 철수하지 않겠다는 방침을 천명한 것은 러시아에서 조달하는 LNG가 일본이 에너지 안보에 중요한 위치를 차지한다는 것을 반증하는 것이라고 할 수 있다. 실제로 일본의 에너지 자급률은 11.2%이다(2020년 기준)이며, 러시아에서 수입하는 가스는 전수입량의 8.8%에 달한다. 따라서 중동 등 다른 지역에 비해 거리가 가까운 사할린1과 2는 안전하고 안정적인 공급이라는 에너지 안보측면에서 매우 중요한 공급원이라고 할 수 있다. 염동호, 「러・우 전쟁 이후 러・일 협력현황과 시사점」, KIEP 전문가 간담회 발표자료, 2023, 3쪽.

할 수 있는 방향성을 모색하고 있다.

3) 우크라이나 전쟁 이후, 대극동개발 협력의 미래와 방향성

극동개발의 패러다임 변화와 정치경제적 한계가 복잡하게 엮여 있는 상황에서, 2022년 2월 불거진 우크라이나 전쟁 이후 대외환경 변화는 극동개발의 미래에 적지 않은 영향을 미치고 있다. 특히, 우크라이나 전쟁 이후 극동지역 개발은 러시아 정부의 주요 정책의 우선순위에서 벗어난 것처럼 보였으나, 2023년 동방경제포럼에서 중요성이 재부각되었다. 또한 「러시아 외교정책 개념Концепция внешней политики Российской Федерац ии」을 통해 우호국과 비우호국을 구분함으로써 극동개발에 참여하는 경제 협력국을 분류하려는 움직임이 보이고 있다.[29] 나아가 개발 및 협력 분야가 더욱 다양해지고 참여국도 늘어날 것으로 전망된다.[30] 또한 향후 극동지역에서 집중적으로 발전시켜야 할 분야로 물류·관광·신기술 등이 제시되었다.[31] 이처럼 우크라이나 전쟁

29 2023년 3월에 발표한 「러시아 외교정책 개념(Концепция внешней политики Российской Федерац ии)」는 우호국과 비우호국을 적시하고 있다. 중국·인도, 아시아태평양, 라틴아메리카, 중동·아프리카, 유라시아, 카리브해 국가를 우선협상국으로, BRICS, SCO, CIS, EAEU, ASEAN 등 지역협의체를 주요 협력 대상으로 구분하고 등 대외협력 방향을 명확히 하고 있다. 러시아 외교정책 개념은 향후 러시아 외교안보 정책의 주요 목표와 개념, 우선 분야 등을 담고 있어 향후 대외협력 방향성을 가늠할 수 있는 것으로 평가된다. Министерство иностранных дел Российской Федерации, "Концепция внешней политики Российской Федерации", 31. мар. 2023, https://mid.ru/ru/detail-materialpage/1860586 (검색일 : 2024.02.10)

30 새롭게 부상하는 국가로 인도와 베트남을 들 수 있다. 베트남은 극동협력의 주요 대상으로 보기 어려웠지만 건설, 가구제작, 광물개발, 식품가공 분야 등 제조업과 물류 부문에서 협력국으로 부상하고 있다. 2022년 5월, 러시아 선사인 페스코(FESCO)는 블라디보스토크와 호치민을 연결하는 항로를 개설하고 호치민 항을 환승 항구로 삼아 다른 동남아 국가에 수출할 수 있는 루트를 마련하였으며, 베트남은 극동지역과의 교역을 원활화하기 위해 극동지역 내륙항(dry port) 건설을 고려하고 있다. Vietnam+, "Vietnam, Russia's Far East region seek to boost trade cooperation", 2024, https://en.vietnamplus.vn/vietnam-russias-far-east-region-seek-to-boost-trade-cooperation/254814.vnp (검색일 : 2024.01.10)

31 극동지역을 아시아태평양 지역과 연결하는 물류의 핵심지역으로 발전시키기 위한 철도·해상·항공 부문의 인프라 개선을 추진한다. 특히, 북극항로(Northern sea route)의 활성화가 주요 과제로 제시되었다. 또한 아시아 지역의 주요 관광지로서 극동지역을 브랜드화하며 지역 내에서 관광 중심지로 활성화하며, 인공지능, 무인항공기, 의약품 등 고부가가치 산업에 대한 경쟁력을 강화하고 이를 주권을 강

이후 주춤했던 극동개발은 협력 분야와 대상 국가를 확대하면서 새로운 성장 모멘텀을 모색하고 있다. 이는 대러제재로 인해 주요 협력국이었던 한국과 일본으로부터 적극적인 투자와 경제협력이 어려워진 상황에서 이를 대신할 협력국이 필요하기 때문이다.

이렇듯 우크라이나 전쟁은 러시아가 극동개발의 필요성을 더 강하게 인식하는 계기로 작용했다고 볼 수 있다. 러시아는 2014년 2월 크림반도 병합에 이어 2022년 2월 우크라이나 전쟁까지 일으키면서 서방과의 관계 개선이 어려워졌다. 우크라이나 전쟁 이후 미국과 유럽은 러시아에 대한 경제 제재를 가하고 러시아와의 무역을 중단하였다. 러시아는 경제적으로 유럽향向 에너지 수출과 유럽발發 투자에 의존하기가 더욱 힘들어지면서 극동개발을 통한 환태평양 경제권으로의 편입이 더 절실해졌다. 특히 러시아는 우크라이나 전쟁 발발 이후 전략적으로 중국과의 관계를 강화하면서 극동개발에서도 중국과의 협력 강도를 높여가고 있다. 중국도 최근 미중 패권 경쟁 속에서 강화되고 있는 미국의 압박에 대항하기 위해서 러시아와 관계를 긴밀하게 가져갈 필요가 있다. 우크라이나 전쟁 이후 더욱 강화되고 있는 이런 중·러 간 협력구도가 극동 개발에서도 더욱 심화될 가능성이 높다.

지구적 차원에서 보면, 미중 전략적 경쟁, 코로나19, 우크라이나 전쟁이 가져온 글로벌 공급망 재편과 분화, 글로벌 통상 패러다임의 전환에서도 극동개발의 향방을 예상할 수도 있다. 최근 기존의 자유무역이 퇴조하고 자국 산업 육성과 소지역주의가 대두되면서 GVC(global value chain)에서 그 일부가 DVC(domestic value chain), RVC(regional value chain)로 재편되고 있다.[32] 특히 바

화하는 수단으로 활용한다. 박지원, 「러시아 극동지역 개발과 과제」, 『GLOBAL ISSU MONITORING』, Kotra, 2024, 3~7쪽.

32 가치사슬은 입지를 기준으로 글로벌가치사슬(Global Value Chain), 국내가치사슬(Domestic Value Chain), 지역가치사슬(Regional Value Chain)로 구분되며, 최근에는 미국의 신보호주의에 따른 신뢰가치사슬(TVC, trusted value chain)이 대두되고 있다.

이든 정권 들어 프렌드쇼어링friend-shoring에 이어 대중국 디리스킹derisking 선언 등 '신뢰가치사슬TVC(trusted value chain)'이 대두되었다.[33] 현재 미국 중심의 서방과의 대립이 격화되면서 중·러는 전방위적으로 협력을 강화하고 있는데, 이런 흐름에서 러시아 극동지역－중국의 동북지역 간의 개발 협력 심화 및 TVC 형성의 가능성이 높아질 수 있다. 예를 들어, 2023년 5월 중국에 블라디보스토크 항구 사용권을 부여하여 중국 동북지역의 물류·운송 여건 개선에 기여하는 한편, 아무르Amur 지역을 중심으로 양국을 연결하는 철도를 개통하여 향후 물류허브를 조성한다는 계획을 추진하는 등 중국과의 관계가 더욱 긴밀해 지고 있다.[34] 다만 러시아는 극동개발이 중국에 지나치게 의존하는 것도 피하고자 하기 때문에, 가치와 이념에 기반을 둔 분화만이 아니라 각국과의 이해관계에 따른 분화 양상도 나타날 수 있고, 업종별 또는 동일 업종 내부도 각종 변수에 따라 다양한 가치사슬로 분기될 수 있다는 점도 고려해야 한다. 이러한 의미에서 2023년 동방경제포럼에서 나타났듯이, 극동 러시아가 한·중·일 이외에도 인도와 아세안(베트남 등)으로 협력 대상국을 늘리고, 광물개발, 건설, 식품가공 등 기존 산업에 더하여 하이테크 분야(인공지능, 무인항공기, 의약품 등)에서도 협력을 확대하려는 움직임에 주목할 필요가 있다.

33 김양희(2023)에 따르면, 대러 경제제재 참여국 간 교역이 증가하고 서방의 대중·대러 교역 비중은 감소하였다. 러시아와 국경을 접한 우크라이나와 노르웨이의 대EU 의존도는 각각 20.0%, 3.8% 증가한 반면, 러시아의 대EU 의존도는 -5.6%, 대만의 대중 의존도는 -2.7%, 미국과 한국의 대중 의존도는 각각 2.0%, -1.9% 감소하였다. 반면, 벨라루스의 러시아 의존도와 러시아의 중국 의존도 각각 8.5%, 3.7% 증가하였다. 김양희, 「러시아－우크라이나전쟁에 따른 글로벌공급망 재편에 대한 고찰」, 『경제안보시대의 지정학과 글로벌 대응과제』, 2023 KIEP 세계지역연구학술대회, 한국 동북아경제학회, 2023, 20~22쪽.

34 2023.3월 양국 정상이 합의한 '2030년까지 러－중간 경제협력계획(Pre-2030 Development Plan on Priorities in China-Russia Economic Cooperation)'에 입각해 2023년 06월 01일부터 극동지역의 블라디보스토크 항구를 중국에게 개방하여 중국이 이를 자국항처럼 사용할 수 있도록 행정절차를 간소화하였다. 중국의 입장에서는 동북 3성에서 해상운송을 위해 기존에 약 1,000km를 이동해야 했던 운송거리가 단축되어 동북지역 물류 효율성이 크게 개선될 것으로 보이며, 장기적으로 중국 동북 3성과 극동지역을 연계하는 산업 및 물류 축의 발전을 강화하게 될 것으로 분석된다.

5. 결론 및 정책적 함의

러시아의 극동지역개발의 동인은 국내 및 대외적 요인으로 나누어 볼 수 있는데, 국내적 요인으로 지역 간 불균형 해소, 통합적 개발이며, 대외적 요인으로는 동북아 경제권 편입 및 환태평양 경제권으로의 확장을 통한 비약적 성장이다. 푸틴 집권 후반에는 대외적 요인으로 인해 자강론에서 주변국 활용론으로 무게 중심이 빠르게 이동하였다. 이는 크림반도 병합 이후 지속된 대러제재로 러시아에게 극동 개발의 필요성이 더욱 절실해졌기 때문이다. 특히 푸틴3기부터, 러시아는 전방위적으로 제도를 정비하고 활용하면서 한・중・일을 중심으로 한 동북아 국가의 제조업을 유치하고, 환태평양 지역으로 에너지 및 천연자원의 판로를 확대하려고 노력해 왔다.

최근 우크라이나 전쟁, 미・중의 전략적 경쟁, GVC 재편 등 글로벌 차원의 변화는 러시아로 하여금 극동개발의 필요성을 더 강조하는 방향으로 나가고 있다. 우크라이나 전쟁으로 러시아는 경제적으로 서방에 의존하기가 더욱 힘들어지면서 극동개발을 통한 환태평양 경제권으로의 편입이 더 절실해졌다. 이에 러시아는 우호국과 비우호국을 구분함으로써 극동개발에 참여하는 경제 협력국을 분류하고, 개발 및 협력 분야를 다양화하고 참여국을 늘리는 방향으로 나가고 있다. 우크라이나 전쟁 이후 주춤했던 극동개발이 협력 분야와 대상 국가를 확대하면서 새로운 모멘텀을 모색하고 있는 것이다.

극동지역의 경제 성장률은 꾸준히 진행된 동방정책의 효과로 인해 전국 평균을 상회하는 모습이었다. 산업구조로는 채굴업의 비중이 가장 높고 계속 상승한 반면, 제조업의 비중은 낮고 지속적으로 하락하는 추세였다. 앞으로도 채굴업이 극동지역의 핵심 산업으로서 견고한 위상을 차지할 것으로 보인다. 다만, 채굴업 이외에도 지역총생산과 고용확대에서는 교통통신업, 지역총생산과 노동생산성에서 농축수산업이 발전하고 있었다. 극동협력을 추진하는 대외 주체들이 확인해야 하는 사안이다. 한편, 극동의 교역 구조는 1차

산품을 수출하고 자본재를 수입하고 있으며, 교역의 대부분을 한・중・일 3국이 70% 이상을 차지하고 있다. 해외투자 유입 또한 한・중・일 3국이 주도하였는데, 전체 규모는 크지 않았다. 다만, 최근 교역과 투자 모두 중국의 비중이 빠르게 증가하고 있다는 공통점이 있다.

상기하였듯이 러시아가 아태지역으로 협력국을 확대하고 있지만, 극동과의 경제협력은 한중일 3국이 중심이다. 다만 3국의 협력 추진 양상은 질적 차이가 있었다. 한국은 교역과 관광 분야의 협력은 적극적이었으나, 중국, 일본과 달리 극동의 주력 산업인 에너지 자원에 대한 투자 등은 부진하다. 게다가 이 지역에서의 지정학적 긴장이 고조되면서 극동 경제 협력은 더욱 어려움을 겪고 있다. 정부의 북방정책 또한 대북 정책에 종속되어 있어서 한반도 정세가 악화되면 덩달아 동력을 잃어버리는 모습이 재연되고 있다.

일본의 경우 초기에는 극동전략을 통해 북방영토문제 해결과 에너지개발을 동시에 달성하고자 하였으나, 아베정권 이후 선경제－후영토를 기조로 하는 경협 우선 전략으로 전환했다. 일본의 극동협력은 자원개발과 농업협력, 특히 자원개발에 집중되었으며, 사할린을 중심으로 한 자원개발에 적극적으로 참여해 왔다. 그러나 일본 또한 우크라이나 전쟁 이후 러시아와의 관계가 급격히 악화되면서 극동경협에 별다른 진전이 없는 실정이다. 이에 최근 극동협력은 중국이 주도하는 양상을 보이고 있다. 러시아와 지정학적 이해가 일치하는 중국은 극동지역에 가장 적극적으로 진출하여 러시아와 긴밀한 협력체계를 구축하고 있다. 러시아는 이 지역에 대한 중국의 영향력 확대에 경계심이 있지만, 국경을 마주하고 있는 인접국으로서의 이점과 상호보완적 산업구조의 이점 때문에 현실은 정반대로 중국의 구심력에 흡입되는 양상이 나타나고 있다. 우크라이나 전쟁은 이러한 흐름을 더욱 강화하고 있다. 최근 극동의 교역과 직접투자에서 중국의 위상이 계속 높아지고 있다. 한국과 일본이 지정학적 긴장 속에서 극동의 에너지 등 핵심 분야에 대한 투자를 꺼리고 교역과 관광교류에만 집중하는 상황과 대비된다. 러시아가 우크라이나 전쟁 국면에서 우호국과 비우호국을 분리해서 경제협력을 차별적으로 모색한다면 이런 양상은 더욱 가속화될 것으로 예상된다.

극동협력에 있어서 기업의 미시적 수요를 우선적으로 고려해야 한다. 즉, 정치적 수요보다는 경제적 수요를 중심으로 한 실용적 접근이 요구된다. 신북방정책의 '9-Bridge 전략'이 별다른 소득 없이 끝난 것은 정부 정책 수요에 기대어 거시적이고 포괄적인 방향성이 제시되었으나, 기업의 미시적 수요분석이 심도 있게 이루어지지 않아 추진력이 약했기 때문이다. 경협 수행주체인 기업은 철저히 경제적 이익에 기초해 의사결정을 하며 정책적 수요에 따른 우대조치는 의사결정의 부수적인 요인에 지나지 않는다. 특히 한국의 북방정책은 정권에 따라서, 또는 지정학적 상황에 따라서 강도가 달라지기 때문에 기업들의 입장에서는 정부 정책의 지속성을 신뢰하기 어렵다. 따라서 극동경협 또한 극동의 경제 산업구조와 협력 수요에 대한 분석을 토대로 기업의 미시적 수요에 기반을 둔 접근이 우선되어야 한다. 원칙적으로 보면, 정부의 정책 수요, 기업의 미시적 수요, 협력대상지의 수요가 일치될 때 가장 큰 시너지가 발생한다. 이런 의미에서 볼 때, 우크라이나 전쟁 이후 지정학적 상황이 정부의 정책 수요와 기업의 미시적 수요를 동시에 저해하면서 극동협력이 지지부진한 상황이다. 또한 러시아의 협력 수요(정책)도 상당히 변하고 있다. 다만 지정학적 상황은 향후 변할 가능성이 있고 한반도의 미래를 위해 극동지역은 장기적인 전략적 사고에 의해서 접근해야할 필요성도 있으므로, 한국 정부와 기업들은 계속해서 현지 수요와 정책 변화를 주시하며 러시아 극동 측과 관계를 유지하는 것이 중요하다. 극동지역에서 최근 교통통신업, 농축수산업이 빠르게 발전하고 있으니 지정학적 리스크 속에서 대규모 투자가 부담스러운 채굴업보다는 이들 산업에 대한 접근을 고려하는 것도 필요하다.

또한 한국은 중국과 일본의 중·장기적이고 수요 중심의 실용적인 대극동 전략을 참고할 필요가 있다. 중국은 정상간 관계를 강고하게 유지하고 정례적인 정부회의체를 다수 가동하면서 극동협력을 추진해 온 특징이 있다. 극동지역 경제협력에 있어서 중・러 정부의 소통채널 강화는 양국의 의사소통을 원활하게 하는 중요한 요인이다. 중국은 러시아와의 극동지역 협력에서 정치적인 색채를 배제하고 철저히 경제적인 관점에서 협력전략을 구사함으로 러시아인들의 중국에 대한 부정적 인식을 불식시키고 있다. 따라서 한국도 극동 경제협력에서 정부차원의 협력채널을 일원화하고 일관성 있는 정책의 시현으로 G2G 차원의 실용적 협력시스템 구축이 필요하다.

일본은 영토문제 해결과 에너지 안보 확보라는 정책적 목표를 달성하기 위한 전략적 접근과 경제적 수요에 입각한 실용적 접근을 동시에 추구하였다. 일본이 추진해온 극동지역 첨단 의료시설 및 병원 설립, 도시 인프라 개선 프로젝트, 제조업 기반 구축, 농업협력, 재생에너지 분야 협력은 극동 러시아의 수요에 맞을 뿐만 아니라 일본의 우위산업의 해외 진출을 촉진하는 사례로 평가할 수 있다. 일본은 영토 문제 해결 등 전략적 접근을 다소 접어두면서도 경제적 수요에 대한 실용적 접근은 유지하는 투트랙 전략을 구사한다. 또한, 우크라이나 전쟁으로 인한 대러 제재에 일본도 동참하고 있기에, 이런 국면에서도 일본이 극동에 대한 경제적 접근을 어떻게 유지, 강화하고 있는지 참고하고 한일이 함께 대응을 모색하는 것도 필요하다.

또한 글로벌 가치사슬의 변화를 간과해서는 안 될 것이다. 앞서 4장에서도 지적한 바와 같이 최근 자국 산업 육성과 소지역주의가 대두되면서 GVC에서 그 일부가 DVC, RVC로 재편되는 양상이 나타나고 있다. 이와 함께 미국의 프렌드쇼어링friend-shoring과 대중국 디리스킹derisking 선언 등 우호국 중심의 TVC가 대두되고 있다. 이러한 흐름은 러시아 극동지역－중국의 동북지역 간의 개발 협력 심화 및 TVC 형성 가능성을 고조시킬 가능성이 있으나, 러시아는 극동개발이 중국에 지나치게 의존하는 것을 피하고자 하기 때문에, 가치와 이념에 기반을 둔 분화만이 아니라 각국과의 이해관계에 따른 분화가 나타날 것이다. 즉 중국의 지나친 영향력 확대를 경계하는 차원에서 한・일과의 협력 수요가 증대할 가능성이 있으며, 업종별 또는 동일 업종 내부도 각종 변수에 따라 다양한 가치사슬이 나타날 수 있다는 점도 고려할 필요가 있다.

▚ 참고문헌

김상원, 「러시아의 지역 간 경제격차 문제」, 『Russia & Russian Federation』 제1권 제1호, 한국외국어대학교 러시아연구소, 2010, 20~24쪽.

김양희, 「러시아－우크라이나전쟁에 따른 글로벌공급망 재편에 대한 고찰」, 『경제안보시대의 지정학과 글로벌 대응과제』, 2023 KIEP 세계지역연구학술대회, 한국 동북아경제학회, 2023, 16~28쪽.

김학기, 『APEC 이후 러시아 극동지역 개발 전략과 대응 방안 혁신적 지역클러스터 정책을 활용한 산업협력』, 산업연구원, 2013, 93쪽.

박정호・강부균・민지영・세르게이 루코닌・올가 쿠즈네초바, 『푸틴집권 4기 극동개발정책과 한러 신경제협력 방향』, 대외경제정책연구원, 2018.

박정호・김석환・강부균・파벨 미나키르・아르쫌 이사예프・안나 바르달・데니스 수슬로프, 『푸틴과 러시아 극동개발 20년 : 한－러 극동 협력 심화를 위한 新방향 모색』, 대외경제정책연구원, 2019, 18쪽.

변현섭, 「러시아 극동지역 개발 신정책과 한－러협력방향」, 『중소연구』 vol.44, no.4, 2021, 371~398쪽.

박지원, 「러시아 극동지역 개발과 과제」, 『GLOBAL ISSU MONITORING』, Kotra, 2024, 1~7쪽, 371~398쪽.

염동호, 「러시아 극동지역의 산업구조 분석 : 특화계수와 노동생산성 변화를 중심으로」, 『슬라브연구』 제35권 2권, 2019, 4~5쪽.

______, 「러・일 관계의 협력과 갈등 메커니즘」, 『러시아연구』 제31권 제1호, 서울대학교 러시아연구소, 2021, 194~207쪽.

______, 「러・일관계 협력과 갈등 메커니즘의 게임이론적 분석－북방 4도서 영유권 분쟁과 경제협력을 중심으로」, 『슬라브연구』 제38권 제2호, 한국외국어대학교 러시아연구소, 2022, 48~53쪽.

______, 「국제경제질서 변화와 한국의 대중앙아 전략」, 『Great Transformation in Eurasia and Korea's Approach Strategy to Eurasia』, 산업통상자원부・한국외대 러시아연구소 세미

나 자료집, 2022, 57~59쪽.

______, 「러・우 전쟁 이후 러・일 협력현황과 시사점」, KIEP 전문가 간담회 발표자료, 2023, 1~7쪽.

Thomas F. Remington, "Economic Inequality in Russia : Sources and Consequences", *Russian Analytical Digest* No. 187, July, 2016, p. 5.

CARNEGIE ENDOWMENT FOR INTERNATIONAL PEACE, "A Milestone, Not a Turning Point : How China Will Develop the Russian Far East", 2018, https://carnegiemoscow.org/commentary/77671 (검색일 : 2024. 02. 19)

EastRussia, "Китайско-российское сотрудничество обязательно совершит новые прорывы", 2023, https://www.eastrussia.ru/material/kitaysko-rossiyskoe-sotrudnichestvo-obyazatelno-sovershit-novye-proryvy (검색일 : 2024. 03. 11)

Vietnam+, "Vietnam, Russia's Far East region seek to boost trade cooperation", 2024, https://en.vietnamplus.vn/vietnam-russias-far-east-region-seek-to-boost-trade-cooperation/254814.vnp」 (검색일 : 2024. 01. 10)

KOTRA, 「러시아 선도개발구역 및 블라디보스톡 자유항 운영 현황」, 2023, https://dream.kotra.or.kr/kotranews/cms/news/actionKotraBoardDetail.do?SITE_NO=3&MENU_ID=100&CONTENTS_NO=1&bbsGbn=322&bbsSn=322&pNttSn=200303 (검색일 : 2024. 01. 17)

Суслов Д. В., ПРИВЛЕЧЕНИЕ ПРЯМЫХ ИНОСТРАННЫХ ИНВЕСТИЦИЙВ ЭКОНОМИКУ РОССИЙСКОГО ДАЛЬНЕГО ВОСТОКАВ НОВЫХ УСЛОВИЯХ, ЭКОНОМИКА ДАЛЬНЕГО ВОСТОКА РОССИИ : НОВЫЕ ВОЗМОЖНОСТИ В МЕНЯЮЩЕМСЯ МИРЕ. НАУЧНО-ПРАКТИЧЕСКАЯ КОНФЕРЕНЦИЯ 15~16 ноября 2022 г. МАТЕРИАЛЫ КРУГЛЫХ СТОЛОВ, Дальневосточный институт управления, 2022. (검색일 : 2024. 01. 11)

Министерство иностранных дел Российской Федерации, "Концепция внешней политики Российской Федерации", 31. мар. 2023, https://mid.ru/ru/detail-materialpage/1860586/ (검색일 : 2024. 01. 17)

ФЕДЕРАЛЬНАЯ СЛУЖБА ГОСУДАРСТВЕННОЙ СТАТИСТИКИ, "СОЦИАЛЬНО-ЭКОНОМИЧЕСКОЕ ПО ЛОЖЕНИЕ ДАЛЬНЕВОСТОЧНОГО ФЕДЕРАЛЬНОГО ОКРУГА в 2022 году", 2023, p. 53.

中华人民共和国, 「中华人民共和国主席和俄罗斯联邦总统关于2030年前中俄经济合作重点方向发展规划的联合声明」, 2023, https://www.gov.cn/xinwen/2023-03/22/content_5747725.htm (검색일 : 2024. 01. 11)

러시아 연방 통계청, https://rosstat.gov.ru/ (검색일 : 2024.03.25)
The Observatory of Economic Complexity, https://oec.world/ (검색일 : 2024.01.11)

제2부

유라시아와 동북아시아 : 통합과 연결

우크라이나 전쟁이 러시아·중국의 에너지 협력에 미친 영향*

정선미

1. 서론

러시아는 소련 시절부터 파이프라인을 통해 유럽으로 석유와 천연가스를 수출하며 유럽과 밀접한 에너지 관계를 맺어왔다. 그러나 러시아의 우크라이나 침공으로 전통적인 러시아와 유럽의 에너지 협력 관계에 변화가 발생하게 된다. 유럽은 러시아가 우크라이나를 침공하자 이를 규탄하고, 러시아에 각종 경제제재를 부과했으며, 러시아산 에너지 수입 금지를 발표했다. 이에 러시아는 일부 유럽에 대한 PNG 공급을 중단하며 유럽의 대러제재에 맞대응하면서 러시아와 유럽 간 에너지 교역 규모는 역대 최저치를 기록하고 있다.

유럽과의 에너지 교역이 줄어들게 되면서 러시아는 유럽에 대한 대안으로 세계 최대 에너지 소비국인 중국과 협력을 강화하고 있다. 먼저, 러시아는 천연가스 부문에서 두드러지게 중국과 다수의 프로젝트를 추진하고 있다. 러시아는 우크라이나 전쟁 이후 중국으로의 가스 수송량을 확대하기 위해 몽골을 거쳐 중국 서부 지역으로 이어지는 노선인 '시베리아의힘-2' 가스관 건설을

* 이글은『슬라브학보』제39권 1호(2024)의 글을 일부 수정 및 보완한 것임

중국과 적극적으로 검토하고 있으며, 사할린섬의 신규 가스관을 통한 중국으로의 가스 공급 계약을 체결하는 등 천연가스 부문에서 중국과의 협력 논의를 활발히 진행하고 있다. 그러나 기체 상태로 존재하는 천연가스를 수송하기 위해서는 별도의 시설과 설비가 필요하며, 특히, 한번 건설되면 장기간 운영되는 가스관의 경우 공급 가격, 노선, 수송량 등 양자 간 이익이 상충하는 부분에서 합의가 이뤄져야 하므로 협의부터 건설까지 시간이 많이 소요된다. 실제로 이러한 특성으로 인해 사할린 가스관의 경우 가스공급이 2027년으로 예정되어 있으며, '시베리아의힘-2' 가스관의 경우 가스 공급 가격은 물론 노선에 대한 합의조차 이르지 못하고 있다.

반면, 액체 상태로 존재하는 석유의 경우 송유관뿐만 아니라 유조열차, 유조선, 유조차 등을 통해서도 수송할 수 있다는 점에서 목적지 변경이 비교적 수월하다. 이러한 특성으로 인해 우크라이나 전쟁 이후 현재까지 러시아와 중국 간 에너지 협력은 석유를 중심으로 강화되고 있다. 특히, 2022년 12월부터 G7과 유럽연합, 호주 등이 러시아산 원유에 배럴당 60달러의 가격 상한을 설정하자 러시아는 가격 상한제보다 높은 가격으로 인도와 중국 등 아시아 지역으로 수출을 늘리면서 러시아와 중국의 석유 교역이 크게 증가하게 된다. 그 결과 2023년 러시아는 사우디아라비아를 제치고 중국의 최대 석유 수출국에 등극했으며, 중국 역시 러시아의 최대 석유 수입국으로 부상했다. 즉, 우크라이나 전쟁 이후 러시아와 중국의 실제적인 에너지 협력은 천연가스보다 석유를 중심으로 강화되고 있는 것이다.

이처럼 우크라이나 전쟁은 러시아의 에너지 교역과 전략에 지대한 영향을 미치면서, 러시아와 중국 간 에너지 협력을 강화하는 요인으로 작용하고 있다. 그러나 에너지 수출 중심의 경제구조를 지닌 러시아가 우크라이나 전쟁으로 전통적인 유럽으로의 에너지 수출길이 제한된 상황에서 중국으로의 과도한 에너지 수출 증가는 러시아를 중국에 취약하게 만들 수 있다. 실제로 중국은 종종 자신의 정치적인 입장을 관철하기 위해 교역 관계에서 발생하는 상호의존성의 심화를 무기 삼아왔다는 점은 러·중 간 에너지 협력의 한계점으로 작용할 수 있다.

우크라이나 전쟁으로 에너지를 둘러싼 러시아의 대외환경이 급격하게 변화하면서 우크라이나 전쟁 발발 이후 러시아의 에너지 수출 변화에 관한 연구들이 다수 수행되었다. 이때 수행된 대부분의 연구는 우크라이나 전쟁이 전통적인 천연가스 중심의 러시아와 유럽 간 에너지 관계를 크게 변화시켰다는 점에서 천연가스와 유럽에 집중하여 우크라이나 전쟁 이후 러시아의 에너지 교역 변화와 정책을 연구했다.[1] 그러나 세계 2위의 석유 수출국인 러시아에 있어 석유는 천연가스 못지않게 러시아의 에너지 정책과 교역에 큰 영향을 미치고 있으며, 앞서 언급한 바와 같이 우크라이나 전쟁 이후 러시아의 실제적인 에너지 교역 변화는 석유를 중심으로 이뤄지고 있다. 또한, 우크라이나 전쟁 이후 서방의 대러제재로 인해 중국은 유럽을 제치고 러시아의 최대 에너지 교역 파트너가 되었다.

이같이 러시아의 에너지 교역에서 중국과 석유의 중요성이 우크라이나 전쟁 이후 더욱 높아지고 있음에도 불구하고, 기존 연구들에서는 천연가스와 유럽을 중심으로 러시아의 에너지 교역과 정책을 전망하고 평가하고 있다는 점에서 러시아와 중국 간 석유 협력에 관한 연구는 공백으로 존재한다. 따라서 본 연구는 우크라이나 전쟁이 러시아의 에너지 교역과 정책에 미친 영향을 살펴보고, 이를 바탕으로 천연가스와 석유 부문을 구분하여 러·중 간 에너지 협력을 분석함으로써 양국 간 에너지 협력의 시사점과 한계점을 발견하는 것을 목적으로 한다. 이를 통해 본 연구는 기존 연구의 공백을 보완할 뿐

1 김정환, 「러시아-우크라이나 전쟁 이후 러시아 천연가스 수출 방향의 변화와 전망」, 『슬라브학보』 제38권 2호, 2023, 261~295쪽; 윤영민, 「탈 러시아산 천연가스 정책과 러시아의 에너지 안보: 러시아 천연가스 산업의 유럽 의존성과 취약성」, 『러시아연구』 제32권 2호, 2022, 187~227쪽; Энварбик Михайлович Фазельянов, 2022, "Энергический Кризис в Европе и Поставки Российского Газа", *Научно-аналитический вестник Института Европы РАН* 4, pp.133~142.

만 아니라, 러・중 간 에너지 협력을 활용한 한국의 에너지 다각화 정책과 전략 모색에 도움이 될 것이다.

본 연구는 다음과 같이 총 5장으로 구성되었다. 제2장은 우크라이나 전쟁이 러시아의 에너지 교역에 미친 영향을 러시아의 에너지 수출구조와 정책을 중심으로 검토한다. 제3장에서는 러시아와 중국 간 에너지 협력이 어떻게 전개되었는지를 살펴본다. 제4장은 우크라이나 전쟁으로 인한 러시아의 에너지 수출구조의 변화를 살펴보고, 이것이 러・중 간 에너지 협력에 미친 영향과 한계점을 분석한다. 마지막 제5장에서는 주요 논점을 요약하고 그 시사점을 논의한다.

2. 러시아의 에너지 전략과 정책

1) 러시아의 유럽 의존형 에너지 수출구조

세계 최대 에너지 생산국 중 하나인 러시아는 에너지 수출의존형 경제구조를 지니고 있다. 2021년 기준 러시아는 세계 최대 천연가스 보유국이자, 미국 다음으로 많은 천연가스를 수출하는 국가이다.[2] 석유의 경우 러시아는 세계에서 여섯 번째로 매장량이 많은 국가로,[3] 사우디아라비아, 미국과 함께 세계 3대 원유 생산국이다. 이처럼 러시아는 에너지 자원이 풍부한 탓에 경제의 대부분을 천연가스와 석유 등 에너지 자원 수출에 크게 의존하고 있다. 실제로 2019년 러시아 연방 총수입에서 에너지가 차지하는 비중은 38%에 달했으

2 "Energy Fact Sheet : Why does Russian oil and gas matter?", iea, https://www.iea.org/articles/energy-fact-sheet-why-does-russiAN-oil-and-gas-matter (검색일 : 2023. 10. 28)

3 Irina Slav, "Top 10 Countries With Largest Oil Reserves", ≪Oil Price≫, https://oilprice.com/Energy/Crude-Oil/Top-10-Countries-With-Largest-Oil-Reserves.html (검색일 : 2023. 10. 28)

며, 러시아 전체 수출에서 에너지 수출이 담당하는 비중은 무려 51%를 차지했다.[4] 러시아의 에너지 교역에서 가장 특징적인 부분은 러시아 에너지 수출의 대부분이 파이프라인을 통해 유럽으로 수출된다는 것이다.

먼저 천연가스를 살펴보면, 2021년 기준 러시아는 세계 최대 천연가스 수출국으로 세계 천연가스 총수출의 23.6%에 해당하는 241.3bcm의 천연가스를 수출했다. 러시아의 천연가스 수출 방법은 가스관을 통해 수출하는 PNG(Piped Natural Gas)와, LNG 탱커를 통해 수출하는 LNG(Liquefied Natural Gas) 두 가지가 있다. 러시아의 천연가스 수출은 주로 가스관을 통해 이뤄지는 PNG 형태로, 2021년 기준 러시아의 PNG 수출량은 201.7bcm이었으며, LNG 수출량은 PNG 수출량에 한참 못 미치는 39.6bcm에 불과했다.[5]

〈표 1〉 2021년 러시아의 PNG 수출 대상국과 수출량

지역	국가	수출량(bcm)	전체 PNG 수출 대비 비중(%)
유럽	유럽연합	132.3	66
	기타유럽	34.7	28
	총합	**167**	**83**
CIS	벨라루스	18.7	9
	카자흐스탄	2.7	1
	기타 CIS	5.7	3
	총합	**27.1**	**13**
아시아 · 태평양	중국	7.6	4
	총합	7.6	4
PNG 수출 총합		201.7	100

자료 : "bp statistical review of world energy 2022", ≪bp≫, https://www.bp.com/content/dam/bp/business-sites/en/global/corporate/xlsx/energy-economics/statistical-review/bp-stats-review-2022-all-data.xlsx (검색일 : 2023.05.22)

4 "Export value distribution in Russia from 2020 to 2021, by commodity", ≪statista≫, https://www.statista.com/statistics/1006479/russia-export-commodity-structure/ (검색일 : 2023.10.29)

5 "bp statistical review of world energy 2022", ≪bp≫, https://www.bp.com/content/dam/bp/business-sites/en/global/corporate/xlsx/energy-economics/statistical-review/bp-stats-review-2022-all-data.xlsx (검색일 : 2023.05.22)

러시아 천연가스 수출의 80% 이상을 차지하는 PNG의 수출 대상국을 살펴보면, 유럽이 러시아 PNG 수출량의 대부분을 수입하고 있다. 2021년 유럽은 러시아 전체 PNG 수출량의 약 83%에 해당하는 167bcm을 수입했다. 같은 해 벨라루스와 카자흐스탄 등 CIS(Commonwealth of Independent States) 국가로 수출된 러시아산 PNG는 27.1bcm이었으며, 중국으로 수출된 러시아산 PNG는 7.6bcm에 불과했다. 즉, 러시아의 천연가스 수출은 대부분 가스관을 통해 유럽으로 수출되고 있는 것이다.

러시아의 석유 수출 역시 천연가스와 마찬가지로 유럽에 높은 의존도를 보인다. 2021년 기준, 러시아는 세계 전체 석유 수출량(2058.9mt)의 약 12%에 달하는 263.6mt을 수출했다. 러시아는 이 중 약 53%에 해당하는 138.7mt를 유럽으로 수출했다. 러시아는 유럽 다음으로 많은 양의 석유를 중국으로 수출했으나, 중국이 러시아 석유 수출에서 차지하는 비중은 30%로 유럽보다 낮았다.

〈표 2〉 2021년 러시아의 석유 수출 대상국과 수출량

국가	수출량(mt)	전체 석유 수출 대비 비중(%)
미국	9.9	4
유럽	138.7	53
기타 CIS	15.7	6
중국	79.6	30
인도	4.5	2
일본	4.4	2
기타	10.8	4
석유 수출 총합	**263.6**	**100**

자료 : "bp statistical review of world energy 2022", ≪bp≫, https://www.bp.com/content/dam/bp/business-sites/en/global/corporate/xlsx/energy-economics/statistical-review/bp-stats-review-2022-all-data.xlsx (검색일 : 2023.05.22)

이처럼 러시아의 에너지 수출구조가 유럽 중심으로 구성된 만큼 유럽의 에

너지 수입구조 또한 러시아 중심으로 구성되어 있다. 먼저 유럽의 천연가스 수입구조를 살펴보면, 유럽은 세계에서 가장 천연가스를 많이 수입하는 지역으로 2021년 기준 세계 전체 천연가스 교역량(1,220.6bcm)의 약 36%를 차지하는 447.3bcm의 천연가스를 수입했다. 특히, 유럽은 주로 LNG보다는 PNG를 많이 수입하는데, 2021년 기준 유럽의 PNG 수입량은 369.1bcm으로 LNG 수입량(108.2bcm)의 3배 이상이었다. 같은 해 기준 유럽은 주로 미국, 카타르, 러시아, 알제리 등에서 LNG를 수입했으며, 특히 미국과 카타르에서 유럽 전체 LNG 수입의 절반 이상을 수입했다. 가스관을 통해 수입되는 PNG의 경우 유럽의 러시아 의존도는 45%였다. 러시아는 유럽의 최대 천연가스 공급국으로 2021년 기준 유럽 전체 천연가스 수입의 38%를 공급했다.

〈표 3〉 2021년 유럽의 천연가스 수입 대상국과 수입량

유럽의 LNG 수입			유럽의 PNG 수입		
국가	수입량(bcm)	전체 LNG 수입 대비 비중(%)	국가	수입량(bcm)	전체 PNG 수입 대비 비중(%)
미국	30.8	28	유럽연합	12.3	3
트리니다드 토바고	2.4	2	노르웨이	112.9	31
러시아	17.4	16	기타유럽	11.2	3
카타르	22.5	21	러시아	167	45
알제리	15.4	14	이란	9.1	2
나이지리아	13	12	알제리	34.1	9
기타	6.7	6	기타	22.5	6
LNG 수입 총합	**108.2**	**100**	**PNG 수입 총합**	**369.1**	**100**

자료 : "bp statistical review of world energy 2022", ≪bp≫, https://www.bp.com/content/dam/bp/business-sites/en/global/corporate/xlsx/energy-economics/statistical-review/bp-stats-review-2022-all-data.xlsx (검색일 : 2023.05.22)

유럽의 석유 수입구조 역시 천연가스와 마찬가지로 러시아 중심으로 구성되어 있다. 유럽은 세계에서 중국 다음으로 가장 많이 석유를 수입하는 지역으로 2021년 기준 세계 전체 석유 교역량(2,058.9mt)의 22%에 해당하는

467.7mt의 석유를 수입했다. 유럽은 러시아뿐만 아니라 북아프리카, 서아프리카, 미국, 이라크, 사우디아라비아 등 다양한 국가로부터 석유를 수입하고 있지만, 소련 시기 건설되어 비교적 저렴한 수송비를 지닌 드루즈바Дружба 송유관을 통해 러시아로부터 가장 많은 석유를 수입하고 있다. 2021년 기준 유럽이 러시아로부터 수입한 석유량은 전체 석유수입량의 30%에 달하는 138.7mt이었다.

〈표 4〉 2021년 유럽의 석유 수입 대상국과 수입량

국가	수입량(mt)	전체 석유 수입 대비 비중(%)
러시아	138.7	30
기타 CIS	67	14
북아프리카	57.8	12
서아프리카	51.7	11
미국	51.4	11
이라크	47.5	10
사우디아라비아	28.5	6
중남미	11.2	2
기타	13.9	3
석유 수입 총합	**467.7**	**100**

자료 : "bp statistical review of world energy 2022", ≪bp≫, https://www.bp.com/content/dam/bp/business-sites/en/global/corporate/xlsx/energy-economics/statistical-review/bp-stats-review-2022-all-data.xlsx (검색일 : 2023.05.22)

이처럼 러시아와 유럽 간 높은 에너지 상호의존성은 양국 간 에너지 정책에 영향을 미쳤다. 먼저 러시아는 국제 유가의 강세가 지속되던 2000년대 중반, 동유럽의 높은 러시아 에너지 의존도를 이용하여 가스공급가격 협상안 부결, 동유럽 가스관 공기업 지분 매각 등을 명분으로 우크라이나, 몰도바, 벨라루스 등 동유럽 국가들로 공급되는 에너지를 수차례 중단했다. 문제는 서유럽으로 수출되는 대부분의 러시아 에너지가 파이프라인을 통해 수송되며, 이 파이프라인들은 동유럽을 경유한다는 점이었다. 따라서 서유럽으로

수송되는 에너지의 경유국인 동유럽에 대한 러시아의 에너지 공급중단은 필연적으로 유럽 전체의 가스 부족 사태를 초래했다.

수차례에 이은 동유럽에 대한 러시아의 에너지 공급중단 사태로 막대한 피해를 본 유럽 국가들은 이에 대한 대응으로 유럽의 에너지 안보를 확보하기 위해 러시아산 에너지 자원에 대한 의존도를 낮추기 위한 연구를 진행하는 한편, 러시아를 우회하는 파이프라인 건설 프로젝트를 다수 추진했다.[6] 유럽이 추진한 가스관 사업 중 가장 대표적인 프로젝트는 남부가스회랑SGC(Southern Gas Corridor)으로, 중앙아시아와 카스피해의 천연가스를 러시아를 거치지 않고 유럽으로 직접 수송하는 사업이었다.

남부가스회랑은 나부코Nabucco, TAP, ITGI(ITG+IGI),[7] 화이트 스트림White Stream 등의 가스관으로 구성되었다.[8] 특히, 나부코 프로젝트는 유럽의 에너지 안보를 확보하는 전략 사업 중 하나로 미국과 유럽의 적극적인 지지를 받았으나, 프로젝트의 경제성을 이유로 유럽의 에너지 회사들이 탈퇴하면서 결국 무산되게 된다. 대신 나부코 프로젝트와 경합 관계에 있던 TAP 프로젝트에서 아제르바이잔의 샤 데니즈Shah Deniz 가스 유전 컨소시엄이 가스관 사업자로 선정되면서 TAP가 나부코 프로젝트를 대체하게 된다.[9] 이후 아제르바이

6 유럽이 추진한 러시아 우회 파이프라인으로는 서부 유럽 남북가스망 연계(NSI West Gas : North-South Gas Interconnections in Western Europe), 중동남부 유럽 남북가스망 연계(NSI East Gas : North-South Gas Interconnections in Central Eastern and South Eastern Europe), 남부가스회랑(SGC : Southern Gas Corridor), 가스 부문의 발틱 에너지시장 통합 계획(BEMIP Gas : Baltic Energy Market Interconnection Plan in Gas) 등 4개의 가스관 프로젝트와 1개의 송유관 프로젝트인 중동부 유럽 석유 공급 연계(OSC : Oil Supply Connections in Central Eastern Europe) 등이 있다.

7 화이트 스트림은 경제적, 기술적 문제 등으로 보류되었으며, ITGI 파이프라인은 현재 튀르키예-그리스를 연결하는 부분만 완공되어 있음. 자세한 내용은 다음을 참고. M. de Jong, T. Haesebrouck, "Under pressure : A qualitative comparative analysis on the factors contributing to the success and failure of cross-border gas pipeline construction in Europe and Turkey", *Energy Strategy Reviews* 45, 2023, pp.1~7.

8 "Commission and Azerbaijan sign strategic gas deal", ≪European Commission≫, https://ec.europa.eu/commission/presscorner/detail/en/IP_11_30 (검색일 : 2023.11.22)

9 "Shah Deniz Consortium selects the Trans Adriatic Pipeline (TAP) as European export pipeline", ≪Trans Adriatic Pipeline≫, https://www.tap-ag.com/news/news-stories/shah-deniz-consortium-selects-the-trans-adriatic-pipeline-tap-as-europeAN-export-pipeline (검색일 : 2023.11.28)

잔과 튀르키예를 연결하는 TANAP이 2015년 착공을 시작하여 2018년 공식적으로 운영을 시작했으며,[10] 2020년에는 TAP이 완공되어 아제르바이잔의 천연가스를 그리스, 알바니아, 이탈리아 등 유럽으로 운반하고 있다.[11]

이처럼 러시아를 우회하는 남부가스회랑의 주요 가스관들이 완공됨과 함께 EU 집행위원회가 2050년 탄소중립 목표 달성을 위한 방안으로 2019년 12월 '유럽 그린 딜'을 발표하면서 유럽의 에너지 안보 기조가 강화되고 있다. EU 집행위는 2050년 탄소중립을 위해 1990년 대비 2030년 온실가스 감축목표를 기존의 40%에서 55%로 상향 조정했으며, 이를 위한 방안으로 2019년 기준 약 8%에 불과했던 유럽의 신재생에너지 사용 비중[12]을 40%까지 증가시키겠다고 발표했다.[13] 또한, 천연가스, 석유, 석탄 등 화석연료 사용에 세금유예를 주던 제도를 폐지해나갈 것이라 밝혔다. 이같이 유럽의 탈러시아화와 탈탄소화가 가속화되면서 러시아는 유럽 시장을 대체할 새로운 에너지 시장의 개척 필요성이 증가하게 된다.

2) 러시아의 에너지 정책

러시아의 전신이었던 소련은 1989년 기준 석유, 천연가스, 수력, 원자력을 포함한 세계 총 에너지 생산량의 21%를 차지하는 세계 최대 에너지 자원 생산국으로, 에너지 의존형 경제구조를 지니고 있었다.[14] 소련을 승계한 러시아

10 "Trans-Anatolian Pipeline (TANAP)", ≪SCG≫, https://www.sgc.az/en/project/tanap (검색일 : 2023.10.18)

11 "Histroy", ≪SCG≫, https://www.tap-ag.com/infrastructure-operation/history-timeline#period-7788 (검색일 : 2023.10.18)

12 bp, *Statistical Review of World Energy 2021, 70th edition*, London : British Petroleum Co., 2021, p.11.

13 2023년 개정된 유럽의 재생에너지 지침에서는 신재생에너지 목표 비중이 45%까지 늘어난 바 있다. "Renewable energy targets", ≪European Commission≫, https://energy.ec.europa.eu/topics/renewable-energy/renewable-energy-directive-targets-and-rules/renewable-energy-targets_en (검색일 : 2023.10.18)

또한 서시베리아, 볼가, 우랄 등 에너지 자원이 풍부한 지역을 소유한 에너지 부국이었기 때문에, 러시아는 소련 붕괴 이후 신경제 상황에서 에너지 자원을 효율적으로 사용하기 위해 에너지에 대한 국가 정책 개념을 1992년 도입하기로 결정한다.[15] 이후 2003년부터 러시아는 국가 차원에서 에너지 정책에 관한 장기 전략을 5년 단위로 수립하여 추진해오고 있다.

2003년, 러시아 최초의 에너지 전략인 '러시아 에너지 전략－2020Energy Strategy of Russia for the period up to 2020(이하, 에너지 전략 2020)'이 발표됐다. 이 전략은 러시아의 에너지 자원개발과 에너지 수송 수단의 확충, 대외협력 등 종합적인 에너지 정책과 아시아・태평양(이하 아태) 국가들과의 에너지 협력 강화를 목표로 수립되었다. 특히, 에너지 전략 2020은 한국, 중국, 일본, 인도 등 아태 국가들을 잠재적인 에너지 시장으로 보고, 이들 국가로의 석유 수출 목표치를 구체적으로 제시했다. 이 전략에서 러시아는 3%에 불과했던 아태 국가로의 석유 수출 비중을 2020년까지 30%로 증가시키고, 천연가스 수출 비중을 15%까지 확대할 것을 목표로 제시했다.[16]

2009년 발표된 '러시아 에너지 전략－2030Energy Strategy of Russia for the period up to 2030(이하 에너지 전략 2030)' 또한 아태 국가와의 협력을 강조하고, 이들 국가로의 에너지 수출 목표치를 제시했다. 그러나 당시 송유관 건설을 통한 중국과 일본으로의 석유 수출이 가시화되면서 에너지 전략 2030에서 제시한 아태지역으로의 석유 수출 목표치는 22~25%로, 에너지 전략 2020에 비해 현실적으로 조정되었다. 반면, 천연가스의 경우 러시아 동부지역에 가스 생

14 Sergei Ermolaev, "The Formation and Evolution of the Soviet Union's Oil and Gas Dependence", ≪Carnegie Endowment for International Peace≫, https://carnegieendowment.org/2017/03/29/formation-and-evolution-of-soviet-union-s-oil-and-gas-dependence-pub-68443 (검색일 : 2023.10.28)

15 Ministry of Energy of the Russian Federation, *Energy Strategy of Russia for the period up to 2030*, Moscow : Institute of Energy Strategy, 2010, p.3.

16 "Об утверждении Энергетической стратегии России на период до 2020 года", ≪электронный фонд правовых и нормативно-технических документов≫, https://docs.cntd.ru/document/901872984 (검색일 : 2024.03.18)

산 센터를 건설하고 이를 단일 가스 배관망으로 연결하여 동북아로 가스를 수출하는 가스프롬의 '동부가스프로그램Eastern UGSS(Eastern United Gas Supply System)'이 2007년 산업에너지부로부터 승인을 받으면서, 아태지역으로의 수출 목표치가 19~20%로 늘어났다. 또한, 석유, 천연가스, 석탄 등을 포함한 러시아 전체 에너지 수출 비중에서 아태 국가의 비중을 30%로 확대하는 것을 목표로 설정하는 등 에너지 전략 2030은 아태지역 국가들과 러시아의 에너지 협력 강화를 내용으로 담았다.[17]

2014년 1월, 러시아 정부는 '러시아 에너지 전략-2035Energy Strategy of Russia for the period up to 2035(이하 에너지 전략 2035)'를 발표했다. 그러나 에너지 전략 2035 발표 이후 발생한 크림반도 사태로 서방이 러시아에 대한 경제제재를 단행하고, 미국의 셰일 에너지 생산으로 인해 유가가 하락하면서 러시아의 경제가 마이너스 성장률을 기록하는 등 러시아를 둘러싼 대외환경이 급격하게 변화하자, 이를 반영한 수정안이 2015년 10월과 2016년 9월, 그리고 2017년 2월에 잇따라 발표되었다.

2020년 6월 최종 승인된 에너지 전략 2035에서는 심화하는 유럽의 에너지 다각화 움직임을 반영하여 아태지역으로의 수출 목표치를 크게 확대했다. 에너지 전략 2035에서 러시아 정부는 2018년 기준 러시아 에너지 수출에서 27%를 차지하던 아태 국가의 비중을 2024년(1단계)까지 40%까지 늘리고, 2035년(2단계)에는 이 비중을 50%까지 증가시키는 것을 목표로 설정했다. 이는 당시 러시아가 중국과 '시베리아의힘' 가스관 건설 프로젝트를 비롯하여 다수의 LNG 프로젝트를 진행하고 있었다는 점에서 아태지역으로의 수출 증가를 염두에 둔 목표치였다.[18]

17 "Об утверждении Энергетической стратегии России на период до 2030 года", ≪электронный фонд правовых и нормативно-технических документов≫, https://docs.cntd.ru/document/902187046 (검색일 : 2024.03.18)

18 "Об утверждении Энергетической стратегии Российской Федерации на период до 2035 года",

그러나 2022년 발생한 우크라이나 전쟁으로 서방이 러시아에 대한 강력한 제재를 부과하면서 에너지를 둘러싼 서방과 러시아 간 갈등이 격화됨에 따라 러시아의 에너지 정책에도 급격한 변화를 초래하게 된다. 유럽연합은 우크라이나 전쟁에 대한 제재의 일환으로 러시아산 에너지 수입을 단계적으로 금지하겠다고 밝히고, 러시아의 자금 조달 능력을 제한하기 위해 석유 가격 상한제를 시행했다. 러시아는 이에 노르드스트림-1을 통한 가스 공급량을 20%로 줄이고, 폴란드, 불가리아, 핀란드, 덴마크, 독일, 네덜란드 등 루블화 가스 대금 결제를 거부한 국가들에 대한 가스공급을 중단하는 것으로 대응했다.[19]

그 결과 2022년 23%에 달하던 유럽연합의 러시아산 천연가스 의존도가 2023년 1월 기준 10% 미만까지 떨어졌다.[20] 유럽으로 수출되는 러시아의 석유 수출량 또한 크게 줄어들어서 2022년 1월 대비, 2023년 1월 러시아의 대유럽 석유 수출량은 절반 이하로 떨어졌다.[21] 게다가 2022년 12월, G7과 유럽연합EU, 호주 등이 러시아산 원유에 배럴당 60달러의 가격 상한을 설정하는 등의 가격 상한제를 시행하자, 유럽의 러시아산 에너지 감소분을 인도와 중국이 흡수하게 되면서 러시아는 이들 국가와 에너지 협력을 강화할 수밖에 없는 상황에 놓이게 된다.

≪электронный фонд правовых и нормативно-технических документов≫, https://docs.cntd.ru/document/565068231 (검색일 : 2024.03.18)

19 Anna Cooban, "Triple whammy for European gas supplies sends prices soaring", ≪CNN≫, https://edition.cnn.com/2022/06/15/energy/europeAN-gas-prices/index.html (검색일 : 2023.11.12)

20 "Russia's War on Ukraine", ≪iea≫, https://www.iea.org/topics/russias-war-on-ukraine (검색일 : 2023.11.12)

21 Ibid.

3. 러시아와 중국 간 에너지 협력의 전개

1) 석유 협력

동시베리아・태평양 송유관East Siberia-Pacific Ocean Pipeline(이하 ESPO 송유관)은 러시아의 아태지역으로의 원유 수출을 담당하는 파이프라인이다. ESPO 송유관은 시베리아 이르쿠츠크주의 타이셰트Taishet에서 아무르주의 스코로보디노Skovordino와 극동의 코즈미노Kozmino항을 잇는 총 길이는 4,740km에 달하는 송유관으로, 1단계 구간과 2단계 구간으로 구성된다. 1단계 구간은 시베리아 이르쿠츠크주의 타이셰트에서 아무르주의 스코로보디노를 잇는 2,694km 길이의 구간(이하 ESPO-1)이며, 2단계 구간은 타이셰트에서 러시아 극동의 코즈미노항까지 연결하는 2,045km 길이의 구간(이하 ESPO-2)이다.

ESPO 송유관은 러시아와 중국 간 원유 협력의 중추적인 역할을 담당하고 있다. 2010년 ESPO-1의 다칭 지선 공사가 완공된 이후 러시아는 스코보로디노에서 모헤Mokhe를 거쳐 연간 3천만 톤의 원유를 중국으로 직접 공급하고 있으며, ESPO-2를 통해 코즈미노항으로 운반된 원유의 많은 부분 역시 중국으로 수출되고 있다. 2021년의 경우 코즈미노 원유선적터미널을 통해 수출된 원유 3,510만 톤 중 약 80%에 해당하는 2,790만 톤이 중국으로 수출되었다.[22]

이처럼 러시아와 중국 간 석유 협력에 있어 중요한 부분을 차지하고 있는 ESPO 송유관의 건설 논의는 소련 시기부터 시작되었다. 1970년대 서시베리아와 극동지역의 에너지 개발을 위해 일본과 공동 개발을 제안했던 소련은,[23]

22 전명수, 「러, 지난해 ESPO 원유 수출 3510만톤으로 역대 최대… 한국으로 160만톤 '4위'」, 『한국무역신문』, https://www.weeklytrade.co.kr/m/content/view.html?section=1&category=136&no=78620 (검색일 : 2023.11.12)

23 David I. Hitchcock, Jr, "Joint Development of Siberia : Decision-Making in Japanese-Soviet Relations", *Asian Survey* 11(3), 1971, p.291.

소련 붕괴 이후 일본뿐만 아니라 중국과도 에너지 개발을 위한 논의에 착수했다.[24] 당시 러시아가 시베리아 원유를 중국으로 수출하는 앙가르스크-다칭 노선과 일본으로 수출하는 앙가르스크-나홋카 노선 두 가지를 놓고 심사숙고하면서 에너지 수요가 높은 일본과 중국은 ESPO 송유관 건설을 둘러싸고 치열한 경쟁을 벌이게 된다.

러시아는 소련 시기부터 일본과 에너지 개발 부문에서 협력했으나, 1990년대 후반 미일관계가 개선되면서 상황이 반전된다. 내수시장 개방과 미 해병대의 오키나와 주둔을 두고 미국과 갈등을 겪던 일본이 1996년 '미·일 안보공동선언The U.S.-Japan Joint Declaration on Security'과 1997년 '미·일 방위협력지침The Guidelines for U.S.-Japan Defense Cooperation'을 발표하면서 미국과의 관계를 정상화하고 미·일 동맹을 강화한 것이다. 이에 러시아로서는 중국과 에너지 협력을 통해 미-일 관계의 대응 전선을 구축할 필요성이 높아졌다. 더군다나 일본이 내세운 나홋카 노선(3,765km)의 경우 58억 달러의 건설비용과 10년의 건설 기간이 필요한 데 비해, 중국의 다칭 노선(2,400km)은 28억 달러의 건설비용과 7년의 건설 기간이 소요된다는 점에서 경제적이었다.[25] 이에 러시아는 중국과의 다칭 노선 건설을 우선으로 고려하게 된다.

러시아와 중국 간 에너지 협력에 관한 논의는 1992년 중국석유천연가스공사China National Petroleum Corporation(이하 CNPC)의 장용위Zhang Yongyi 부회장이 동시베리아의 원유와 천연가스를 중국과 일본으로 수출하는 것을 제안한 것에서 시작되었다. 이어 1994년 CNPC와 러시아 에너지부Mintopenergo가 러시아와 중국의 국경을 넘어 원유와 가스를 운반하는 장거리 파이프라인 건설에 대한 MOU를 체결하면서 러·중 간 에너지 협력에 대한 논의가 본격적으로

24 조정원, 「러·중 에너지 관계의 변화」, 『슬라브학보』 제26권 3호, 2011, 126~127쪽.

25 James Brooke, "Japan and China Battle for Russia's Oil and Gas", ≪The Asia-Pacific Journal≫, https://apjjf.org/-James-Brooke/1740/article.html (검색일: 2023.11.26)

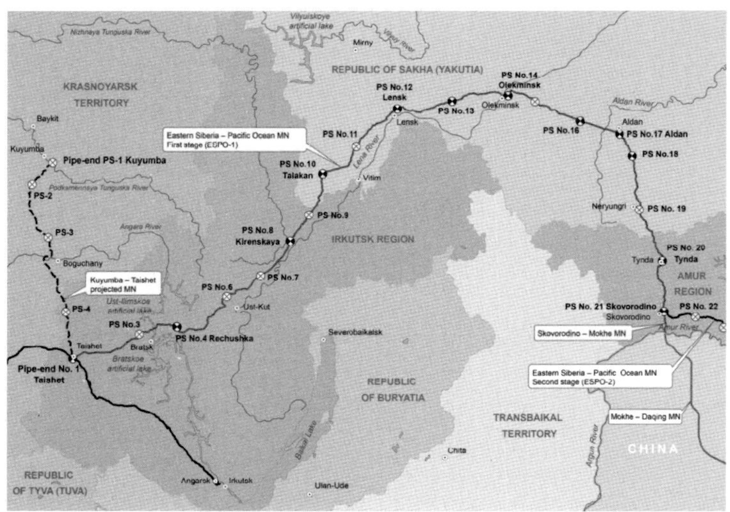

〈그림 1〉 ESPO-1 노선도

자료 : "Transneft paid off a $10 billion Chinese loan ahead of schedule to mitigate currency exchange and sanctions risks", ≪The Eurasian Links≫, https://eurasianlinks.blog/2018/08/31/transneft-paid-off-a-10-billion-loAN-ahead-of-schedule-to-mitigate-currency-exchange-and-sanctions-risks/ (검색일 : 2024.01.24)

이뤄지게 된다.[26] 1996년에는 러·중 정상이 러시아 동부 시베리아의 석유와 가스를 중국의 다칭과 연결하는 파이프라인 건설 등에 관한 협력 협정에 합의하였다. 그러나 러시아와 중국 간 송유관 건설은 1990년대 러시아의 경제 위기와 함께 원유 공급 가격에 대한 중국과의 의견 불일치로 인해 협의가 더디게 진행되었다.

그러던 중 1990년대 후반부터 미국에서 '중국 위협론'이 대두될 정도로 중국의 경제가 크게 성장하면서 중국은 미국과 일본에 이어 세계 3위의 석유 수입국으로 등극하는 등 에너지 수요가 급격하게 증가하자 러시아와 중국 간 다칭 노선 건설이 본격적으로 논의되기 시작한다. 당시 러시아 원유는 철도

26 K. W. Paik, "Pipeline gas introduction to the Korean Peninsula", London : Chatham House, 2005, p.4.

를 통해 중국으로 수출되었는데, 철도로 운송되는 원유량이 중국의 에너지 수요를 따라잡지 못했다. 이에 1999년 유코스Yukos, 트란스네프트Transneft, CNPC는 송유관 계획 타당성 조사를 시행하였고, 2001년에는 경제적 검토가 완료되어 송유관 계획이 경제성이 있다는 결론에 도달하였다.[27] 이어 2001년 7월, 장쩌민Jiang Zemin 중국 국가주석의 러시아 방문을 계기로 장쩌민 중국 국가주석과 미하일 카샤노프Mikhail Kasianov 러시아 총리가 1,700km에 달하는 러·중 간 송유관을 건설하고, 2010년부터 3,000만 톤의 원유를 수출하는 에너지 합의에 서명하였다.[28] 러시아와 중국 간 에너지 협력은 2003년 5월, 후진타오Hu Jin Tao 중국 국가주석의 러시아 방문을 계기로 유코스와 CNPC간 앙가르스크-다칭 송유관을 통해 25년간 1천 5백억 달러에 달하는 원유 51억3천만 배럴을 중국에 공급하는 원유 판매 계약을 체결하면서 본격화되었다.[29]

순조로워 보이던 러·중 에너지 협력은 러시아의 국내정치적인 이유와 함께 유가 상승이라는 대외적 환경변화로 인해 급변하게 된다. 2003년 10월, 푸틴 대통령의 정치적 라이벌로 부상하던 유코스의 전前 회장 미하일 호도르코프스키Mikhail Khodorkovsky가 사기, 횡령, 조세포탈 등 7가지 혐의로 긴급하게 기소되었다.[30] 그는 체포되기 전 에너지 정책을 놓고 민간의 파이프라인 노선을 옹호하는 등 푸틴 대통령과 충돌했고, 야당에 자금을 전달하면서 푸틴의 분노를 샀다.[31] 결국 그는 노보시비르스크의 공항 활주로에서 긴급 체포

27 이채문, 「시베리아 송유관 건설의 정치경제학적 고찰」, 『한국지리학회지』 제10권 1호, 2004, 111쪽.

28 “Newsline-July 18, 2001”, ≪Radio Free Europe Radio Liberty≫, https://www.rferl.org/a/1142443.html (검색일 : 2023.11.28)

29 R. M. Cutler, “Does the ESPO signal a new Sino-Russian rapprochement?”, https://www.cacianalyst.org/publications/analytical-articles/item/11807-analytical-articles-caci-analyst-2009-3-25-art-11807.html?tmpl=component&print=1 (검색일 : 2023.11.28)

30 “Ходорковский Михаил Борисович”, ≪Neftegaz.RU.≫, https://neftegaz.ru/persons/332721-khodorkovskiy-mikhail/ (검색일 : 2023.11.28)

31 F. J. Dresen, “Oligarchic Capitalism in Putin's Russia : The Khodorkovsky Case”, ≪Wilson Center≫,

되었고, 러시아 검찰청은 유코스의 대주주 지분 53%를 동결했다.[32] 이어서 2004년 5월, 러시아 세무 당국은 유코스에 2000년 한 해에만 34억에 달하는 체납세금과 이자에 대한 납부를 명령했으며, 연체이자를 포함하여 270억 달러를 청구했다.[33] 2006년 8월, 러・중 간 에너지 협력을 주도하던 유코스가 추징 세액 납부 최종 기한을 넘김에 따라 파산하게 되면서 앙가르스크-다칭 송유관 건설에 차질이 발생한다. 이와 함께 환경단체들이 세계최대담수호인 바이칼 호수의 남쪽을 통과하는 다칭 노선이 호수를 오염시킬 가능성이 높다는 이유로 송유관 건설을 반대하면서 러・중 송유관 건설에 대한 우려의 목소리가 높아진 점 역시 협력의 방해요인으로 작용했다.[34]

반면, 당시 세계 2위의 에너지 소비국이었던 일본은 증가하는 에너지 수요에 맞춰 에너지를 확보하고 공급원을 다각화하기 위해 러시아와의 협력이 필요했다. 일본 정부는 특사와 장관 등 고위급 인사들을 모스크바로 파견했으며, 사할린 프로젝트에 10억 달러를 투자하는 등[35] 러시아가 일본에 유리한 나홋카 노선을 건설하도록 노력을 경주했다. 고이즈미Koizumi 일본 총리는 2003년 10월 태국 방콕에서 열린 아시아・태평양경제협력체APEC 정상회의에서 푸틴 대통령을 만나 앙가르스크-나홋카 노선 건설을 촉구하기도 했다. 이와 함께 일본 정부는 나홋카 송유관 건설에 50억 달러를 지원하고, 동부 시베리아 유전개발에도 20억 달러를 추가 지원하겠다고 제안하는 등 재정적

https://www.wilsoncenter.org/publication/oligarchic-capitalism-putins-russia-the-khodorkovsky-case (검색일 : 2023.11.28)

32 "Yukos Crisis Deepens as Equity Stake Seized", ≪Energy Intelligence Group≫, https://www.energyintel.com/0000017b-a7a2-de4c-a17b-e7e248fd0000 (검색일 : 2023.11.29)

33 "Yukos Timeline : Legal Saga Of Ex Russian Oil Giant", ≪AFP News≫, https://www.barrons.com/news/yukos-timeline-legal-saga-of-ex-russiAN-oil-giant-01636079107 (검색일 : 2023.11.29)

34 「송유관 위에 불붙은 중・일 전쟁」, 『시사저널』, http://www.sisajournal.com/news/articleView.html?idxno=87420 (검색일 : 2023.11.29)

35 James Brooke, "Koizumi Visits Energy-Rich Russian Region, Seeking Oil", ≪The New York Times≫, https://www.nytimes.com/2003/01/13/world/koizumi-visits-energy-rich-russiAN-region-seeking-oil.html (검색일 : 2023.11.30)

유인책도 사용했다.[36]

중국과 원유 공급 가격에 대한 합의에 이르지 못하고 있던 러시아로서는 일본과의 에너지 협력이 중국의 대안으로써 나쁠 것이 없는 제안이었다. 게다가 일본과의 에너지 협력은 러시아에게 경제적 이득뿐만 아니라 일본과 쿠릴열도(북방 4개섬) 반환 문제를 놓고 러시아에 레버리지를 제공할 수 사안이었다. 또한, 나홋카 송유관이 건설될 경우 시베리아와 극동 지역의 경제 활성화와 지역 일자리 제공에 도움이 되며, 항만을 통해 러시아산 원유를 일본뿐만 아니라 한국, 타이완, 홍콩, 미국 등 아태지역으로 수출할 수 있다는 장점도 있었다. 이에 미하일 프라드코프Mikhail Fradkov 러시아 총리는 2004년 12월 31일 동시베리아의 타이셰트-나홋카를 잇는 송유관 건설사업을 최종 승인했다.[37]

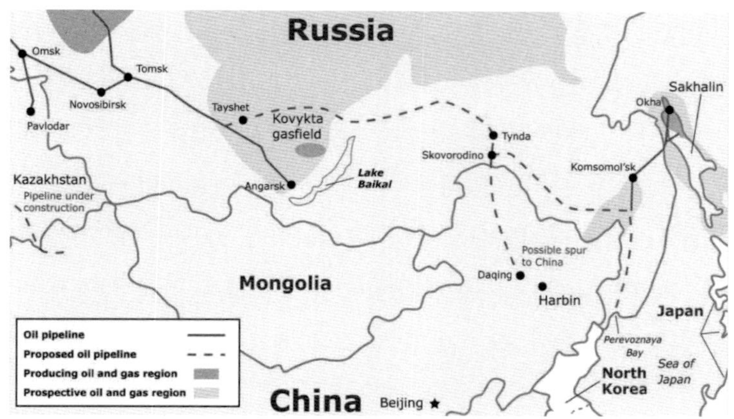

〈그림 2〉 ESPO 송유관 계획도
자료 : Bobo Lo, Andy Rothman, *Asian geopolitics*, London : Chatham House, 2006, p.17.

36 James Brooke, "Japan and Russia Working Hard to Build Economic Ties", ≪The New York Times≫, https://www.nytimes.com/2004/01/23/business/japAN-and-russia-working-hard-to-build-economic-ties.html (검색일 : 2023.11.30)

37 Sergei Blagov, "Moscow appears to waver over pacific pipeline route", ≪The Jamestown Foundation≫, https://jamestown.org/program/moscow-appears-to-waver-over-pacific-pipeline-route/ (검색일 : 2023.11.30)

소련 붕괴 이후 러시아는 극심한 경제난을 겪으면서 과거 강대국으로서의 위상을 잃어버렸다. 그러나 2000년대 초부터 국제 원자재 가격이 상승하자 에너지 부국인 러시아는 에너지 자원을 수출하면서 부를 축적했으며, 정치적 영향력도 회복해 나갔다. 푸틴 대통령은 러시아 경제를 성장시키고, 러시아의 정치적 위상을 유지하기 위해서 에너지 산업 부문의 투자와 발전이 필요함을 인식했다. 이를 위해서는 시베리아와 극동지역의 자원 개발이 필요했으며, 러시아는 일본뿐만 아니라 중국도 이 지역의 자원개발과 관련하여 고객이자 투자자로서 역할을 한다고 보았다.[38] 그 결과, 2005년 푸틴은 에너지 공급 대상국의 다변화를 명분으로 일본과 중국의 입장을 모두 고려한 노선을 채택했다. 이 노선은 타이셰트에서 블라디보스토크 인근의 페레보즈나야Perevoznaya까지 2단계로 나누어 건설하되 중국행 지선을 1단계 공사 종착점인 스코보르디노에서 다칭으로 연결하고, 2단계 공사에서 스코보르디노에서 페레보즈나야까지를 연결하는 노선이었다.[39]

송유관 건설 공사는 중국과 연결되는 1단계 공사가 먼저 시작되었다. 당시 중국과 러시아는 2005년부터 합동군사훈련을 실시해왔으며,[40] 1990년부터 2005년까지 중국은 무기 수입의 83% 이상을 러시아로부터 구입하면서 러시아와 밀접한 관계를 유지했다.[41] 반면, 유럽의회가 2005년 7월 러시아가 점령하고 있는 '북방영토'를 일본에 반환할 것을 권고하는 공식 성명을 발표하면서[42] 영토문제를 둘러싼 러・일 간 갈등이 재점화되었고, 러시아가 제안한

38 F.K. Chang, "Friends in Need : Geopolitics of China-Russia Energy Relations", ≪Foreign Policy Research Institute≫, https://www.fpri.org/article/2014/05/friends-in-need-geopolitics-of-china-russia-energy-relations/ (검색일 : 2023.12.08)

39 이영현, 『러시아의 극동개발과 북한 노동자-KINU 정책연구시리즈 12-3』, 서울 : 통일연구원, 2012, 17쪽.

40 Angela Stanzel, "China Trends #3－China and Russia : Brothers-In-Arms?", ≪Institut-Montaigne≫, https://www.institutmontaigne.org/en/expressions/china-trends-3-china-and-russia-brothers-arms (검색일 : 2023.12.08)

41 B. Hart, B. Lin, M. P. Funaiole, S. Lu, H. Price, N. Kaufman, G. Torrios, "How Deep Are China-Russia Military Ties?", ≪China Power≫, https://chinapower.csis.org/china-russia-military-cooperation-arms-sales-exercises/#easy-footnote-bottom-1-8217 (검색일 : 2023.11.08)

영토 협상안에 일본이 기존 4개 섬 일괄 반환 입장을 고수하면서 영토문제가 지속되었다. 이에 러시아는 2006년 중국과 연결되는 1단계 공사에 우선 착수하였다.

중국은 이어 스코보로디노에서 다칭 유전까지 지선 건설 방안을 추진하였고, 2009년 4월 중국개발은행이 250억 달러 차관을 로스네프트Rosneft와 트란스네프트에 제공하는 조건으로 러시아가 중국에 20년간 연간 1,500만 톤(1일 30만 배럴)의 석유를 배럴당 22달러에 공급하는 것에 합의하며 다칭 지선공사가 본격적으로 시작되었다.[43] 당시 중국개발은행이 제공한 차관의 이자는 6%로 시중 은행보다 매우 낮았기 때문에, 글로벌금융위기 이후 폭락한 유가로 인해 재정적 어려움을 겪던 로스네프트와 트란스네프트의 숨통을 틔워주었다.[44] 다칭 지선 공사는 2010년 9월 완공되었으며, 2011년 1월 1일 중국으로 원유 선적이 시작되었다. 스코보로디노에서 코즈미노항을 연결하는 ESPO-2단계 공사는 2010년 착수하여 2012년 말 완공됐다.

이처럼 러시아와 중국의 송유관 건설사업은 양자간의 동맹의식 또는 협력보다는 러시아의 정치적・경제적 고려가 주요 변수로 작용했다. 왜냐면 송유관이 논의되고 건설되었던 시기는 유가가 고공행진을 하던 시기로, 에너지 수출국이었던 러시아의 협상력이 에너지 수입국이었던 중국과 일본보다 높았기 때문이다. 그러나 2022년 우크라이나 전쟁으로 인해 서방이 러시아 에너지에 대한 각종 제재를 부과하면서 러시아와 중국 간 협상력의 우위는 반전되게 된다.

42 E. D'Ambrogio, "Japan－Russia Summit Time to exploit complementarities?", ≪European Parliament≫, https://www.europarl.europa.eu/RegData/etudes/BRIE/2016/595852/EPRS_BRI%282016%29595852_EN.pdf (검색일 : 2023.11.16)

43 R. M. Cutler, "Does the ESPO signal a new Sino-Russian rapprochement?", https://www.cacianalyst.org/publications/analytical-articles/item/11807-analytical-articles-caci-analyst-2009-3-25-art-11807.html?tmpl=component&print=1 (검색일 : 2023.11.28)

44 L. Jakobson, *China's energy and security relations with Russia : hopes, frustrations and uncertainties-SIPRI*, Stockholm : International Peace Research Institute, 2011, p.29.

2) 천연가스 협력

러시아와 중국 최초의 천연가스 협력은 가스프롬이 미국의 엑손모바일, 쉘과 함께 컨소시엄을 구성한 1998년 중국의 '서기동수WEP(West-East Pipeline)' 프로젝트이다.[45] 그러나 이 프로젝트는 당시 러시아의 천연가스 가격이 높아진 상황에서 소득 수준이 낮았던 중국이 천연가스 가격 인하를 요구하면서 가격 합의에 이르지 못했다. 이후 2003년 중국이 카자흐스탄과 투르크메니스탄 등 중앙아시아 국가들과 천연가스 협력을 논의하기 시작하면서 중국의 서기동수 프로젝트 추진에 대한 동력이 상실되었으며, 곧이어 러시아가 2004년 9월 컨소시엄을 탈퇴하면서 이 프로젝트는 무산되게 된다.

러시아와 중국의 천연가스 협력은 이후에도 가격에 대한 이견과 중국과 러시아가 선호하는 우선 건설 노선에 대한 의견 차이로 인해 10년 이상 합의에 이르지 못했다. 러시아는 유럽 수출에 사용되는 가스전을 사용할 수 있어 가스전 개발비용이 적게 소요되며, 4,000km에 달하는 동부노선보다 짧은 2,700km의 서부노선을 우선적으로 추진하고자 했다. 또한, 러시아는 유럽 수출가격을 고려하여 1000m^{3}당 350~400달러 수준의 천연가스 가격을 중국에 요구했다.[46]

반면, 투르크메니스탄, 카자흐스탄 등 중앙아시아 지역으로부터 가스관을 통해 중국 서부 지역으로 천연가스로 공급받고 있던 중국은 동부 연안 신흥 공업지역의 높은 에너지 수요를 충족시키기 위해 동부노선의 우선 개발을 희망했다. 이와 함께 중국은 투르크메니스탄과 미얀마로부터 수입하는 천연가스 가격인 1000m^{3}당 200~250달러 수준으로 천연가스 가격을 공급해줄 것을

45 가스프롬, 엑손모바일, 쉘은 각각 15%의 지분으로 컨소시엄에 참여하였다. 서기동수 프로젝트는 서부의 천연가스를 동부연안으로 공급하는 프로젝트이다.

46 이대식, 「중・러 가스협상 타결의 파급효과 분석」, 『러시아연구』 제24권 2호, 2014, 222쪽.

러시아에 요청했다.[47]

러시아와 중국 간 천연가스 협력에서 가격 협상은 가장 큰 난제로 작용했다. 러시아는 코빅타Kovykta 가스전의 생산비용이 저렴하다는 점에서 동부노선의 경우 유럽보다 낮은 수준인 1000m^3당 250달러까지 협상이 가능했으나, 서부노선의 경우 유럽 수출의 네트백netback 가격인 1000m^3당 350~400달러를 고수했다. 중국의 경우 서부노선은 수송거리가 짧다는 점에서 1000m^3당 최대 250달러까지 지불할 의사가 있었으나, 동부노선의 경우 기존의 희망 가격을 고수하면서 러・중 간 가스관 건설 협상은 답보를 거듭했다.[48]

답보를 거듭하던 러시아와 중국의 가스관 협력 논의는 대외환경 변화로 인한 러시아의 협상력 약화로 논의가 재개되게 된다. 2006년과 2009년 동유럽에 대한 러시아의 연이은 가스공급중단 사태로 인해 러시아의 최대 에너지 수출처인 유럽이 남부가스회랑 프로젝트를 추진하는 등 탈러시아화를 적극적으로 추진하게 된다. 이어서 미국이 2008년 수압파쇄공법 개발에 성공하면서 미국으로 수입되던 중동의 에너지가 유럽으로 수입되면서 유럽의 대러시아 에너지 의존도가 낮아지기 시작했다. 이에 에너지 수출 시장 다각화가 필요해진 러시아는 2013년 3월 러・중 정상회담에서 중국이 선호하는 동부노선을 통한 가스 우선 공급에 합의하게 된다.

러시아는 중국이 선호하는 가스관 노선 건설을 우선 추진했을 뿐만 아니라 가격 산정 방식에서도 중국이 선호하는 방식을 채택했다. 러시아와 중국은 2009년 가스공급에 대한 기본계약을 체결하면서 가스 가격을 러시아가 요구한 '아시아 석유 바스켓Asia oil basket' 방식에 연동하기로 합의했다. 그러나, 2013년 6월 CNPC가 가스 가격을 미국의 헨리 허브Henry Hub와 연동시키는

47 Ibid.

48 Henderson, J., *The Pricing Debate over Russian Gas Exports to China*, Oxford Institute for Energy Studies, 2011, p.38.

방식을 제안하자, 러시아는 미국의 천연가스 가격과 가격을 조정할 준비가 되어있지 않다는 이유로 거절하고, 대신 조정안인 '싱가포르 석유 제품 바스켓basket of oil products in Singapore'을 채택하며 가스 가격 산정 방식을 변경하게 된다.[49]

2014년 3월, 러시아의 크림 병합으로 인해 서방의 대러제재가 심화함에 따라 러시아의 협상력이 더욱 약해지면서 러시아와 중국의 천연가스 협력은 급물살을 타게 된다. 가스프롬과 CNPC의 가스공급가격 수준은 공식적으로 발표되지 않았으나 전문가들에 따르면 1000m^3당 약 350~395달러 수준일 것으로 추정된다. 총 계약금액 4,000억 달러를 바탕으로 추산 시 러시아의 대중국 가스공급가격은 1000m^3당 351달러로 예상된다. 이는 당시 러시아의 대유럽 수출가격인 1000m^3당 약 369달러(m^3당 2.3위안)와 중국의 투르크메니스탄 수입가격인 1000m^3당 353달러(m^3당 2.2위안)보다 낮은 수준일 뿐만 아니라, 중국 상하이 가정용 가스 가격인 m^3당 2.5위안보다 낮은 가격이었다.[50] 이처럼 러시아와 중국 간 천연가스 노선과 가격에 대한 합의가 이뤄지면서 2014년 5월, 마침내 30년간 38bcm의 러시아산 천연가스를 중국에 공급하는 4,000억 달러 규모의 '시베리아의힘' 가스관 건설 계약이 체결되게 된다.

2022년 2월 발발한 우크라이나 전쟁으로 서방의 대러제재와 에너지 탈러시아화 움직임이 강화되면서 '시베리아의힘-2' 건설 논의가 활발히 진행되고 있다. '시베리아의힘-2'는 몽골의 수도인 울란바토르를 통과하여 중국의 베이징-텐진-허베이로 연결되는 총길이 4,140km의 가스관 프로젝트로,[51] 게르

49 Skalamera, M., "Booming Synergies in Sino-Russian Natural Gas Partnership", *Belfer Center for Science and International Affairs*, Cambridge : Harvard University, 2014, p.6. '시베리아의힘'에서 채택된 가스공급 가격설정 방식은 공식적으로 밝혀지지는 않았으나, 푸틴 러시아 대통령이 '시베리아의힘' 계약이 체결된 날 유럽에서 사용하는 것과 유사한 가스공급 가격설정 방식을 채택했다고 언론과의 브리핑을 통해 밝힌 바, 이와 유사한 석유 제품 바스켓과 원유가격에 연동된(linked to the prices of oil and the basket of petroleum products) 방식을 채택한 것으로 추정된다.

50 박용덕 · 석주현 · 이성규, 『중국 가스산업의 발전 현황과 대중국 가스산업 진출 전략』, 세종 : 대외정책연구원, 2014, 52쪽.

촌 난방과 화력발전 등으로 심각한 대기오염을 겪고 있는 몽골에 의해 2012년부터 꾸준히 제안된 프로젝트이다. '시베리아의힘-2'는 2019년 9월 제5차 동방경제포럼Eastern Economic Forum에서 블라디미르 푸틴 러시아 대통령이 몽골을 경유하여 가스를 수출하는 방안을 고려하라고 지시한 이후 본격적으로 논의되기 시작했다. 2020년 3월 가스프롬 알렉세이 밀러 회장은 블라디미르 푸틴 러시아 대통령과의 실무회의를 통해 몽골을 경유하는 '시베리아의힘-2'의 예비 타당성 조사를 마쳤으며, 이 가스관을 통한 총 가스 공급량은 연간 50bcm에 달할 것이라 밝혔다.[52] 이어서 2021년에는 '시베리아의힘-2' 프로젝트의 타당성 조사가 가스프롬의 승인을 받았다.[53]

중국은 그동안 러시아와 몽골의 적극적인 '시베리아의힘-2' 프로젝트 논의에도 불구하고, 협상을 관망하는 접근 방식을 채택했다. 그러던 중 2023년 8월, 몽골이 미국과 양국 간 민간 항공기가 자유롭게 운항할 수 있도록 하는 '항공 자유화open skies' 협정에 서명하고, 미국에 희토류 파트너십을 제안하는 등[54] 미국과 몽골과의 관계가 긴밀해지자 중국은 '시베리아의힘-2'의 추가 지선 건설을 제안했다.[55] 이에 알렉산더 노박Alexander Novak 러시아 부총리가 나우시키Naushki－울란우데UlAN-Ude－치타Chita로 연결되는 총 길이 700km의 지선 건설을 검토중이라고 밝힘에 따라,[56] 러시아가 중국의 제안을 받아들이

51 Anna Galtsova, ""New" gas from Russia to China via Power of Siberia-2 pipeline : New route and new strategic opportunities", ≪S&P Global Commodity Insights≫, https://ihsmarkit.com/research-analysis/new-gas-from-russia-to-china-via-power-of-siberia-2-pipeline.html (검색일 : 2024.02.17)

52 "Gazprom instructed to proceed to pre-investment phase in Power of Siberia 2 project", ≪Gazprom≫, https://www.gazprom.com/press/news/2020/march/article502475/ (검색일 : 2024.02.16)

53 Jeff Pao, "Power of Siberia 2 stuck on gas price, branch issues", ≪Asia Times≫, https://asiatimes.com/2024/01/power-of-siberia-2-stuck-on-gas-price-branch-issues/ (검색일 : 2024.02.22)

54 Simon Lewis, David Brunnstrom, "Mongolia to deepen cooperation with US on rare earths, prime minister says", ≪Reuters≫, https://www.reuters.com/world/mongolia-deepen-cooperation-with-us-rare-earths-pm-says-washington-visit-2023-08-03/ (검색일 : 2024.02.22)

55 Jeff Pao, "Power of Siberia 2 stuck on gas price, branch issues", ≪Asia Times≫, https://asiatimes.com/2024/01/power-of-siberia-2-stuck-on-gas-price-branch-issues/ (검색일 : 204.02.22)

56 Ibid.

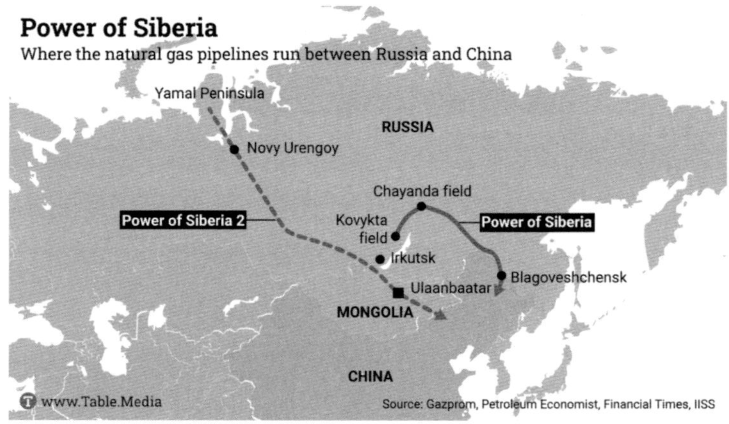

〈그림 3〉 '시베리아의힘' 가스관 노선도

자료 : Letzte Aktualisierung, "Construction of 'Power of Siberia 2' delayed", ≪Table China≫, https://table.media/en/china/news/construction-of-power-of-siberia-2-delayed/ (검색일 : 2024.02.23)

면서 본격적인 논의가 시작된 것으로 보인다. 러시아는 이에 힘입어 '시베리아의힘-2' 가스관의 몽골 부분 건설이 2024년 상반기에 시작될 수 있을 것으로 보고, 2030년 가스공급을 목표로 하고 있음을 밝혔다.[57]

그러나 L. 어용 에르덴L. Oyun-Erdene 몽골 총리에 따르면, '시베리아의힘-2'의 가스 공급가격과 주요 세부사항이 러시아와 중국 간 합의에 이르지 못했으며, 이 프로젝트의 경제성에 대해 양측의 조사가 끝나지 않았다.[58] 이는 우크라이나 전쟁의 지속과 함께 서방 진영의 에너지 탈러시아화가 가속화되면서 시간이 지날수록 중국의 협상력이 높아지고 있기 때문으로 보인다. 다음 장에서는 우크라이나 전쟁이 러시아와 중국 간 에너지 협력을 어떻게 변화시켰으며, 양국 간 에너지 협력에서는 어떠한 문제점들이 내재되어 있는

57 "Russia's planned gas pipeline to China faces construction delay, Financial Times reports", ≪Reuters≫, https://www.reuters.com/markets/commodities/russias-planned-gas-pipeline-china-faces-construction-delay-ft-2024-01-28/ (검색일 : 2024.02.23)

58 "Power of Siberia-2 Pipeline to China Faces Delay, Says Mongolian PM", ≪Pipeline Technology Journal≫, https://www.pipeline-journal.net/news/power-siberia-2-pipeline-china-faces-delay-says-mongolian-pm (검색일 : 2024.02.23)

지 살펴보겠다.

4. 우크라이나 전쟁과 러·중 에너지 협력

1) 우크라이나 전쟁과 러시아 에너지 수출구조의 변화

2022년 발생한 우크라이나 전쟁은 유럽 시장 중심이었던 러시아의 에너지 수출구조를 급격하게 변화시켰다. 2000년대 중반 발생한 러시아의 잦은 가스 공급 중단 사태로 인해 심각한 에너지 부족을 겪었던 유럽은 러시아 우회 가스관을 건설하고, 수입처를 다각화하면서 러시아에 대한 천연가스 의존도를 낮추기 위해 노력했다. 그 결과 2010년 유럽연합은 러시아에 대한 천연가스 수입 의존도를 기존의 30%에서 26%까지 소폭 낮출 수 있었다. 그러나 2014년부터 네덜란드 가스전의 생산량이 급격하게 감소하자,[59] 이 감소분을 러시아산 천연가스 수입으로 메우게 되면서 유럽의 러시아에 대한 천연가스 수입 의존도는 2018~2021년 평균 40% 이상으로 크게 증가하게 된다.[60] 그러나 우크라이나 전쟁으로 인해 상황은 다시 반전되게 된다.

2022년 2월 24일 새벽, 블라디미르 푸틴 러시아 대통령은 대국민담화를 통해 우크라이나 동부 돈바스 지역에 대한 특별군사작전을 선언하고 우크라이나를 침공하자, 미국과 유럽연합 등 서방세력들은 곧바로 러시아에 대한 제재를 발표하고 러시아의 우크라이나 침공을 규탄했다. 미국은 개인에 대한 제

59 네덜란드 가스전의 생산량은 2013년 72.4bcm에서 2014년 60.4bcm으로 감소했으며, 해마다 감소하여 2022년 15.1bcm까지 줄어들었다. 자세한 내용은 다음을 참고. “Natural gas production in the Netherlands from 2006 to 2022”, ≪statista≫, https://www.statista.com/statistics/703597/natural-gas-production-netherlands/ (검색일 : 2023.11.17)

60 “Russia's War on Ukraine”, ≪iea≫, https://www.iea.org/topics/russias-war-on-ukraine (검색일 : 2023.11.12)

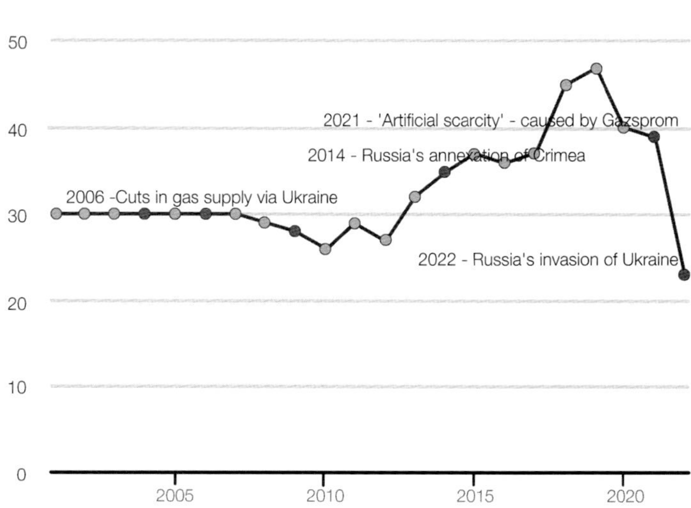

〈그림 4〉 유럽연합의 천연가스 수요에서 러시아가 차지하는 비중의 변화(2001~2022)
자료 : "Russia's War on Ukraine", ≪iea≫, https://www.iea.org/topics/russias-war-on-ukraine (검색일 : 2023.11.12)

재뿐만 아니라 러시아를 국제 금융 결제망 스위프트SWIFT(Society for Worldwide Interbank Financial Telecommunication)로부터 배제하고, 주요 10개 은행을 제재하는 한편, 미국 내 러시아 중앙은행 자산을 동결하는 등 금융제재를 단행했다. 또한, 첨단 산업과 사치품 등의 러시아 수출 규제를 시행하는 동시에 러시아산 에너지와 상품의 수입을 제한했다.[61] 유럽연합은 개인에 대한 제재와 더불어 첨단 기술과 에너지 산업 장비, 사치품 등의 러시아 수출을 규제하고, 러시아산 에너지 수입을 단계적으로 금지하는 등 제재를 부과했으며,[62] 유럽 각국은 자체적으로 러시아산 가스 구매를 중단했다.

61 O. Kadosh, G. Milhalter, and A. Ochoa, "A Summary of the Latest Sanctions Against Russia", ≪Pearl Cohen≫, https://www.pearlcohen.com/a-summary-of-the-latest-sanctions-against-russia-2 (검색일 : 2023.11.20)

62 "EU sanctions against Russia explained", ≪European Council of the European Union≫, https://www.consilium.europa.eu/en/policies/sanctions/restrictive-measures-against-russia-over-ukraine/sanctions-against-russia-explained (검색일 : 2023.11.18)

〈그림 5〉 국제 원유가격과 러시아산 원유가격의 변화

자료 : "Russia dodges G7 price cap sanctions on most of its oil exports", ≪Financial Times≫, https://www.ft.com/content/cad37c16-9cbd-473c-aa2f-102c21393d2e (검색일 : 2023.11.14)

서방의 제재에 대한 보복 차원에서 러시아가 유럽연합에 대한 가스공급을 기존의 절반 이상 줄이면서 유럽연합을 압박하자, EU 집행위원회는 에너지 위기에 대응하기 위해 2022년 5월 REPowerEU를 발표하게 된다. REPowerEU에서 유럽연합은 러시아에 대한 에너지 의존도를 줄이기 위해 에너지 소비를 줄이고, 청정에너지 사용을 확대하고, 에너지 공급원 다변화를 단계적으로 시행하겠다는 목표를 제시했다. 실제로 유럽연합은 에너지 소비를 줄이고, 미국, 캐나다, 노르웨이, 카타르 등의 국가들로부터 에너지 수입을 늘리면서 유럽연합의 러시아 천연가스에 대한 의존도가 2022년 23%에서 2023년 1월 10% 미만까지 떨어졌다.[63]

우크라이나 전쟁 이후 유럽연합으로의 러시아산 석유 수출도 급감하고 있다. 2022년 12월, G7과 유럽연합, 호주 등은 유가 상승으로 인한 러시아의 이익을 제한하고자 배럴당 60달러 이상의 러시아산 원유를 운송하는 선박의 경우 서방의 보험과 금융서비스를 제공하지 않는 러시아 원유가격 상한제를

63 "Russia's War on Ukraine", ≪iea≫, https://www.iea.org/topics/russias-war-on-ukraine (검색일 : 2023.11.12)

시행했다. 가격 상한제가 시행되자, 러시아산 우랄 원유가격이 브렌트유보다 배럴당 약 30달러가 저렴하게 형성되었다. 이에 원유 판매로 인한 수익이 줄어들자, 러시아는 서방의 보험 없이 운영하는 '그림자 함대Shadow fleet'를 구축하여 중국과 인도 등으로 수출을 돌렸다. 그 결과 2022년 1~2월 간 일간 150만 배럴의 석유를 유럽연합으로 수출했던 러시아는 2023년 1월에는 전년 수출량의 절반에도 못 미치는 일간 70만 배럴을 유럽연합으로 수출했다. 반면 2022년 1~2월 간 일간 170만 배럴에 불과했던 러시아의 중국 석유 수출량은 2023년 1월 일간 230만 배럴로 크게 늘어났다. 러시아의 대인도 석유 수출 또한 2022년 1~2월 일간 10만 배럴에서 2023년 1월에는 일간 160만 배럴까지 늘어났다. 이처럼 러시아의 유럽행 석유 수출이 중국과 인도로 대체되면서 우랄 원유가격 역시 회복세로 돌아섰으며, 2023년 9월에는 우랄산 원유가격이 제재 이전보다 높은 80달러 이상을 기록했다. 즉, 우크라이나 전쟁으로 인한 러시아의 대외환경 변화로 러시아의 에너지 수출구조가 유럽 중심에서 아태지역 중심으로 변하게 된 것이다.

2) 우크라이나 전쟁과 러·중 에너지 협력

우크라이나 전쟁으로 인해 2023년 러시아가 유럽연합으로 수출한 PNG의 양은 전년 대비 약 2/3가 줄어든 21bcm에 그칠 것으로 추정된다.[64] 반면, 2023년 '시베리아의힘'을 통해 중국으로 수출된 PNG의 양은 22.7bcm으로, 중국이 처음으로 러시아 PNG 수출에서 유럽을 앞질렀다.[65] 러시아는 또한

64 "Russia-China energy cooperation in focus as Putin visits Xi", ≪Reuters≫, https://www.reuters.com/business/energy/russia-china-energy-cooperation-focus-putin-visits-xi-2023-10-16/ (검색일: 2023.11.19)

65 "Russian pipeline gas exports to China hit new daily record: Gazprom", ≪S&P Global Commodity Insights≫, https://www.spglobal.com/commodityinsights/ko/market-insights/latest-news/natural-gas/020124-russian-pipeline-gas-exports-to-china-hit-new-daily-record-gazprom (검

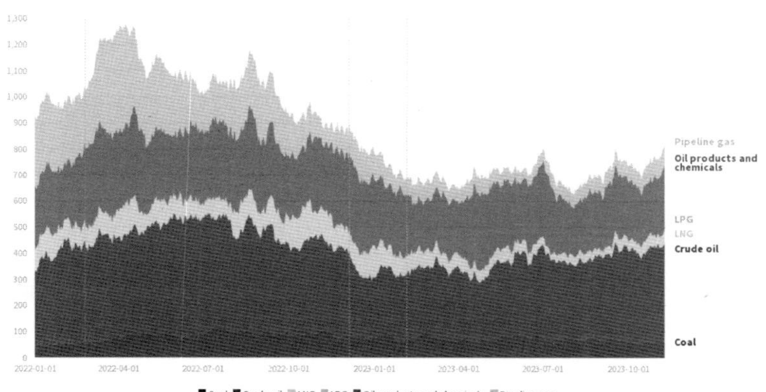

〈그림 6〉 러시아의 화석연료 수출액 (단위 : 백만 유로)
자료 : "Russian fossil fuel exports", ≪Russia Fossil Tracker≫, https://www.russiafossiltracker.com/ (검색일 : 2023.11.19)

2025년까지 '시베리아의힘' 가스관을 통해 연간 38bcm의 천연가스를 중국으로 공급할 예정이며, 운송량이 50bcm에 달할 것으로 예상되는 '시베리아의힘-2' 가스관 건설 또한 중국과 논의 중이다.[66] 이와 더불어 러시아는 지난해 사할린섬의 신규 파이프라인을 통해 중국에 2027년부터 연간 10bcm의 천연가스를 공급하는 계약을 중국과 체결한 바 있다.[67]

그러나 중국과의 천연가스 협력은 〈그림 6〉에서 볼 수 있듯이 유럽의 러시아산 PNG 감소분을 상쇄하지 못했다. 그 이유로는 먼저, 유럽으로 수출되는 PNG의 가스전과 중국으로 수출되는 PNG의 가스전이 다르기 때문이다. 중국으로 수출되는 '시베리아의힘' 가스관은 차얀다 가스전과 코빅타 가스전을 이용하고 있으며, 유럽으로 수출되는 '우렌고이', '야말－유럽'가스관은 서

색일 : 2024.03.18)

66 Ibid.

67 "В ≪Газпроме≫ назвали дату начала поставок по дальневосточному маршруту", ≪EastRussia≫, https://www.eastrussia.ru/news/v-gazprome-nazvali-datu-nachala-postavok-po-dalnevostochnomu-marshrutu/ (검색일 : 2023.11.19)

시베리아 지역의 얌부르그, 우렌고이, 메드베제 등의 가스전을 이용하고 있다. 따라서 중국이 러시아의 유럽행 PNG를 수입하기 위해서는 현재 연결되어 있지 않은 서시베리아의 가스전과 '시베리아의힘' 가스관을 연결해야 하며, 이는 막대한 건설비용과 시간이 소요된다. 또한, 운송 방법에 따라 필요한 시설과 설비가 다른 천연가스의 특성상 단기간에 유럽으로 수출하던 PNG를 LNG로 변환하여 중국으로 수출하기도 어렵다.

둘째, 러시아와 중국 간 PNG 협력은 현재 완공된 '시베리아의힘' 가스관을 통한 PNG 공급을 제외하고는 모두 미래의 협력을 상정하고 있다. 사할린섬의 신규 가스관의 공급 시작일은 2027년이며, '시베리아의힘-2' 가스관의 경우 가스공급가격은 물론 노선에 대한 논의까지도 합의에 이르지 못했다.[68] 따라서 중국은 현재 운영 중인 '시베리아의힘'만으로는 유럽의 PNG 감소분을 대체하지 못한다. 마지막으로, 러시아에는 총 65.2bcm의 천연가스를 저장할 수 있는 가스저장시설UGS(Underground Gas Storage) 있다는 점에서,[69] 러시아는 중국의 도움 없이도 단기적으로 유럽의 PNG 감소분을 감당할 수 있다. 그 결과, 중국이 유럽행 PNG를 흡수하지 못하면서 <그림 6>과 같이 우크라이나 전쟁 이후 감소한 러시아의 PNG 수출액은 현재까지 회복되지 못하고 있다.

반면, 석유 부문의 경우 천연가스와 달리 <그림 7>과 같이 중국이 인도와 함께 유럽의 수입 감소분을 상쇄하고 있는 것으로 나타났다. 우크라이나 전쟁 이후 석유 부문에서 러시아와 중국이 협력을 강화할 수 있었던 이유는 다음과 같다. 첫째, 석유는 기체 상태인 천연가스와 달리 액체 상태이기 때문에

68 "Russia-China energy cooperation in focus as Putin visits Xi", ≪Reuters≫, https://www.reuters.com/business/energy/russia-china-energy-cooperation-focus-putin-visits-xi-2023-10-16/ (검색일 : 2023.11.19)

69 "Крупнейшие газохранилища России и Европы", ≪Neftegaz≫, https://neftegaz.ru/analisis/oil_gas/329086-krupneyshie-gazokhranilishcha-rossii-i-evropy-spravka/ (검색일 : 2023.11.19)

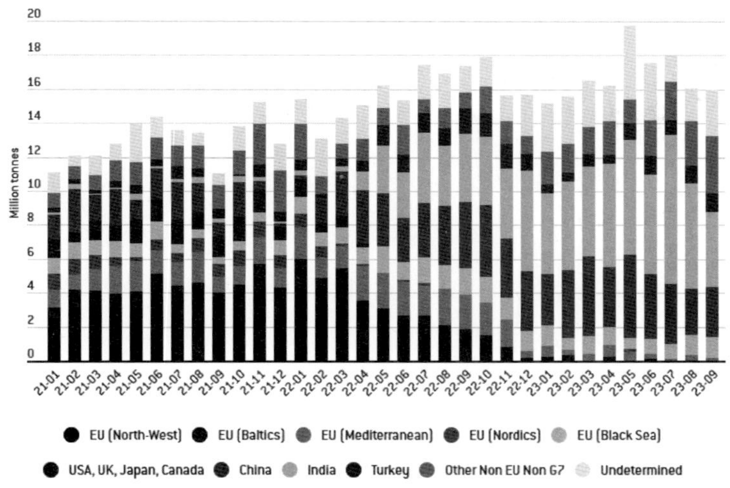

〈그림 7〉 러시아 원유의 지역별 월별 공급량

자료 : "Russian crude oil tracker", ≪bruegel≫, https://www.bruegel.org/dataset/russian-crude-oil-tracker (검색일 : 2023.11.18)

수송이 비교적 간편하다. 앞서 살펴본 바와 같이 천연가스의 경우 기체로 존재하기 때문에 수송을 위해 특수한 시설과 설비가 필요하다. 그러나 액체 상태로 존재하는 석유는 송유관뿐만 아니라 유조철도, 유조선, 유조차 등을 통해 수송이 가능하며, LNG처럼 수송을 위해 별도의 시설을 제작할 필요가 없기 때문에 수출 목적지 변경이 천연가스보다 수월하다. 우크라이나 전쟁 이후 러시아는 이러한 석유 수송의 수월성을 이용하여 유럽행 석유를 철도와 선박 등을 사용하여 아태지역으로 수출 목적지를 변경하면서 러시아와 중국 간 에너지 협력은 석유를 중심으로 강화되고 있다.

둘째, 저렴한 러시아산 석유 수입을 통한 중국의 정치·경제적 이익 증가이다. 2022년 12월, 유럽연합과 G7, 호주 등이 러시아산 원유가격을 배럴당 60달러로 설정하는 원유가격 상한제를 시행하면서 러시아산 우랄 원유가격이 브렌트유보다 배럴당 약 30달러가 저렴해지게 된다. 원칙대로라면 러시아는 이 조치로 선박의 보험과 운송 서비스 등 해운 서비스를 이용하기 위해서 손해를 감수하고 원유가격 상한제를 지켜야 했다. 그러나 러시아는 원유가격 상한제를 준수하는 대신 노후한 무보험 유조선들을 이용하여 ‘그림자 함대’를 구축하고, 이를 통해 중국과 인도 등으로 원유가격 상한선보다 높은 가격으로 원유를 수송했다. 그 결과 우랄산 원유가격은 2023년 9월, 제재 이전보다 높은 가격인 배럴당 80달러를 상회하게 된다.[70] 그러나 러시아산 원유는 여전히 브렌트유보다 약 20달러 정도 저렴한 가격으로 형성되었기 때문에, 중국은 브렌트유보다 낮은 가격으로 러시아산 원유를 구매함으로써 경제적인 이익을 볼 수 있게 되었다.[71]

또한, 러시아산 원유 구입 대금 결제에서 위안화 사용이 증가함에 따라 중국 위안화의 국제적 위상이 높아지고 있다는 점 역시 중국이 러시아와의 에너지 협력을 강화하는 요인으로 작용하고 있다. 중국은 서방의 제재로 러시

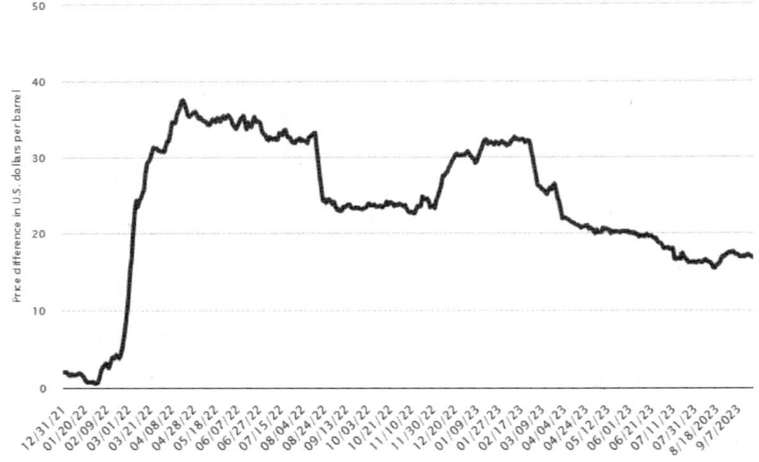

〈그림 8〉 우랄유와 브렌트유의 가격 차이(2021.12.31~2023.09.20)

자료 : “Difference between Urals and and Brent oil price from December 31, 2021 to September 20, 2023”, ≪statista≫, https://www.statista.com/statistics/1298092/urals-brent-price-difference-daily/ (검색일 : 2023.12.10)

70 K. Ishii, C. Macaire, A. Stalla-Bourdillon, “China has reduced its energy bill thanks to Russian oil discounts”, https://www.banque-france.fr/en/publications-and-statistics/publications/china-has-reduced-its-energy-bill-thanks-russian-oil-discounts (검색일 : 2023.11.18)

71 Ibid.

아산 원유 구입 대금 결제에서 달러화 지급이 어렵다는 점에서 서방의 가격 상한제 시행 이후 거의 모든 러시아산 원유 구매 건에 대해 위안화로 결제하고 있다.[72] 이어 인도 역시 같은 이유로 러시아산 원유 구입 대금을 위안화로 결제하는 등[73] 에너지 결제에서 위안화 결제비중이 증가하면서 2023년 9월, 국제 결제에서 위안화가 차지하는 비중이 역대 최고치인 3.71%를 기록했다.[74] 이처럼 중국은 러시아와 원유 부문에서 협력을 강화함으로써 서방의 대러제재에 대한 반사이익으로 러시아산 원유를 저렴하게 구매하고 있을 뿐만 아니라, 이로 인한 위안화 위상 확대라는 국제정치경제적 이익을 보고 있다.

마지막으로 러시아의 석유 비축시설 부재이다. 러시아에는 석유 저장 시설이 존재하고 있으나, 저장 용량이 약 1천만 톤으로 미미하다.[75] 이는 러시아 석유 생산량의 2%에도 미치지 못하는 수준으로,[76] 1억 톤이 넘는 저장 용량을 갖고 있는 미국과는 비교조차 되지 않는 수준이다. 러시아의 석유 비축시설의 부재가 문제가 되는 이유는 일차적으로 석유 생산량은 한번 감소하게 되면 이 감소분을 다시 회복하기 매우 어렵기 때문이다. 실제로 러시아 국가 광물 매장량 위원회 위원장인 이고르 슈푸로프Igor Shpurov는 코로나 팬데믹으로 인해 감소된 석유 생산량의 20%를 결국 복구할 수 없었다고 밝힌 바 있다.[77]

72 Chen Aizhu, "Vast China-Russia resources trade shifts to yuan from dollars in Ukraine fallout", ≪Reuters≫, https://www.reuters.com/markets/currencies/vast-china-russia-resources-trade-shifts-yuan-dollars-ukraine-fallout-2023-05-11/ (검색일 : 2023.12.10)

73 Nidhi Verma, "Exclusive : India refiners start yuan payments for Russian oil imports", ≪Reuters≫, https://www.reuters.com/business/energy/india-refiners-start-yuan-payments-russian-oil-imports-sources-2023-07-03/ (검색일 : 2023.12.10)

74 "Yuan's international payment share hits record high of 3.71% in Sept : SWIFT", ≪Global Times≫, https://www.globaltimes.cn/page/202310/1300174.shtml (검색일 : 2023.12.10)

75 Анна Таволга, "Почему в России нет стратегического резерва нефти", ≪octagon≫, https://octagon.media/ekonomika/pochemu_v_rossii_net_strategicheskogo_rezerva_nefti.html (검색일 : 2023.12.10)

76 Ibid. 알렉산더 노박 러시아 부총리에 따르면, 올해 러시아의 석유 생산량은 5억 2,700만 톤에 달할 것으로 전망했음.

77 "ИА "Интерфакс" : Российская нефть – храним или хороним. Обзор", ≪Федеральное агентство по недропользованию (Роснедра)≫, https://www.rosnedra.gov.ru/article/14398.html (검색일 :

그는 또한 러시아의 석유 생산량 회복률이 향후 70%를 넘지 못할 것이라 밝히기도 했다.[78] 이는 유정을 장기간 폐쇄할 경우 기공이 막히거나 파라핀화 될 수 있어 복원에 비용과 시간, 그리고 노동력이 많이 들어가기 때문이다.

이처럼 한번 생산량이 감소되면 이전 수준으로 생산량을 회복하는 데까지 많은 시간과 비용이 소요되는 유정의 특성으로 인해 러시아는 석유 비축시설 부재로 인한 취약성 증가라는 이차적인 문제를 안게 된다. 석유 비축시설의 부재는 우크라이나 전쟁 이후 지속된 서방의 대러 제재와 러시아산 원유가격 하락에도 불구하고 러시아가 석유를 생산하고 수출해야만 하는 환경을 만들었다. 유럽이 대러 제재의 일환으로 러시아산 에너지 수입 금지 조치와 원유 가격 상한제를 시행하면서 러시아의 석유 수출 판로는 줄어들었고, 러시아는 결국 유럽 시장의 대안으로 서방의 원유가격 상한제보다 높은 가격으로 러시아산 원유를 수입하는 중국에 의존하게 되는 상황에 놓이게 되었다. 그 결과 2023년 1월부터 8월까지 러시아에서 중국으로 수출된 석유는 전년 동기간 대비 무려 24.4% 증가했으며, 연말까지 1억 톤을 넘을 것으로 예상된다.[79]

러시아는 석유 비축시설 부재로 인한 문제점을 인지하고, 2020년부터 최대 1억 톤 이상의 용량을 지닌 석유 비축시설 건설을 논의하고 있다.[80] 소금 동굴은 암염의 낮은 다공성과 투과성 등 화학적 성분으로 인해 비용과 안전성 면에서 지상의 석유 탱크보다 월등하다는 점에서 현재 러시아는 카스피해 분지, 칼리닌그라드 분지, 볼가-우랄 분지 등을 사용한 석유 비축시설 건설을 설계하고 있다. 그러나 이 지역을 활용해서 시설을 건설하더라도 건설에만

2023.11.12)

78 Анна Таволга, "Почему в России нет стратегического резерва нефти", ≪octagon≫, https://octagon.media/ekonomika/pochemu_v_rossii_net_strategicheskogo_rezerva_nefti.html (검색일 : 2023.12.10)

79 Сергей Тихонов, "Эксперт : Почти половина экспорта нефти из России идет в Китай", ≪RG≫, https://rg.ru/2023/10/26/povtorenie-evropy.html (검색일 : 2023.11.12)

80 "Подземное хранилище нефти", ≪Neftegaz≫, https://neftegaz.ru/tech-library/transportirovka-i-khranenie/754147-podzemnoe-khranilishche-nefti/ (검색일 : 2023.11.12)

2~3년의 기간이 걸릴 것으로 추정되며, 건설비용은 입방미터당 2~2,500 루블에 달할 것으로 추산된다.[81] 만약 이 지역들을 사용할 수 없을 경우, 러시아의 석유 비축시설 건설 기간은 10~12년까지 늘어나고, 건설비용 또한 기하급수적으로 증가할 것으로 전망된다.[82] 따라서 석유 비축시설이 완공되기 전까지 러시아는 대러제재와 유가하락이라는 악재가 겹치는 상황에서 중국과 인도 등으로 수출을 돌리는 방법 말고는 이를 타개할 수 있는 대안이 부족하기 때문에 당분간 중국과의 에너지 협력이 지속될 것으로 보인다.

3) 러·중 에너지 협력의 한계

14억이라는 거대한 인구를 지닌 중국은 2001년 WTO에 가입한 이래로 세계 최대 수출국이자 소비 대국으로 자유주의 국제 무역 질서에 참여하고 있다. 덩샤오핑의 개혁·개방 이후 급속한 경제성장을 달성한 중국은 세계 2위의 경제 대국으로 성장하면서 세계 각국과 밀접한 교역 관계를 맺고 있다. 그러나 중국은 자유주의 무역 질서에 참여하고 있음에도 불구하고 종종 교역국과의 정치적인 분쟁이 발생할 경우 막대한 시장 규모와 교역으로 획득한 상호의존성의 우위를 악용하여 자신의 목표를 달성하는 전략을 사용해 왔다. 이같은 중국의 행태를 일컬어 서구 학계에서는 '약탈적 자유주의predatory liberalism'로 부르기도 한다.[83] 이러한 중국의 '약탈적 자유주의' 행태는 다수의

81 Анна Таволга, "Почему в России нет стратегического резерва нефти", ≪octagon≫, https://octagon.media/ekonomika/pochemu_v_rossii_net_strategicheskogo_rezerva_nefti.html (검색일 : 2023.12.10)

82 "ИА "Интерфакс" : Российская нефть – храним или хороним. Обзор", ≪Федеральное агентство по недропользованию (Роснедра)≫, https://www.rosnedra.gov.ru/article/14398.html (검색일 : 2023.11.12)

83 중국과 NBA의 갈등을 다룬 빅토르 차(Victor Chan)와 앤디 림(Andy Lim)의 2019년 논문에서 상호의존성의 취약성을 악용하는 중국의 행태를 '약탈적 자유주의(predatory liberalism)'로 정의했으며, 이후 다수의 논문에서 '약탈적 자유주의'라는 용어가 사용되고 있다. 자세한 내용은 다음을 참고. Victor Cha and Andy Lim, "Flagrant Foul : China's Predatory Liberalism and the NBA", *The Washington*

사례에서 쉽게 발견할 수 있다.

먼저 2010년, 노르웨이와 중국 간의 갈등이 있다. 2010년 노르웨이의 중국 연어 시장 점유율은 92%에 달했다.[84] 그러나 노벨 평화상 위원회가 2010년 중국의 반체제 인사인 류샤오보Liu Xiaobo를 노벨 평화상 수상자로 선정하자, 중국은 노르웨이를 제외하고도 대안이 많은 연어를 볼모로 삼아 노르웨이에 보복하고자 했다. 중국은 노르웨이산 연어 수입에 대한 검역을 강화하고 소량의 연어 수입에만 선적을 허가하는 등 노르웨이산 연어 수입 과정을 복잡하고 까다롭게 만들었다.[85] 그 결과 2010년 중국에 11,000톤의 연어를 수출했던 노르웨이의 수출량은 2013년 상반기에 3,700톤으로 감소했으며, 2010년 510톤만 수출했던 영국의 수출량은 4,600톤으로 크게 늘어났다. 또한, 2010년 중국으로 연어를 전혀 수출하지 않았던 페로 제도는 2013년 상반기 4,000톤의 연어를 중국으로 수출하게 된다.[86] 이어서 2014년 세계동물보건기구OIE 조사에 의해 노르웨이산 연어에서 전염성연어빈혈증이 검출되자 중국은 노르웨이산 연어의 수입을 금지시키기도 했다. 그 결과 2015년 노르웨이산 연어의 중국 수출량은 598톤을 기록하게 된다.[87]

노르웨이와의 연어 전쟁에 이어 중국은 2012년 필리핀과 남중국해의 스카보로Scarborough(중국명 황옌다오)섬을 둘러싸고 어업 갈등을 겪게 되자, 이번에는 바나나를 이용하여 필리핀을 압박하였다. 갈등이 발생한 스카보로 섬은

Quarterly 42(4), 2019, pp.23~42.

84 Richard Milne, "Norway sees Liu Xiaobo's Nobel Prize hurt salmon exports to China", ≪Financial Times≫, https://www.ft.com/content/ab456776-05b0-11e3-8ed5-00144feab7de (검색일 : 2023.12.14)

85 Roberto J. Garcia, and Thi Ngan Giang Nguyen, "Market Integration through Smuggling", *Journal of Economic Integration* 31(38), 2023, pp.95~96.

86 Richard Milne, "Norway sees Liu Xiaobo's Nobel Prize hurt salmon exports to China", ≪Financial Times≫, https://www.ft.com/content/ab456776-05b0-11e3-8ed5-00144feab7de (검색일 : 2023.12.14)

87 Malcolm Surer, "Norway's Salmon Run Into China Spawns Success", ≪Caixin Global≫, https://www.caixinglobal.com/2017-07-21/norways-salmon-run-into-china-spawns-success-101120183.html (검색일 : 2023.12.14)

산호와 암초로 구성된 작은 섬으로, 어족 자원뿐만 아니라 석유와 천연가스가 풍부한 것으로 알려진 필리핀과 중국 간 영토분쟁 지역이다. 2012년 4월, 필리핀 해군 함정이 스카보로 섬에 정박한 중국 어선을 조사하려 하자, 중국은 해상 감시정을 출동시켜 자국 어선을 보호했다. 이 사건을 계기로 중국과 필리핀 사이 스카보로 영유권을 둘러싼 갈등이 격화되자, 중국은 2012년 5월 필리핀산 바나나에서 해충을 발견했다고 보도하면서 150개 컨테이너 분량의 필리핀 바나나 수입을 거부했다.[88] 특히, 이러한 제재 조치는 필리핀의 주요 바나나 산지이자, 생산되는 바나나의 90%를 중국으로 수출하는 민다나오Mindanao산 바나나에 집중되었고,[89] 필리핀의 민다나오 지역의 경제는 심각한 위기를 겪게 된다.[90] 중국의 필리핀산 바나나에 대한 수입제한 조치는 2017년 두테르테 필리핀 대통령의 방중을 계기로 해제되었으나, 중국과 갈등을 겪는 사이 85%에 달하던 필리핀산 바나나의 중국 시장 점유율은 캄보디아, 베트남, 라오스, 에콰도르 등에게 자리를 내주게 되면서 2021년 37%까지 내려앉는 등 이전의 점유율을 회복하지 못하고 있다.[91]

이 외에도 중국이 자국의 막대한 구매력과 상호의존성의 취약성을 무기로 중국의 정치적 입장을 강요한 사례는 수없이 많다. 2017년 한국 성주군에 미국의 고고도미사일방어체계THAAD(이하 사드)가 설치되자, 중국은 사드가 자국의 안보 이익을 침해한다는 이유로 한국에 대한 대대적인 경제 보복에 나섰다. 특히, 사드 설치부지가 롯데 소유였다는 점에서 중국의 경제 보복은 롯데

88 Sherry Tao Kong, Leike Huang, and Dianyi Yang, "Economic Impact of the South China Sea Dispute in China-Philippines Relations from 2012 to 2016 : A DM-LFM analysis", 2023, pp.6~7.

89 Kesha West, "Banana crisis blamed on Philippines-China dispute", ≪ABC News≫, https://www.abc.net.au/news/2012-06-29/an-banana-exporters-caught-in-philippines-china-dispute/4100422 (검색일 : 2023.12.15)

90 Madhu Sudan Ravindran, "China's potential for economic coercion in the South China Sea disputes : a comparative study of The Philippines and Vietnam", *Journal of Current Southeast Asian Affairs* 31(3), 2012, pp.105~132.

91 "Bananas in China", ≪OEC≫, https://oec.world/en/profile/bilateral-product/bananas/reporter/chn?yearGrowth2=exportYear10&yearExportSelector=exportYear1 (검색일 : 2024.01.10)

를 표적으로 삼았다. 중국 당국은 중국에서 운영 중인 99개의 롯데마트 중 87곳에 대해 영업 정지 처분을 내렸고, 남은 지점 또한 중국 내 불매운동의 여파로 매출이 급감하면서 롯데마트는 2017년 현지 기업에 매각되었다.[92] 롯데가 총 3조원을 투자한 선양 롯데 복합타운 역시 사드 사태가 불거진 직후 중국 당국이 안전상의 이유로 공사를 중지시키면서 2023년 매각 수순을 밟게 된다.[93]

이밖에도 중국은 미국 프로농구NBA팀인 휴스턴 로키츠Houston Rockets의 대릴 모레이Daryl Morey 단장이 2019년 트위터에 홍콩시위를 지지한다는 글을 올리자 로키츠를 후원하던 중국 기업들의 후원과 협력을 일체 중단하고, NBA 경기를 중계하는 중국 방송 업체들 역시 로키츠의 경기를 보이콧하는 등 보복을 가하면서 결국 중국의 뜻대로 모레이 단장이 사임하게 된다.[94] 2020년에는 스콧 모리슨Scott Morrison 호주 총리가 코로나 발생원에 대한 독립 조사를 제안하자 중국은 이에 대한 보복 조치로 호주산 소고기, 보리, 와인 등에 제재를 취하기도 했다.

이처럼 중국은 중국 경제에 의존적인 국가와 기업들이 중국의 이익에 반하는 행동을 취할 경우, 제재와 보복의 방식을 취하면서 자신들의 정치적인 입장을 관철해왔다. 이는 중국의 교역 파트너의 경우 거대한 중국 시장을 대체할 수 있는 시장이 많지 않은 반면, 막대한 시장 규모를 지닌 중국은 교역 파트너를 언제든 변경할 수 있는 상호의존성의 취약성을 갖고 있었기 때문이었다. 이같은 상호의존성의 취약성은 우크라이나 전쟁 이후 강화되고 있는 러시아와 중국 간 석유 협력에서도 나타나고 있다.

92 정열, 「[사드보복 1년] 끝나지 않은 시련…롯데그룹 손실액만 2조원」, 『연합뉴스』, https://www.yna.co.kr/view/AKR20180302132200030 (검색일 : 2023.10.17)

93 박종국, 「"中 선양 롯데 복합타운, 중국 국유기업에 매각 합의」, 『연합뉴스』, https://www.yna.co.kr/view/AKR20230113157900097 (검색일 : 2023.10.17)

94 차병섭, 「'홍콩시위 지지' NBA 휴스턴단장 사임에 中 환영 일색」, 『연합뉴스』, https://www.yna.co.kr/view/AKR20201016129200097 (검색일 : 2023.10.17)

유럽은 러시아의 전통적인 석유 교역 파트너였다. 그러나 우크라이나 전쟁으로 유럽이 러시아에 대한 제재를 부과하고, 러시아산 에너지를 단계적으로 퇴출하기로 합의하면서 러시아산 석유의 유럽 판로가 막히게 된다. 게다가 G7, 유럽연합 등 서방이 러시아 원유가격 상한제를 시행함에 따라, 이를 준수하는 국가들로 러시아가 원유를 수출할 경우 러시아의 수익이 줄어드는 상황에 처하게 된다. 이러한 상황에서 석유 비축시설이 부족했던 러시아는 석유 생산량을 줄임으로써 예측되는 미래의 생산량 감소를 감내하기보다 저렴한 가격으로라도 원유를 수출하는 길을 택했다. 그 결과, 러시아는 '그림자 함대'를 통해 중국과 인도로 원유 수출을 늘렸으며, 2023년 3월, 중국과 인도가 러시아 원유 수출의 91%를 차지하면서 러시아의 원유 교역은 유럽 중심에서 아태지역 중심으로 완전히 이동하게 되었다.[95]

이처럼 우크라이나 전쟁으로 러시아의 석유 수출 판로와 대안이 줄어든 반면, 중국은 서방의 대러제재를 기회로 삼아 자국의 에너지 안보를 확보하고 있다. 세계 최대 에너지 소비국인 중국의 2021년 원유 수입 의존도는 72%로 높은 해외 의존도를 보이고 있다.[96] 중국은 IEA의 국제에너지프로그램IEP (International Energy Program)에 참여하지 않고 있으나, 자체적으로 IEA의 권장 전략비축유 보유량인 석유수입량 기준 90일에 준하는 전략 비축유를 보유하고 있다.[97] 중국은 2022년 12월부터 러시아 원유 가격 상한제가 실시되자, 이를 이용하여 저렴한 가격에 러시아산 원유를 대량으로 구입하면서 2023년 6

95 Nuran Erkul, "Russia exports 91% of its crude oil to China, India in March as trade routes shift", ≪Anadolu Agency (AA)≫, https://www.aa.com.tr/en/economy/russia-exports-91-of-its-crude-oil-to-china-india-in-march-as-trade-routes-shift/2864079 (검색일 : 2023.10.18)

96 "China's oil dependence on imports sees drop", ≪The State Council of the People's Republic of China≫, https://english.www.gov.cn/news/topnews/202202/24/content_WS6216e221c6d09c94e48a569e.html (검색일 : 2023.10.18)

97 2020년 중국의 비상 석유 재고는 중국 석유수입량 83일에 해당되는 11억 5천만 배럴로 조사되었다. 자세한 내용은 다음을 참고. "China's crude reserves to reach 1.15 billion barrels in 2020", ≪Wood Mackenzie≫, https://www.woodmac.com/press-releases/chinas-crude-reserves-to-reach-1.15-billion-barrels-in-2020/ (검색일 : 2023.12.27)

월 전략 비축유를 최고 수준으로 늘렸다.[98] 이러한 상황에서 유가가 상승할 경우, 중국은 비싸게 원유를 수입하는 대신 저렴한 가격으로 확보한 전략비축유의 소진이라는 선택지를 택할 수 있다. 게다가 최근 미국이 고유가와 인플레이션에 대응하기 위해 셰일 오일 생산량을 사우디아라비아와 러시아보다 수백만 배럴 많은 하루 1,330만 배럴까지 늘린 것으로 추정됨에 따라 중국의 선택지는 더욱 늘어나고 있다.[99]

5. 결론

세계 최대 에너지 생산국 중 하나인 러시아는 소련 시절부터 유럽과 밀접한 에너지 관계를 맺어왔다. 그러나 2000년대 중반 동유럽에 대한 러시아의 연이은 가스공급 중단 사태로 유럽 전역에서 심각한 에너지 부족 사태를 겪게 되자, 유럽은 러시아에 대한 에너지 의존도를 낮추기 위해 러시아를 우회하는 가스관 건설을 추진하게 된다. 유럽의 이러한 변화에 러시아 정부는 아태지역을 유럽을 대체할 수 있는 시장으로 보고, 이 지역으로의 에너지 수출 확대를 국가 에너지 전략의 목표로 설정했다. 이어 2019년 EU 집행위원회가 발표한 '유럽 그린 딜'에서 신재생에너지를 중심으로 한 유럽의 에너지 자립 목표가 설정되면서, 유럽과 러시아 간 에너지 교역에 변화의 기류가 본격적으로 포착되기 시작했다.

2022년 발발한 우크라이나 전쟁은 러시아의 에너지 관계에 대대적인 변화

98 Clyde Russell, "China hugely boosts crude stockpiling on cheap Russian oil", ≪Reuters≫, https://www.reuters.com/markets/commodities/china-hugely-boosts-crude-stockpiling-cheap-russian-oil-russell-2023-07-26/ (검색일 : 2023.12.27)

99 David Wethe, Mia Gindis, and Kevin Crowley, "US Frackers Return to Haunt OPEC's Pricing Strategy", ≪Bloomberg≫, https://www.bloomberg.com/news/articles/2023-12-17/shale-oil-s-unexpected-surge-poses-threat-to-opec-s-bid-to-prop-up-crude-prices (검색일 : 2023.12.27)

를 가져왔다. 유럽은 러시아가 우크라이나를 침공하자 러시아산 에너지 수입을 중단했다. 러시아는 이에 대한 맞대응 형식으로 유럽에 대한 에너지 공급을 중단하면서 러시아와 유럽의 에너지 관계는 악화 일로를 걷게 된다. 반면, 우크라이나 전쟁은 러시아와 중국 간 에너지 협력을 확대하는 계기로 작용했다. 2022년 12월, 유럽연합과 G7 등 서방이 러시아에 대한 제재의 일환으로 러시아산 원유가격 상한제를 시행하자 러시아산 원유가격이 브렌트유보다 약 30달러가 저렴해졌다. 이에 중국과 인도가 '그림자 함대'를 통해 막대한 양의 러시아산 원유를 수입하면서 유럽의 수입 감소분을 상회했다. 그 결과 우크라이나 전쟁 이후 러시아와 중국은 상호 간 최대 원유 교역국에 등극하게 된다.

러시아와 중국의 에너지 협력은 서방의 대러제재가 주요 요인으로 작용했다는 점에서 우크라이나 전쟁의 종결과 무관하게 지속적으로 강화될 것으로 보인다. 서방은 2014년 크림반도 사태 이후 러시아에 대한 제재를 지속해왔으며, 우크라이나 전쟁으로 인해 제재의 강도가 강화되었다. 이러한 점에서 우크라이나 전쟁 종결 이후에도 러시아에 대한 서방의 제재가 지속될 가능성이 높으며, 이는 러시아와 중국의 에너지 협력을 석유부문뿐만 아니라 천연가스부문으로까지 확장하는 계기로 작용할 수 있다. 이와 더불어 러시아와 중국은 미국 중심의 단극 체제에 반발하여 다극체제 구축을 시도하고 있다는 점 또한 양국의 에너지 협력을 심화하는 요인으로 작용할 것으로 보인다. 이처럼 러시아와 중국의 에너지 협력이 강화될 것으로 전망됨에도 불구하고 여전히 양국 간 에너지 협력에는 한계가 존재한다.

서방의 대러제재로 인해 러시아의 판로가 제한된 상황에서 중국에 과도하게 의존하는 러시아의 에너지 교역 구조는 중국이 그동안 다른 국가들과의 교역에서 상호의존의 취약성을 악용하여 '약탈적 자유주의'적인 행태를 지속해서 취해왔다는 점에서 양국 간 협력의 한계점으로 지적된다. 그러나 중국이 러시아와의 관계에서 노르웨이, 필리핀, 한국, 호주 등과의 관계에서 보여주었던 '약탈적 자유주의' 행태를 보일 수 있다고 전망하는 것은 섣부르다.

왜냐면 러시아는 여전히 세계 2위의 군사 강국으로,[100] 중국이 에너지 부문에 있어 러시아의 취약성을 악용하여 러시아에 불리한 행동을 강요할 경우 러시아는 언제든 군사력 등 우위를 지닌 부문과 연계를 시도할 수 있기 때문이다. 또한, 러시아는 미국이 주도하는 단극체제에 맞서 다극적 국제질서 구축을 위해 중국과 긴밀히 협력하고 있는 국가로, 중국이 '약탈적 자유주의' 행태를 취했던 친 서방 국가들과는 성격이 다르다는 점 역시 이를 뒷받침한다.

그럼에도 불구하고 그동안 러시아와 중국의 에너지 협력은 ESPO 송유관 건설사업과 '시베리아의힘' 가스관 프로젝트에서 살펴본 바와 같이 자국의 정치·경제적 이익이 주요 동인으로 작용했다는 점은 주목할 만하다. 이러한 관점에서 볼 때, 중국이 '약탈적 자유주의'적인 행태를 취하지는 못하더라도, 원유 협력에서 러시아가 지닌 취약성을 활용하여 중국에 유리한 가격 협상에 나서거나, 또는 중국이 원하는 노선 건설을 압박할 가능성은 여전히 존재한다.

러시아와 중국의 에너지 협력은 한국의 에너지 안보와 산업에 직접적인 영향을 주는 외부 변수이다. 한국은 에너지 공급량의 90% 이상을 수입에 의존하고 있는 자원 빈국이다. 한국은 에너지 안보를 확보하기 위해 러시아와 에너지 협력을 지난 30년간 수차례 논의하였으나 실질적인 진전을 이루지 못했다. 특히, 한국이 서방의 대러 제재에 동참하면서 러시아와 한국의 에너지 협력은 더욱 요원해졌다. 그러나 한국은 러시아와 중국·일본 간 치열한 협의 과정을 거쳐 건설된 ESPO 원유를 2010년부터 수입하며 반사이익을 얻고 있다. 이러한 점에서 러시아와 중국 간 원유 협력의 강화는 한국에 ESPO와 같은 또 다른 기회를 제공해줄 수 있다.

이와 반대로, 러시아와 중국 간 에너지 협력의 강화는 한국 석유화학산업에 위협이 될 수 있다. 석유화학 제품은 한국의 주력 수출 상품 중 하나로

100 "2024 Military Strength Ranking", ≪Global Fire Power≫, https://www.globalfirepower.com/countries-listing.php (검색일 : 2023.12.27)

반도체와 철강, 조선과 같이 GDP 기여도가 높은 산업이다. 한국의 석유화학 제품 수출이 반도체와 철강 등을 제치고 국내 수출 품목 1위를 차지했던 2012년의 경우, 석유화학산업의 GDP 기여도는 10.2%로 산업군 중 가장 높은 GDP 기여도를 기록하기도 했다.[101] 문제는 한국의 석유화학산업은 중국 의존도가 매우 높은데, 중국이 제14차 5개년 계획(2021~2025)을 통해 석유화학 산업의 고품질 발전과 확장을 도모하고 있다는 점이다.[102] 이와 함께 우크라이나 전쟁으로 러시아의 원유가 중국으로 많이 수출되면서 2019년 연간 1.2mt에 불과했던 중국의 석유화학 생산 능력은 2022년 연간 10.1mt까지 증가했다.[103] 이처럼 중국이 러시아와의 에너지 협력을 바탕으로 자국 내 석유화학 자급률을 크게 끌어올리면서 한국 석유화학산업이 어려움에 처하고 있다. 따라서 러・중 간 석유부문의 협력관계에서 부정적 또는 긍정적 영향을 받을 수 밖에 없는 한국의 입장에서는 러・중 간 원유 협력 논의를 보다 면밀하게 관찰하고 한국의 참여 방안을 고찰함으로써 새로운 전략을 세워나갈 필요가 있다.

참고문헌

김정환, 「러시아-우크라이나 전쟁 이후 러시아 천연가스 수출 방향의 변화와 전망」, 『슬라브학

101 원호섭, 「석유화학제품, 수출 12% 떠받쳐…"위축땐 경제전체 악영향"」, 『매일경제』, https://www.mk.co.kr/news/business/9239580 (검색일 : 2024.01.23)

102 "High-quality development of petrochemical industry on cards", ≪The State Council The People's Republic of China≫, https://english.www.gov.cn/statecouncil/ministries/202204/09/content_WS6250c16ec6d02e5335328f18.html (검색일 : 2024.01.24)

103 "China's petrochemical surge is driving global oil demand growth", ≪iea≫, https://www.iea.org/commentaries/china-s-petrochemical-surge-is-driving-global-oil-demand-growth (검색일 : 2024.01.24)

보』 제38권 2호, 2023, 261~295쪽.
박용덕 · 석주현 · 이성규, 「중국 가스산업의 발전 현황과 대중국 가스산업 진출 전략」, 세종 : 대외정책연구원, 2014.
윤영민, 「탈 러시아산 천연가스 정책과 러시아의 에너지 안보 : 러시아 천연가스 산업의 유럽 의존성과 취약성」, 『러시아연구』 제32권 2호, 2022, 187~227쪽.
이대식, 「중 · 러 가스협상 타결의 파급효과 분석」, 『러시아연구』 제24권 2호, 2014, 219~245쪽.
이영현, 「러시아의 극동개발과 북한 노동자-KINU 정책연구시리즈 12-3」, 서울 : 통일연구원, 2012.
이채문, 「시베리아 송유관 건설의 정치경제학적 고찰」, 『한국지리학회지』 제10권 1호, 2004, 110~131쪽.
조정원, 「러 · 중 에너지 관계의 변화」, 『슬라브학보』 제26권 3호, 2011, 123~153쪽.

bp, *Statistical Review of World Energy 2021, 70th edition*, London : British Petroleum Co, 2021.
Cha Victor, Lim Andy, "Flagrant Foul : China's Predatory Liberalism and the NBA", *The Washington Quarterly* Vol.42, No.4, 2019, pp.23~42.
Garcia, Roberto J., and Thi Ngan Giang Nguyen, "Market Integration through Smuggling", *Journal of Economic Integration* Vol.31, No.38, 2023, pp.95~96.
Hitchcock, Jr. David I., "Joint Development of Siberia : Decision-Making in Japanese-Soviet Relations", *Asian Survey* Vol.11, No.3, 1971, pp.279~300.
J. Henderson, *The Pricing Debate over Russian Gas Exports to China*, London : Oxford Institute for Energy Studies, 2011.
Tao Kong Sherry, Huang Leike, and YangDianyi, "Economic Impact of the South China Sea Dispute in China-Philippines Relations from 2012 to 2016 : A DM-LFM analysis", 2023, pp.1~29.
Sudan Ravindran Madhu, "China's potential for economic coercion in the South China Sea disputes : a comparative study of The Philippines and Vietnam", *Journal of Current Southeast Asian Affairs* Vol.31, No.3, 2012, pp.105~132.
Ministry of Energy of the Russian Federation, *Energy Strategy of Russia for the period up to 2030*, Moscow : Institute of Energy Strategy, 2010.
Lo Bobo, Rothman Andy, *Asian geopolitics*, London : Chatham House, 2006.
J. Garcia Roberto, Ngan Giang Nguyen Thi, "Market Integration through Smuggling", *Journal of Economic Integration* Vol.31, No.38, 2020, pp.93~114.

Jakobson, L., *China's energy and security relations with Russia : hopes, frustrations and uncertainties-SIPRI*, Stockholm : International Peace Research Institute, 2011.

Jong, M. de, Haesebrouck, T., "Under pressure : A qualitative comparative analysis on the factors contributing to the success and failure of cross-border gas pipeline construction in Europe and Turkey", *Energy Strategy Reviews* 45, 2023, pp. 1~7.

M. Skalamera, "Booming Synergies in Sino-Russian Natural Gas Partnership", *Belfer Center for Science and International Affairs*, Cambridge : Harvard University, 2014.

Фазельянов Энварбик Михайлович, "Энергический Кризис в Европе и Поставки Российского Газа", Научно-аналитический вестник Института Европы РАН 4, 2022, cc. 133~142.

박종국, 「"中 선양 롯데 복합타운, 중국 국유기업에 매각 합의」, 2023, https://www.yna.co.kr/view/AKR20230113157900097 (검색일 : 2023. 10. 17)

시사저널, 「송유관 위에 불붙은 중 · 일 전쟁」, 2003, http://www.sisajournal.com/news/articleView.html?idxno=87420 (검색일 : 2023. 11. 29)

원호섭, 「석유화학제품, 수출 12% 떠받쳐…"위축땐 경제전체 악영향"」, 2020, https://www.mk.co.kr/news/business/9239580 (검색일 : 2024. 01. 23)

전명수, 「러, 지난해 ESPO 원유 수출 3510만톤으로 역대 최대… 한국으로 160만톤 '4위'」, 2022, https://www.weeklytrade.co.kr/m/content/view.html?section=1&category=136&no=78620 (검색일 : 2023. 11. 12)

정열, 「[사드보복 1년] 끝나지 않은 시련…롯데그룹 손실액만 2조원」, 2018, https://www.yna.co.kr/view/AKR20180302132200030 (검색일 : 2023. 10. 17)

차병섭, 「'홍콩시위 지지' NBA 휴스턴단장 사임에 中 환영 일색」, 2020, https://www.yna.co.kr/view/AKR20201016129200097 (검색일 : 2023. 10. 17)

Anna Galtsova, ""New" gas from Russia to China via Power of Siberia-2 pipeline : New route and new strategic opportunities", 2020, https://ihsmarkit.com/research-analysis/new-gas-from-russia-to-china-via-power-of-siberia-2-pipeline.html (검색일 : 2024. 02. 17)

Aizhu Chen, "Vast China-Russia resources trade shifts to yuan from dollars in Ukraine fallout", 2023, https://www.reuters.com/markets/currencies/vast-china-russia-resources-trade-shifts-yuan-dollars-ukraine-fallout-2023-05-11/ (검색일 : 2023. 12. 10)

Blagov Sergei, "Moscow appears to waver over pacific pipeline route", 2005, https://jame

stown.org/program/moscow-appears-to-waver-over-pacific-pipeline-route/ (검색일 : 2023.11.30)

Brooke James, "Japan and China Battle for Russia's Oil and Gas", 2003, https://apjjf.org/-James-Brooke/1740/article.html (검색일 : 2023.11.26)

__________, "Japan and Russia Working Hard to Build Economic Ties", 2004, https://www.nytimes.com/2004/01/23/business/japan-and-russia-working-hard-to-build-economic-ties.html (검색일 : 2023.11.30)

__________, "Koizumi Visits Energy-Rich Russian Region, Seeking Oil", 2003, https://www.nytimes.com/2003/01/13/world/koizumi-visits-energy-rich-russian-region-seeking-oil.html (검색일 : 2023.11.30)

Chang, F.K., "Friends in Need : Geopolitics of China-Russia Energy Relations", 2014, https://www.fpri.org/article/2014/05/friends-in-need-geopolitics-of-china-russia-energy-relations/ (검색일 : 2023.12.08)

Cooban Anna, "Triple whammy for European gas supplies sends prices soaring", 2022, https://edition.cnn.com/2022/06/15/energy/european-gas-prices/index.html (검색일 : 2023.11.12)

Cutler, R. M., "Does the ESPO signal a new Sino-Russian rapprochement?", 2009, https://www.cacianalyst.org/publications/analytical-articles/item/11807-analytical-articles-caci-analyst-2009-3-25-art-11807.html?tmpl=component&print=1 (검색일 : 2023.11.28)

D'Ambrogio, E., "Japan-Russia Summit Time to exploit complementarities?", 2016, https://www.europarl.europa.eu/RegData/etudes/BRIE/2016/595852/EPRS_BRI%282016%29595852_EN.pdf (검색일 : 2023.11.16)

Dresen, F. J., "Oligarchic Capitalism in Putin's Russia : The Khodorkovsky Case", https://www.wilsoncenter.org/publication/oligarchic-capitalism-putins-russia-the-khodorkovsky-case (검색일 : 2023.11.28)

Erkul Nuran, "Russia exports 91% of its crude oil to China, India in March as trade routes shift", 2023, https://www.aa.com.tr/en/economy/russia-exports-91-of-its-crude-oil-to-china-india-in-march-as-trade-routes-shift/2864079 (검색일 : 2023.10.18)

Ermolaev Sergei, "The Formation and Evolution of the Soviet Union's Oil and Gas Dependence", 2017, https://carnegieendowment.org/2017/03/29/formation-and-evolution-of-soviet-union-s-oil-and-gas-dependence-pub-68443 (검색일 : 2023.10.28)

Hart, B., Lin, B., Funaiole, M., Lu, S., Price, H., Kaufman, N., Torrios, G., "How Deep Are

China-Russia Military Ties?", https://chinapower.csis.org/china-russia-military-cooperation-arms-sales-exercises/#easy-footnote-bottom-1-8217 (검색일 : 2023.11.08)

Ishii, K., Macaire, C., Stalla-Bourdillon, A., "China has reduced its energy bill thanks to Russian oil discounts", 2023, https://www.banque-france.fr/en/publications-and-statistics/publications/china-has-reduced-its-energy-bill-thanks-russian-oil-discounts (검색일 : 2023.11.18)

Jeff Pao, "Power of Siberia 2 stuck on gas price, branch issues", 2024, https://asiatimes.com/2024/01/power-of-siberia-2-stuck-on-gas-price-branch-issues/ (검색일 : 2024.02.22)

Kadosh, O., Milhalter, G., and Ochoa, A., "A Summary of the Latest Sanctions Against Russia", 2022, https://www.pearlcohen.com/a-summary-of-the-latest-sanctions-against-russia-2 (검색일 : 2023.11.20)

Letzte Aktualisierung, "Construction of 'Power of Siberia 2' delayed", 2024, https://table.media/en/china/news/construction-of-power-of-siberia-2-delayed/ (검색일 : 2024.02.23)

Milne Richard, "Norway sees Liu Xiaobo's Nobel Prize hurt salmon exports to China", 2013, https://www.ft.com/content/ab456776-05b0-11e3-8ed5-00144feab7de (검색일 : 2023.12.14)

Russell Clyde, "China hugely boosts crude stockpiling on cheap Russian oil", 2023, https://www.reuters.com/markets/commodities/china-hugely-boosts-crude-stockpiling-cheap-russian-oil-russell-2023-07-26/ (검색일 : 2023.12.27)

Simon Lewis, David Brunnstrom, "Mongolia to deepen cooperation with US on rare earths, prime minister says", 2023, https://www.reuters.com/world/mongolia-deepen-cooperation-with-us-rare-earths-pm-says-washington-visit-2023-08-03/ (검색일 : 2024.02.22)

Slav Irina, "Top 10 Countries With Largest Oil Reserves", 2023, https://oilprice.com/Energy/Crude-Oil/Top-10-Countries-With-Largest-Oil-Reserves.html (검색일 : 2023.10.28)

Stanzel Angela, "China Trends #3 – China and Russia : Brothers-In-Arms?", 2019, https://www.institutmontaigne.org/en/expressions/china-trends-3-china-and-russia-brothers-arms (검색일 : 2023.12.08)

Surer Malcolm, "Norway's Salmon Run Into China Spawns Success", 2017, https://www.caixinglobal.com/2017-07-21/norways-salmon-run-into-china-spawns-success-101120183.html (검색일 : 2023.12.14)

Verma Nidhi, "Exclusive : India refiners start yuan payments for Russian oil imports", 2023, https://www.reuters.com/business/energy/india-refiners-start-yuan-payments-russia

n-oil-imports-sources-2023-07-03/ (검색일 : 2023. 12. 10)

West Kesha, "Banana crisis blamed on Philippines-China dispute", 2012, https://www.abc.net.au/news/2012-06-29/an-banana-exporters-caught-in-philippines-china-dispute/4100422 (검색일 : 2023. 12. 15)

Wethe David, Gindis Mia, and Crowley Kevin, "US Frackers Return to Haunt OPEC's Pricing Strategy", 2023, https://www.bloomberg.com/news/articles/2023-12-17/shale-oil-s-unexpected-surge-poses-threat-to-opec-s-bid-to-prop-up-crude-prices (검색일 : 2023. 12. 27)

"Bananas in China", OEC, https://oec.world/en/profile/bilateral-product/bananas/reporter/chn?yearGrowth2=exportYear10&yearExportSelector=exportYear1 (검색일 : 2024. 01. 10)

"bp statistical review of world energy 2022", bp, https://www.bp.com/content/dam/bp/business-sites/en/global/corporate/xlsx/energy-economics/statistical-review/bp-stats-review-2022-all-data.xlsx (검색일 : 20233. 05. 22)

"China's crude reserves to reach 1.15 billion barrels in 2020", Wood Mackenzie, https://www.woodmac.com/press-releases/chinas-crude-reserves-to-reach-1.15-billion-barrels-in-2020/ (검색일 : 2023. 12. 27)

"China's oil dependence on imports sees drop", The State Council of the People's Republic of China, https://english.www.gov.cn/news/topnews/202202/24/content_WS6216e221c6d09c94e48a569e.html (검색일 : 2023. 10. 18)

"China's petrochemical surge is driving global oil demand growth", iea, https://www.iea.org/commentaries/china-s-petrochemical-surge-is-driving-global-oil-demand-growth

"Commission and Azerbaijan sign strategic gas deal", European Commission, https://ec.europa.eu/commission/presscorner/detail/en/IP_11_30 (검색일 : 2023. 11. 22)

"Difference between Urals and and Brent oil price from December 31, 2021 to September 20, 2023", statista, https://www.statista.com/statistics/1298092/urals-brent-price-difference-daily/ (검색일 : 2023. 12. 10)

"Energy Fact Sheet : Why does Russian oil and gas matter?", iea, https://www.iea.org/articles/energy-fact-sheet-why-does-russian-oil-and-gas-matter (검색일 : 2023. 10. 28)

"EU sanctions against Russia explained", European Council of the European Union, https://www.consilium.europa.eu/en/policies/sanctions/restrictive-measures-against-russia-over-ukraine/sanctions-against-russia-explained (검색일 : 2023. 11. 18)

"Export value distribution in Russia from 2020 to 2021, by commodity", statista, https://

www.statista.com/statistics/1006479/russia-export-commodity-structure/ (검색일 : 2023.10.29)

"Gazprom instructed to proceed to pre-investment phase in Power of Siberia 2 project", Gazprom, https://www.gazprom.com/press/news/2020/march/article502475/ (검색일 : 2024.02.16)

"High-quality development of petrochemical industry on cards", The State Council The People's Republic of China, https://english.www.gov.cn/statecouncil/ministries/202204/09/content_WS6250c16ec6d02e5335328f18.html (검색일 : 2024.01.24)

"Histroy", SCG, https://www.tap-ag.com/infrastructure-operation/history-timeline#period-7788 (검색일 : 2023.10.18)

"Natural gas production in the Netherlands from 2006 to 2022", statista, https://www.statista.com/statistics/703597/natural-gas-production-netherlands/ (검색일 : 2023.11.17)

"Newsline – July 18, 2001", Radio Free Europe Radio Liberty, https://www.rferl.org/a/1142443.html (검색일 : 2023.11.28)

"Power of Siberia-2 Pipeline to China Faces Delay, Says Mongolian PM", Pipeline Technology Journal, https://www.pipeline-journal.net/news/power-siberia-2-pipeline-china-faces-delay-says-mongolian-pm (검색일 : 2024.02.23)

"Renewable energy targets", European Commission, https://energy.ec.europa.eu/topics/renewable-energy/renewable-energy-directive-targets-and-rules/renewable-energy-targets_en (검색일 : 2023.10.18)

"Russia dodges G7 price cap sanctions on most of its oil exports", Financial Times, https://www.ft.com/content/cad37c16-9cbd-473c-aa2f-102c21393d2e (검색일 : 2023.11.14)

"Russia's planned gas pipeline to China faces construction delay, Financial Times reports", Reuters, https://www.reuters.com/markets/commodities/russias-planned-gas-pipeline-china-faces-construction-delay-ft-2024-01-28/ (검색일 : 2024.02.23)

"Russia-China energy cooperation in focus as Putin visits Xi", Reuters, https://www.reuters.com/business/energy/russia-china-energy-cooperation-focus-putin-visits-xi-2023-10-16/ (검색일 : 2023.11.19)

"Russian crude oil tracker", bruegel, https://www.bruegel.org/dataset/russian-crude-oil-tracker (검색일 : 2023.11.18)

"Russian fossil fuel exports", Russia Fossil Tracker, https://www.russiafossiltracker.com/ (검

색일 : 2023. 11. 19)
"Russian pipeline gas exports to China hit new daily record : Gazprom", S&P Global Commodity Insights, https://www.spglobal.com/commodityinsights/ko/market-insights/latest-news/natural-gas/020124-russian-pipeline-gas-exports-to-china-hit-new-daily-record-gazprom (검색일 : 2024. 03. 18)
"Russia's War on Ukraine", iea, https://www.iea.org/topics/russias-war-on-ukraine (검색일 : 2023. 11. 12)
"Shah Deniz Consortium selects the Trans Adriatic Pipeline (TAP) as European export pipeline", Trans Adriatic Pipeline, https://www.tap-ag.com/news/news-stories/shah-deniz-consortium-selects-the-trans-adriatic-pipeline-tap-as-european-export-pipeline (검색일 : 2023. 11. 28)
"Transneft paid off a $10 billion Chinese loan ahead of schedule to mitigate currency exchange and sanctions risks", The Eurasian Links, https://eurasianlinks.blog/2018/08/31/transneft-paid-off-a-10-billion-loan-ahead-of-schedule-to-mitigate-currency-exchange-and-sanctions-risks/ (검색일 : 2024. 01. 24)
"Trans-Anatolian Pipeline (TANAP)", SCG, https://www.sgc.az/en/project/tanap (검색일 : 2023. 10. 18)
"Yuan's international payment share hits record high of 3.71% in Sept : SWIFT", Global Times https://www.globaltimes.cn/page/202310/1300174.shtml (검색일 : 2023. 12. 10)
"Yukos Crisis Deepens as Equity Stake Seized", Energy Intelligence Group, https://www.energyintel.com/0000017b-a7a2-de4c-a17b-e7e248fd0000 (검색일 : 2023. 11. 29)
"Yukos Timeline : Legal Saga Of Ex Russian Oil Giant", AFP News, https://www.barrons.com/news/yukos-timeline-legal-saga-of-ex-russian-oil-giant-01636079107 (검색일 : 2023. 11. 29)
"2024 Military Strength Ranking", Global Fire Power, https://www.globalfirepower.com/countries-listing.php (검색일 : 2023. 12. 27)
Сергей Тихонов, "Эксперт : Почти половина экспорта нефти из России идет в Китай", RG, https://rg.ru/2023/10/26/povtorenie-evropy.html (검색일 : 2023. 11. 12)
Таволга Анна, "Почему в России нет стратегического резерва нефти", octagon, https://octagon.media/ekonomika/pochemu_v_rossii_net_strategicheskogo_rezerva_nefti.html (검색일 : 2023. 12. 10)
"В ≪Газпроме≫ назвали дату начала поставок по дальневосточному маршруту",

EastRussia, https://www.eastrussia.ru/news/v-gazprome-nazvali-datu-nachala-postavok-po-dalnevostochnomu-marshrutu/ (검색일 : 2023.11.19)

"ИА "Интерфакс" : Российская нефть－храним или хороним. Обзор", Федеральное агентство по недропользованию (Роснедра), https://www.rosnedra.gov.ru/article/14398.html (검색일 : 2023.11.12)

"Крупнейшие газохранилища России и Европы", Neftegaz, https://neftegaz.ru/analisis/oil_gas/329086-krupneyshie-gazokhranilishcha-rossii-i-evropy-spravka/ (검색일 : 2023.11.19)

"Об утверждении Энергетической стратегии России на период до 2020 года", электронный фонд правовых и нормативно-технических документов, https://docs.cntd.ru/document/901872984 (검색일 : 2024.03.18)

"Об утверждении Энергетической стратегии России на период до 2030 года", электронный фонд правовых и нормативно-технических документов, https://docs.cntd.ru/document/902187046 (검색일 : 2024.03.18)

"Об утверждении Энергетической стратегии Российской Федерации на период до 2035 года", электронный фонд правовых и нормативно-технических документов, https://docs.cntd.ru/document/565068231 (검색일 : 2024.03.18)

"Подземное хранилище нефти", Neftegaz, https://neftegaz.ru/tech-library/transportirovka-i-khranenie/754147-podzemnoe-khranilishche-nefti/ (검색일 : 2023.11.12)

"Ходорковский Михаил Борисович", Neftegaz.RU, https://neftegaz.ru/persons/332721-khodorkovskiy-mikhail/ (검색일 : 2023.11.28)

우크라이나 전쟁 이후 러시아 · 일본의 관계
-외교적 갈등과 경제협력-

장하영

1. 서론

러시아와 일본의 관계에서는 오랜 시간 동안 쿠릴열도를 둘러싼 영토분쟁이 주요 현안이었고, 이에 따른 평화조약 미체결 문제가 큰 과제로 남아있다.[1] 그리고 양국 간 정치적 의제로써 영토 문제와 경제협력의 연계 문제가 지속적으로 논의되어왔다. 일본은 쿠릴열도 4개 섬[2]을 '북방영토'라고 칭하며, 러시아로부터 반환받아야 할 영토라고 주장해왔고, 양국 간 외교 문제를 해결하기 위해 경제협력을 우선적으로 실시하는 방안이 주요 대러 정책 방향으

1 1951년 샌프란시스코 강화조약에서 일본은 쿠릴열도를 포함했지만, 북방영토는 조약에서 포기한 열도에 포함되지 않는다고 주장했다. 한편, 소련은 평화조약 내용을 수정할 기회를 갖지 못했다고 주장하여 강화조약 서명을 거부했다. 샌프란시스코 조약에는 쿠릴열도와 사할린 남부에 대한 일본의 권리, 소유권, 청구권 포기가 기록되었으나, 양도한 국가의 주권 하에 귀속된다는 언급은 없었다. 이후 1956년 일소 공동선언에서 일본은 2개 섬 반환의 입장으로 정책을 전환하려 했으나 미국의 간섭과 일본 내부의 정치문제로 4도 반환을 주장해야 했다. 이러한 상황에서 러 · 일 간 영토문제는 여전히 미해결 상태로 남아있다. 吉田 浩, 「北方領土問題を歴史的に考える：安倍元首相による政策変更をめぐって」, 2021, pp.15~18; Антон Александрович Киреев, "Российско-Японские Отношения Вокруг Южных Курил : История, Современное Состояние, Варианты Развития", *Известия Восточного Института* 36, 2017, С.36~39.

2 분쟁 중인 쿠릴 4개 섬은 쿠나시르, 시코탄, 하보마이, 이투루프 섬을 지칭한다.

로 고려되어왔다. 한편, 러시아는 일본과 분쟁 중인 영토가 국제법적으로 합당한 자국의 영토라고 주장하면서도, 일본과 경제협력 확대와 극동지역개발에 대한 투자를 확대하기 위해 '영토'라는 카드를 외교적 협상에 활용해왔다. 다시 말해, 러시아와 일본의 상호 관계에 대한 입장은 상이했다고 볼 수 있고, 일본에서는 양국 간의 영토 문제가, 러시아에서는 경제협력이 보다 중요한 쟁점이었다.

특히, 아베 총리가 집권한 시기에는 일본 정부의 대러시아 외교 관계 개선 노력과 경제협력 확대에 대한 정책이 눈에 띄게 나타났다. 그러나 2022년 2월 발발한 우크라이나 전쟁은 글로벌 팬데믹으로 정체된 러·일 외교 관계를 한층 더 악화시키는 기폭제가 되었다. 일본의 우크라이나에 대한 지원과 미일 동맹 강화 등의 외교 노선으로 일본과 러시아의 외교 관계는 한층 멀어졌다. 기시다 총리는 2021년 10월에 집권하기 시작했고, 당시 코로나 19로 인한 국가 위기적 사태와 아베 전 총리의 피격 사건, 우크라이나 전쟁, 경기침체 등 사회·경제적인 난제를 겪으며 러시아와의 관계 개선은 국가적 과제에서 후순위가 되었다. 더 이상 아베 시절처럼 러시아에 대한 우호적인 외교 노선을 답습할 수 없게 된 일본 정부는 러시아에 대해 전쟁 중단의 촉구와 대러 제재에 동참하면서도 러·일 영토 문제의 해결은 포기하지 않겠다는 의지를 내비쳤다. 한편, 러시아는 일본과의 영토 문제 및 평화조약 체결에 대해 협상할 의지가 없었고, 미일 군사적 협력에 대한 불만은 러·일 국경에서의 군사 행동으로 나타났다. 이렇게 러·일 관계는 기존에 아베와 푸틴이 쌓아온 신뢰와 경제협력을 통한 관계 발전의 움직임에 제동이 걸리며 다양한 외교적 갈등을 빚게 되었다.

그러나 러·일 관계가 완전한 적대적 관계로 변모했다고 판단하기에는 아직 이르다고 평가할 수 있다. 2014년 일본과 러시아가 제재를 우회하기 위해 설립했던 러·일 간 금융 플랫폼을 통해 일본의 에너지 협력에 대한 참여가 지속되고 있기 때문이다. 그중에서도 북극의 아틱Arctic LNG-2와 사할린

Sakhalin-1, 사할린Sakhalin-2 프로젝트에서는 서방 기업의 철수와 이탈 속에서도 일본 기업들의 참여와 협력이 계속되고 있다. 일본은 러시아에 대한 제재와는 별개로 자국의 에너지 안보를 우선시하고 에너지 수입 경로의 다변화를 통해 에너지 수급에 대한 대책을 강구하겠다는 입장이다.

기존의 러・일 관계 연구는 주로 쿠릴열도 문제와 경제협력에 대한 시각이 중심을 이루었다. 영토분쟁과 관련한 일본 측 연구는 주로 해당 영토가 어느 쪽의 소유인가에 대한 문제에 집중되었고, 러시아 측 연구는 영토 문제를 실용주의 접근법으로 다루며 경제적 이익을 얻기 위한 해당 섬들에서의 개발 협력 방안이 고려되었다. 한편, 양국 관계가 경제협력의 실용주의에 기반한다고 강조한 파존C. Pajon[3]과 샤기나M. Shagina[4] 외에도, 스트렐초프Д. В. Стрельцов는 양국 간 복잡한 정치적 갈등의 해결을 위해 경제협력이 선행되어야 한다고 주장했다.[5] 그러나 이들은 러・일 관계에서 경제협력을 우선시한다는 측면에서 정치적 교류와 상호작용에 의한 외교 문제의 해결을 간과하고 있다고 평가할 수 있다.

그러나 우크라이나 전쟁 이후 러・일 관계 연구는 보다 군사・안보적 측면이 중요시됨으로써, 기존의 경제 중심의 연구에서 정치・안보의 축으로 연구의 초점이 이동되었다. 키레예바A. Kireeva와 베르시닌I. Vershinin은 우크라이나 전쟁 이후 러・일 관계가 군사적 위기에 처했다고 주장했다.[6] 그리고 판와르Y. Panwar와 퓨리S. Puri도 우크라이나 전쟁을 계기로 양국 간에 군사적

3 Celine Pajon, *Japan－Russia : Toward a Strategic Partnership?*, Russian/NIS Center, in cooperation with the Center for Asian Studies, Ifri, 2013, pp.5~10.

4 Maria Shagina, "Japan's Dilemma with Sanctions Policy Towards Russia : A Delicate Balancing Act", *Focus Asia : Perspective & Analysis*, 2018, pp.3~4.

5 Д. В. Стрельцов, "Российско-Японские Отношения : Долгосрочные Факторы Развития", *Вестник Мгимо-Университета* 13(3), 2020, С.68~85.

6 Anna A. Kireeva, "Russia-Japan Relations in Crisis : What are the Reasons?", *Mirovaia ekonomika i mezhdunarodnye otnosheniia* Vol.66(12), 2023, pp.108~119; Ignat Vershinin, "The Role of Discursive Practices in Public Diplomacy and International Relations : The Case of Russia–Japan Relations", *Europe-Asia Studies* Vol.75(9), 2023, pp.1560~1578.

긴장감이 고조되었고,[7] 러시아에 대한 일본의 강한 위협감은 일본의 방위력 강화와 국가 안보 전략의 개편에 나타났다고 밝혔다.[8] 또한, 우크라이나 전쟁 이후 양국 경제 관계에 대한 연구는 제재가 경제협력에 어떠한 영향을 미치는지를 비중 있게 다루었다. 대표 학자로는 일본의 제재가 러・일 상호 무역에 미친 영향을 연구한 파블로바A. B. Павлова[9]와 제재가 일본 경제에 미친 영향을 연구한 호소에N. Hosoe[10]가 있다. 그러나 이러한 연구들은 우크라이나 전쟁 이후라는 짧은 시기에 한정되어 있고, 우크라이나 전쟁 이후 나타난 양상들을 종합하여 러・일 관계의 수준을 평가하지 않았다.

본 연구에서는 기존 연구의 외연을 확장하여 우크라이나 전쟁 이후 러・일 관계가 어떻게 변화했는지, 그 갈등과 협력 양상을 종합적으로 평가하는 것을 목적으로 삼는다. 연구 방법은 문헌 분석을 토대로 하며 제 2장에서 기존의 러・일 관계를 개괄하고 일본의 대러 외교정책 방향과 양국 관계의 수준을 검토한다. 제 3장에서 우크라이나 전쟁 이후 러・일 외교적 갈등과 대러 제재를 분석하며 양국의 갈등 양상을 논한다. 그리고 제 4장에서 전쟁 후 양국 경제 관계의 변화와 에너지 협력을 살펴보며 경제적 측면에서 양국 관계의 수준을 분석한다. 마지막으로 제 5장에서는 우크라이나 전쟁 이후의 러・일 관계를 종합적으로 평가하고 향후 발전 가능성에 대해 전망하고자 한다.

7 Yukti Panwar, "Kurile Islands Dispute : Implications for the Indo-Pacific Region", *Centre for Security Studies*, 2022, pp.1~8.

8 Samir Puri, "The Impact of Russia's Invasion of Ukraine on East Asia", *East Asian Institute*, 2023, pp.90~105.

9 A. B. Павлова, "Торгово-Экономические Отношения России и Японии в Условиях Санкций", *ИМЭС*, 2022, С.108~114.

10 Nobuhiro Hosoe, "The cost of war : Impact of sanctions on Russia following the invasion of Ukraine", *Journal of Policy Modeling* Vol.45, Issue 2, 2023, pp.305~319.

2. 우크라이나 전쟁 이전의 러·일 관계

기존의 러·일 관계는 일본의 대러시아 외교 정책에 따라 그 수준을 평가할 수 있었다. 냉전 시기부터 일본의 대소련 외교 방침은 '정경불가분'으로 정치와 경제를 연계하여 사고하는 것이었다. 이는 일본이 소련과의 관계에서 북방영토 문제의 해결과 평화조약 교섭의 진전이 없으면 경제협력을 확대하지 않겠다는 원칙을 고수하는 것을 의미했다. 그러다 1980년대에 고르바초프의 등장과 함께 일본의 대소련 정책은 정치와 경제를 병행하여 양국 관계를 발전시킨다는 '확대균형' 노선으로 전환되었고, 일본과 소련은 다양한 분야에서 교류와 협력의 확대를 기대하게 되었다.[11] 한편, 국제법상 소련을 계승한 러시아연방은 기존에 일본이 주장하던 '정경불가분' 원칙을 달갑게 여기지 않았고, 일본과의 관계는 영토문제와 상관없이 경제협력 및 경제적 지원을 토대로 양국 관계를 발전시켜야 한다는 입장이었다. 1992년 옐친 대통령의 방일이 취소되자 일본은 '정경불가분' 원칙에서 벗어나기로 약속했고, 1993년 옐친의 일본 방문도 성사되었다. 당시 일본은 러시아에 대해 총 343억 달러의 경제적 지원을 약속하면서도 영토문제의 해결에 대한 안건은 협상조차 하지 못했다.[12] 이후에도 러·일 관계는 영토문제로 인한 위기를 수차례 겪었으나, 경제협력을 통한 양국 관계의 발전이 정부 간 대화의 핵심 사안이었다.

오늘날 일본 외무성의 대러시아 정책 방향도 정치, 경제, 안보, 문화 등 폭넓은 분야에서 양국 관계를 발전시키고 역내 파트너로서의 관계를 구축하는 것이다. 일본의 대러 외교 방침은 '영토문제를 해결하고 평화조약을 체결한다.'라는 입장에 변화가 없으며, 우크라이나 전쟁 이후에도 같은 방침을 견지

11 金子 将史, 「鳩山対露外交への提言」 PHP「日本の対露総合戦略」研究会, 『株式会社 PHP総合研究所』, 2009, 6쪽.

12 이재무, 「러시아 공격외교에 일 '수세'/ 일 '정경불가분원칙' 포기 배경」, 『한국일보』, 1993년 4월 20일자, https://m.hankookilbo.com/News/Read/199304200050132366 (검색일 : 2023.02.09)

하고 있다. 1951년 샌프란시스코 조약 이후 일본은 쿠릴열도 문제를 해결해야 할 영토분쟁으로 인식하고 있으며, 현재까지도 해당 영토를 반환받고 평화조약을 체결하는 것이 대러시아 외교 정책의 주요 목표가 되고 있다. 러시아연방 정부 수립 이후에도 일본은 러시아의 경제 재건에 일조하는 역할을 수행했으며, 에너지 자원을 수급하고 완제품을 수출하는 무역 파트너로서 상호 경제적 이익을 창출하는 관계로 자리매김했다.

러시아 입장에서도 일본과의 관계 개선은 전략적으로 중요시되었다. 극동·시베리아 지역의 에너지 자원 개발에 일본의 탐사와 기술이 제공되기 시작한 시점은 소비에트 연방정부 수립 이전으로, 러시아는 일찍이 극동·시베리아 지역개발에 자본과 기술을 겸비한 일본의 필요성을 인식했다. 그리고 러시아는 푸틴 대통령이 제시한 '신동방정책'에 나타난 바와 같이 아시아를 중시하며 극동 지역을 교두보로 삼아 한국, 중국, 일본과 적절히 협력의 균형을 이루고자 했다. 또한, 러시아는 일본과의 관계에서 쿠릴 4섬 분쟁과 관련한 영토 문제에 대해 '제 2차 세계대전 이후 합법적인 러시아의 영토'라는 강경한 입장이다. 한편, 러시아는 일본과의 경제협력에 관해 적극적이고 우호적인 태도를 보이며 때로는 영토 협상 카드를 경제협력의 확대를 위해 활용해 왔다.

러시아연방 정부 수립 이후 러·일 관계는 냉전 시기에 냉각되었던 관계를 회복했고, 정치 대화와 경제협력을 위한 교류가 이전보다 활발해졌다. 1990년대에 러시아와 일본은 사회·경제적인 혼란을 겪었으나, 옐친의 일본 방문과 '하시모토 옐친 플랜(1997년 11월)'[13] 및 '가나와 회담(1998년 4월)' 등 정상 간 교류를 통해 경제협력의 확대와 상호 이익을 추구하기 시작했다. 이렇게 1990년대는 러·일 간 본격적인 정치적 교류와 경제협력에 대한 합의가 이루어지기 시작했고, 그 성과는 2000년대에 눈에 띄게 나타났다. 2000년대에

13 크라스노야르스크 정상회담에서 채택한 계획이다.

는 고이즈미 내각이 러시아와의 정치·경제적 교류 확대에 적극적이었으며, 유가 상승과 러시아의 가파른 경제성장에 힘입어 러·일 경제협력 확대에 대한 성과가 나타났다. 실제로 2008년 러·일 무역액은 약 300억 달러로 최고 수준을 경신했고, 일본의 대러 직접투자액FDI도 2004년부터 크게 증가하여 2009년에 약 3억 9000만 달러를 기록했다. 이처럼 러·일 간 정치대화는 경제교류의 확대로 나타나는 듯 했으나, 2008년 세계 금융위기와 2011년 동일본 대지진 등의 외부적인 요인으로 양국 간 경제협력에 제동이 걸렸다. 게다가 2010년 메드베데프 대통령의 쿠릴 섬 방문과 함께 영토분쟁으로 인한 외교적 갈등이 심화되어 러·일 관계는 위기에 봉착했다. 공교롭게도 당시는 일본의 집권 여당이 민주당이었고, 이 시기에는 금융위기, 러·일 간 영토분쟁, 대지진 등의 위기로 양국 관계가 교착 상태에 머물렀다.

아베 총리가 집권한 시기에는 외교적으로 영토 문제의 해결과 그를 위한 경제협력의 확대에 대한 일본 정부의 의지가 두드러졌다. 2012년 12월부터 일본에서는 아베 총리가 재임하기 시작했고, 그는 러시아와의 관계 개선을 위해 지속적으로 푸틴 대통령과의 접촉을 시도했다. 아베 시기에는 정상 간 수준에서 러시아와의 우호관계 구축과 경제협력 확대를 위한 교류가 활성화되었다. 2013년 4월 아베의 러시아 방문은 일본 총리로서 공식적으로 10년 만의 일이었다. 당시 회담에서 양국 정상은 평화조약 미체결 상태가 비정상적이라는 인식을 공유했고, 영토문제 해결을 위해 협상을 지속하기로 합의했다.[14] 2013년 러·일 공동성명은 2001년 '이르쿠츠크 성명' 이후 20년 만에 이루어진 성과였으며, 동 성명의 주요 내용은 영토교섭 재개에 대한 합의와 국방 및 경제 분야에서의 협력이었다. 2014년 러시아의 크림반도 병합 후 일본도 대러 제재에 동참했으나 이는 상징적인 수준에 머물렀고, 러시아 경제

14 外交青書, "ロシア", 2014, https://www.mofa.go.jp/mofaj/gaiko/bluebook/2014/html/chapter2_05_01.html#s25101 (검색일 : 2023.05.16)

에 대한 직접적인 손실로 나타나지 않았다. 당시 러・일 양국은 제재와는 별개로 정상 수준에서 협력 확대에 대한 합의를 지속했다.

그 중에서도 2016년 아베 총리와 푸틴 대통령의 정상회담에는 러・일 관계 개선에 대한 의지가 두드러지게 나타났다. 2016년 5월 소치 정상회담에서 아베는 '8개의 협력 플랜'[15]을 발표하여 일본의 대러시아 투자 확대의 틀을 마련했다. '8개의 협력 플랜'은 러시아 국민 삶의 질 향상과 러・일 관계의 발전을 위한 것으로, 이 구상을 시작으로 하여 의료, 도시환경, 에너지, 산업 다각화 등 폭넓은 분야에서 12건의 정부 간 문서와 68건의 민간프로젝트 관련 문서가 합의되었다. 같은 해 12월 푸틴은 아베의 고향인 야마구치 현을 방문했다. 당시 정상 간에 비공식적인 회담이 진행되었고, 경제협력에 관한 실무진 협의와 실질적인 투융자 계약이 가장 많이 이루어졌다. 양국은 2014년 이후 제재를 우회하여 마련된 투융자 플랫폼을 통해 약 3조 원 규모의 계약에 합의했다. 또한 2016년부터 양국은 쿠릴열도에서의 러・일 공동 경제활동 실시에 대해 합의하며 구체적인 계획을 마련했다. 2019년까지 아베와 푸틴은 잦은 대면 정상회담을 실시하며 양국 간 평화조약 교섭에 대해서도 1956년 공동선언[16]을 바탕으로 지속해갈 것을 약속했다.

아베 총리는 집권 당시 푸틴 대통령과 총 27회에 달하는 정상회담을 실시

15 8개 항목으로 구분되는 경제협력의 플랜에 대한 요지는 다음과 같다. 첫째, 건강수명 신장의 협력을 위해 미쓰이 물산과 R-pharm이 200억 엔 출자, 헬스케어 분야에서 협력한다. 둘째, 양호한 주거환경의 도시만들기를 위해 닛켄건설이 러시아 주택통일개발연구재단과 도시정비 프로젝트 실시, 폐기물처리기술 분야에서 신에너지산업기술개발기구(NEDO)와 부랴트 공화국이 협력한다. 셋째, 러・일 중소기업 교류와 협력의 확대를 위해 러시아 중소기업발전공사와 일본무역진흥기구(JETRO)가 중소기업분야의 각서를 맺는다. 넷째 석유가스 등 에너지 개발협력과 생산능력의 확충을 위해 석유천연가스금속광물자원기구(JOGMEC), 국제석유개발제석(INPEX), 마루베니, Rosneft가 러시아해역 탄화수소 공동탐사 개발 생산에 관한 협력합의를 체결하고 이르쿠츠크, 사할린, 야말 LNG 플랜트 건설에 10억 유로 규모를 투자한다. 다섯째, 러시아 산업다양화촉진과 생산성향상에 기한다. 여섯째, 극동을 산업진흥과 아태진출의 기지로 만든다. 일곱째, 러일 기술협력이며, 여덟째, 양국 간 중층적 인적교류를 확대한다. 中津 孝司, 「日露関係の新たな展開」, 『大阪商業大学論集』 第13巻第1号, 2017, 50~58쪽.

16 1956년 10월 19일 소-일 간 국교를 회복하기 위해 조인된 선언. Антон Александрович Киреев, "Российско-Японские Отношения Вокруг Южных Курил : История, Современное Состояние, Варианты Развития", *Известия Восточного Института* 36, 2017, С.44~45.

하며 러시아에 우호적으로 접근한 인물로 평가받고 있다. 당시 일본 정부는 기업의 러시아 진출과 적극적인 투자를 장려하며 러시아와의 관계 개선을 시도했다. 이처럼 일본의 아베 총리 재임 시기에 경제협력의 확대와 영토문제 해결에 대한 돌파구가 마련되는 듯 했다. 그러나 아베 정부의 말기에는 코로나 대처 능력 부족과 경기부흥 실패 등의 국내외적 상황으로 인해 러·일 관계도 정체하며, 일본 사회에서 친러시아적 외교 행보를 보인 아베 총리에 대한 비판의 목소리가 높아졌다. 게다가 2022년 발발한 우크라이나 전쟁은 양국 관계 악화의 결정적인 계기가 되었고, 일본이 그동안 쏟아 부었던 러시아와의 관계 개선 및 영토 반환을 위한 노력과 천문학적인 투자 금액이 무용지물이 될 정도로 양국 관계는 위기를 맞이했다.

3. 우크라이나 전쟁 이후 러·일 외교 관계의 변화

1) 러·일 간 외교적 갈등

2022년 2월 발생한 우크라이나 전쟁은 일본과 러시아의 외교관계를 악화시킨 계기가 되었다. 이 전쟁으로 인해 각 국가들 간에 안보적 긴장이 고조되었고, 많은 국가들은 대외 정책을 수정하게 되었다. 그중 일본도 G7의 일원으로 국제사회와 연계하여 러시아에 대해 전쟁을 중단할 것을 강력히 촉구했다. 외무성은 공식적으로 '일본은 우크라이나와 함께입니다Japan stands with Ukraine'라는 입장을 표명하며 우크라이나를 공식적으로 지지했다.[17] 일례로

17 외무성 공식 입장은 '러시아군에 의한 우크라이나 민간인 살해는 중대한 국제법 위반이며 전쟁범죄입니다. 결코 용서할 수 없으며 강하게 비난합니다. 이러한 잔학 행위의 진상은 철저히 밝혀야 하며 러시아에게 전쟁범죄의 책임을 물어야 할 것입니다.'이다. Prime Minister's Office of Japan,「ロシアによるウクライナ侵略を踏まえた対応について"」, 2023.02.14, https://www.kantei.go.jp/jp/headline/ukraine2022/index.html (검색일 : 2023.02.23)

기시다 총리는 2023년 3월 전쟁 중에 우크라이나의 부차와 키이우를 방문하여 젤렌스키 대통령과 회담하는 등 우크라이나에 대해 친선적인 외교적 행보를 보였다.[18] 또한, 일본 정부는 우크라이나에 의료, 식료품, 구호 장비 등 인도적 차원의 재정적인 지원을 아낌없이 보냈고, 이는 우크라이나의 곡물 수출 지원 및 일본에 입국하는 난민 보호 조치 등으로 이어졌다.[19]

이와 같이, 일본은 러시아의 행동에 반대하는 목소리를 높이면서도, 어업과 같은 경제 활동과 해양 안전 보장을 위해 공동으로 대처해야 할 문제에 대해서는 자국의 외교 안보와 국익에 따라 대응할 것을 지침으로 삼았다.[20] 그리고 양국 간 평화조약 체결 문제와 관련하여 일본은 그동안 러시아와 교섭을 시도해왔으나, 우크라이나 전쟁으로 인해 향후 교섭이 어려울 것으로 내다보았다. 그럼에도 불구하고 일본 정부로서는 '러시아와 영토 문제를 해결하고 평화조약을 체결한다.'는 방침을 견지하겠다고 밝혔다.[21] 그뿐 아니라, 분쟁 중인 쿠릴열도에서 실시되었던 일본인의 묘지 참배 방문이 중단되자, 정부는 이 문제를 최우선 과제로 삼아 사업 재개를 위해 노력하겠다고 발표했다. 한편, 우크라이나 전쟁이 계속되는 와중에 2023년 2월 7일에는 '북방영토의 날'을 기념하여 도쿄에서 영토반환을 요구하는 집회가 열렸다. 집회에서 기시다는 '영토문제를 해결하고 평화조약을 체결하겠다.'는 결의를 표명했다.[22] 이처럼 일본은 러시아에 대해 우크라이나 전쟁을 공식적으로 반대하며 강경한 태도를 보이는 한편, 영토문제의 해결과 평화조약 체결을 위한 대러

18 2023년 3월 21일 기시다 총리는 우크라이나를 방문하여 젤렌스키 대통령과 회담했다. 「「ロシアの抑制」の意味岸田首相のウクライナ訪問」, 『毎日新聞』, 2023년 4월 5일 자. https://mainichi.jp/premier/politics/articles/20230403/pol/00m/010/008000c?utm_source=article&utm_medium=email&utm_campaign=mailhiru&utm_content=20230405 (검색일 : 2023.04.06)

19 "Japan stands with Ukraine", the Government of Japan, October 19, 2023.

20 "対ロ外交の基本的な考え方", 外務省.

21 Ibid.

22 「「領土問題を解決」岸田首相が決意 「北方領土の日」に全国大会」, 『Nippon.com』, 2023년 2월 7일 자, https://www.nippon.com/ja/news/fnn20230207482456/ (검색일 : 2023.02.07)

외교 정책의 방침은 유지하겠다는 입장이었다.

그 외에도, 일본은 중국에 이어 러시아를 동북아시아 안보를 위협하는 국가로 간주하며 미국과의 동맹을 강화하는 외교적 노선을 답습했다. 우크라이나 전쟁 이후 일본의 국제 안전보장에 대한 정책은 '국가안보전략'과 '방위백서'에도 나타났다. 2022년 새롭게 채택한 '국가안보전략'에서 일본은 러시아의 우크라이나 침공과 핵위협, 그리고 일본 주변 해역에서의 군사 활동과 러－중 간 전략적 협력을 위협적인 행동으로 인식하고 강한 우려를 표명했다.[23] 그리고 일본 정부는 주변국인 중국과 북한, 러시아에 대해 안보상 위협을 우려하여, 이에 대한 대응으로 2027년까지 방위비를 국내총생산GDP의 2% 수준으로 증액할 것을 발표했다.[24] 2023년 '방위백서'에서는 러시아의 우크라이나 침공은 억제력 부족이 원인이었음을 밝히며 위협에 대처하기 위한 방위능력을 정비할 것을 명기했다.[25] 이처럼 우크라이나 전쟁이라는 위기적 상황에서 일본의 대응은 방위력 증강과 방위비의 증액으로 나타나게 되어 외교적 갈등이 심화되었을 뿐 아니라 국제 사회의 긴장도 고조되었다.

이러한 일본의 태도에 러시아 측도 강경한 조치를 취했다. 러시아는 일본을 포함한 48개국을 '비우호국'으로 지정하고, 일본에게 '영토문제를 포함한 평화조약 체결 협상을 중단한다.'고 발표했다.[26] 그리고 쿠릴 4개 섬에 대한 일본인의 무비자 도항 정지, 공동경제활동에 관한 협의에서도 이탈하겠다고 공표했으며, 기시다 총리와 하야시 외무상을 비롯한 일본의 정치인 400명에 대한 입국 금지를 선언했다.[27] 러시아 외무부 대변인 마리아 자하로바는 '평

23 「国家安全保障戦略 (概要)」, 防衛省・自衛隊 国家安全保障局, 2022年12月.

24 이성훈・조은정, 「일본의 안보전략서 개정내용과 시사점」, 『이슈브리프』 412호, 국가안보전략연구원, 2023, 5쪽.

25 이기태, 「일본 방위백서 발표와 한국의 대응방안」, 통일연구원, 2023, 4쪽.

26 러시아 외무성은 일본과의 평화조약 협상에 대해서도 "공연히 비우호적인 입장을 취해 우리나라의 이익을 해치려는 국가와 양자관계의 기본문서 조인을 협의하는 것은 불가능하다."고 주장했다. 「日本との平和条約交渉を中断 ロシア, 「非友好的」と制裁に反発－共同経済活動も協議離脱」, 『Jiji.com』, 2023년 3월 22일 자, https://www.jiji.com/jc/article?k=2022032200163&g=int (검색일 : 2022.03.25)

화조약 체결 논의가 불가능한 이유는 러시아에 대한 일본의 비우호적 정책 때문'이라고 지적했다.[28] 그리고 2022년 12월 일본이 국가안보전략, 국방전략, 방위백서 등 안보 문서를 개정한 것에 대해 러시아 측은 일본이 전례 없는 군사력 증강의 길로 들어섰으며,[29] 이는 아태 지역의 긴장감을 높이고 있다고 비판했다.[30] 또한, 일본의 '러시아는 유럽에서 가장 심각한 위협'이라는 표현에 대해 러시아는 "일본과 서방이 모든 책임을 러시아의 탓으로 돌리고 있다."고 대응했다.[31]

이외에도 일본과 러시아의 외교적 갈등은 다양한 형태로 나타났다. 먼저, 상호 외교관 추방 사건은 우크라이나 전쟁 후 러·일 간 외교적 갈등 수준이 심각하다는 것을 보여주었다. 2022년 4월 일본에 주재한 러시아 외교관 및 직원들 8명이 국외로 추방되었고, 얼마 후 이에 대한 보복으로 러시아에 주재한 8명의 일본 대사관 직원들도 추방되었다.[32] 이에 대해 일본과 러시아 측은 각각 서로에게 책임이 있다고 주장했다. 이어서 러시아는 일본 정부와 체결한 '핵무기 폐기를 위한 협력 협정'을 중단한다고 발표했다. 이는 1993년 일본과

27 Thisanka Siripala, "Japan and Russia Lock Horns Over Diplomats, Sanctions, and Rockets", *The Diplomat*, October 18, 2022, https://thediplomat.com/2022/10/japan-and-russia-lock-horns-over-diplomats-sanctions-and-rockets/ (검색일 : 2023.08.09)

28 "Кисида заявил, что Япония сохраняет курс на заключение мирного договора с РФ", *Известия* 3 октября 2022, https://iz.ru/1404632/2022-10-03/kisida-zaiavil-chto-iaponiia-sokhraniaet-kurs-na-zakliuchenie-mirnogo-dogovora-s-rf (검색일 : 2023.03.10)

29 Ministry of Foreign Affairs of the Russian Federation, "Comment by Foreign Ministry Spokeswomen Maria Zakharova on Japa's newly revised security and defense doctrines", https://mid.ru/en/maps/jp/1844902/ (검색일 : 2023.03.22)

30 메드베데프 러시아 전 대통령도 일본의 '군사화'와 쿠릴열도 인근의 군사훈련을 실시가 아시아태평양 지역의 상황을 복잡하게 만들고 있다고 비난했다. "Russia's Medvedev : Japan's 'militarization' complicates Asia-Pacific", *Reuters*, September 3, 2023, https://www.reuters.com/world/asia-pacific/russias-medvedev-japans-militarisation-complicates-asia-pacific-2023-09-03/ (검색일 : 2023.10.19)

31 "В ГД ответили на признание РФ ≪непосредственной угрозой Европе≫ со стороны Японии", *Известия* 28 июля 2023, https://iz.ru/1550827/2023-07-28/v-gd-otvetili-na-priznanie-rf-neposredstvennoi-ugrozoi-evrope-so-storony-iaponii (검색일 : 2023.11.03)

32 방성훈, 「러시아, 일본 외교관 8명 추방, 서로 '네 탓'」, 『이데일리』, 2022년 4월 28일 자, https://www.edaily.co.kr/news/read?newsId=01587526632300712&mediaCodeNo=257 (검색일 : 2022.11.14)

러시아가 합의한 핵무기 군축 협력에 관한 협정으로,[33] 러시아 외무부는 이 협정에 대한 중단 결정을 일본 측에 통보했다. 이로써 일본과 러시아의 핵무기 군축에 대한 합의도 종료되었다. 이와 같이, 우크라이나 전쟁의 장기화로 인해 러・일 외교 관계에는 심각한 갈등의 양상이 두드러지게 나타났고, 양국의 양보 없는 강경한 대응은 외교 관계가 단절될 수도 있다는 우려를 낳았다.

더욱이 일본과 러시아의 외교적 갈등은 주변국 간의 군사적 갈등으로 이어졌고, 국제 질서가 재편되는 양상을 띠게 되었다. 일례로 2023년 8월 일본은 러시아와 중국의 합동 훈련에 의한 해군 전투기가 일본해를 침범했다는 이유로 출격을 가했다.[34] 그리고 같은 해 8월 일본의 기시다 총리는 이란에게 러시아 측에 무기를 제공하지 않도록 요구했고,[35] 11월 도쿄에서 개최된 G7 외무장관 성명에서는 글로벌 및 지역 안보 문제에 공동으로 대응하기 위한 협력을 약속하며, 러시아에게 우크라이나 침략 전쟁을 즉시 중단할 것을 촉구했다.[36] 이처럼 일본은 G7 국가들과의 협력을 강화하여 러시아를 전 지구적 안보를 위협하는 국가로 간주했으며, 많은 국가들의 연대와 갈등 속에서 러・일 관계는 적대적인 모습을 보이게 되었다.

2) 일본의 대러시아 제재

우크라이나 전쟁 이후 일본은 러시아에 대해 즉각적이고 강력한 제재 조치

33 "Russia suspends pact with Japan on decommissioning nuclear weapons", *The Japan Times*, November 10, 2023, https://www.japantimes.co.jp/news/2023/11/10/japan/politics/russia-suspends-nuclear-pact/ (검색일 : 2023.11.14)

34 "Japan scrambles jets amid Russian and Chinese naval patrol", *The Japan Times*, August 18, 2023, https://www.japantimes.co.jp/news/2023/08/18/japan/japan-jet-scramble-russia/ (검색일 : 2023.09.19)

35 "Japan urges Iran not to provide Russia with weapons for invasion", *The Japan Times*, August 7, 2023, https://www.japantimes.co.jp/news/2023/08/07/japan/iran-ukraine-war-weapons/ (검색일 : 2023.09.19)

36 U.S Department of State, 2023.11.08, "G7 Japan 2023 Foreign Ministers' Statement", https://www.state.gov/g7-japan-2023-foreign-ministers-statement/ (검색일 : 2023.11.10)

를 가했다. 2022년 2월 24일 러시아의 우크라이나에 대한 '특별군사작전' 실시 직후인 다음날 일본은 러시아에 대해 먼저 세 가지 조치를 발표했다.[37] 첫째는 '러시아 관련 지정인'에 대한 비자 금지와 자산 동결, 둘째는 러시아 은행[38]의 자산동결, 셋째는 반도체 제품의 러시아 수출 제한이었다.[39] 또한, 일본은 국내에 존재하는 러시아 소유의 국채 발행을 금지했고 26일에는 러시아의 일부 은행을 국제결제망인 SWIFT[40]에서 제외시키겠다는 미국, EU, 캐나다의 조치에 참여하기로 했다. 이러한 일본의 제재는 양국 간 경제 관계가 평상 수준을 회복하기 어려울 것이라는 신호탄이 되었고, 2014년 러시아의 크림반도 병합으로 이루어진 일본의 제재 조치와는 비교되지 않을 정도로 강한 수준이었다. 이처럼, 일본 정부의 '우크라이나 정세 관련 외환 및 외국 무역법에 근거한 조치'[41]는 계속해서 실시되었다.

2022년 우크라이나 전쟁으로 실시된 일본의 대러 제재 조치는 크게 다섯 가지로 구분할 수 있다. 먼저, 금융 제재로 일본은 무역이나 송금에 사용되는 국제결제망 SWIFT로부터 러시아를 퇴출하기로 결정했고, 러시아 중앙은행의 자산을 동결하여 거래를 제한했다. 이에 대응하기 위해 러시아 중앙은행은 정책 금리를 20%로 인상했으나, 루블 가치는 전쟁 전 절반 수준인 1달러 160루블까지 하락하기도 했다. 이후 푸틴은 천연가스 구입에 루블 지불을 의

37 経済調査室, 「ウクライナ侵攻に伴う対ロシア経済制裁の影響」, 『DBJ Research』 No363-1, 2022. 03. 28.

38 자산동결된 러시아 은행 대상은 VEB.RF, Promsvyazbank, Bank Rossiya 등이다.

39 James Brown, "Putin's Invasion Is a Turning Point in Japan's Relations with Russia", *Tokyo Review*, February 28, 2022, https://www.tokyoreview.net/2022/02/putins-invasion-is-a-turning-point-in-japans-relations-with-russia/ (검색일 : 2022. 03. 01)

40 SWIFT는 Society for Worldwide Interbank Financial Telecommunication의 약자로 국제금융정보통신망을 말한다. 금융기관끼리 자금거래 등에 관한 메시지를 교환하는 서비스를 국제적인 정보통신 네트워크에 의해 제공하고 있는 조직이며, 세계 200개국 이상 약 1만1000개의 금융기관을 이어주고 있다. 岡田 広行, 「ロシア経済制裁で注目される「SWIFT」とは何か」, 『東洋経済』, 2022년 3월 1일 자, https://toyokeizai.net/articles/-/577222

41 財務省, 「ウクライナ関連情報」, https://www.mof.go.jp/policy/international_policy/gaitame_kawase/gaitame/ukraine_info.html (검색일 : 2023. 11. 13)

무화했고, 가스 구입을 위한 루블 수요가 높아지면서 루블은 다소 안정되었다. 2022년 4월 8일 일본은 러시아 최대 은행인 스베르뱅크Sberbank의 자산 동결을 발표했고, 러시아가 암호화된 자산으로 자금을 이동시키지 못하도록 '외국외환법' 개정 법안을 발효했다. '외국외환법 개정안'에는 제재 대상자가 제 3자에게 암호 자산을 이전하는 것을 규제하고, 암호자산 교환 업체들로 하여금 거래 대상이 제재 국가인지 사전에 확인할 수 있도록 의무화했다.[42]

일본의 두 번째 대러 제재 조치는 전쟁이 조기 종료될 수 있도록 러시아에 대한 수출 규제를 강화하여 러시아의 군수 산업에 타격을 가하고자 한 것이었다. 수출 규제에는 트럭과 트랙터에 사용되는 디젤 엔진, 반도체와 반도체 제조장치, 통신장치와 센서 등 57개 품목이 포함되었다. 2014년 제재 조치에는 군사적 사용을 막기 위해 공업용 기계와 탄소 섬유 등 230여개의 품목이 수출 금지에 포함되었으며, 이에 57개 품목이 더해져 전체 수출금지 품목은 약 300여개가 되었다. 또 푸틴과 가까운 고위급 인사들에 대한 압력을 가하기 위해 19개 품목의 고가 상품의 수출을 금지했으며, 대상 품목에는 고액의 승용차와 보석, 위스키, 시계 등이 포함되었다. 그리고 정부는 석유 생산에 사용되는 설비 장치와 3D 프린터 등의 첨단 장비의 수출을 금지했고, 러시아에 대한 신규 투자를 금지했다. 그뿐 아니라 러시아 법인에 대한 주식 10% 이상의 취득과 1년 이상의 장기 대출 실시를 정부의 허가제로 변경하며 러시아에 대한 투자를 제한했다.

일본의 세 번째 조치는 러시아에 대한 자유무역의 혜택인 최혜국 대우의 철회였다. 일본은 러시아의 수입품에 적용된 WTO 관세를 철회하기 위해 '관세잠정조치법 개정안(2022년 4월 21일)'을 실행했다. 이로 인해 러시아에서 수입한 목재, 가공품, 어패류 등의 관세가 인상되었으며, 추가된 관세는 연어나

42 「ロシアへの制裁 各国比較すると」, 『NHK news』, 2022년 5월 12일 자. https://www3.nhk.or.jp/news/special/sakusakukeizai/20220512/491/ (검색일 : 2022.06.10)

명란 등 일본 내 수입품의 물가 상승으로 이어졌다. 반면, 액화천연가스LNG, 팔라듐, 석탄 등의 에너지 자원에는 관세 면제가 유지되었다. 일본의 러시아에 대한 최혜국 지위의 철회는 G7 회원국들과 함께 취한 조치이며 이는 전쟁이 계속되는 한 유지할 계획이었다.

네 번째는 러시아산 제품의 수입을 규제하는 것으로 이는 러시아의 외화벌이를 막아 러시아 경제에 타격을 주는 것이 목적이었다. 2022년 4월 19일 일본은 기계류와 일부 목재, 보드카, 자동차 등 38개 품목의 수입을 금지했다. 이는 러시아 물품에 대한 최초의 수입 금지 조치였으며, 일본의 경제산업성은 해당 품목이 러시아 수입 전체의 약 1%에 불과하여 대체 조달이 가능할 것으로 예상하며 이 조치가 일본 산업과 경제에 미치는 영향이 한정적일 것이라고 예측했다. 또한, 일본 정부는 러시아 석탄의 수입을 단계적으로 삭감하여 최종적으로는 수입하지 않겠다는 발표와 함께 에너지 공급 관련 분야에서 처음으로 금수 조치를 취했다. 그리고 2022년 5월 G7 정상회의에서 기시다 총리는 러시아산 석유 수입을 금지하겠다는 방침을 발표하며 에너지 분야의 추가 제재를 실시했다. 그러나 천연가스 수입은 지금까지의 정책을 유지하기로 했으며 극동과 사할린에서의 석유・천연가스 개발 사업도 철수 없이 계속하기로 했다.[43] 마지막으로 일본 정부는 푸틴 인근의 자산가들의 재산 동결과 대통령의 두 딸을 이에 포함시키는 등의 제재를 실시했다. 이외에도 제재 조치는 러시아 출신 507명, 도네츠크 및 루한스크 공화국 출신 253명 등 기업이나 단체 뿐 아니라 수많은 개인에게도 가해졌다.[44]

한편, 2014년 러시아의 크림반도 병합으로 인한 우크라이나 사태 때에도 일본은 대러 제재를 실시했지만, 이는 형식적인 조치에 불과했다는 평가를

43 Ibid.

44 "Кисида заявил об изменении политики в отношении России из-за Украины", *РИА Новости*, 21, Июня, 2022, https://ria.ru/20220621/kisida-1796933400.html?in=t (검색일 : 2023.10.28)

받았다. 그러나 2022년 우크라이나 전쟁 이후 일본의 대러 제재는 즉각적이고 강경했으며 실질적으로 러시아 경제에 직접적인 타격을 입히는 것이 목적이었다. 그뿐 아니라, 일본의 대러 제재 조치로 인해 러시아 현지에 진출한 일본 기업들의 경제활동에도 변화가 찾아왔고, 현지 일본 기업의 절반이 러시아를 이탈하는 '탈러시아' 현상이 나타났다. 일본 측의 조사에 따르면, 현지 기업 중 38%가 러시아 시장에서의 철수를 감행했고, 38%의 기업은 거래 정지, 그리고 15%의 기업이 러시아에서 생산과 영업을 정지했다.[45] 이처럼 일본은 경제적 손실을 감수하면서라도 러시아에 대한 제재를 멈추지 않았다. 그러나 러시아 시장에서 완전히 철수한 일본 기업의 비중은 20%에 그쳤으며, 이는 G7 국가들 중에서 매우 낮은 수준이었다. 종합하면, 일본의 대러 제재가 러시아와 일본 양국의 경제에 적지 않은 영향을 미쳤으나, 그 수준은 다른 국가들에 비하면 그렇게 심각한 수준이 아니었다고 볼 수 있다. 그럼에도 불구하고 일본의 제재와 기업들의 러시아 시장 철수가 러·일 경제 관계에 부정적인 영향을 미치고 경제 활동에 많은 제약이 되었다는 점은 부정할 수 없는 사실이다.

4. 러·일 경제 관계의 변화와 에너지 협력

1) 러·일 경제 관계의 변화

우크라이나 전쟁은 러·일 간 무역 및 투자 등 경제 관계에 변화를 가져왔다. 일본 재무성 데이터에 따르면 2023년 상반기 러·일 무역액은 전년 동기 대비 41.65% 감소하여 8,068억 엔을 기록했다. 그리고 2023년 상반기에 러

45 Teikoku data bank, 「日本企業の「ロシア進出」状況調査 (2023年8月)」, https://www.tdb.co.jp/report/watching/press/p230809.html (검색일 : 2024.02.18)

시아로의 수출은 17% 감소하여 2,399억 엔을, 수입은 약 48% 감소로 5,669억 엔을 기록하여 2022년 같은 기간 대비 무역액이 크게 하락했다. 품목별로 살펴보면, 2023년 상반기 일본의 대러 자동차 수출은 전년 동기 대비 32.8% 증가했으나 버스 및 트럭 수출은 26%, 자동차 부품은 52.7% 감소했다. 또한, 러시아산 LNG 수입도 16.5% 감소했으며, 석유제품 수입도 94.2% 감소했다. 일본은 G7 국가들과 함께 사할린-2에서 생산되는 에너지 자원을 제외한 러시아산 석유에 가격 상한제를 부과했다. 한편, 2023년 상반기에 일본의 러시아산 곡물 수입은 전년 동기 대비 5배 이상 급증했고, 의료 제품의 수출도 8배 이상 증가했다. 그 외에도 일본의 러시아산 석탄 수입은 73% 감소했고, 컴퓨터 수출은 86.6%, 하드웨어 수출 45.8%, 철강 및 비철금속 공급도 90% 이상 감소했다.[46]

〈표 1〉 2023년 상반기 러·일 무역액 변화[47]

(단위 : 억 엔)

기간	수출	수입	무역 총액
2022년 1~6월	2,889	1,0950	13,839
2023년 1~6월	2,399	5,669	8,068

자료 : 일본 재무성 무역통계財務省貿易統計.

일본 재무성 데이터에 따르면, 2022년 러·일 간 무역액은 전년대비 조금씩 증가한 것으로 나타났다. 2021년 양국 무역 총액은 2조 4,139억 엔이었고, 2022년에는 2조 5,758억 엔으로 1년 만에 약 1,619억 엔이 증가했다. 이는

46 "Trade turnover between Japan, Russia down 41.65% in 1H 2023", *Tass*, July 20, 2023, https://tass.com/economy/1649459?utm_source=google.com&utm_medium=organic&utm_campaign=google.com&utm_referrer=google.com (검색일 : 2023.10.13)

47 財務省貿易統計, 「国別総額表 : 条件入力」, https://www.customs.go.jp/toukei/srch/index.htm?M=23&P=0,,,,,,,,,3,0,2019,0,1,12,,,,,,,,,,,,5,224,,,,,,,,,,,,,,,,,,,,,20 (검색일 : 2023.11.07)

일본의 대러 수출이 줄어든 반면, 수입이 눈에 띄게 증가했기 때문이다. 수입이 증가한 배경은 에너지 수입과 관련이 있다. 일본은 제재 조치의 일환으로 러시아에 대한 최혜국 무역의 지위를 철회하면서 러시아산 수입품에 더 높은 관세가 적용되었으나, 원유와 LNG, 석탄 및 팔라듐의 수입은 관세가 부과되지 않아 영향을 받지 않았다. 2022년 일본의 대러시아 수입액은 1조 9,700억 엔으로 전년대비 26.9% 증가했는데, 이는 에너지 공급 차질로 가격이 급등하며 일본이 높은 가격에 에너지를 수입해야 했기 때문이었다.[48] 한편, 우크라이나 전쟁의 영향은 2023년도에 러・일 간 무역 총액의 급격한 감소로 나타났다. 2023년 양국 간 무역 총액은 2022년도에 비해 1조 엔 이상 감소했다.

〈표 2〉 러 · 일 무역액 변화 (2019~2023.09)[49]

(단위 : 억 엔)

연도	수출	수입	무역 총액
2019년	7,826	1,5606	23,432
2020년	6,279	1,1448	17,727
2021년	8,623	1,5516	24,139
2022년	6,040	1,9718	25,758
2023년	3,956	1,0403	14,359

자료 : 일본 재무성 무역통계財務省貿易統計

또한, 2019년부터 2022년까지 연도별 일본의 대러 투자액은 〈표 3〉과 같으며, 이는 꾸준히 증가한 것으로 나타났다.[50] 특히, 일본의 대러 투자액은 2021년 731억 엔에서 2022년 1,253억 엔으로 대폭 증가했고, 이에 따라 직접

48 "Japan to keep Russia stripped of 'most-favored' trade status amid war", *The Japan Times*, March 15, 2023, https://www.japantimes.co.jp/news/2023/03/15/national/russia-trade-status/ (검색일 : 2023.08.07)

49 Ibid.

50 外務省,「ロシア連邦ー日ロ経済関係」, https://www.mofa.go.jp/mofaj/area/russia/index_keizai.html (검색일 : 2023.03.22)

투자의 누적액도 함께 상승한 것을 알 수 있다. 우크라이나 전쟁과 일본의 대러 제재 조치에도 불구하고 직접투자액이 상승한 것으로 보아 일본의 대러 투자는 제재를 우회하는 방식으로 진행되었거나, 제재의 영향을 크게 받지 않은 에너지 부문의 투자 위주로 유지되었을 것이라는 점을 추정할 수 있다.

〈표 3〉 일본의 대러시아 투자액 추이

(단위 : 억 엔)

연도	연도별 투자액	직접투자 누적액
2019년	448	2,395
2020년	475	3,450
2021년	731	4,164
2022년	1,253	6,017

자료 : 일본 외무성外務省(日ロ経済関係)

그리고 우크라이나 전쟁은 일본 기업의 러시아 시장 활동에도 적지 않은 영향을 미쳤다. 예를 들어, 일본의 자동차 기업인 마쓰다, 도요타, 닛산은 러시아에서의 철수를 선언했고, 혼다와 스바루도 자동차의 러시아 수출을 중단했다. 닛산은 현지 파트너에게 사업장을 매각하고 6억 8천만 달러의 손실을 감수하면서도 러시아 내 SUV 생산을 중단할 것이라고 밝혔다. 이에 대해 갈루진 주일 대사는 일본의 제재를 비판하면서 자동차 기업들이 겪게 될 손실을 '일본의 장기적인 국익에 반하는 것'이라고 지적했다.[51] 게다가 2023년 8월 일본 정부는 러시아에서 중고차 판매를 금지하면서, 그동안 제재로 호황을 누리며 연간 20억 달러가 거래되었던 러시아 내의 일본 중고차 시장에도 적신호가 켜졌다.[52]

51 Thisanka Siripala, "Japan and Russia Lock Horns Over Diplomats, Sanctions, and Rockets", *The Diplomat*, October 18, 2022, https://thediplomat.com/2022/10/japan-and-russia-lock-horns-over-diplomats-sanctions-and-rockets/ (검색일 : 2023.08.09)

52 Daniel Leussink, "Japan puts the brakes on lucrative used-car trade with Russia", *Reuters*,

한편, 일본 기업의 제재를 우회한 러시아 수출 사례가 존재하는데, 대표적으로는 일본의 반도체가 중국, 홍콩 등의 제 3국을 거쳐 러시아로 수출되었다. 반도체는 일본이 제재를 발효한 시점부터 규제 대상이었으나, 일본의 외환법은 직접 수출만 규제하고 있어 일본 반도체가 간접적으로 러시아에서 거래되었던 것이다.[53] 2022년 일본 반도체의 러시아 수출은 전년 대비 85% 감소했으나, 타 국가를 통해 거래되는 반도체는 규제할 수 없었다. 이처럼 일본은 대러 제재를 가하면서도 경제적 이득을 얻기 위해 러시아 에너지 프로젝트의 참여를 계속하며 제재를 우회한 수출도 진행했다.

2) 러·일 에너지 협력

러시아와 일본의 경제 관계는 우크라이나 전쟁의 영향을 받아 크게 축소되었으나, 오히려 일본의 에너지 수입액과 투자 금액은 증가했다. 일본 기업들의 잇따른 철수에도 불구하고 2022년까지 일본의 대러 투자액이 증가한 배경에는 일본이 러시아 에너지 프로젝트에 대한 참여를 계속하고 있다는 점을 들 수 있다. 에너지 분야에서 서방 기업의 철수 및 중국 기업들로의 조달처 변경 등 불리한 조건 속에서도 일본 기업은 러시아 에너지 사업의 투자를 줄이지 않았으며, 위험성을 감수하더라도 러시아의 석유·가스 개발 사업의 참여를 포기하지 않았다. 왜냐하면 일본의 에너지 안보가 국가적으로 중요한 과제이기 때문이다.

일본은 미국과 유럽의 대러 제재에 동참하면서도 일본 LNG 공급의 9%를

October 2, 2023, https://www.reuters.com/business/autos-transportation/japan-puts-brakes-lucrative-used-car-trade-with-russia-2023-10-01/ (검색일 : 2023.10.14)

53 Shohei Nomoto and Junya Hisanaga, "Japan-made semiconductors skirt sanctions to enter Russia", Nikkei Asia, June 19, 2023, https://asia.nikkei.com/Economy/Trade/Japan-made-semiconductors-skirt-sanctions-to-enter-Russia (검색일 : 2023.10.13)

차지하는 사할린-2 프로젝트에 대한 지분과 판매권을 유지했다.[54] 그 이유는 일본 기업이 수출권을 양도하면 중국이 인수할 가능성이 높기 때문이었다. 일본으로서는 중국의 러시아 에너지 산업에 대한 장악이 반가운 일이 아니었다. 한편, 서방 국가들은 일본의 북극 LNG-2 프로젝트 참여에 대해 철회를 요구했지만, 일본은 국내 에너지 수급의 안정을 우선시하여 에너지 사업 참여를 지속했다.[55] 일본 에너지·금속광물자원기구JOGMEC는 '석유 및 천연가스 자원 개발을 위해 자원이 풍부한 국가들과 상호 이익의 관계를 형성하는 것이 필수적'이라고 발표했다. 이렇게 일본은 에너지 안보를 위해 러시아산 에너지 수급이 필요하다고 인식했다.[56]

일본의 러시아 에너지 프로젝트 참여는 주로 극동·시베리아 지역에서 이루어지고 있다. 그 중에서도 사할린과 북극 지역에서의 에너지 협력이 주목할 만하다. 먼저, 사할린 지역에서는 사할린-1과 사할린-2와 같은 석유, 천연가스 개발 프로젝트가 진행되고 있으며, 이곳에서 일본 정부와 기업의 참여가 이루어졌다. 사할린-1 프로젝트에서 생산된 원유는 2006년부터 일본으로 수출되었고, 일본 정부와 이토츄Itochu, 마루베니Marubeni, 일본석유자원개발JAPEX 등이 사할린 전체 지분의 30%를 보유하고 있다. 사할린-2 프로젝트에서는 2001년부터 생산된 원유를, 2009년부터 생산된 천연가스를 일본으로 수출했다. 사할린-2 프로젝트의 연간 LNG 생산능력은 약 960만 톤에 이르

54 Jio Kamata, "The Invasion of Ukraine Turned Japan's Russia Policy on Its Head", *The Diplomat*, February 23, 2023, https://thediplomat.com/2023/02/the-invasion-of-ukraine-turned-japans-russia-policy-on-its-head/ (검색일 : 2023.03.19)

55 "Japanese likely to put energy security over Western calls for boycott of Russia's Arctic LNG II project", *LNG journal.com*, September 18, 2023, https://lngjournal.com/index.php/latest-news-mainmenu-47/item/109355-japanese-likely-to-put-energy-security-over-western-calls-for-boycott-of-russia-s-arctic-lng-ii-project (검색일 : 2023.09.30)

56 스즈키 무네오는 에너지의 중동 수입은 2개월이 걸리지만, 사할린 및 사하 공화국의 석유 가스가 블라디보스토크의 공장을 통해 하루 안에 일본에 공급될 수 있다고 설명했다. "Отношения с Россией опустились до нуля, заявил японский депутат", *РИА Новость*, 23 июня, 2022, https://ria.ru/20220623/otnosheniya-1797449400.html (검색일 : 2022.11.23)

며, 사할린-2 프로젝트에서 생산된 LNG의 약 60%는 일본에 공급되고 있다.[57] 사할린-2 프로젝트의 지분은 러시아의 가스프롬(50%+1)과 사할린 에너지(27.5%)에서 다수 보유하고 있으며, 일본의 미쓰이Mitsui 물산과 미쓰비시Mitsubishi 상사가 각각 12.5%와 10%를 차지하고 있다.[58]

북극 지역에서의 러·일 에너지 협력은 북극 LNG-2 프로젝트와 야말 LNG 프로젝트가 있다. 북극 LNG-2는 북서부 시베리아 기단반도의 살마노프스키 가스 콘덴세이트전에서 가스를 공급하고 있다.[59] 연간 생산능력은 약 1,980만 톤에 이르며 총 3개의 생산 라인을 운영하도록 설계되었다. 지분은 노바텍Novatek이 60%, 프랑스의 토탈Total에너지가 10%, 중국의 CNPC와 CNOOC가 각각 10%, 그리고 일본의 미쓰이 컨소시엄이 10%를 보유하고 있다. 일본은 북극 LNG-2에 총 3000억 엔을 투자했으며, 그 중 75%는 에너지·금속광물자원기구JOGMEC에서 출자한 것이다. 북극 LNG-2는 지분에 따라 천연가스를 공급하며, 일본에는 약 200만 톤이 공급될 것으로 예정되어 있다. 한편, 우크라이나 전쟁으로 인해 북극 LNG-2에 대한 유럽 금융기관의 대출이 정지되었으나 일본 국제협력은행은 프로젝트 자금 제공에 문제가 없다고 밝힌 바 있다.

야말 LNG 프로젝트는 야말반도 북동지역에 위치한 남부 탐베이스코예 가스 콘덴세이트전을 기반으로 하며 총 1,740만 톤의 생산능력을 지닌다. 2017년도에 본격적으로 가동하기 시작했고, 지분은 노바텍(50.1%), 토탈(20%), CNPC(20%), 실크로드 기금(9.9%) 등이 보유하고 있다. 일본 기업은 야말 LNG 프로젝트의 설계, 조달, 건설 분야에 참여했으며, 야말 LNG를 아시아와 유럽 등지에 열차로 운송하는 계약을 체결했다.[60] 이처럼 일본 내에는 에너지 안

57 "Japan and the Sakhalin Energy Projects", *Nippon.com*, May 17, 2022, https://www.nippon.com/en/japan-data/h01321/ (검색일 : 2023.09.02)

58 Ibid.

59 김민수 외, 「러시아 Arctic LNG-2 사업 참여 방안 연구」, 한국해양수산개발원, 2018, 36쪽.

전보장의 시각에 따라 북극권에서의 에너지 자원개발의 참여가 중요시되고 있으며, 전쟁과 제재의 악조건 속에서도 러시아 에너지에 대한 투자와 개발 협력을 이어가고 있다.

한편, 일본은 북극 가스 프로젝트에 대해 미국의 제재를 준수하기로 합의했으나, 북극 LNG와 사할린 프로젝트는 대러 제재에서 제외시켰다. 게다가 2023년 11월 일본의 니시무라 경제산업성 장관은 일본이 지분을 보유한 북극 LNG-2 프로젝트에 대해 미국이 가한 제재가 일본의 에너지 공급에 영향을 미치지 않도록 하겠다는 입장을 밝혔다.[61] 일본은 2050년 탄소 중립에 도달하기 위해 전환 연료를 LNG로 대체하고 있으며, LNG 수입의 보장을 위해 많은 국가들과 공급 계약을 체결하며 프로젝트 지분을 보유하고 있다. 북극 LNG-2의 가동 시 일본은 총 LNG 수입량의 3%를 확보하게 된다.[62] 이외에도 일본은 2024년 6월 28일까지 러시아산 원유를 배럴 당 60달러의 상한선보다 높은 가격으로 수입할 수 있도록 미국에게 승인을 얻었다. 이는 일본 무역회사가 러시아 사할린-2 프로젝트에서 일본으로 수출하는 석유에 적용된다.[63] 서방의 대러 조치 일환인 러시아 에너지 가격 상한제에서 일본이 예외를 둔다는 것은 그만큼 일본의 에너지 안보가 절실하다는 점을 반영하고 있다.

이처럼 우크라이나 전쟁이 계속되는 와중에도 일본은 선진국의 대열에서 러시아에 대해 제재를 가하면서도 러시아로부터 에너지 수급을 계속하며 사

60 "Japanese likely to put energy security over Western calls for boycott of Russia's Arctic LNG II project", *LNG journal.com*, September 18, 2023, https://lngjournal.com/index.php/latest-news-mainmenu-47/item/109355-japanese-likely-to-put-energy-security-over-western-calls-for-boycott-of-russia-s-arctic-lng-ii-project (검색일 : 2023.09.30)

61 Miho Uranaka and Yoshifumi Takemoto, "U.S. sanctions on Russia LNG won't harm supplies, minister says", *The Japan Times*, November 7, 2023, https://www.japantimes.co.jp/business/2023/11/07/russia-lng-japan-stake/ (검색일 : 2023.11.11)

62 Ibid.

63 Peter Landers, "Japan Can Keep Importing Russian Oil Above Price Cap Through June 2024, U.S. Says", *The Wall Street Journal*, September 27, 2023, https://www.wsj.com/finance/commodities-futures/japan-can-keep-importing-russian-oil-above-price-cap-through-june-2024-u-s-says-be03e4a7 (검색일 : 2023.09.30)

할린과 북극 등지에서의 에너지 사업 참여도 계속할 예정이다. 이는 일본이 에너지 안보 및 수급의 다각화를 위해 지리적으로 가까운 러시아와의 에너지 협력을 포기할 수 없기 때문이며, 다방면에서 자국의 이익을 고려하여 러시아와의 관계 개선에도 힘써야하기 때문이다. 그러므로 향후에도 일본과 러시아는 다양한 형태로 에너지 협력을 위한 활로를 모색할 것으로 예상된다.

5. 결론

러시아 외무부는 일본의 대러 제재가 양국 관계에 미친 영향이 매우 부정적이었다고 평가하면서도, 일본과의 협력에 대한 가능성을 열어두고 있다. 2023년 10월 푸틴 대통령은 현지 언론에서 일본이 잠재적인 대화를 제안할 경우 '받아들일 준비가 되어있다.'고 언급했고.[64] 러시아 측 두마도 일본과의 관계 정상화에 관심이 있으며 러시아 정부는 평화 협상을 거부한 적이 없다는 입장을 밝혔다.[65] 또한, 2022년 11월 갈루진 주일 대사가 사임하면서 1년간 공석이었던 주일 러시아 대사를 니콜라이 노즈드레프 일본 및 아시아 국가 담당 국장이 맡기로 했고, 일본에서도 러시아 대사로 무토 아키라 전 외무연수원장이 임명되었다.[66] 이로써 긴장된 러 · 일 관계에 대화를 재개할 창구가 마련되었다.

64 "Russia open to potential dialogue with Japan, Putin says", *The Japan Times*, October 6, 2023, https://www.japantimes.co.jp/news/2023/10/06/japan/vladimir-putin-japan-dialogue/ (검색일 : 2023. 10.19)

65 "В Госдуме заявили о заинтересованности РФ в нормализации отношений с Японией", *Известия*, October 3, 2022, https://iz.ru/1404825/2022-10-03/v-gosdume-zaiavili-o-zainteresovannosti-rf-v-normalizatcii-otnoshenii-s-iaponiei (검색일 : 2022.12.10)

66 "Russia to appoint new Japan ambassador after one-year vacancy", *The Japan Times*, November 4, 2023, https://www.japantimes.co.jp/news/2023/11/04/japan/politics/russia-japan-new-ambassador/ (검색일 : 2023.11.10)

러시아 입장에서 볼 때, 일본은 아시아・태평양 지역에서 전략적 이해를 위해 안보, 경제, 에너지 분야에서 실질적인 협력을 할 수 있는 국가이다. 일본 입장에서도 러시아는 에너지 안보와 중국 견제를 위해 협력할 국가이며, 우크라이나 전쟁 이후 재편된 국제질서의 상황에서 러시아에 대한 새로운 접근이 시도되고 있다. 일본 정부는 제재와는 별개로 평화조약 체결을 위한 대러시아 정책 노선을 유지하겠다는 입장이지만, 우크라이나 전쟁으로 인한 대외적 조건 속에서 러시아와 일본 측은 상호 입장의 차이로 평화 조약에 대한 협상 진행이 불가능하다고 인식하고 있다.

종합하면, 우크라이나 전쟁 이후 일본의 제재 동참으로 인해 러・일 간 평화조약 협상이 중단될 정도로 외교적 갈등이 심화되었음에도, 일본과 러시아의 에너지 협력은 지속되었으며 제재를 우회한 무역도 진행되었다. 양국은 관계 악화의 책임이 서로에게 있다고 주장했지만, 실용주의적 접근에 의한 양국 관계의 개선 여지는 여전히 남아있다고 볼 수 있다. 러시아에서 일본 전문가인 넬리도프가 지적한 것처럼 양국 관계의 회복은 양자 간 상호작용이 아닌 러시아의 대외 정책과 우크라이나 문제 해결에 달려있으므로,[67] 러・일 외교 관계는 우크라이나 전쟁 종식 후 새로운 방향을 모색하여 상호 협력적 관계로 변모할 가능성이 있다고 전망한다.

2022년 발발한 우크라이나 전쟁은 러・일 관계의 갈등 및 협력 구도에 변화를 가져왔다. 기존의 러・일 관계의 갈등 중심에 쿠릴 열도 분쟁이 있었다면, 전쟁 이후 양국 간 갈등 양상은 보다 다양한 형태로 나타났다. 일본의 대러 제재와 러시아의 일본에 대한 비우호국 지정, 일본의 우크라이나에 대한 지원 등의 사건들은 양국 외교관계의 악화와 평화조약 협상 중단의 직접적인 원인이었다. 그뿐 아니라, 일본은 우크라이나 전쟁 이후 자국 안보를 위

67 Нелидов Владимир Владимирович, "Российско-японские отношения в 2022 году : в тени кризиса", МГИМО Новость, 6 января 2023, https://mgimo.ru/about/news/experts/rossiysko-yaponskie-otnosheniya-2022/ (검색일 : 2023.09.12)

해 국가안보전략을 개정했고, G7과 연대를 강화하며 러시아 측에 계속해서 전쟁 중단을 촉구했다. 이에 대해 러시아도 '일본이 군사대국으로 변모'하고 있으며, 아시아・태평양 지역의 안보를 위협하고 있다고 비난했다.

한편, 우크라이나 전쟁 후 러・일 간 무역액은 감소했으나, 일본의 대러 투자는 오히려 증가했다. 또한 러시아에 진출한 많은 일본 기업이 철수하거나 영업 정지를 하게 되었으나, 이는 다른 G7 국가들에 비해 심각한 수준은 아니었다. 양국 간에는 많은 형태로 외교적 갈등이 나타났으나, 일본의 대러 제재가 양국 경제에 큰 타격을 입힐 정도는 아니었다고 판단할 수 있다. 게다가 일본은 러시아 에너지 프로젝트에서 사업 지분과 판매권을 유지했고 제재를 우회한 방식으로 반도체의 간접 수출도 이루어졌다. 이와 같이 러시아와 일본의 관계에는 갈등과 협력의 모습이 상호 공존하고 있음이 나타났고, 강경한 외교 정책과 갈등, 그리고 경제적 손실이 반복되고 있으나 양국 간에는 실리를 챙기기 위한 경제협력이 계속된 것으로 평가할 수 있다.

본 연구는 러・일 관계가 정치・외교적으로 갈등의 양상을 보이고 있지만, 경제 부문에서 양국 모두 실용적인 접근을 시도하고 있어 향후에도 협력할 가능성이 있다는 점을 시사하고 있다. 그리고 향후 러시아와 우크라이나의 교전이 종식되면 러시아와 일본은 외교 관계를 회복하며 경제협력을 기반으로 한 새로운 활로를 모색할 것으로 예상된다. 우크라이나 전쟁 이후 러・일 관계는 외교적 갈등으로 얼어붙기도 했지만, 대화 재개로 인한 양국 관계의 회복과 개선의 가능성을 남기기도 했다. 그리고 전쟁 이후 러・일 관계가 최악으로 치닫게 되었다는 언론의 보도와 제재 속에서도, 일본은 제재를 우회한 방식으로의 수출과 에너지 협력을 포기하지 않았다. 이에 대해 러시아 측도 양국 관계의 완전한 종식이 아닌 상호 협력에 의한 발전의 가능성을 남겨두고 있다. 우크라이나 전쟁 후 한국도 제재에 참여했고, 러시아에게 비우호국으로 지정되었지만, 전쟁이 종식되고 한-러 관계가 회복되면 경제 활동이 다시 활성화되기를 고대하는 기업들이 다수 존재한다. 일본은 러시아에 대해 제재를 가하고 외교적으로 강력한 수사를 보여주면서도 자국의 안보와 경제적 이득을 포기하지 않았다. 이러한 이웃나라의 외교 사례는 한국의 대러시아 정책 수립에도 하나의 참고가 될 수 있을 것이며, 우크라이나 전쟁 이후의 러・일 관계에 대한 지속적인 모니터링과 후속 연구가 진행되어야 할 것이다.

참고문헌

김민수 외, 「러시아 Arctic LNG-2 사업 참여 방안 연구」, 한국해양수산개발원, 2018.

이기태, 「일본 방위백서 발표와 한국의 대응방안」, 통일연구원, 2023.

이성훈・조은정, 「일본의 안보전략서 개정내용과 시사점」, 『이슈브리프』 412호, 국가안보전략연구원, 2023.

Hosoe, Nobuhiro, "The cost of war : Impact of sanctions on Russia following the invasion of Ukraine", *Journal of Policy Modeling* Vol.45, Issue 2, 2023, pp.305~319.

Kireeva, Anna A., "Russia-Japan Relations in Crisis : What are the Reasons?", *Mirovaia ekonomika i mezhdunarodnye otnosheniia* Vol.66(12), 2023, pp.108~119.

Pajon, Celine, *Japan－Russia : Toward a Strategic Partnership?*, Russian/NIS Center, in cooperation with the Center for Asian Studies, Ifri, 2013, pp.5~10.

Panwar, Yukti, "Kurile Islands Dispute : Implications for the Indo-Pacific Region", *Centre for Security Studies*, 2022, pp.1~8.

Puri, Samir, "The Impact of Russia's Invasion of Ukraine on East Asia", *East Asian Institute*, 2023, pp.90~105.

Shagina, Maria, "Japan's Dilemma with Sanctions Policy Towards Russia : A Delicate Balancing Act", *Focus Asia : Perspective & Analysis*, 2018, pp.3~4.

Vershinin, Ignat, "The Role of Discursive Practices in Public Diplomacy and International Relations : The Case of Russia–Japan Relations", *Europe-Asia Studies* Vol.75(9), 2023, pp.1560~1578.

Киреев, Антон Александрович, "Российско-Японские Отношения Вокруг Южных Курил : История, Современное Состояние, Варианты Развития", *Известия Восточного*

Института 36, 2017, С.44~45.

Павлова, А. В., "Торгово-Экономические Отношения России и Японии в Условиях Санкций", *ИМЭС*, 2022, С.108~114.

Стрельцов, Д. В., "Российско-Японские Отношения : Долгосрочные Факторы Развития", *Вестник Мгимо-Университета* 13(3), 2020, С.68~85.

金子 将史, 「鳩山対露外交への提言」, 『株式会社 PHP総合研究所』, PHP「日本の対露総合戦略」研究会, 2009.

中津 孝司, 「日露関係の新たな展開」, 『大阪商業大学論集』 第13巻第1号, 2017, 50~58쪽.

吉田 浩, 「北方領土問題を歴史的に考える : 安倍元首相による政策変更をめぐって」, 2021, 15~18쪽.

방성훈, 「러시아, 일본 외교관 8명 추방, 서로 '네 탓'」. 『이데일리』, 2022.04.28, https://www.edaily.co.kr/news/read?newsId=01587526632300712&mediaCodeNo=257 (검색일 : 2022.11.14)

이재무, 「러시아 공격외교에 일 '수세'/ 일 '정경불가분원칙' 포기 배경」, 『한국일보』, 1993.04.20, https://m.hankookilbo.com/News/Read/199304200050132366 (검색일 : 2023.02.09)

Daniel Leussink, "Japan puts the brakes on lucrative used-car trade with Russia", *Reuters*, 2023.10.02, https://www.reuters.com/business/autos-transportation/japan-puts-brakes-lucrative-used-car-trade-with-russia-2023-10-01/ (검색일 : 2023.10.14)

James Brown, "Putin's Invasion Is a Turning Point in Japan's Relations with Russia", *Tokyo Review*, 2022.02.28, https://www.tokyoreview.net/2022/02/putins-invasion-is-a-turning-point-in-japans-relations-with-russia/ (검색일 : 2022.03.01)

Jiji.com, 「日本との平和条約交渉を中断 ロシア, 「非友好的」と制裁に反発－共同経済活動も協議離脱」, 2022.03.22, https://www.jiji.com/jc/article?k=2022032200163&g=int (검색일 : 2022.03.25)

Jio Kamata, "The Invasion of Ukraine Turned Japan's Russia Policy on Its Head", *The Diplomat*, 2023.02.23, https://thediplomat.com/2023/02/the-invasion-of-ukraine-turned-japans-russia-policy-on-its-head/ (검색일 : 2023.03.19)

LNG journal.com, "Japanese likely to put energy security over Western calls for boycott of Russia's Arctic LNG II project", 2023.09.18, https://lngjournal.com/index.php/latest-news-mainmenu-47/item/109355-japanese-likely-to-put-energy-security-over-western-calls-for-boycott-of-russia-s-arctic-lng-ii-project (검색일 : 2023.09.30)

Miho Uranaka and Yoshifumi Takemoto, "U.S. sanctions on Russia LNG won't harm supplies, minister says", *The Japan Times*, 2023.11.07, https://www.japantimes.co.jp/business/2023/11/07/russia-lng-japan-stake/ (검색일 : 2023.11.11)

Ministry of Foreign Affairs of the Russian Federation, "Comment by Foreign Ministry Spokeswomen Maria Zakharova on Japan's newly revised security and defense doctrines", https://mid.ru/en/maps/jp/1844902/ (검색일 : 2023.03.22)

NHK news, 「ロシアへの制裁 各国比較すると」, 2022.05.12, https://www3.nhk.or.jp/news/special/sakusakukeizai/20220512/491/ (검색일 : 2022.06.10)

Nippon.com, 「Japan and the Sakhalin Energy Projects」, 2022.05.17, https://www.nippon.com/en/japan-data/h01321/ (검색일 : 2023.09.02)

__________, 「「領土問題を解決」岸田首相が決意 「北方領土の日」に全国大会」, 2023.02.07, https://www.nippon.com/ja/news/fnn20230207482456/ (검색일 : 2023.02.07)

Peter Landers, "Japan Can Keep Importing Russian Oil Above Price Cap Through June 2024, U.S. Says", *The Wall Street Journal*, 2023.09.27, https://www.wsj.com/finance/commodities-futures/japan-can-keep-importing-russian-oil-above-price-cap-through-june-2024-u-s-says-be03e4a7 (검색일 : 2023.09.30)

Prime Minister's Office of Japan, 「ロシアによるウクライナ侵略を踏まえた対応について」, 2023.02.14, https://www.kantei.go.jp/jp/headline/ukraine2022/index.html (검색일 : 2023.02.23)

Reuters, "Russia's Medvedev : Japan's 'militarization' complicates Asia-Pacific", 2023.09.03, https://www.reuters.com/world/asia-pacific/russias-medvedev-japans-militarisation-complicates-asia-pacific-2023-09-03/ (검색일 : 2023.10.19)

Shohei Nomoto and Junya Hisanaga, "Japan-made semiconductors skirt sanctions to enter Russia", 2023.06.19, https://asia.nikkei.com/Economy/Trade/Japan-made-semiconductors-skirt-sanctions-to-enter-Russia (검색일 : 2023.10.13)

Tass, "Trade turnover between Japan, Russia down 41.65% in 1H 2023", 2023.07.20, https://tass.com/economy/1649459?utm_source=google.com&utm_medium=organic&utm_campaign=google.com&utm_referrer=google.com (검색일 : 2023.10.13)

Teikoku data bank, 「日本企業の「ロシア進出」状況調査 (2023年8月)」, https://www.tdb.co.jp/report/watching/press/p230809.html (검색일 : 2024.02.18)

The Japan Times, "Japan to keep Russia stripped of 'most-favored' trade status amid war", 2023.03.15, https://www.japantimes.co.jp/news/2023/03/15/national/russia-trade-status/ (검색일 : 2023.08.07)

_______________, "Japan urges Iran not to provide Russia with weapons for invasion", 2023.08.07, https://www.japantimes.co.jp/news/2023/08/07/japan/iran-ukraine-war-weapons/ (검색일 : 2023.09.19)

_______________, "Japan scrambles jets amid Russian and Chinese naval patrol", 2023.08.18, https://www.japantimes.co.jp/news/2023/08/18/japan/japan-jet-scramble-russia/ (검색일 : 2023.09.19)

_______________, Russia's Medvedev : Japan's 'militarization' complicates Asia-Pacific, 2023.09.03 (검색일 : 2023.10.19)

_______________, "Russia open to potential dialogue with Japan, Putin says", 2023.10.06, https://www.japantimes.co.jp/news/2023/10/06/japan/vladimir-putin-japan-dialogue (검색일 : 2023.10.19)

_______________, "Russia to appoint new Japan ambassador after one-year vacancy", 2023.11.04, https://www.japantimes.co.jp/news/2023/11/04/japan/politics/russia-japan-new-ambassador/ (검색일 : 2023.11.10)

_______________, "Russia suspends pact with Japan on decommissioning nuclear weapons", 2023.11.10, https://www.japantimes.co.jp/news/2023/11/10/japan/politics/russia-suspends-nuclear-pact/ (검색일 : 2023.11.14)

The Government of Japan, "Japan stands with Ukraine", 2023.10.19.

Thisanka Siripala, "Japan and Russia Lock Horns Over Diplomats, Sanctions, and Rockets", 2022.10.18, https://thediplomat.com/2022/10/japan-and-russia-lock-horns-over-diplomats-sanctions-and-rockets/ (검색일 : 2023.08.09)

U.S Department of State, "G7 Japan 2023 Foreign Ministers' Statement", 2023.11.08, https://www.state.gov/g7-japan-2023-foreign-ministers-statement/ (검색일 : 2023.11.10)

Известия, "В Госдуме заявили о заинтересованности РФ в нормализации отношений с Японией", 2022.10.03, https://iz.ru/1404825/2022-10-03/v-gosdume-zaiavili-o-zainteresovannosti-rf-v-normalizatcii-otnoshenii-s-iaponiei (검색일 : 2022.12.10)

Известия, "В ГД ответили на признание РФ ≪непосредственной угрозой Европе≫ со стороны Японии", 2023.07.28, https://iz.ru/1550827/2023-07-28/v-gd-otvetili-na-priznanie-rf-neposredstvennoi-ugrozoi-evrope-so-storony-iaponii (검색일 : 2023.11.03)

Нелидов Владимир Владимирович, "Российско-японские отношения в 2022 году : в тени кризиса", *МГИМО Новость*, 2023.01.06, https://mgimo.ru/about/news/experts/rossiysko-yaponskie-otnosheniya-2022/ (검색일 : 2023.09.12)

РИА Новости, “Кисида заявил об изменении политики в отношении России из-за Украины”, 2022. 06. 21, https://ria.ru/20220621/kisida-1796933400.html?in=t (검색일 : 2023. 10. 28)

__________, “Отношения с Россией опустились до нуля, заявил японский депутат”, 2022. 06. 23, https://ria.ru/20220623/otnosheniya-1797449400.html (검색일 : 2022. 11. 23)

岡田 広行, 「ロシア経済制裁で注目される「SWIFT」とは何か」, 『東洋経済』, 2022. 03. 01, https://toyokeizai.net/articles/-/577222

経済調査室, 「ウクライナ侵攻に伴う対ロシア経済制裁の影響」, 『DBJ Research』 No363-1, 2022. 03. 28.

毎日新聞, 「「ロシアの抑制」の意味岸田首相のウクライナ訪問」, 2023. 04. 05, https://mainichi.jp/premier/politics/articles/20230403/pol/00m/010/008000c?utm_source=article&utm_medium=email&utm_campaign=mailhiru&utm_content=20230405 (검색일 : 2023. 04. 05)

防衛省・自衛隊 国家安全保障局, 「国家安全保障戦略 (概要)」, 2022. 12.

外交青書, 「ロシア」, 2014, https://www.mofa.go.jp/mofaj/gaiko/bluebook/2014/html/chapter2_05_01.html#s25101 (검색일 : 2023. 05. 16)

外務省, 「ロシア連邦ー日ロ経済関係」, https://www.mofa.go.jp/mofaj/area/russia/index_keizai.html (검색일 : 2023. 03. 22)

______, 「対ロ外交の基本的な考え方」.

財務省, 「ウクライナ関連情報」, https://www.mof.go.jp/policy/international_policy/gaitame_kawase/gaitame/ukraine_info.html (검색일 : 2023. 11. 13)

財務省貿易統計, 「国別総額表 : 条件入力」, https://www.customs.go.jp/toukei/srch/index.htm?M=23&P=0,,,,,,,,,3,0,2019,0,1,12,,,,,,,,,,,5,224,,,,,,,,,,,,,,,,,,,,20 (검색일 : 2023. 11. 07)

중앙아시아 주요 3개국과 중국 간의 에너지 협력*

-기존의 성과와 향후 변동 전망-

조영관

1. 머리말

국제에너지 시장에서 중앙아시아의 부상은 1991년 소련의 해체 이후 서방의 투자가 진행되면서부터이다. 물론 기존에 중앙아시아의 최대 경제협력 상대국인 러시아도 중앙아시아의 에너지 부분에 일부 투자를 하고 있었으나, 자국의 경제여건상 투자가 활발하지는 못했다. 이러한 상황에서 서방기업들은 에너지 자원 매장량이 풍부한 반면 미개발 유가스전이 많은 카자흐스탄에 적극적으로 투자를 했으며, 이 결과 주요 유전에 지분을 보유하게 되었다. 그리고 2000년대 이후에는 중국이 지리적으로 인접한 중앙아시아의 에너지 자원에 큰 관심을 보였고 투자를 진행했다. 중앙아시아와 중국은 안정적인 에너지 교역 상대국으로서의 관계를 형성해 왔다. 이를 통해 중앙아시아는 안정적인 에너지 수출망 확보라는 측면에서 성과를 거두고 있다. 새로운 유가스전의 개발로 증가하는 에너지 생산량을 수출할 수 있는 안정적 수요처가

* 이 글은 『슬라브학보』 제39권 2호(2024)에 게재된 논문(「우크라이나 전쟁이 중앙아시아의 대외 에너지 협력에 미친 영향」)을 수정 및 보완한 것임.

확보되어 있는 것이다. 경제성장으로 에너지 소비가 증가하는 중국도 안정적 에너지 공급망 구축이라는 측면에서 중앙아시아와의 에너지 협력은 성과를 거두고 있다고 할 수 있다.

이처럼 중앙아시아 에너지 생산국들은 주요 서방 에너지 기업들과 중국 국영 에너지 기업들의 투자를 통해 세계 주요 에너지 소비지역인 EU와 중국으로 에너지 자원을 공급하게 되었다.

한편 2022년 2월에 시작된 우크라이나 전쟁은 이러한 중앙아시아의 에너지 협력 관계에 영향을 주고 있다. 에너지 분야에 대한 서방의 강력한 대러시아 제재는 세계 에너지 시장 전반에 영향을 주고 있으며, 이는 중앙아시아의 대외 에너지 관계에도 영향을 주고 있다.

이와 같은 인식을 토대로 이 글은 에너지 교역이 증대해 온 중앙아시아와 중국 간의 에너지 협력에 주목하고자 한다. 중앙아시아와 중국이 기존에 에너지 협력에서 어떤 성과를 거두었으며, 안정적인 것으로 평가되는 두 지역 간의 에너지 협력에 어떤 취약성이 있는가를 살펴보고자 한다. 또한 우크라이나 전쟁이 중앙아시아와 중국의 에너지 관계에 어떤 영향을 주었는가를 평가해 보고자 한다. 기존에도 중앙아시아와 중국의 에너지 협력관계를 분석한 다수의 연구들이 있었다. 지정학적 안보 측면에서 중앙아시아와 중국의 에너지 협력을 살펴보거나, 경제적 측면에서 두 지역 간의 에너지 협력 관계 구축과 그에 따른 영향을 분석한 연구가 다수 발간되었다. 또 에너지 자원수송로를 비교하거나 평가한 연구들도 있었다.[1] 그러나 2022년 우크라이나 전쟁 이

1 이러한 주제의 연구들로는 「중앙아시아와 중국의 에너지 협력의 특징과 유라시아 지역에 대한 영향」(조영관, 『슬라브학보』 제30권 2호, 2015), 「투르크메니스탄의 경제발전과 에너지프로젝트 : 중국을 중심으로」(김영식, 『슬라브학보』 제30권 2호, 2015), 「카자흐스탄과 투르크메니스탄의 에너지자원 수송로 다변화 정책의 비교 연구」(이유신, 『21세기 정치학회보』 제 25집 1호, 2015), Energy in central Asia and northwest China : major trends and opportunities for regional cooperation(James P Dorian a. et al., *Energy Policy Volume* 27(5), May 1999), China's New Energy Geopolitics : The Shanghai Cooperation Organization and Central Asia(Wrobel, *Ralph* Vol.133, ASIEN, 2014) 등이 있다.

후 중앙아시아의 대외에너지 협력에 대한 영향, 중앙아시아와 중국의 에너지 협력에 대한 연구는 아직까지 미진한 것으로 평가된다.

본 글에서 연구 대상으로 하는 중앙아시아 국가들은 에너지 생산국이며, 수출국인 카자흐스탄, 투르크메니스탄, 우즈베키스탄 3개 국가이다. 위에서 언급된 연구목적에 따라 2장에서는 중앙아시아 에너지 산업의 발전과 대외 에너지 협력, 중앙아시아 각국 경제에 대한 에너지 부문의 영향을 살펴보고, 3장에서는 중앙아시아와 중국의 에너지 협력의 성과와 문제점을 중앙아시아 국가들의 입장에서 살펴보고자 한다. 또한 4장에서는 우크라이나 전쟁 이후 중앙아시아와 중국의 에너지 협력의 변동요인과 그에 따른 영향을 분석할 것이다.

2. 중앙아시아 에너지 부문의 성장과 대중국 에너지 협력 관계 구축

1) 중앙아시아 에너지 부문의 발전과 한계

중앙아시아 5개국 중 카자흐스탄, 우즈베키스탄, 투르크메니스탄은 원유, 천연가스, 석탄을 생산 및 수출하고 있으며, 키르기스, 타지키스탄은 국내 소비에 필요한 에너지 자원을 수입하고 있다. 중앙아시아의 에너지 생산국들에서는 구소련으로부터의 독립 이후, 1990년대부터 서방의 투자를 통해 에너지 개발이 시작되었으며, 2000년대에 생산과 수출이 본격적으로 이루어졌다. 원유는 세계 12위의 확인매장량을 보유한 카자흐스탄에서 가장 많은 생산이 이루어지고 있으며, 투르크메니스탄과 우즈베키스탄에서도 생산이 이루어지고 있다. 2022년 기준으로 전 세계 산유량에서 카자흐스탄은 1.9%, 투르크메니스탄은 0.3%, 우즈베키스탄은 0.1%를 각각 점유하고 있다. 매장량에서도 카자흐스탄은 300억 배럴로 전세계 원유 매장의 1.7% 비중을 점유하고 있다.

〈표 1〉 중앙아시아 각국의 원유 매장량 및 생산량 현황(2020년 및 2022년 기준)

국가	원유 매장		원유 생산			
	매장량(억 배럴)	전 세계 비중(%)	생산량(백만 톤)		전 세계 비중(%)	
			2020	2022	2020	2022
카자흐스탄	300	1.7	86.1	84.1	2.1	1.9
우즈베키스탄	6	-	2.1	2.8	0.1	0.1
투르크메니스탄	6	-	10.3	11.6	0.2	0.3

자료 : BP, *Statistical Review of World Energy 2021*; Energy institute, *Statistical Review of World Energy 2023*.

천연가스는 세계 4위의 확인매장량을 보유한 투르크메니스탄에서 가장 많은 생산이 이루어지며, 우즈베키스탄과 카자흐스탄에서도 생산되고 있다. 2022년 기준 투르크메니스탄은 전 세계 천연가스 매장량의 7.2%와 생산량의 1.9%를 점유하고 있으며, 우즈베키스탄과 카자흐스탄은 전 세계 생산량의 1.2%와 0.6%를 각각 점유하고 있다.

〈표 2〉 중앙아시아 각국의 천연가스 매장량 및 생산량 현황(2020년 및 2022년 기준)

국가	천연가스 매장		천연가스 생산			
	매장량(조 ㎥)	전 세계 비중(%)	생산량(억 ㎥)		전 세계 비중(%)	
			2020년	2022년	2020년	2022년
카자흐스탄	2.3	1.2	317	260	0.8	0.6
우즈베키스탄	0.8	0.4	471	489	1.2	1.2
투르크메니스탄	13.6	7.2	590	783	1.7	1.9

자료 : BP, *Statistical Review of World Energy 2021*; Energy institute, *Statistical Review of World Energy 2023*.

세계 에너지 소비 시장은 그동안 주로 EU와 중국 등 동북아시아 지역이 주도하고 있으며, 공급시장은 러시아, 중동이 주도해왔다. 2000년대에는 EU

와 중국 등 세계 주요 에너지 수입국가들의 중앙아시아 에너지 부문에 대한 관심이 커졌다. 이는 중앙아시아의 원유, 가스 생산이 증가하며, EU 국가들이 러시아를 경유하거나 해상을 통해 중앙아시아산 에너지를 수입할 수 있고, 국경을 접한 중국은 파이프라인을 통해 중앙아시아산 에너지를 수입할 수 있기 때문이다.

이처럼 중앙아시아 에너지 산업은 세계 주요 에너지 수입국의 주목을 받을 정도로 발전하게 되었다. 중앙아시아 에너지 부문의 발전에 영향을 준 것은 크게 두 가지로 분석할 수 있다.

첫째, 외국기업들의 투자를 통해 에너지 생산이 증대되며 중앙아시아 에너지 부문이 발전되어 왔다. 특히, 중앙아시아 최대의 에너지 보유, 생산국으로 주목을 받아 왔던 카자흐스탄에는 서방과 러시아의 에너지 기업들이 주요 유전에 투자하고 있다. 카자흐스탄의 주요 유전은 카스피해 해상과 카스피해 인근 육상에 위치해 있으며, 최대 유전은 카스피해 해상에 위치한 카샤간 유전이다. 그리고 카샤간, 카라차가낙, 텡기즈 3대 유전이 카자흐스탄 원유 생산의 2/3를 점유하고 있다. 이 3대 유전에는 유럽, 미국, 러시아, 중국 등 주요 에너지 기업들이 지분을 보유하고 있다. 우즈베키스탄의 유가스전에는 러시아의 가스프롬, 루코일 등이 투자해 왔으며, 투르크메니스탄의 가스전에는 중국 국영에너지 기업이 투자를 하고 있다. 막대한 자금이 필요한 중앙아시아 각국의 에너지 개발에 이처럼 유럽, 미국, 러시아, 중국 기업들이

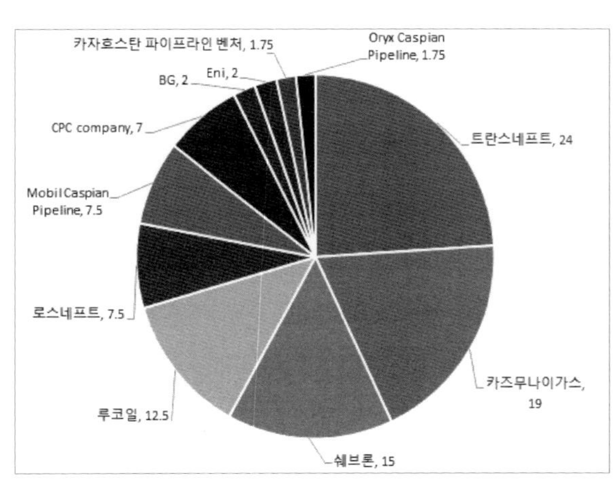

〈그림 1〉 카자흐스탄 CPC(Caspian Pipeline Consortium) 송유관 지분 구성(단위 : %)
자료 : https://www.cpc.ru/en/about/Pages/shareholders.aspx

활발하게 투자를 해온 것이다.

둘째, 세계 주요 에너지 소비지역과의 안정적인 에너지 공급망 구축이 중앙아시아 에너지 부문의 발전에 기여했다. 중앙아시아의 에너지 자원은 기존의 러시아 에너지 공급망을 통해 유럽으로 수출이 가능했으며, 중국으로 연결되는 파이프라인을 건설하여 수출이 가능한 장점이 있었다. 결국 중앙아시아 에너지 공급망들은 세계 최대 에너지 소비시장인 유럽과 중국으로 연결됨에 따라 국제에너지 시장에서 주목을 끌게 되었다. 카자흐스탄 원유의 최대 수출망이며 러시아를 통과하는 카스피해 송유관 컨소시엄CPC은 1992년 카자흐스탄이 구소련으로부터 독립한 직후에 건설이 추진되기 시작하여 1999년에 완공되었고 2003년에 상업 가동을 개시했다. 또한 투르크메니스탄에서 중국으로 연결된 중앙아시아－중국 가스관은 2009년에 완공되었고, 이 가스관을 통해 투르크메니스탄뿐 아니라 카자흐스탄, 우즈베키스탄이 중국으로 가스를 공급하고 있다.

〈표 3〉 중앙아시아 주요 유전 및 가스전에 대한 외국기업의 투자 현황

국가	주요 유전 및 가스전	투자기업
카자흐스탄	텡기즈 유전	Tengizchevroil : Chevron(50%), ExxonMobil(25%), KMG(20%), Lukoil(5%)
	카라차가낙 유전	Karachaganak Petroleum Operating(KPO) : Eni(29.25%), Shell(29.25%), Chevron(18.0%), Lukoil(13.5%), KMG(10%)
	카샤간 유전	North Caspian Operating Company(NCOC) : KMG(16.88%), Eni(16.81%), Shell(16.81%), Total(16.81%), CNPC(8.3%), Inpex(7.56%)
우즈베키스탄	젤 가스전	Gazprom
	칸딤 - 카우작 - 샤디 프로젝트(유가스전)	Lukoil, EPSILON
	남-서 기사르 프로젝트(유가스전)	Lukoil
투르크메니스탄	바그티야럭 가스전	CNPC
	갈키니쉬 가스전	CNPC

자료 : 각 유가스전의 홈페이지 참고 작성

물론 중앙아시아 국가별로 에너지 협력 상황은 차이가 있다. 카자흐스탄 경우는 중앙아시아에서 가장 많은 에너지 자원을 보유하고 있을뿐 아니라 EU와 중국에 동시에 에너지를 수출하며 국제에너지 시장에서 큰 주목을 받게 되었다.

우즈베키스탄과 투르크메니스탄의 경우는 카자흐스탄과는 국제에너지 시장에서의 영향력에 차이가 있다. 우즈베키스탄은 원유와 가스 생산이 대부분이 국내 소비에 충당되고 있으며, 외국으로의 수출규모가 많지 않다. 우즈베키스탄은 에너지 산업의 고부가가치화를 위해 석유화학 산업의 발전을 적극 추진하고 있으며, 이를 위해 외국의 투자를 유치하고 있다. 이런 점에서 우즈베키스탄의 국제에너지 공급시장에서의 영향력은 크지 않다. 투르크메니스탄의 경우, 투자와 교역에서 중국과 긴밀하게 협력하고 있다. 따라서 투르크메니스탄이 세계 4대 천연가스 보유국임에도 불구하고 중국 이외의 에너지 시장에 대한 영향력은 크지 않다. 그러나 최근에 우즈베키스탄과 투르크메니스탄에서 진행되는 다른 국가들과의 에너지 개발이나 새로운 운송망 구축 협력이 추진될 경우 국제에너지 시장에서의 영향력이 점진적으로 높아질 가능성이 있다고 평가된다.

에너지 개발과 수출을 통해 중앙아시아 에너지 수출국들의 경제는 성장해 왔다. 그러나 에너지 부문의 발전이 중앙아시아 각국의 경제에 긍정적인 측면만 있는 것은 아니다. 에너지 산업에 대한 각국 경제의존도가 지나치게 높은 것이다. 카자흐스탄의 경우, 원유와 가스 부문이 GDP의 17%,[2] 재정수입의 30%, 수출의 50%[3]를 점유하고 있으며, 투르크메니스탄의 경우 2021년 기

2 IEA, *Kazakhstan 2022 Energy sector review*, p.17. 2020년 기준.

3 Anna Bjerde and Tatiana Proskuryakova, “Climate Action Can Catalyze Kazakhstan’s Economic Diversification. Inaction Will Be Costly”, World bank, https://www.worldbank.org/en/news/opinion/2022/11/04/climate-action-can-catalyze-kazakhstan-economic-diversification-inaction-will-be-costly (검색일 : 2024.01.20)

준으로 원유와 가스 부문이 수출의 90% 비중을 점유하고 있다.[4]

에너지 부문에 의존적인 경제구조를 보유한 국가의 경제는 국제유가와 에너지 생산 증감에 크게 영향을 받는다. 이는 중앙아시아 에너지 수출 3개국에서도 마찬가지이며, 이 국가들도 국제에너지 가격의 변동에 따라 경제성장률을 비롯한 경제전반이 크게 영향을 받고 있다. 또한 에너지 부문에 대한 경제의 높은 의존성은 고용에도 부정적 영향을 주고 있다. 에너지 산업은 제조업에 비해 일자리 창출이 많지 않아 국가고용의 측면에서 큰 역할을 하고 있지 못한 특징이 있으며, 이는 중앙아시아 에너지 수출국가들에서도 유사한 상황으로 평가된다.

또한 중앙아시아 에너지 수출국들의 에너지 생산이 정체 경향을 보이고 있는 것도 문제점으로 대두된다. 아래의 〈그림 2〉와 〈그림 3〉에서와 같이 카자흐스탄과 우즈베키스탄의 원유 및 천연가스 생산은 감소 추세에 있다. 투르크메니스탄의 경우는 천연가스 생산 규모는 증대 추세에 있으나, 원유 생산은 정체되어 있다. 이러한 경향은 중앙아시아의 주요 유전과 가스전의 개발이 완료되고, 이후 추가 투자가 부진한 것에 따른 결과로 평가된다. 문제는 향후에도 대규모 투자가 이루어지지 않을 경우에는 이러한 상황이 지속될 가능성이 크다는 것이다. 이러한 측면에서 에너지 의존형 경제구조를 가진 중앙아시아 에너지 생산국들은 그동안 에너지 생산과 수출을 통해 경제가 비교적 안정적으로 성장해 왔으나, 향후에는 에너지에 기반한 안정적 경제성장을 담보할 수 없게 되었다고 평가된다.

4 ADB. Asian development outlook April 2023, p. 88.

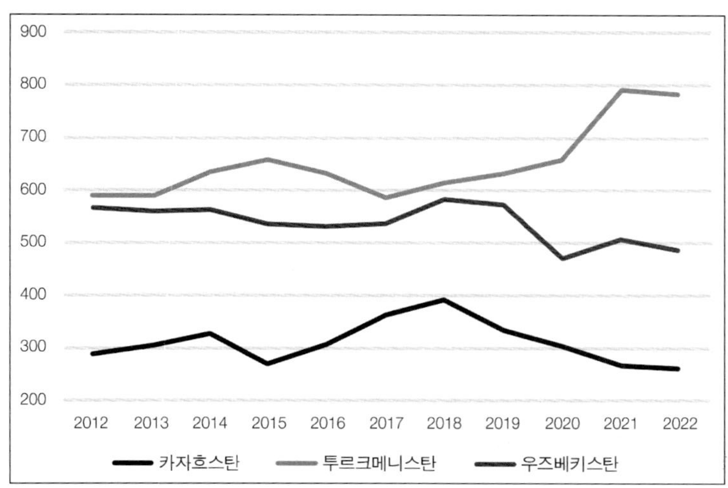

〈그림 2〉 중앙아시아 각국의 천연가스 생산량 추이(2012~22년, 억 ㎥)
자료 : Energy institute, *Statistical Review of World Energy 2023*.

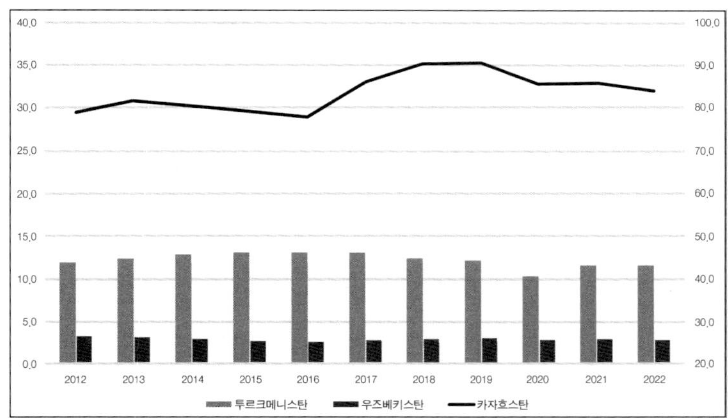

〈그림 3〉 중앙아시아 각국의 원유 생산량 추이(2012~22년)
(단위 : 백만 톤 / 우측 : 카자흐스탄, 좌측 : 투르크메니스탄 · 우즈베키스탄)
자료 : Energy institute, *Statistical Review of World Energy 2023*.

또다른 문제는 에너지 자원이 풍부한 카자흐스탄과 투르크메니스탄에서는 에너지 부문에 의존한 경제구조가 고착화되어 있으며, 다른 산업의 발전은 미흡한 것이다. 이는 상대적으로 에너지 부문이 덜 발전해 있으며, 에너지 부문에 대한 의존도가 낮은 우즈베키스탄에서 자동차 산업, 섬유산업 등 다른 제조업이 발전해 있는 것과 대비된다고 할 수 있다. 중앙아시아 에너지 수출국들의 산업 다변화가 성공하지 못한 가운데 에너지 가격 하락, 생산 정체, 교역 부진 등의 상황이 발생할 경우 경제전반에 어려움이 가중될 가능성이 상존하고 있는 것이다.

2) 중앙아시아의 대중국 에너지 협력 요인

중앙아시아 에너지 산업의 발전에 큰 영향을 준 것은 중국과의 에너지 협력 확대이다. 1990년대 중반 이후부터 중국은 중앙아시아 에너지 자원에 투자를 시작하고, 중앙아시아 에너지 수입에 관심을 갖게 되었다. 중앙아시아와 중국의 에너지 협력의 성과는 양측의 에너지 투자와 교역에 대한 이해관계가 상호 일치한 결과였다.

투자유치의 측면에서는 경제가 성장하고 중앙아시아에서 지리적으로 가까운 곳에 위치한 중국이 중앙아시아 에너지 생산국들의 가장 적절한 협력 상대국이었다. 기존에 최대 경제협력 상대국인 러시아는 1990년대 급격한 경기침체를 겪었으며, 이에 따라 중앙아시아 에너지 부문에 대한 투자가 여의치 못했다. 이런 상황에서 경제가 성장하여 에너지 수요가 증가하고 있던 중국은 중앙아시아의 주요 유전과 가스전에 투자가 가능한 협력 상대국으로 부상했다.

특히, 러시아를 통해 유럽으로 에너지 수출이 가능한 카자흐스탄과 달리 유럽으로의 가스 수출보다 중국으로의 수출이 유리한 투르크메니스탄의 경우는 대중국 에너지 투자 유치에 더욱 적극적이었다. 투르크메니스탄은 막대한 투자를 할 수 있고, 가스관 건설을 통해 육상루트로 천연가스를 수입할 수 있는 중국과의 협력이 필요했다. 2006년 니야조프Niyazov 전 투르크메니스탄 대통령의 중국 방문시에, 양국 간에 중국의 투자를 통한 가스관 건설과 30년 간의 장기가스공급이 합의되었다. 투르크메니스탄으로서는 천연가스

개발 사업이 국가 경제성장의 토대가 될 뿐만 아니라, 니야조프 정부의 안정적인 국정운영에도 크게 기여할 것이라고 기대한 점도 중국과의 협력을 적극 추진하는 계기가 되었을 것이다.

에너지 수출 측면에서도 중국은 중앙아시아의 가장 적절한 협력 대상국이었다. 1980년대부터 10%대의 경제성장을 지속하고 있던 중국은 에너지 소비 증대에 따라 에너지 수입규모를 증대해야 할 필요가 있었다. 그리고 중앙아시아는 송유관, 가스관 건설을 통해 중국으로 안정적인 에너지 수입이 가능하므로 새로운 에너지 공급원이 될 수 있었다.

아래 <그림 4>, <그림 5>에서와 같이 중국의 에너지 소비는 경제성장에 따라 급격히 증가했으며, 이는 2000년대 초부터 전력 생산이 빠른 속도로 증가한 것에서 잘 나타난다. 이에 따른 에너지 수입도 크게 증대되기 시작했다. 원유의 경우, 해외수입 비중이 1993년의 6.3%에서 2000년에는 30%로 증가했으며, 2004년에는 46%로 증가했다. 또한 중국의 에너지 소비 정책의 변화도 수입 증가에 영향을 주었다. 중국은 에너지 소비효율화 추진과 환경오염 등의 문제로 자국에 매장량이 많은 석탄 대신에 원유의 소비 비중을 증대했다. 2000년 기준으로 중국의 에너지 소비 구성에서 석탄의 비중은 70%에 달했으며, 이는 세계 평균인 24.8%를 크게 상회하는 것이었다.[5] 이러한 상황에서 인접한 중앙아시아로부터의 원유와 가스의 도입 협력은 중국의 에너지 전환 정책의 성공을 위해 필수적인 것이었다.

카자흐스탄과 투르크메니스탄의 중국과의 에너지 부문 투자, 교역 협력은 이러한 상호 이해관계가 일치한 상황을 배경으로 추진되었다. 중앙아시아 국가들과 중국의 에너지 협력 관계는 빠르게 진행되었으며, 이는 유라시아 지역의 에너지 협력관계에 중대한 변화라고 할 수 있다.

5 https://ourworldindata.org/energy-mix (검색일 : 2024.01.10)

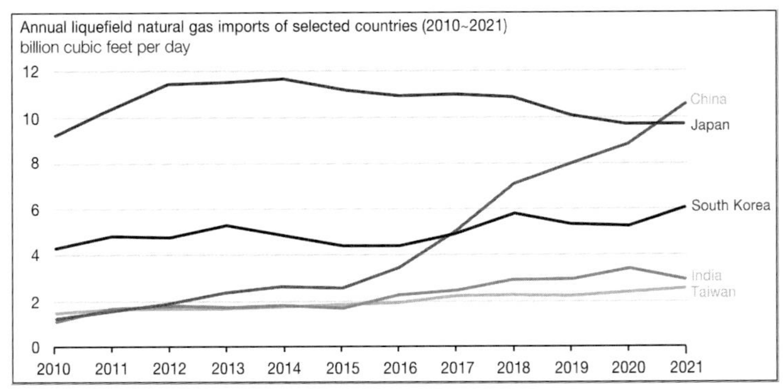

〈그림 4〉 세계 주요국의 천연가스 수입(2010~2021) (단위 : 십억 입방피트/일)
자료 : https://www.eia.gov/todayinenergy/detail.php?id=52258 (검색일 : 2023.12.20)

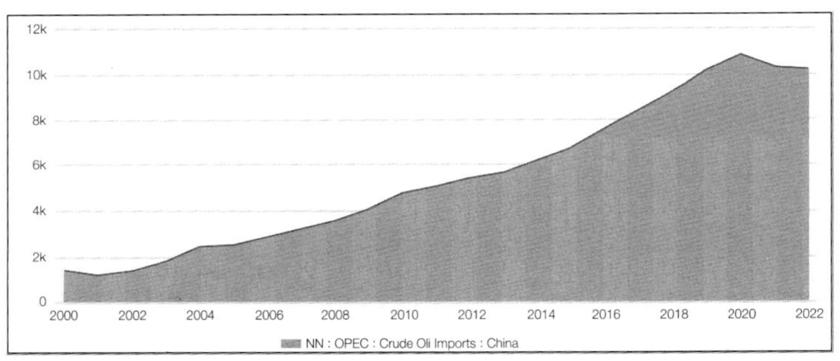

〈그림 5〉 중국의 원유 수입(2010~2021) (단위 : 백만 배럴/일)
자료 : https://www.ceicdata.com/en/indicator/china/crude-oil-imports (검색일 : 2023.12.20)

3. 중앙아시아와 중국의 에너지 협력의 성과와 문제점

1) 중앙아시아와 중국의 에너지 협력의 성과

구소련 시기부터 원유와 가스가 생산되고 있었던 카자흐스탄은 독립 직후부터 에너지 수출 다변화 정책으로 중국과의 에너지 협력을 추진했다. 이미 1993년부터 양국 간 송유관 건설이 논의되었다. 1997년에는 중국석유천연가스공사CNPC(China National Petroleum Corporation)가 악토베무나이가스의 지분

85%를 확보했으며, 카즈무나이가스KMG와 중국 CNPC 간에 중국으로의 송유관 건설이 합의되며, 양국 간에 에너지 협력이 본격적으로 추진되었다.

1990년대 중반부터 추진된 중국의 대중앙아시아 에너지 협력은 2000년대부터 본격적으로 진행되며 성과를 거두었다. 중앙아시아와 중국 간의 에너지 협력은 2013년 중국의 일대일로 발표 이후 더욱 확대되었다. 중국의 일대일로는 에너지, 운송 및 물류, 상품 교역, 제조업 투자를 비롯한 여러 부문에서 추진되었다. 기존에 진행되어왔던 중앙아시아와 중국 간의 에너지 협력은 일대일로의 주요한 협력 부문 가운데 하나로 진행되었다.

중국은 카자흐스탄의 원유 부문에 대규모 투자를 진행하여, 카자흐스탄의 최대 유전인 카샤간 유전에 CNPC가 8.3%의 지분을 투자하고 있다. 또한 투르크메니스탄의 천연가스 최대 가스전인 갈키니쉬 가스전과 바그티야릭 가스전 개발에도 중국의 CNPC가 투자하고 있다.

〈표 4〉 중국의 대중앙아시아 주요 에너지 부문에 대한 투자

국가	투자기업	중국 기업의 투자 내용
카자흐스탄	카샤간 유전	CNPC 50억 달러 투자 8.33% 지분 인수(2013년) * 지분 구성 : Eni(16.81%), Shell(16.81%), Total(16.81%), CNPC(8.3%), Inpex(7.56%)
투르크메니스탄	바그티야릭(Bagtyyarlyk) 가스전	CNPC 40억 달러 투자
	투르크메니스탄 - 중국 가스관	PetroChina, CNODC 공동으로 20억 달러 투자
	갈키니쉬 가스전	CNPC
	카스피해 Block III	Buried Hill

자료 : 관련 기업 홈페이지

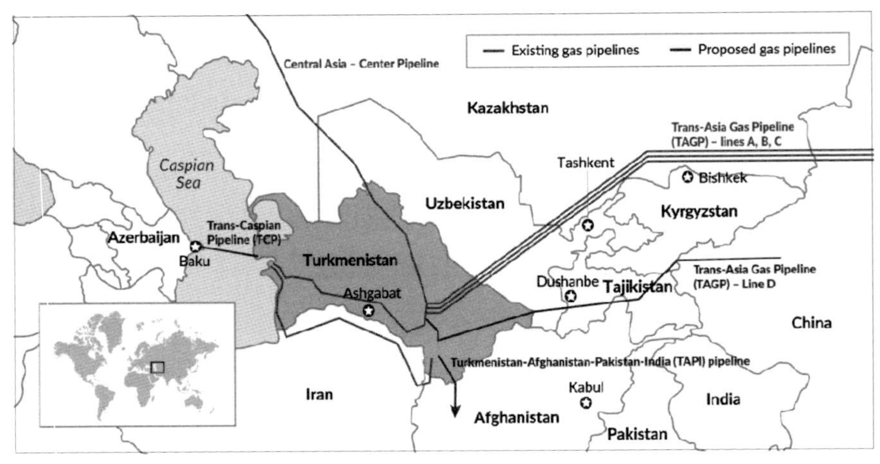

〈그림 6〉 중앙아시아 - 러시아, 중국 가스관
자료 : https://www.gisreportsonline.com (검색일 : 2024.01.10)

이러한 유가스전의 지분 투자에 따라 중국은 중앙아시아로부터 안정적으로 원유와 천연가스를 수입하고 있으며, 중앙아시아의 에너지 수출에서 대중국 수출 비중은 크게 증가했다. 중앙아시아 최대 자원 보유국인 카자흐스탄과 중국 간의 송유관은 2009년에 완공되어 카스피해의 아티라우에서 중국으로 원유를 수출하고 있다. 카자흐스탄의 대중국 원유 수출 비중이 전체 수출에서 점유하는 비중은 높지 않으나, 투르크메니스탄은 천연가스 생산량의 대부분을 중국으로 수출하고 있다. 2006년에 투르크메니스탄 정부는 중국 CNPC와 30년간의 천연가스 공급 계약을 체결하였고, 2010년에 중국으로의 천연가스 수출을 개시한 이후 수출량이 계속 증가하여 2019년에는 수출량의 100%를 중국으로 수출했다. 러시아로의 천연가스 수출은 2016년 중단된 이후 2020년에 재개되었는데, 아래 〈표 5〉에서와 같이 2022년에는 전체 수출 천연가스 가운데 80%가 중국으로 수출되었으며, 러시아로 11.5%가 수출되었다.

〈표 5〉 중앙아시아 각국의 천연가스 수출 현황 (2020년 및 2022년 기준, 억 ㎥)

구분		수출국					
		카자흐스탄		우즈베키스탄		투르크메니스탄	
		2020년	2022년	2020년	2022년	2020년	2022년
수입국	러시아	71	34	1		38	47
	중국	68	44	33	25	272	329
	카자흐스탄	-		7		1	
	기타 CIS	1		5		5	28
전체 수출액		140	78	46	25	316	407

자료 : BP, *Statistical Review of World Energy 2021*; Energy institute, *Statistical Review of World Energy 2023*.

우즈베키스탄도 가스 수출의 대부분을 중국으로 수출하고 있으며, 카자흐스탄의 대중국 가스 수출 비중도 증가하고 있다. 카자스흐탄은 2018년부터 대중국 가스 수출 비중이 크게 증가한 것으로 나타났다. 이러한 중국에 대한 에너지 수출 증가에 따라 중국의 에너지 수입에서 중앙아시아산 에너지의 비중도 증가하고 있다. 천연가스의 경우, 중국의 수입에서 투르크메니스탄은 2021년에는 2위, 2022년에는 1위 수입국에 위치하고 있다.

2) 중앙아시아와 중국의 에너지 협력의 문제점

중앙아시아와 중국의 에너지 협력은 2000년대 이후 지속적으로 확대되어 왔다. 에너지를 비롯한 여러 부문에서의 경제협력 증대로 중국은 러시아와 함께 중앙아시아 국가들의 주요 교역국이자, 투자국으로 부상했다. 이는 중앙아시아 에너지 수출국들의 경제성장에 기여하고 있으나, 다른 한편으로 중국과의 에너지 협력 확대는 중앙아시아의 중국 경제에 대한 의존성 증대로 이어졌으며, 이는 향후 각국 경제에 부정적인 요인으로 작용할 가능성도 배제할 수 없다. 다음과 같은 사항들이 중앙아시아와 중국간 에너지 협력의 문제점으로 제기될 수 있다.

첫째는 에너지 협력을 통해 경제적 측면에서 중앙아시아의 중국에 대한 의존도가 심화된 것이다. 중앙아시아 에너지 부문에 대한 중국 기업의 대규모 투자와 대중국 에너지 수출 증대는 중국에 대한 중앙아시아 국가들의 경제의 존도를 심화시키는 요인이 되고 있다. 이와 관련하여 중국에 대한 중앙아시아 에너지 수출국들의 높은 부채 비중이 문제점으로 평가된다. 투르크메니스탄은 가스전 개발과 중국으로 연결되는 가스관 건설을 위해 중국으로부터 대규모 차관을 도입한 까닭에 대중국 채무 상환 부담이 커졌다. 2015년 통계자료에 의하면 투르크메니스탄의 대중국 채무액은 대략 80억 달러에서 100억 달러로 추정되고, 대외채무에서의 비중은 39%에 달하는 것으로 평가된 바 있다.[6] 투르크메니스탄의 에너지 개발과 중국과 연결되는 가스관 건설은 대부분 중국의 투자를 통해 이루어졌으며, 이것이 높은 채무 비중의 원인이 되었다. 이는 카자흐스탄의 경우에도 마찬가지이며, 2021년 기준으로 카자흐스탄의 대중국 채무액은 97억 달러로 전체 대외채무의 5.9%에 이른다.[7]

또한 중앙아시아 에너지 수출국들의 대중국 에너지 수출 비중이 커지는 것도 경제의 취약점으로 제기된다. 중국에 대한 수출의존도 증대에 따라 중국 경제의 변동이 중앙아시아 경제에 끼치는 영향력이 확대 되었다. 실제로 미-중 무역 분쟁과 글로벌 경제성장 둔화에 따라 중국의 경제성장률이 둔화하며 이러한 측면에서의 우려는 점차 커지고 있다. 또한 중앙아시아의 수입에 있어서도 중국산 기계, 장비, 차량의 비중이 점차 높아지고 있으므로 중국 경

6 Аза Мигранян, "Внешнеэкономическая политика туркмении : итоги десятилетия", *Геоэкономика энергетики* 1(49), 2021, pp.43~66; Jakub Jakóbowski, Mariusz Marszewski, "Crisis in Turkmenistan. A test for China's policy in the region", Centre for Eastern Studies https://www.osw.waw.pl/en/publikacje/osw-commentary/2018-08-31/crisis-turkmenistan-a-test-chinas-policy-region-0 (OSW) (검색일 : 2024.02.10)

7 "Kazakhstan's three-way balancing act between competing powers is under pressure", https://merics.org/en/kazakhstans-three-way-balancing-act-between-competing-powers-under-pressure (검색일 : 2024.04.05)

제에 대한 중앙아시아 경제의 의존도가 더욱 커지고 있다고 할 수 있다.

둘째는 대외정치적 측면에서의 중국의 중앙아시아에 대한 영향력이 강화된 것이다. 이러한 사실은 2023년 5월 중국의 시안에서 최초로 개최된 중국－중앙아시아 정상회의에서 잘 나타난다. 중국은 다분히 의도적으로 주요 7개국G7 정상회의 전날에 중앙아시아 국가들과 정상회의를 개최하고, '중국－중앙아시아 운명공동체 건설'을 제안했다. 중국은 2013년에 일대일로를 추진하며 중앙아시아 국가들과 경제적 측면에서의 협력을 강조한 지 10년이 지난 2023년에는 '운명공동체 건설'을 제안하며 이 지역 국가들과 정치 부문의 협력을 강조하고 나온 것이다. 최근에 중앙아시아 국가들이 에너지 수출 등을 통한 경제성장을 배경으로 국제정치 무대에서 독자적 목소리를 내며 새로운 차원의 대외정치 관계를 형성하고자 하는 가운데, 중국의 중앙아시아에 대한 정치적 영향력 확대 시도는 이러한 중앙아시아 국가들의 독자적인 대외정책 추진에 부정적인 요인으로 작용할 수 있을 것이다.

4. 우크라이나 전쟁 이후 중앙아시아의 대외 에너지 협력 변동요인과 중국과의 협력 평가

1) 전쟁 이후 중앙아시아의 대외 에너지 협력 변화

우크라이나 전쟁 이후 중앙아시아를 둘러싼 국제에너지 환경이 변화하며, 중앙아시아 국가들의 에너지 정책도 변화하고 있다. 크게 대EU 에너지 협력의 확대와 러시아와의 새로운 에너지 협력 추진이라는 두 가지의 변화가 진행되고 있다.

첫째, 우크라이나 전쟁의 영향으로 중앙아시아의 대EU 에너지 협력의 확대가 추진되고 있다. 이는 EU와 카자흐스탄의 에너지 부문의 이해관계가 상호 일치한 데에 따른 것이다. 우크라이나 전쟁 이후 EU는 중앙아시아를 새로운 에너지 공급원으로 고려하고 있다. 이미 전쟁 이전에도 유럽의 카자흐스탄산 에너지 수입은 적지 않은 규모를 기록하고 있었으나, 우크라이나 전쟁 이후 러시아산 에너지 수입 중단으로 EU의 에너지 공급원 확보가 경제 부문의 당면 과제로 부각됨에 따라 카자흐스탄이 본격적인 원유 수입상대국으로 고려되고 있는 것이다.

2022년 2월 우크라이나 전쟁 개시 직후 미국의 주도로 시작된 서방의 대러 에너지 제재에는 캐나다, 영국 등과 함께 러시아산 에너지의 최대 수입국인 EU가 참여하고 있다. 서방 국가들은 제재를 통해 러시아 에너지 산업에 대한 신규투자를 제한하고 러시아산 원유, 천연가스, 석탄 등에 대한 수입 금지조치를 시행했다. EU는 2030년까지 러시아산 천연가스 수입을 전면적으로 중단할 계획이라고 발표했으며, 유럽 내의 에너지 생산을 증대하고 카타르를 비롯한 러시아 이외의 국가들로부터 에너지 자원 수입량을 늘리는 방안을 계획하고 있다.

실제로 우크라이나 전쟁 이후 EU의 러시아산 에너지 수입규모는 크게 감소했다. 〈그림 7〉과 같이 2023년 2분기와 러시아산 에너지에 대한 가격상한제가 시행되기 이전인 2022년 2분기를 비교했을때 EU의 러시아산 에너지 수입 규모가 크게 감소한 것으로 나타났다.[8] 반면 EU의 미국으로부터의 에너지 수입량은 크게 증가하고 있다. EU의 미국산 LNG 수입 비중은 2019년의 16%에서 2021년 28%로 상승하였으며, 2022년에는 40%로 상승했다. 이와 동시에 EU는 에너지 수급 문제를 해결하기 위해 중동, 아프리카로부터의 에너지

8 전쟁 이전에 러시아는 선박과 송유관을 통해 연 1억 3,800만 톤의 원유를 유럽에 공급했다. 주로 선박을 통해 원유를 수출해 왔으며, 드루즈바(Druzhba) 송유관을 통해서는 연 최대 2,000만 톤의 원유를 이 송유관을 통해 수출해왔다. 천연가스는 주로 가스관을 통해 유럽으로 수출해 왔으며, LNG를 통해서도 수출이 이루어졌다. Mikhail Strokan, "Kazakhstan's Druzhba Prospects : Central Asian Oil to Supply Europe?", https://thediplomat.com/2023/04/kazakhstans-druzhba-prospects-central-asian-oil-to-supply-europe/ (검색일 : 2024.01.12)

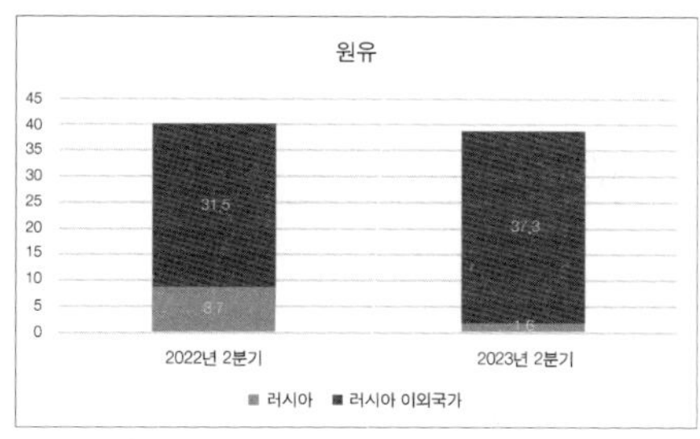

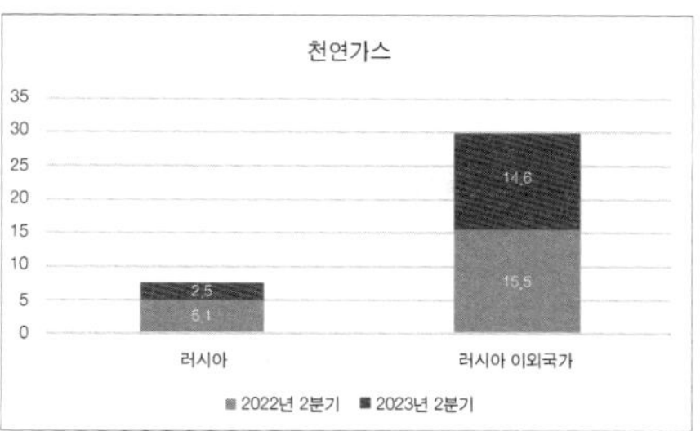

〈그림 7〉 EU의 에너지 수입 변동 (단위 : 백만 톤)
자료 : https://ec.europa.eu/eurostat/web/products-eurostat-news/w/ddn-20230925-1 (검색일 : 2023.11.12)

수입도 늘리고 있다. 그러나 EU는 여전히 안정적인 에너지 수급에는 어려움을 겪고 있으며, 이러한 추세는 당분간 지속될 것으로 전망된다.

이러한 상황에서 카자흐스탄은 EU의 에너지 수입상대국으로서의 중요도가 커지고 있다. 이미 EU 국가들 가운데 독일, 헝가리 등의 국가가 카자흐스탄산 원유 수입을 적극 추진하고 있다. 카자흐스탄산 원유는 러시아를 통과하는 드루즈바 송유관이나 BTC·CPC 송유관과 선박을 이용하여 유럽으로 원유를 수출할 수 있다. 드루즈바 송유관은 1964년에 완공된 4,000km에 이르는 세계 최대 길이의 송유관으로 우크라이나·체코·헝가리·폴란드 등 중동부 유럽을 거쳐 독일로 이어져 있다. 이에 따라 독일은 드루즈바 송유관을 통해 벨라루스, 폴란드를 거쳐 카자흐스탄산 원유를 수입하는 방안을 추진하고 있다.

이와 관련하여 카자흐스탄 정부는 드루즈바 송유관으로 연결되는 아티라우-사마라 송유관의 수송용량을 현재의 연 1,700만 톤에서 2,500만 톤으로 확대하는 계획을 추진하고 있다. 카자흐스탄산 원유를 드루즈바 송유관을 통해 수송하는 루트는 경제성도 갖추고 있는 것으로 평가된다. 이 노선을 통해 독일로 원유를 운송할 경우 톤당 29달러의 비용이 소요되어, 흑해를 이용해 유럽으로 원유를 운송하는 것보다 수송비가 낮은 것으로 평가된다.[9]

9 Natalia Sleta, "Kazakhstan's Oil Supply Reshaping : Is There a Viable Alternative to the CPC

우크라이나 전쟁 이후, 카자흐스탄과 독일 간에는 에너지 협력이 긴밀하게 논의되며 추진되고 있다. 2022년 9월에는 독일과 카자흐스탄은 최소 연 89만 톤의 원유를 카자흐스탄의 카라차가낙 유전에서 독일의 정유공장으로 공급하는 계약을 체결했으며, 2022년 12월에는 독일에서 개최된 양국 장관급 회담에서 카자흐스탄 측이 러시아를 대신하여 독일로 원유를 공급할 수 있음을 밝혔다. 카자흐스탄 정부는 송유관을 통해 연 200만~500만 톤의 원유를 공급하고 추가로 선박을 통해서도 원유를 수출할 수 있을 것으로 전망했다. 그리고 2023년 1월 카자흐스탄의 카즈트랜스오일은 2023년 1분기에 독일로 30만 톤의 원유를 드루즈바 송유관을 통해 수출할 계획을 발표했다. 실제로 2023년 2월 말에 드루즈바 송유관을 통한 EU로의 카자흐스탄산 원유 수출이 개시되었으며, 2023년 7월까지 29만 톤의 원유가 독일로 수출되었다.[10]

헝가리의 경우, 2023년 11월 초에 헝가리 외무부 장관이 카자흐스탄을 방문하여 2023년 말까지 460억 배럴을 수입하는 논의를 했다. 헝가리는 흑해에 위치한 러시아의 노보로시스크항에서 선박을 통해 카자흐스탄산 원유 수입을 추진하고 있다. 노보로시스크항에서 선적된 카자흐스탄산 원유는 크로아티아와 아드리아 송유관을 통해 헝가리, 슬로베니아, 보스니아 등으로 운송된다.

카자흐스탄의 대EU 원유 수출 확대와 함께 우크라이나 전쟁 이후 카자흐스탄의 원유 수출 노선 다변화도 긴밀하게 논의되고 있다. 이는 카자흐스탄산 원유의 러시아 항만을 통한 수출이 전쟁의 영향으로 타격을 받은 것과 관련된다. 실제로 카자흐스탄은 2022년에 카자흐스탄 원유 수출의 80%를 점유

Pipeline?", https://www.spglobal.com/commodityinsights/en/ci/research-analysis/kazakhstans-oil-supply-reshaping-is-there-a-viable-alternative.html (검색일 : 2023.10.30)

10 Natalia Sleta, "Kazakhstan's Oil Supply Reshaping : Is There a Viable Alternative to the CPC Pipeline?", https://www.spglobal.com/commodityinsights/en/ci/research-analysis/kazakhstans-oil-supply-reshaping-is-there-a-viable-alternative.html (검색일 : 2023.10.30)

하고 있는 CPC 송유관과 흑해 러시아 항만을 통한 수출이 여러 차례 중단되었다. 카스피해 항만의 해저 부력 탱크나 접안 시설 등에 균열이 발생한 것이 수출 중단의 원인으로 알려졌다. 이에 따라 2022년 8월에는 러시아 항만을 통한 카자흐스탄 원유의 수출용량이 60% 이상 감소하기도 했다.[11] 이는 카자흐스탄이 새로운 수출 루트를 진지하게 고려하게 하는 요인이 되었다. 카자흐스탄 정부는 카스피해의 악타우와 쿠릭 항을 통해 유조선으로 아제르바이잔으로 원유를 운송하고, 이후 아제르바이잔에서 튀르키예 등으로 연결된 송유관을 통해 원유 수출을 확대하는 방안을 고려했다. 이를 통해 일일 150만 배럴의 원유 수출이 가능할 것으로 카자흐스탄 정부는 평가했다. 비록 이러한 운송방안의 실현에는 카스피해 항만에 대한 원유 저장 시설 등에 대한 대규모 투자가 필요했고, 이후 흑해를 통한 수출이 안정되었으므로 계획이 달성되지는 못했다. 그러나 현재 카스피해 송유관의 용량이 일일 120만~140만 배럴이며, 송유관 수리 등으로 완전한 용량을 공급하지 못하는 사례가 빈번하여 카자흐스탄 정부로서는 수송로 다변화를 모색하는 것이 필요한 상황이다.

우크라이나 전쟁 이후 투르크메니스탄의 대EU 가스 공급 가능성도 지속적으로 논의되고 있다. 2023년 4월에는 베르디무하메도프 대통령이 투르크메니스탄에서 튀르키예로 파이프라인을 건설하는 계획을 발표하기도 했다. 기존에도 투르크메니스탄은 점진적인 가스 생산 증대 가능성에 따라 EU로의 가스수출을 고려해왔으나, 전쟁 이후 EU의 새로운 가스 공급망이 필요한 상황에서 이를 활용하여 수출망을 다변화하는 정책을 발표한 것이다. 1990년대부터 논의된 투르크메니스탄에서 카스피해를 횡단하여 아제르바이잔으로 연결되는 투르크메니스탄-아제르바이잔 가스관 건설은 그동안 투자부진으로 성과를 거두지 못했다. 그러나 우크라이나 전쟁이후 유럽의 에너지 안보가

11 Vladimir Afanasiev, "Tengizchevroil outlook worsens as Kazakhstan's oil export obstacles deepen", https://www.upstreamonline.com/production/tengizchevroil-outlook-worsens-as-kazakhstan-s-oil-export-obstacles-deepen/2-1-1332135 (검색일 : 2024.01.15)

위협받는 가운데 발표된 투르크메니스탄 정부의 에너지 수출정책은 국제에너지 시장의 주목을 받기에 충분했다.[12] 그리고 2023년 8월에는 최초로 EU 국가인 헝가리와 향후 연 10억 m^2의 가스 거래 협정을 체결했다.[13] 현재 투르크메니스탄은 대부분의 천연가스를 중국으로 수출하고 있으나, 이러한 계획이 실현된다면 향후 EU로의 수출이 본격적으로 추진될 가능성이 있다. 이와 함께 투르크메니스탄은 2023년 10월에는 이라크에 가스를 공급하는 양해각서를 체결하기도 했다.[14] 이처럼 우크라이나 전쟁 발발 이후에 투르크메니스탄은 가스 수출망 다변화를 적극 추진하고 있는 것이다.

이처럼 우크라이나 전쟁 이후 러시아의 EU로의 에너지 수출이 급감함에 따라 중앙아시아 에너지 자원의 대EU 원유 수출 증대가 추진되고 가스 수출이 진지하게 검토되고 있다. 에너지 수출 다변화가 필요한 중앙아시아 국가들로서도 대EU 수출 확대나 신규 수출망 구축은 매우 긍정적으로 고려되고 있다.

둘째, 우크라이나 전쟁이후에 중앙아시아 국가들과 러시아의 에너지 협력에 변화가 나타나고 있다. 서방의 에너지 제재에 대응하여 러시아는 중앙아시아 국가들에 대해 가스동맹을 제안하고, 이를 통해 중앙아시아 국가들과의 에너지 협력 확대를 추진하고 있다.

푸틴 대통령은 2022년 11월 말 러시아에서 개최된 토카예프 카자흐스탄

12 Claudia Carpenter, "Turkmenistan to develop pipeline to export gas to Europe: president", S&P Global https://www.spglobal.com/commodityinsights/en/market-insights/latest-news/electric-power/042623-turkmenistan-to-develop-pipeline-to-export-gas-to-europe-president (검색일 : 2024.03.30)

13 Haley Nelson, "Turkmenistan Signs its First-Ever Energy Deal with the EU", Caspian policy center, https://www.caspianpolicy.org/research/energy-and-economy-program-eep/turkmenistan-signs-its-first-ever-energy-deal-with-the-eu (검색일 : 2024.04.30); "Туркменистан подтверждает свою приверженность проекту строительства Транскаспийского газопровода", https://arzuw.news/turkmenistan-podtverzhdaet-svoju-priverzhennost-proektu-stroitelstva-transkaspijskogo-gazoprovoda (검색일 : 2024.05.12)

14 fitchsolutions.com BMI Central country risk report. Q2 2024; "Turkmenistan Signs MOU on Supplying Natural Gas to Iraq", https://business.com.tm/post/10865/turkmenistan-signs-mou-on-supplying-natural-gas-to-iraq# (검색일 : 2024.05.09)

대통령과의 정상회담에서 러시아－카자흐스탄－우즈베키스탄 3국의 가스동맹 창설을 제안했다. 드미트리 페스코프 대통령실 대변인은 가스동맹은 유라시아의 광범위한 지역에서 에너지 공급을 통합하는 노선을 만드는 것이라고 밝히며, 3국 가스동맹은 각국 정부의 경제적인 이해관계를 고려하여 추진될 것이라고 언급했다.[15] 러시아 정부의 가스동맹 제안은 서방의 제재에 따른 대유럽 가스 수출량 감소에 대응하여 기존에 중앙아시아－중국 간에 건설된 가스관을 통해 러시아산 가스를 수출하는 동시에 인도·파키스탄으로도 가스 수출망을 구축하려는 의도인 것으로 평가되고 있다.[16]

이러한 구상은 2023년에 더욱 구체화 되고 있다. 2023년 11월 알렉세이 밀러 가스프롬 최고경영자CEO는 러시아 상트페테르부르크에서 열린 국제가스포럼에서 카자흐스탄, 우즈베키스탄, 키르기스에 가스 공급을 증대할 계획이며, 이를 위해 새로운 가스관을 구축할 것이라고 밝혔다. 이에 대해 로만 스클리야르Roman Sklyar 카자흐스탄 부총리는 중앙아시아 지역에 러시아산 가스를 공급하는 협정을 체결할 계획이라고 밝혔다.[17] 우즈베키스탄도 러시아－중앙아시아 가스관을 통해 처음으로 러시아산 가스 구매를 추진하고 있다.[18] 이미 2023년 초 러시아 국영 에너지기업 가스프롬과 우즈베키스탄 에너지부는 가스 부문 협력 로드맵에 합의했으며, 이 로드맵에는 러시아, 카자흐스탄, 우즈베키스탄으로 연결되는 가스관을 통한 가스 공급이 포함된 것으로 알려진다.[19]

15 "≪Это может быть энергетический альянс≫. Путин－о газовом сотрудничестве РФ, Казахстана и Узбекистана", https://www.gazeta.uz/ru/2022/12/09/putin-gas/ (검색일 : 2023.11.17)

16 현재 러시아는 중국으로 연결된 가스관(Power of Siberia, 연간 최대공급량 380억 ㎥)을 통해 가스를 수출하고 있으며, 연간 공급용량이 500억 ㎥에 달하는 "Power of Siberia 2" 가스관을 추가로 건설하고 있다.

17 "≪Газпром≫ и Казахстан обсуждают долгосрочные поставки и транспортировку российского природного газа", https://www.gazprom.ru/press/news/2023/november/article569913/ (검색일 : 2024.02.10)

18 "Russia starts gas supplies to Uzbekistan via Kazakhstan", https://www.reuters.com/markets/commodities/russia-starts-gas-supplies-uzbekistan-via-kazakhstan-2023-10-07/ (검색일 : 2023.11.20)

이러한 러시아의 가스동맹 정책에 대해 카자흐스탄과 우즈베키스탄도 대체로 긍정적으로 평가하고 있다. 먼저 카자흐스탄의 경우 러시아가 추진하는 가스동맹 체결로 동부, 북부 지역에 가스관을 연결하여 자국 내의 가스공급망이 안정적으로 구축될 수 있다고 평가한다. 그리고 이를 통해 자국에서 생산되는 가스를 중국을 포함한 해외 시장으로 보다 안정적으로 수출할 수 있을 것이라고 평가한다.

우즈베키스탄의 경우는 가스동맹 체결을 통해 겨울철 가스 수급 문제를 해결할 수 있을 것으로 기대하고 있다. 2022년 우즈베키스탄은 연 517억 m³의 가스를 생산하여 이 가운데 464억 m³는 국내에서 소비하고 40억 m³는 중국으로 수출하였다. 그러나 겨울철에는 국내 소비용 가스의 부족으로 투르크메니스탄 등으로부터 가스를 수입하고 있다.[20] 2022년 12월 투르크메니스탄으로부터 15억 m³의 가스를 수입했으며, 2023년 8월에도 연 20억 m³ 규모의 가스를 수입하는 계약을 체결한 바 있다.[21]

이처럼 러시아가 추진하고 카자흐스탄, 우즈베키스탄이 참여하는 가스동맹은 참여 국가들이 모두 이익이 되는 측면들이 있는 것으로 각국은 평가하고 있다. 러시아로서는 주요 시장에 대한 수출이 단절된 상황에서 새로운 수출망을 구축할 수 있으며, 카자흐스탄과 우즈베키스탄은 국내 공급 문제를 해결할 수 있는 방안으로 거론되고 있다. 이에 따라 러시아의 중앙아시아 국가들과의 가스동맹 추진이 성과를 거두고 있는 것으로 평가된다. 하지만 결국 이 가스동맹은 중앙아시아가 아닌 러시아 주도로 추진되며, 대러 제재상

19 Мария Горбоконенко, "Больше политики, чем газа: эксперт рассказал о поставках голубого топлива из России в Узбекистан", https://orda.kz/bolshe-politiki-chem-gaza-jekspert-rasskazal-o-postavkah-golubogo-topliva-iz-rossii-v-uzbekistan-377511/ (검색일 : 2023.11.20)

20 "Узбекистан превратился в нетто-импортера газа", https://energypolicy.ru/uzbekistan-prevratilsya-v-netto-importera-gaza/novosti/2023/18/22/ (검색일 : 2023.12.19)

21 "Turkmenistan to supply up to 2 billion cubic meters of gas to Uzbekistan per year", https://kun.uz/en/news/2023/08/25/turkmenistan-to-supply-up-to-2-billion-cubic-meters-of-gas-to-uzbekistan-per-year (검색일 : 2024.05.12)

황을 타개하고자 하는 러시아측의 이해 관계가 크게 작용하고 있다고 할 수 있다.

2) 우크라이나 전쟁의 중앙아시아와 중국 간 에너지 협력에 대한 영향

우크라이나 전쟁은 기존의 중앙아시아와 중국의 에너지 협력관계에 영향을 주고 있다. 전쟁이 지속되는 가운데 카자흐스탄 정부는 대중국 원유 수출 증대의 필요성을 인식하고 있다. 2022년 중반 흑해 항만을 통한 카자흐스탄 원유 수출이 차질을 빚는 가운데 토카예프 대통령은 중장기적으로 대중국 원유 수출 확대를 추진해야 한다고 여러 차례 언급했다. 원유의 경우, 2022년 카자흐스탄의 송유관을 통한 대중국 원유 수출은 120만 톤 규모이며,[22] 카자흐스탄 정부는 대중국 원유 수출량을 연 200만 톤으로 증대하는 것을 고려하고 있다.[23]

현재 카자흐스탄은 대부분의 원유를 러시아와 유럽으로 수출하고 있으며, 중국으로의 수출 비중은 낮은 상황이다. 이에 따라 2022년의 경우 전체 수출량 6,430만톤 가운데 CPC 송유관을 통해 80.8%인 5,200만 톤이 수출되었으며, 러시아 드루즈바 송유관과 연결되는 아티라우－사마라 구간으로는 13%인 840만 톤이 수출되었고, 1.9%인 120만톤 만이 중국으로 연결된 송유관을 통해 수출되었다.[24] 카자흐스탄은 2005년부터 아타수－알라샨카우 구간을 통해 중국으로 원유를 수출하기 시작했으나 수송량의 문제로 수출량은 증가하지 못하고 있다. 카자흐스탄의 아타수에서 중국의 알라샨카우까지 송유관[25]

22 Kazenergy 2023, *Национальный энергический доклад 2023*, 2023, p.153.

23 Ibid.

24 Natalia Sleta, “Kazakhstan's Oil Supply Reshaping : Is There a Viable Alternative to the CPC Pipeline?”, https://www.spglobal.com/commodityinsights/en/ci/research-analysis/kazakhstans-oil-supply-reshaping-is-there-a-viable-alternative.html (검색일 : 2023.10.30)

25 이 구간은 카자흐스탄의 카자트랜스가즈와 중국의 국영원유가스개발사(CNODC : China National Oil

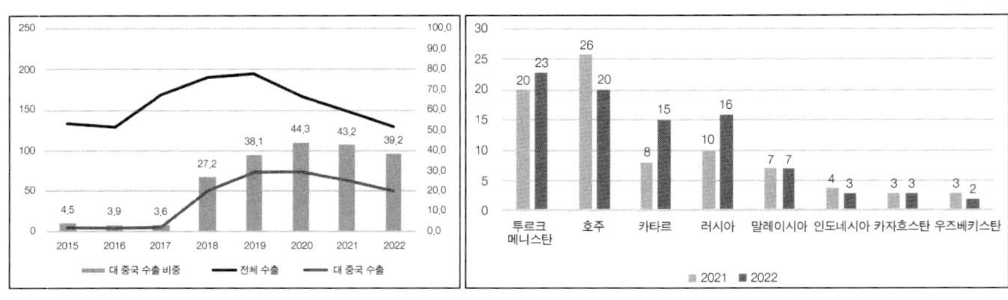

◂ 〈그림 8〉 **카자흐스탄 대 중국 가스 수출** (단위 : (좌측)억 ㎥, (우측) %)
자료 : Kazenergy 2023, *Национальный энергический доклад 2023.*

▸ 〈그림 9〉 **중국의 국가별 천연가스 수입 비중(2021년과 2022년 비교)** (단위 : %)
자료 : EIA

의 수송량은 연 2,000만톤 규모이나, 아티라우에서 켄키약 구간의 수송량이 이에 이르지 못하여 수출량 확대가 어려운 상황이다. 이로 인해 당장에 카자흐스탄의 대중국 에너지 수출이 확대될 가능성은 높지 않은 것으로 평가되고 있다. 우크라이나 전쟁의 영향으로 카자흐스탄의 원유수출 노선 다변화 필요성이 높아질 경우 대중국 원유 수출 확대도 점진적으로 추진될 가능성이 있는 것으로 전망된다.

카자흐스탄산 가스의 경우는 조금 다른 상황이다. 카자흐스탄의 국내 가스 소비가 점차 증가하며 수출량이 감소하고 있다. 이에 따라 중국으로의 가스 수출도 크게 감소하였다. 카자흐스탄 에너지 전문가들은 향후 2년 뒤에는 카자흐스탄의 국내 가스 공급 부족에 따라 중국 수출이 더욱 감소할 것으로 전망하고 있다. 카자흐스탄은 중국과 합의된 연 100억 m^3를 공급할 계획이었으나 이러한 계획은 사실상 달성하기가 어려운 것으로 평가된다. 2018년 10월 북경에서 개최된 카자흐스탄과 중국 에너지 기업들 간의 회의에서는 카자흐스탄에서 중국으로 연 100억 m^3의 가스를 공급하는데 합의했다.[26] 그러나 최

and Gas Exploration and Development Corporation)가 50대 50의 지분을 보유하고 있음.

26 Nadia Rodova, "Kazakhstan to double natural gas exports to China to 10 Bcm/year in 2019" https://www.spglobal.com/commodityinsights/en/market-insights/latest-news/natural-gas/101518-kazakhstan-to-double-natural-gas-exports-to-china-to-10-bcmyear-in-2019 (검색일: 2023.10.30)

근 카자흐스탄의 가스 수출 감소에 따라 기존의 대중국 가스 수출 증대 계획은 사실상 달성하기가 어려운 것으로 평가되고 있다.

카자흐스탄과 달리 투르크메니스탄산 가스의 대중국 수출은 지속적으로 확대되고 있다. 투르크메니스탄의 대중국 가스 수출량은 2020년의 272억 ㎥에서 2021년에는 315억 ㎥으로 증가했으며, 전쟁이 발발한 2022년에는 329억 ㎥로 증가했다. 이에 따라 중국으로의 수출 비중도 2021년의 74.8%에서 2022년에는 80.8%로 증가했다.[27] 또한 중국의 가스 수입에서도 투르크메니스탄산 가스의 비중이 높아진 것으로 나타났다. EIA의 자료에 따르면, 중국의 가스 수입에서 투르크메니스탄산 가스의 비중이 2021년의 19.75%에서 2022년에는 23%로 증가하여, 기존의 최대 수입국이었던 오스트레일리아보다 많은 비중을 기록했다.

그러나 중앙아시아의 대중국 가스 공급에는 러시아라는 변수가 있다. 현재 러시아는 연 380억 ㎥에 이르는 '시베리아의힘-2' 가스관 건설을 추진하고 있으며, 투르크메니스탄도 중앙아시아-중국 4차 가스관 건설을 추진하고 있다. 앞에서 언급한 바와 같이 러시아가 추진하는 가스동맹을 통해 러시아산 가스가 카자흐스탄이나 우즈베키스탄을 거쳐 중국으로 수출될 가능성도 있는 것이다.

실제로 2023년 1월에는 우크라이나 전쟁 이후 중국으로 가스 수출을 확대하고 있는 러시아가 일시적으로 중앙아시아에 대한 최대 가스 공급국으로 부상했다. 투르크메니스탄이 22억 ㎥를 공급한데 대해 러시아는 27억 ㎥를 수출했다. 물론 2023년 상반기 전체적으로는 러시아는 투르크메니스탄보다 적은 가스를 중국에 공급했다. 러시아는 34억 달러의 가스를 수출했으며, 투르크메니스탄은 50억 달러를 수출했다.[28]

27 BP, *Statistical Review of World Energy 2021*, 2021; BP, *Statistical Review of World Energy 2022*, 2022; Energy institute, *Statistical Review of World Energy 2023*, 2023.

이처럼 향후 대중국 가스 수출에 있어서 투르크메니스탄산과 러시아산 가스의 경합이 예상되고 있다. 우크라이나 전쟁과 별개로 기존에 계획되어온 중국과 중앙아시아, 중국과 러시아의 가스관 수송량이 확충됨에 따라 중장기적으로 유라시아 지역과 중국의 가스교역은 증가할 것으로 전망된다. 우크라이나 전쟁은 이러한 기존의 에너지 수송로 건설 계획을 더욱 가속화하는 요인이 될 수 있을 것이다.

5. 맺음말

우크라이나 전쟁이 지속되면서, 중앙아시아에 대한 EU와 중국의 관심이 높아지고 있다. 중앙아시아에 대한 EU와 중국의 투자도 증대될 조짐을 보이고 있다. 이러한 관심은 에너지 부문에서도 마찬가지이다. 먼저 EU는 러시아산 에너지 수입을 대체하여 중앙아시아와의 에너지 협력을 모색하고 있다. 국가별로는 독일과 헝가리가 카자흐스탄산 에너지 수입을 적극 추진하고 있다. 이러한 협력을 통해 카자흐스탄산 에너지의 대EU 수출이 점진적으로 증대할 것으로 전망된다. 장기적으로는 새로운 운송망 구축을 통해 투르크메니스탄산 천연가스의 EU로의 수출 가능성도 있다고 할 수 있다.

또한 러시아의 중앙아시아 국가들에 대한 가스동맹 추진은 우크라이나 전쟁 이후 중앙아시아를 둘러싼 새로운 에너지 협력으로 주목되고 있다. 2022년 말에 러시아 정부는 카자흐스탄과 우즈베키스탄 정부에 대해 가스동맹 창설을 제안했는데, 이는 EU로의 수출이 중단된 러시아의 새로운 에너지 수출망 확보 전략으로 평가된다. 러시아는 중앙아시아의 가스관을 통해 중국, 인

28 Даниил Сотников, "Туркменистан предостерег Россию от поставок газа в Китай", https://www.dw.com/ru/v-turkmenistane-zaavili-o-voprosah-k-rossii-izza-postavok-gaza-v-kitaj/a-66518765 (검색일 : 2024.01.15)

도, 파키스탄 등 에너지 수입이 필요한 주변 국가들로의 수출을 추진하고 있는 것이다.

이러한 측면에서 우크라이나 전쟁은 중앙아시아의 대외 에너지 협력 관계에 적지 않은 영향을 주고 있다. 이는 중앙아시아 국가들의 경제 및 정치 안보에도 영향을 줄 수 있으므로 앞으로의 에너지 협력 변화는 중요한 의의가 있다. 중앙아시아 최대 에너지 수출국인 카자흐스탄은 현재까지는 기존의 대러시아 에너지 협력을 유지하며 EU와 에너지 협력을 확대하는 안정적인 방법을 모색하고 있는 것으로 보인다. 이와 관련하여 2022년 전쟁 발발 이후에 카자흐스탄과 러시아 간에 발생한 에너지 협력 갈등이 주목된다. 우크라이나 전쟁 이후 카자흐스탄의 러시아를 통하는 송유관 운영이 네 차례 중단되었는데, 이를 우크라이나 전쟁에 대한 카자흐스탄 정부의 다소 부정적인 입장에 대해 러시아 정부가 불만을 표출한 것으로 파악하는 견해들도 있다. 러시아와의 이러한 에너지 갈등 속에 카자흐스탄은 EU 등과의 새로운 에너지 협력의 모색 필요성을 인식했을 가능성이 큰 것으로 평가된다.

카자흐스탄은 에너지 부문에 다수의 서구기업들이 투자하고 있음에 따라 전쟁이나 대러 제재의 영향을 받고 있지 않다. 따라서 카자흐스탄과 서구 국가들의 에너지 협력이 확대될 여지가 크다고 할 수 있다.

중앙아시아를 둘러싼 에너지 협력 관계의 변화 가운데 중앙아시아의 대중국 에너지 협력은 전반적으로 확대될 가능성이 크다. 중국은 2023년 5월 중국 시안에서 "중국－중앙아시아 정상회의"를 처음으로 개최하였다. 중앙아시아 각국 정상들이 모두 참석한 이 회의에서 중앙아시아 각국은 중국과 다자간, 양자간 정상회담을 개최했으며, 주요 의제로 에너지 부문의 협력을 논의한 것으로 알려진다. 이러한 사실들을 통해 우크라이나 전쟁이라는 유라시아 대륙의 큰 사건 속에서도 중앙아시아와 중국의 에너지 협력은 비교적 안정적으로 지속될 것으로 전망할 수 있다. 중국의 경제성장 지속 여부가 변수이기는 하나, 중국의 중앙아시아에 대한 투자가 이어질 가능성이 높으며, 기존에 계획된 중앙아시아－중국 에너지 수송망이 완공될 경우 에너지 교역량도 증대될 것이다. 다만 이와 동시에 중앙아시아 국가들의 중국에 대한 높은 경제적 의존성도 지속될 것이다. 더구나 최근 중국의 중앙아시아에 대한 영향력은 경제적 측면을 넘어서 정치적인 측면으로 확대되고 있는 것도 중앙아시아와 중국 관계의 문제점으로 제기된다. 이러한 관계는 21세기 국제정치 무대에서 독자적으로 입지를 구축하고자 하는 중앙아시아 국가들이 원하는 협력 관계와는 거리가 있기 때문이다.

참고문헌

ADB, *Asian development outlook April 2023.*

BP, *Statistical Review of World Energy 2021.*

Energy institute, *Statistical Review of World Energy 2023.*

Kazenergy 2023, *Национальный энергический доклад 2023.*

https://ourworldindata.org/energy-mix (검색일 : 2024.01.10)

https://www.gisreportsonline.com (검색일 : 2024.01.10)

https://www.eia.gov/todayinenergy/detail.php?id=52258 (검색일 : 2023.12.20)

https://ec.europa.eu/eurostat/web/products-eurostat-news/w/ddn-20230925-1 (검색일 : 2023.11.12)

Anna Bjerde and Tatiana Proskuryakova, “Climate Action Can Catalyze Kazakhstan’s Economic Diversification. Inaction Will Be Costly”, World bank, https://www.worldbank.org/en/news/opinion/2022/11/04/climate-action-can-catalyze-kazakhstan-economic-diversification-inaction-will-be-costly (검색일 : 2024.01.20)

Nadia Rodova, “Kazakhstan to double natural gas exports to China to 10 Bcm/year in 2019” https://www.spglobal.com/commodityinsights/en/market-insights/latest-news/natural-gas/101518-kazakhstan-to-double-natural-gas-exports-to-china-to-10-bcmyear-in-2019 (검색일: 2023.10.30)

Vladimir Afanasiev, "Tengizchevroil outlook worsens as Kazakhstan's oil export obstacles deepen", https://www.upstreamonline.com/production/tengizchevroil-outlook-worsens-as-kazakhstan-s-oil-export-obstacles-deepen/2-1-1332135 (검색일 : 2024.01.15)

"Russia starts gas supplies to Uzbekistan via Kazakhstan", https://www.reuters.com/markets/commodities/russia-starts-gas-supplies-uzbekistan-via-kazakhstan-2023-10-07/ (검색일 : 2023.11.20)

"≪Это может быть энергетический альянс≫. Путин－о газовом сотрудничестве РФ, Казахстана и Узбекистана", https://www.gazeta.uz/ru/2022/12/09/putin-gas/ (검색일 : 2023.11.17)

Мария Горбоконенко, "Больше политики, чем газа : эксперт рассказал о поставках голубого топлива из России в Узбекистан", https://orda.kz/bolshe-politiki-chem-gaza-jekspert-rasskazal-o-postavkah-golubogo-topliva-iz-rossii-v-uzbekistan-377511/ (검색일 : 2023.11.20)

Mikhail Strokan, "Kazakhstan's Druzhba Prospects : Central Asian Oil to Supply Europe?", https://thediplomat.com/2023/04/kazakhstans-druzhba-prospects-central-asian-oil-to-supply-europe/ (검색일 : 2024.01.12)

"Узбекистан превратился в нетто-импортера газа", https://energypolicy.ru/uzbekistan-prevratilsya-v-netto-importera-gaza/novosti/2023/18/22/ (검색일 : 2023.12.19)

Natalia Sleta, "Kazakhstan's Oil Supply Reshaping : Is There a Viable Alternative to the CPC Pipeline?", https://www.spglobal.com/commodityinsights/en/ci/research-analysis/kazakhstans-oil-supply-reshaping-is-there-a-viable-alternative.html(검색일 : 2023.10.30)

National gas company of Kazakhstan, https://qazaqgaz.kz/en/obshchaya-informaciya (검색일 : 2024.01.17)

Кульпаш Конырова, "В 2023 году Казахстан снизит объемы экспорта своего газа в Китай", https://inbusiness.kz/ru/news/v-2023-godu-kazahstan-snizit-obemy-eksporta-svoego-gaza-v-kitaj (검색일 : 2024.01.17)

Даниил Сотников, "Туркменистан предостерег Россию от поставок газа в Китай", https://www.dw.com/ru/v-turkmenistane-zaavili-o-voprosah-k-rossii-izza-postavok-gaza-v-kitaj/a-66518765 (검색일 : 2024.01.15)

제3부

유라시아와 동남아시아 : 협력과 갈등

러시아의 대 ASEAN 전략*
-양자관계의 발전과 러시아의 대외정책에서 ASEAN의 위치-

윤영민

1. 들어가는 말

러시아와 ASEAN(Association of Southeast Asian Nations)의 관계는 이미 30여 년이 넘게 이어져 오고 있다. 한국 북방정책의 주요 대상 국가이자 한반도 문제를 둘러싼 열강 중 하나인 러시아와 최근 급속한 경제성장을 보이는 동남아시아 국가들의 국가연합인 ASEAN은 한국의 대 지역 전략은 물론 산업 및 무역 정책에서도 중요한 의미를 갖는다고 할 수 있다. 물론 러시아와 ASEAN 각각에 대한 국내연구는 매우 활발히 이루어져 왔다. 또한 러시아의 대외전략과 주요 지역별 정책이나 ASEAN의 대외정책 등은 해당 분야 연구자들에 의해 꾸준히 이루어져 왔다. 하지만 러시아와 ASEAN의 관계에 관한 연구는 국내에서 찾아보기 힘들다. 특히 러시아의 대 ASEAN 정책에 관한 연구는 러시아 연구자들 사이에서도 전혀 다뤄지지 않은 공백으로 남아있다. 러시아와 ASEAN이 한국의 대외정책에서 갖는 의미만큼 이 두 대상의 관계에 관한 연

* 이 글은 윤영민, 「러시아의 대 ASEAN 전략 양자관계의 발전과 러시아의 대외정책에서 ASEAN의 위치」, 『슬라브학보』 제39권 1호, 한국슬라브유라시아학회, 2024, 163~196쪽에 게재된 논문을 부분 수정한 것임을 밝힙니다.

구도 러시아와 ASEAN을 이해하는 데는 물론 한국의 대러시아 또는 대 ASEAN 정책을 입안하는 데 이바지할 수 있을 것이다. 이러한 필요성에 따라 이 장에서는 먼저 러시아와 ASEAN의 관계를 개괄적으로 알아보고 러시아의 대외정책에서 ASEAN이 갖는 위치와 의미를 살펴볼 것이다. 마지막으로 이를 바탕으로 러시아와 ASEAN 사이의 유망한 협력 의제들을 살펴봄으로써 러시아 연구자들이 러시아의 지역 전략을 이해하는 데 기여하고 그 지평을 조금이라도 넓히고자 한다. 즉, 본 글은 러시아와 ASEAN 관계 연구의 기반 연구로써 양자관계의 기본적인 배경을 제공하고 러시아의 시각에서 ASEAN이 갖는 의미와 중요성을 분석한다. 또한 이를 바탕으로 러시아와 ASEAN 사이에 협력 유망분야를 살펴보아 러시아와 ASEAN 사이의 협력 확대의 기회 요인을 살펴본다. 여기에서는 러시아와 동남아시아 국가들의 연합인 ASEAN을 대상으로 하고 있는바, 개별 동남아 국가들과 러시아의 관계 및 협력 등은 최대한 다루지 않고 국가연합인 ASEAN의 수준에서 논의를 이어 나가겠다.

2. 러시아와 ASEAN의 관계 발전

앞서 언급한 바와 같이 러시아의 대 ASEAN 정책은 관련 국내연구를 찾아보기 어려울 정도로 학문적으로 조명 받지 못해온 주제이다. 특히 러시아의 관점에서 대 ASEAN 관계와 정책에 관한 연구는 단 한 건도 찾을 수 없을 만큼 ASEAN은 국내 러시아 연구자들에게도 매우 생소한 대상이다. 따라서 이 장에서는 러시아와 ASEAN의 관계 형성과 그 제도적 기반, 그리고 그동안의 경제 관계 등을 살펴봄으로써 앞으로의 논의에 필요한 기본적인 배경을 제공하고자 한다.

1) 러시아 - ASEAN 관계 약사

1967년 조직된 ASEAN과 러시아의 관계는 러시아가 소연방에서 독립하기도 전인 1991년 7월 말레이시아 정부가 제24차 ASEAN 각료회의에 러시아(당시 소련) 대표단을 초청하면서 시작되었다. 3년 뒤에 러시아는 ASEAN 지역 안보 포럼ARF에 자문 파트너로 참석하였고, 1996년 ASEAN의 완전한 대화 파트너가 됨으로써 러시아 대표단이 각종 ASEAN 행사에 본격적으로 참여할 수 있게 되었다. 이후 2004년 러시아는 ASEAN 회원국 간 우호·협력의 증진 및 분쟁의 평화적 해결을 약속한 행동강령 성격을 지닌 동남아시아 우호협력조약The Treaty of Amity and Cooperation in Southeast Asia에 가입하였다. 동 조약은 1971년 ASEAN이 비동맹 중립주의 안보개념에 기초한 「동남아 평화·자유 및 중립지대ZOPFAN(Zone of Peace, Freedom and Neutrality)」를 선언하고, 그 실현을 위해 1976년 채택된 것으로 1987년과 1998년 개정을 통해 역외국도 가입할 수 있게 되었다. 같은 해 한국이 먼저 동 조약에 가입하기도 하였다. 이듬해인 2005년에는 러시아와 ASEAN 간 최초의 정상회담이 말레이시아 쿠알라룸푸르에서 개최되었다. 푸틴 러시아 대통령과 하사날 볼키아Hassanal Bolkiah 브루나이 국왕, 캄보디아의 훈센 총리, 수실로 밤방Susilo Bambang Yudhoyono 인도네시아 대통령, 라오스의 분냥Bounnhang Vorachith 총리, 말레이시아의 아맛 바다위Abdullah bin Haji Ahmad Badawi 총리, 미얀마의 소 윈Soe Win 총리, 필리핀의 아로요Gloria Macapagal Arroyo 대통령, 싱가포르의 리셴룽Lee Hsien Loong 총리, 탁신Thaksin Shinawatra 태국 총리, 베트남의 판반카이Phan Văn Khải 수상 등 ASEAN 지도자들은 광범위한 정치적, 경제적 협력 이슈에 대해 논의하였다. 이 회담에서 러시아와 ASEAN 지도자들은 '진보적이고 포괄적인 파트너십에 관한 공동 선언'과 '2005~2015년 ASEAN과 러시아 간 협력 증진을 위한 포괄적 행동 프로그램'을 채택[1]하였다. 2007년 러시아와 ASEAN은 경제 및 사회 문화, 과학 및 기술, 무역 및 기타 분야에서 ASEAN과 러시아 간의 협력 촉진에 이바지하기 위해 아세안-러시아 대화 파트너십 금융 펀드ARDPFF(The ASEAN-Russia Dialog Partnership Financial Fund)를 설립하였다. 동 펀드는 러시아와 ASEAN 사이의 학술활동, 과학 및 기술, 금융 및 경제 연구, 관련 대표단 교환, 직업교육, ASEAN 회원국과 러시아 연방 간의 협력 발전을 촉진하는 기타 활동들을 지원하기 위해 설립되었다.[2] 2010년 모스크바 국제관계대학MGIMO에 ASEAN-러시아 대화 파트너십에 대한 정보를 전파하고 러시아와 ASEAN 회원국 간의 경제적 연계, 문화, 과학 및 교육 교류는 물론 인적 접촉의 발전을 촉진하는 것을 목적으로 ASEAN 센터를 개설하였다. 동년 10월 베트남 하노이에서 제2차 ASEAN-러시아 정상회담이 개최되었다. 6년 만의 정상회담에서 메드베데프 러시아 대통령은 ASEAN 정상들과 함께 금융위기 극복과 같은 경제이슈는 물론 조직범죄와 마약 밀매 대응 등과 같은 문제까지 폭넓게 논의하였다.[3] 또한 러시아와 ASEAN은 관계를 더 높은 수준으로 끌어올리기 위해 포괄적인 파트너십을 강화하고 꾸준히 발전시키겠다는 의지를 재확인하는 내용의 공동성명을 채택하였으며 문화협력에 관한 정부 간 협정을 채결하는 등 러시아와 ASEAN 간의 협력의 범위가 한층 더 넓어졌음을 보였다. 2011년 러시아는 동아시아정상회의East Asia Summit에 정식 회원국으로 가입하였으며, 이듬해인 2012년 러시아-아세안 경제장관회의Consultations between Russia and ASEAN economic ministers를 개설해 러시아와 ASEAN사이의 교역 및 투자협력 로드맵을 승인하였다. 2013년 모스크바에서 최초의 러시아-ASEAN 청년회의Youth Summit가 개최되었고 제17회 상트 페테르부르그 국제경제포럼 기간 중 러시아-아세안 비즈니스리더 포럼이 개최되었다. 2016년 러시아 소치에서 열린 러시아-ASEAN 대화 파트너십 20

1 ASEAN-RUSSIA SUMMITS(http://en.russia-asean20.ru/russia_asean/20160309/7828.html).

2 Ministry of the Russian Federation to ASEAN(https://asean.mid.ru/en_GB/finansovyj-fond).

3 ASEAN-RUSSIA SUMMITS.

주년을 기념하기 위한 정상회담에서 러시아 푸틴 대통령과 ASEAN 정상들은 '대화 파트너십 강화, 정치 및 안보협력, 경제협력 강화, 사회문화협력 증대, 개발 격차 해소와 연결성을 위한 협력' 등을 강조하고 양자 간 관계를 '상호 이익을 위한 전략적 파트너십'으로 격상하는 '소치 선언문Sochi Declaration'을 채택 함으로써 러시아와 ASEAN의 협력의 범위와 깊이를 더욱 확장할 의지를 천명했다. 이후 2018년 싱가포르에서 제3차 정상회담이 개최되었으며, 2021년 온라인으로 진행된 제4차 정상회담까지 이어지고 있다.

〈표 1〉 러시아와 ASEAN 관계 발전

년도	내용	비고
1991	러시아 - ASEAN 협력 개시	
1996	러시아가 ASEAN의 대화 파트너로 격상(a full Dialog Partner of ASEAN)	
1997	ASEAN - 러시아 과학 및 기술분야 워킹그룹 개설	
2004	러시아 '동남아 우호협력조약(The Treaty of Amity and Cooperation in Southeast Asia)에 가입	
2005	최초의 ASEAN - 러시아 정상회의 개최	말레이시아 쿠알라룸프르
2007	ASEAN - 러시아 대화 파트너십 금융펀드(ARDPFF : The ASEAN - Russia Dialog Partnership Financial Fund) 설립	연간 최대 150만 달러까지 기여
2009	주인도네시아 러시아 대사 알렉산더 이바노프가 러시아의 ASEAN 대사로 지명	
2010	러시아 국제관계대학에 ASEAN센터 설립	
2010	제2회 ASEAN - 러시아 정상회담 개최 (베트남 하노이)	공동성명 채택 및 문화협력에 관한 정부간 협정 채택
2011	러시아의 동아시아정상회의(East Asia Summit) 회원가입	
2012	러시아 - ASEAN 경제장관 회의(Consultations between Russia and ASEAN economic ministers) 개설	ASEAN - 러시아 교역 및 투자 협력 로드맵 승인
2013	최초의 ASEAN - 러시아 청년 회의(Youth Summit) 개최 (러시아 모스크바)	
2013	최초의 대규모 러시아 - ASEAN 비즈니스 리더 포럼 개최	17회 상트뻬쩨르부르그 국제경제포럼 기간 중
2013	러시아 - ASEAN 비즈니스 이사회(Russia-ASEAN Business Counsil) 러시아의 대 아세안 포괄적 비즈니스 미션 조직	

2014	러시아가 ASEANAPOL(동남아 경찰 협의체)의 대화 파트너	
2014	제2회 ASEAN - 러시아 청년 회의(Youth Summit) 개최	쿠알라룸프르
2015	제3회 ASEAN - 러시아 청년 회의(Youth Summit) 개최	블라디보스토크
2016	ASEAN - 러시아 문화의 해	
2016	ASEAN - 러시아 대화 파트너십 20주년을 기념하기 위한 정상회의 개최	소치
2018	제3차 ASEAN - 러시아 정상회담 개최	싱가포르, 전략적 파트너십 관계로 격상
2021	제4차 ASEAN - 러시아 정상회담 개최	온라인

출처 : ASEAN main portal의 내용을 기반으로 저자가 정리

2) 협력을 위한 제도적 메커니즘

러시아－ASEAN 협력관계의 기본 틀인 러시아－ASEAN 대화 파트너십에는 다양한 수준과 범위의 제도적 협력 메커니즘이 존재하고 작동해왔다. 가장 대표적인 협력 메커니즘은 ASEAN－러시아 공동협력위원회ARJCC(ASEAN－Russia Joint Cooperation Committee)로 1997년 조직되어 러시아와 ASEAN 국가들의 경제 발전 및 무역 증진, 연구 및 기술의 교환 등을 통한 양자 간의 다각적인 협력을 촉진하는 것을 목적으로 한다. ASEAN 회원국과 러시아의 관련 당국에 대한 권장 사항을 작성하고 각종 협력 프로그램을 심사 및 승인하는 실무 최상위 조직이라 할 수 있다. 매년 모스크바 또는 ASEAN의 한 개 국가 수도에서 정기 회의의 가지며 ASEAN 상임대표 수준에서 개최된다. 가장 최근에는 2023년 4월 자카르타에서 개최되었는데, 이 자리에서 ASEAN과 러시아의 전략적 파트너십(2021~2025) 이행을 위한 포괄적 행동 계획CPA 실현에 중점을 둔 논의가 진행되었다[4]. 또한 에너지 안보, 디지털 경제, 감염병 퇴치, 관광 등 상호 관심 분야에서 다각적인 협력 심화를 위한 세부 조치가 논의되었고 에너지, 교통, 생태 및 농업 분야의 새로운 프로젝트가 발표되었다.

4 www.mid.ru/en/foreign_policy/rso/asean/1862290/ (검색일 : 2023.10.30)

ASEAN－러시아 대화 파트너십 펀드DPFF(ASEAN－Russia Dialogue Partnership Financial Fund)는 양자의 협력 프로젝트들을 실현 가능하게 하는 재정적 토대로써 ASEAN－러시아 공동협력위원회ARJCC가 채택한 활동과 프로그램의 자금 조달에만 사용되며 ASEAN－러시아 공동기획관리위원회ARJPMC(ASEAN－Russia Joint Planning and Management Committee)를 통해 관리된다. 2007년 출범 이후 러시아가 동 펀드에 출연한 금액은 총 175만 달러이며 양자간 협력이 확대됨에 따라 2023년 4월 캄보디아에서 열린 ASEAN－러시아 장관급 회의에서 연간 150만 달러로 증액하였다.[5] ASEAN과 러시아는 이미 DPFF 자금을 조달하여 여러 공동 프로젝트를 시행했다.

〈표 2〉 러시아 - ASEAN 사이의 주요 협력 매커니즘

	명칭	분야	년도
1	ASEAN - Russia Joint Cooperation Committee (ARJCC)	공식, 포괄적	1997
2	ASEAN - Russia Dialogue Partnership Financial Fund (DPFF)	협력프로젝트의 자금 공급	2007
3	Russia - ASEAN Business Council	민간 경제교류	1998
4	ASEAN - Russia Joint Planning and Management Committee (ARJPMC)	일반협력 프로젝트의 실무 감독	2016
5	ASEAN - Russia Working Group on Science and Technology (ARWGST)	과학기술 협력 프로젝트 실무 감독	2016
6	Post Ministerial Conferences (PMCs+1)	공식, 포괄적	1996

출처 : ASEAN Main Portal

ASEAN－러시아 공동 계획 및 관리 위원회ARJPMC(ASEAN－Russia Joint Planning and Management Committee)는 ASEAN－러시아 대화 파트너십 및 ASEAN－러시아 포괄적 행동 프로그램CPA 2016~2020의 이행을 감독하는 실무 기관으로 매년 회의를 개최해 협력 진행 상황의 검토, 새로운 프로젝트 및 프로그램을

5 "The momentum of ASEAN－Russia cooperation continues to increase", The Phnom Pehn Post, https://www.phnompenhpost.com/opinion/momentum-asean-russia-cooperation-continues-increase (검색일 : 2023.10.30)

승인, 상호 관심이 있는 전략적 문제를 논의한다. ARJPMC는 ASEAN 의장국 상임대표와 ASEAN 주재 러시아 연방 대사가 공동 의장을 맡고 있으며, ASEAN 회원국 정부 기관과 러시아, ASEAN 사무국으로부터 ASEAN－러시아 대화 파트너십 금융 기금ARDPFF이 자금을 지원하는 활동 및 프로그램에 대한 제안을 받아 ASEAN－러시아 공동협력위원회ARJCC에 권고안으로 제출한다. ARJPMC는 ASEAN－러시아 전략적 파트너십을 강화하고 양측 간의 상호 이해와 협력을 증진하는 데 중요한 역할을 하고 있다. 이와 함께 ASEAN－러시아 대화 파트너십 및 ASEAN－러시아 종합 행동 프로그램CPA 2016~2020의 기술분야 이행을 감독하는 실무 기관으로 ASEAN－러시아 과학 기술 실무 그룹ARWGST(ASEAN－Russia Working Group on Science and Technology)이 있다.

한편 러시아－ASEAN 비지니스 협의회Russia-ASEAN Business Council는 러시아와 ASEAN 국가들의 민간 경제 부문 협력의 대표적인 메커니즘이라고 할 수 있다. 러시아－아세안 비즈니스 협의회는 경제 협력 증진을 위해 1998년 러시아 연방 상공회의소에 의해 설립[6]되었고 50개 이상의 러시아 주요 기업과 은행으로 구성되어 있으며 ASEAN의 다중 무역, 경제 및 투자 협력 개발에 있어 러시아 기업에 실질적인 지원을 제공하는 것을 목표로 한다. ASEAN－러시아 비즈니스 협의회의 파트너 조직은 자카르타(인도네시아)에 사무국을 두고 있는 ASEAN 비즈니스 자문 협의회와 쿠알라룸푸르(말레이시아)에 본부를 두고 있는 ASEAN 비즈니스 클럽이다. 동 위원회의 전문가들은 지역 국가의 경제 환경을 모니터링하고 우선 협력 방안을 평가하고 촉진한다. 또한 협의회 구성원은 비즈니스 파트너 선정을 돕고 해당 지역의 러시아 상공회의소 업무를 지원한다.[7]

이밖에 ASEAN의 일반 협력 메커니즘인 ASEAN 고위 관료 회의ASEAN SOM

6 http://en.russia-asean20.ru/russia_asean/20160309/9441.html (검색일 : 2023.10.30)
7 https://www.russia-asean.com/analytics/ (검색일 : 2023.10.30)

(ASEAN Senior Officials Meeting)와 ASEAN 포스트 장관급 회의PMCs(Post Ministerial Conferences) 등을 통해 러시아와 ASEAN 사이의 상호 관심 사항에 대한 논의와 정상회담의 준비 등 협력 아젠다를 논의해 나가고 있다.

3) 러시아와 ASEAN의 경제 관계

〈표 3〉 러시아와 ASEAN의 교역, 백만 달러

	1996		2005		2010		2015		2021	
백만 달러	수출	수입	수출	수입	수출	수입	수출	수입	수출	수입
브루나이	-	0	0	-	0	0	0	0	3	0
캄보디아	1	18	2	6	6	34	5	106	37	202
인도네시아	33	103	202	349	665	1,046	439	1,524	681	2,625
라오스	4	65	11	0	7	0	16	1	10	11
말레이시아	119	50	150	673	345	1,343	635	1,323	1,430	1,822
미얀마	13	0	1	2	63	14	98	16	284	147
필리핀	144	12	198	73	763	304	321	268	532	512
싱가포르	602	241	309	317	2,008	332	2,492	516	1,670	601
태국	221	55	547	452	1,536	1,370	521	1,496	494	1,788
베트남	122	32	739	174	1,121	1,111	824	2,055	2,239	4,893
러시아 - 아세안	1,259	576	2,159	2,047	6,514	5,554	5,352	7,305	7,379	12,602
러시아 총교역 중 아세안 비중	0.5%	0.3%	0.3%	0.7%	0.6%	0.8%	0.5%	1.4%	0.5%	1.4%
아세안 총교역 중 러시아 비중	NA	NA	NA	NA	0.8%	0.8%	0.9%	0.6%	1.0%	0.5%

출처 : WITS[8]

2021년 기준 러시아와 ASAEN의 경제 관계는 양자관계가 시작된 이래 꾸준히 발전해 왔다고 할 수 있다. 1996년 러시아 기준 수출 12억 5천만 달러,

8 https://wits.worldbank.org/ (검색일 : 2023.10.30)

수입 5억 7천만 달러에 불과했던 러시아와 ASEAN 사이의 교역 규모는 빠르게 증가해 2021년 현재 수출 73억 7천만 달러, 수입 126억 달러에 이르고 있다. <표 3>에서 보듯 러시아의 대 ASEAN 수출액은 2000년대 들어 큰 변화가 없고 1996년과 비교해서도 크게 증가했다고 보기 어렵다. 반면 러시아의 수입, 즉 ASEAN 국가들의 대러시아 수출은 1996년 불과 5억 7천만 달러에서 20배 이상 증가해 2021년 현재 126억 달러 이상을 기록하고 있다. 러시아의 ASEAN으로부터 수입 증가는 주로 베트남, 인도네시아, 태국, 말레이시아를 중심으로 이루어졌고 그 중 베트남이 가장 눈에 띄는 증가세를 보였다.

러시아의 대 ASEAN 수출의 주요 상품은 에너지 자원이며 철강제품과 비료, 알루미늄과 육가공품 등 원자재에 집중되어 있다. 특히 에너지 자원은 러시아의 대 ASEAN 총수출의 45% 정도를 차지할 정도로 압도적인 대 ASEAN 수출 품목이라고 할 수 있다. 그 외에 원자로, 보일러, 기계류와 부품, 의약품, 전자기기 등 비원자재 품목들이 상위 10개 수출 품목에 들어있으나 그 비중이 1~2%로 미미한 수준이다.

<표 4> 러시아의 ASEAN 수출 상위 10개 제품군, 백만 달러, 2021

HS코드	제품분류	수출액	비중
27	광물성 연료 · 광물유와 이들의 증류물, 역청물질, 광물성 왁스	3,318	45%
72	철강	1,029	14%
99	달리 분류되지 않은 상품	744	10%
31	비료	582	8%
76	알루미늄 및 그 제품.	220	3%
2	육과식용설육屑肉	188	3%
84	원자로 · 보일러 · 기계류와 이들의 부분품	149	2%
30	의약품.	130	2%
85	전기기기와 그 부분품, 녹음기 · 음성재생기 · 텔레비전의 영상과 음성의 기록기 · 재생기와 이들의 부분품 · 부속품	100	1%
48	종이와 판지, 제지용 펄프 · 종이 · 판지의 제품	87	1%

-	나머지 품목	831	-
-	상위 10개 품목총액	6,548	89%
-	총계	7,379	-

출처 : WITS

ASEAN 국가들의 대러시아 주요 수출품목은 상대적으로 다양하게 나타난다. 가장 큰 비중을 차지하는 품목은 전자기기 및 부품으로 약 32%의 비중을 차지하며 식용기름(12%), 커피 및 차(2%)와 같은 식품, 보일러/기계류(11%), 열차 및 부품(3%), 광학기기(3%) 등과 같은 기계 장비류, 고무제품(5%), 신발(5%), 의류(7%) 등과 같은 소비재 등 상대적으로 다양한 상품군이 상위 10개 품목에 포함되어 있다.

〈표 5〉 ASEAN의 러시아 수출 상위 10개 품목, 백만 달러, 2021

HS코드	제품 분류	수출액	비중
85	전기기기와 그 부분품, 녹음기 · 음성재생기 · 텔레비전의 영상과 음성의 기록기 · 재생기와 이들의 부분품 · 부속품	4,054	32%
15	동물성 · 식물성 · 미생물성 지방과 기름 및 이들의 분해생산물, 조제한 식용 지방과 동물성 · 식물성 왁스	1,493	12%
84	원자로 · 보일러 · 기계류와 이들의 부분품	1,385	11%
40	고무와 그 제품	677	5%
64	신발류 · 각반과 이와 유사한 것, 이들의 부분품	613	5%
62	의류와 그 부속품(메리야스 편물이나 뜨개질 편물은 제외한다)	476	4%
61	의류와 그 부속품(메리야스 편물이나 뜨개질 편물로 한정한다)	414	3%
87	철도용이나 궤도용 외의 차량과 그 부분품 · 부속품	398	3%
90	광학기기 · 사진용 기기 · 영화용 기기 · 측정기기 · 검사기기 · 정밀기기 · 의료용 기기, 이들의 부분품과 부속품	332	3%
9	커피 · 차 · 마테(maté) · 향신료	265	2%
-	나머지 품목	2,496	-
-	상위 10개 품목총액	10,106	80%
-	총계	12,602	-

출처 : WITS

서비스 교역에서 러시아와 ASEAN의 교역 규모는 2002년 이후 빠르게 증가해왔다. 러시아와 ASEAN의 서비스 교역규모는 코로나 팬데믹 전인 2019년 러시아의 대ASEAN 수출 12억 2천만 달러, ASEAN의 대러시아 수출 37억 달러까지 증가했으나, 2020년부터 러시아의 수출 8억 9천만 달러, ASEAN의 수출액 18억 3천만 달러로 크게 감소했다. 러시아 중앙은행의 자료에 따르면 러시아의 대ASEAN 서비스 수출액은 2020년 1억 2천만 달러에서 2021년 9억 5천만 달러로 꾸준히 증가해왔다. <표 5>에서 보듯 ASEAN 국가 중 러시아의 서비스 수출에서 가장 큰 비중을 차지하는 국가는 베트남과 싱가포르로 이 두 국가는 러시아의 대ASEAN 서비스 수출에서 다른 국가들을 압도하는 규모를 보인다. 러시아의 ASEAN으로부터의 서비스 수입, 즉 ASEAN의 대러시아 서비스 수출액은 2002년 2억 8천만 달러에서 2015년 23억 5천만 달러까지 증가했지만 2021년 8억 달러 수준으로 크게 감소하였다. ASEAN 국가 중 러시아의 서비스 수입에서 가장 큰 비중을 차지하는 국가는 태국과 베트남이라고 할 수 있는데, 2020년까지 전체 ASEAN으로부터의 서비스수입액 중 80% 이상이 이 두 국가의 몫이었다.

<표 6> 러시아의 대 ASEAN 서비스 교역, 백만 달러

	2002		2005		2010		2015		2021	
백만 달러	수출	수입	수출	수입	수출	수입	수출	수입	수출	수입
브루나이	0.0	0.0	2.8	0.3	0.0	0.0	0.6	1.1	0.3	0.3
인도네시아	3.2	125.5	6.1	4.9	53.0	41.0	15.0	4.1	30.4	5.8
말레이시아	3.9	5.0	16.3	11.9	45.0	132.3	64.3	95.4	50.5	42.8
필리핀	7.7	6.1	3.0	1.3	4.8	3.8	15.1	2.3	15.7	7.2
싱가포르	45.1	23.6	79.6	51.1	109.4	153.0	396.0	259.0	732.8	675.0
태국	12.6	109.9	26.2	142.1	20.3	1,001.5	39.9	1,250.9	30.5	47.6
베트남	51.0	15.6	87.1	48.5	161.6	123.2	132.0	731.7	93.1	24.3
합계	123.4	285.6	221.0	260.1	394.2	1,454.8	663.0	2,344.5	953.3	803.0

출처 : 러시아 중앙은행[9]

3. 러시아의 대외정책과 ASEAN

앞서 살펴본 바와 같이 러시아와 ASEAN의 관계는 지난 30여 년간 나름의 발전과정을 거쳐왔고 이를 양자 간의 협력 메커니즘과 교역 관계를 중심으로 살펴보았다. 이 장에서는 러시아의 대외정책에서 ASEAN의 위치를 살펴봄으로써 러시아가 ASEAN 지역에서 추구하는 전략 이익이 무엇인지 가늠해보도록 한다. 이를 위해 먼저 러시아 대외정책의 기본 내용과 전략적 우선순위를 간단하게 살펴보고 러시아의 대 ASEAN 정책에 직접적인 영향을 미칠 것으로 보이는 아시아 회귀 정책과 확대유라시아[10] 파트너십 기획의 내용을 살펴본다. 이상과 같은 논의를 통해 마지막으로 러시아의 대외정책에서 ASEAN의 위치와 양자의 전략적 이익을 도출한다.

1) 러시아의 대외정책 기조

러시아의 대외정책 기조는 러시아가 1993년부터 발표해오고 있는 '러시아연방 대외정책개념Концепция внешней политики России'이라는 공식 외교정책 독트린 문서를 보면 알 수 있다. 1993년, 2000년, 2008년, 2013년, 2016년에 걸쳐 수정 발표된 대외정책개념은 외무부가 작성하여 대통령령으로 승인되는 정책문서로써 러시아의 대외정책 노선, 즉 대외경제정책을 포함하여 모든 대외정책의 기본원칙, 우선가치, 목표 및 과제 등을 규정하는 가장 기본적인 문서[11]이다. 그리고 최근 2023년 3월 새롭게 개정된 대외정책개념이 우크라이

9 https://www.cbr.ru/eng/statistics/ (검색일 : 2023.10.30)

10 'Greater Eurasia'는 학자에 따라 '대유라시아', '대유라시아주의', '확대유라시아', '확장된 유라시아' 등 한글 용어가 통일되어 있지 않다. 여기에서는 직접 인용을 제외하고 '확대유라시아'로 통일한다.

11 제성훈・강부균, 「3기 푸틴 정부의 '대외정책개념'과 정책적 시사점」, 대외경제정책연구원, 12쪽, https://www.kiep.go.kr/gallery.es?mid=a10101010000&bid=0001&act=view&list_no=1874&cg_cod

나 전쟁 이후 서방과의 극심한 갈등 상황에서 발표되었다. 여기서는 먼저 지금까지 러시아의 대외정책개념에서 꾸준히 이어져 온 러시아 대외정책의 기조를 러시아 외교정책의 우선가치와 지역을 중심으로 간단히 알아본다. 그 후 2023년 수립된 대외정책개념에 새롭게 변경된 내용을 살펴본다.

먼저 지역적 차원에서 러시아 대외정책의 가장 큰 우선순위는 근외지역이라 불리는 구소련지역이라고 할 수 있다.[12] 러시아의 대외정책개념은 1996년부터 2016년까지 거의 같은 형식으로 구성되어 왔는데, 일반원칙. 현 세계와 러시아 외교정책, 글로벌 문제의 해결에 있어 러시아의 우선 정책, 지역적 우선순위, 러시아 외교정책의 디자인과 수립 등이 그것이다. 많은 러시아 외교정책 연구자들이 러시아 대외정책개념의 지역적 우선순위 부문에 등장하는 지역별 순서를 그 지역의 중요성으로 인식하고 있다. 지역적 우선순위 부분에는 구소련지역 국가들인 CIS와 카스피해 국가들, EU와 미국 등 서방 국가들, 한국－중국－일본 등 아시아 국가, 중동, 아프리카, 중남미 순으로 배열해 놓아 러시아 대외정책의 지역적 최우선 순위가 근외지역으로 지칭되는 구소련 국가들에 있다는 점을 분명히 해왔다. 동 지역에서 러시아는 대외정책의 우선지향을 CIS 국가들과의 양자 및 다자협력 발전과 CIS 강화로 규정하고 CIS 국가들이 가진 역사적 유산과 다양한 영역에서의 통합 잠재력[13]을 바탕으로 러시아를 중심으로 한 지역통합을 추구해 왔다. 특히 동 지역은 러시아가 자국의 핵심 이익이 결부되는 지역으로 인식하는바 경제적인 통합뿐 아니라 정치 군사적 안보관계의 강화도 지속적으로 추구되어온 공간이라 할 수 있다. 이러한 CIS 지역에 대한 정책적 중요성과 우선순위, 그리고 통합의지를 안보 부문

e=C13 (검색일 : 2023. 11. 03)

12 러시아 대외정책의 최우선순위를 러시아의 핵심 이익이 결부된 구소련국가들로 꼽는 데는 이견이 없을 것이다. 이에 대해서는 다음을 참고 : 강평기, 「러시아 대외정책의 근본방향, 목표, 대외관계 및 평가 : 서구지향에서 강국지향으로 전환」, 『슬라브학보』 25, 제1, 2010, 1~31쪽; 강봉구, 「푸틴 집권3기 러시아의 대외정책－주요 지역과의 관계를 중심으로」, 『대한정치학회보』 20(1), 2013 등

13 제성훈·강부균, 앞의 글, 39~40쪽.

에서 실체화한 것이 집단안보조약기구CSTO(Collective Security Treaty Organization)[14]이라 할 수 있고 경제적 통합을 위한 기획의 산물은 유라시아경제연합EAEU(Eurasian Economic Union)이라고 할 수 있다.

러시아의 대외정책이 지속적으로 드러내고 있는 인식과 방향성은 다극체제 속 국제질서와 강대국으로서 러시아의 위치를 강화하는 것이라고 할 수 있다. 소연방의 해체와 냉전 종식 이후 러시아가 인식하고 추구해 온 국제질서는 다극체제이다. 러시아의 대외정책 입안자들의 공통된 인식은 미국이라는 압도적 슈퍼파워 중심의 국제질서를 다극체제로 전환해야 한다는 것이었다.[15] 이러한 인식은 2013년 대외정책개념에 공식화되었는데, 1990년대 옐친 정부 시절 상실한 강대국 지위를 회복하여 다극체제를 구성하는 하나의 극이 된다는 것이 주요 목표로 설정되었고, 2013년 '대외정책개념'에서는 이미 획득한 지위를 공고화하는 데 초점이 맞춰져 있다.[16] 이러한 인식에서 러시아의 대외정책이 지향하는 방향성은 강대국으로서 러시아로, 이는 대외적인 위협으로부터 국가를 보호하고 정치, 경제, 사회 등 각 방면에서의 국가 발전과정을 통해 강한 국가를 건설하겠다는 것이다. 다극체제 지향은 러시아 대외정책의 현실주의적 국제관계 인식을 드러내는 것으로 길게는 수많은 침략의 경험을 가진 러시아의 역사적 경험에서, 짧게는 옐친 대통령의 후기 대외정책 노선인 유라시아지역의 '독자적 강대국'에서 그 뿌리를 찾을 수 있다. 이는 러시아가 국제무대에서 초강대국을 목표로 하는 것이 아니라 우선적으로 유라시아지역에서 우월한 영향력을 가진 강대국의 지위를 확보하는 것을 목표

14 CSTO가 러시아의 CIS지역 영향력 유지와 통합의도를 반영되었다는 점에는 이견이 없어 보인다. 이에 관한 연구들은 강삼구, 「미국과 러시아의 중앙아시아·카스피해지역 패권정책 : 지역기구를 중심으로」, 『동서연구』 22(1), 2010, 175~211쪽; 김태웅, 「러시아의 CIS 지역 분쟁개입과 지역 안보 레짐의 발전」, 『한국동북아논총』 51, 2009, 149~173쪽; 두진호, 「푸틴 집권 시기 러시아의 안보정책 평가와 전망 : 경로의존성을 중심으로」, 『군사논단』 70, 2012, 13~41쪽 등을 참고.

15 러시아 주요 대외정책 입안자들의 인식에 대해서는 강평기, 앞의 글, 5~8쪽과 12~27쪽 참고

16 제성훈·강부균, 앞의 글, 15쪽.

로 한다.[17] 즉, 러시아가 추구하는 다극체제 국제질서와 결을 같이 하는 것이며, 따라서 모든 대외 정치적 판단 기준은 지역강대국으로서 러시아의 국가이익이다.[18] 강대국 지향정책의 기본 인식은 강대국으로서의 러시아의 지위 유지를 위해서는 러시아 외교정책의 방향을 유럽과 서방뿐 아니라 아시아를 포함한 다방위적인 외교정책의 방향을 유지해야 한다고 본다. 이러한 인식은 제정러시아를 거쳐 소련, 현 러시아까지 이어져 오고 있다.[19]

한편 우크라이나 전쟁 이후 대외정책개념이 올해 3월 승인되었다.[20] 2016년 이후 7년 만에 개정된 대외정책개념이 주목받은 것은 전쟁 이후 첫 개정이라는 점뿐만 아니라 그동안 나타나지 않았던 내용의 변화들이 감지되기 때문이다. 특히 이전의 대외정책개념들에서 드러났던 지역적 범주와 우선순위가 눈에 띄게 달라졌다. 앞서 언급한 바와 같이 CIS 국가들 및 카스피해 국가들, 유럽 및 서방 국가들, 한국－중국－일본 등 아시아 국가, 중동, 아프리카, 중남미 순으로 언급했던 세계를 근외지역; 북극지역; 유라시아지역과 중국, 인도; 아시아・태평양지역; 이슬람 세계; 아프리카; 라틴 아메리카와 카리브해 연안 국가; 유럽지역; 미국과 기타 앵글로・색슨 국가들 등 9개 권역으로 구분하고 있다. 특히 구소련권 국가들을 지칭할 때 사용하던 '근외Near Abroad' 개념이 부활한 점, 유라시아 대륙이라는 항목과 함께 중국과 인도를 특별히 명시한 점, 아시아・태평양 지역을 ASEAN 국가들로 한정한 점, 이슬람 세계라는 생소한 지역 개념을 사용하고 있는 점, 미국을 위시한 영국과 호주, 캐나다를 앵글로・색슨 국가들이라고 칭하면서 순서상 가장 끝에 배치함으로써 외교적 우선순위가 격하되었음을 드러내고 있는 점[21] 등이 눈여겨볼 부분

17 강봉구, 앞의 글, 4쪽.
18 위의 글, 4쪽.
19 강평기, 위의 글, 4~7쪽 참고.
20 https://mid.ru/en/foreign_policy/fundamental_documents/1860586/ (검색일 : 2023.10.30)
21 현승수, "2023년 러시아 연방 대외정책개념의 특징과 시사점", 통일연구원. https://repo.kinu.or.kr/handle/2015.oak/14241 (검색일 : 2023.10.29)

이라 할 수 있다. 또한 미국과 비우호국가들을 신식민주의 국가들로 규정하면서 다극적 국제질서를 구축하기 위해 타도해야 할 대상으로 명문화[22]해 나타냈다는 점과 이를 위해 중국, 인도, 이슬람 세계, 아프리카, 중남미, 동남아시아 국가들과의 관계 강화를 선언하고 있다.

2) 러시아의 아태정책과 확대유라시아

이상 간단히 살펴본 러시아의 대외정책의 기본적인 방향성은 지역적으로는 구소련 지역인 CIS 국가들을 최우선 순위에 둔 다극체제속 지역강대국을 추구하는 데 있다고 할 수 있다. 그리고 이러한 러시아의 대외정책 기조의 변형과 적응은 이른바 아시아로의 회귀라고 불리는 아태지역 경제권으로의 편입 노력과 영향력 확대 시도와 확대유라시아 파트너십으로 불리는 지정학적 기획으로 나타난다고 할 수 있다. 러시아의 아시아 회귀, 즉 아시아 중시 정책 또는 신동방정책은 지난 2012년 12월 연례 국정연설에서 21세기 러시아의 발전 방향은 동방으로 향해야 한다고 강조하면서 시작되어 푸틴 3기 러시아 정부의 주요한 정책 중 하나가 되었다. 이러한 러시아 정부의 아시아 중시 정책의 배경으로 역사적, 대외전략적, 경제적, 국내 정치적 요인 등 다양한 원인들이 제기되었다.[23] 그중 러시아와 ASEAN 관계 측면에서 유의미한 요인은 대외전략적 요인과 경제적 요인이라고 할 수 있다. 러시아의 대외정

22 2023 대외정책개념은 제 4장 '러시아 연방의 대외정책 우선순위에서 다음과 같이 명시했다. "19. В целях содействия адаптации мироустройства к реалиям многополярного мира Российская Федерация намерена уделять приоритетное внимание : 1) устранению рудиментов доминирования США и других недружественных государств в мировых делах, созданию условий для отказа любого государства от неоколониальных и гегемонистских амбиций

23 이에 대해서는 장덕준, 「러시아의 신동방정책과 동북아」, 『슬라브학보』 29(1), 2014; А.В. Торкунов, Д.В. Стрельцов, Е.В. Колдунова, "РОССИЙСКИЙ ПОВОРОТ НА ВОСТОК : ДОСТИЖЕНИЯ, ПРОБЛЕМЫ И ПЕРСПЕКТИВЫ", *Полис. Политические исследования* № 5, 2020, С.8~21 등을 참고.

책개념 및 관련 대외전략 문서들에서 아시아・태평양지역에 주로 따라붙는 형용은 ‘빠르게 성장하는’, ‘역동적으로 성장하는’ 등과 같은 것에서 알 수 있듯, 러시아는 아시아・태평양지역의 경제적 성장과 중요성에 주목하고 동지역으로의 경제적 편입 또는 통합을 추구해 유럽에 의존적인 자국 경제의 구조적 변화를 꾀하며 극동지역의 인프라와 주민들의 삶의 질을 개선함으로써 국가 균형발전을 꾀하고 있다.

〈그림 1〉에서 보는 것과 같이 남아시아를 포함한 아시아・태평양 지역은 전 세계에서 가장 빠르게 성장해온 지역이다. 1968년 불과 15%에 불과하던 아시아・태평양지역의 비중은 빠르게 성장해 2022년 북미와 유럽을 제치고 약 35%로 세계 경제에서 가장 큰 규모를 보인다. 또한 동 지역에는 한국과 일본 같은 첨단기술을 보유한 국가, 중국과 인도, 인도네시아 등과 같이 거대한 노동력 및 소비시장을 가진 국가, 동남아시아 국가들과 같이 임금이 낮으면서도 젊고 교육수준이 높은 노동력을 가진 국가들이 모여있어 그 역동성과 발

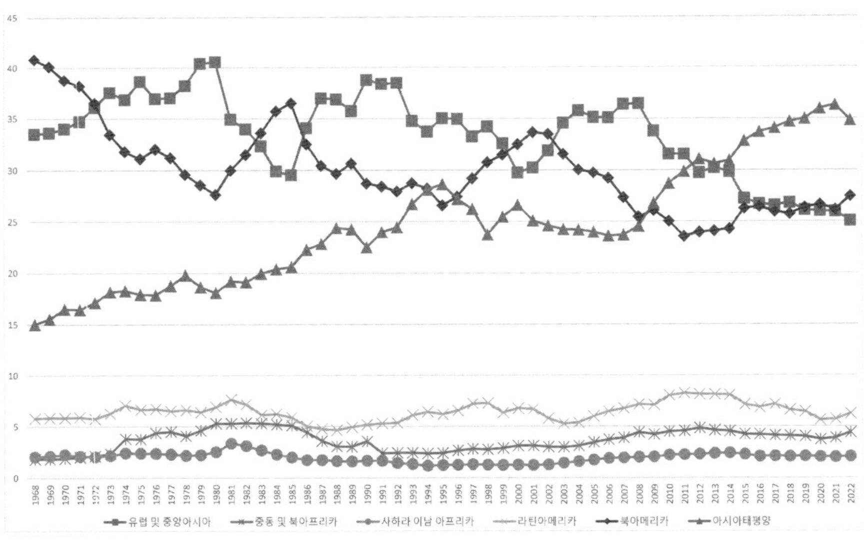

〈그림 1〉 지역별 GDP(current US $) 비중의 변화 1968~2022, %
출처 : 세계은행

전 잠재력은 앞으로도 무궁무진하다고 평가받고 있다. 그럼에도 2023년 현재 러시아의 아시아 회귀정책은 경제적인 측면에서는 성공적이라고 평가받지 못하고 있다. 우크라이나 전쟁 전까지 러시아의 주요 교역 파트너는 유럽 국가들이었으며, 러시아 극동지역의 경제는 아태시장에 편입되지 못했고, 러시아 정부의 대대적인 극동 개발 프로그램에도 불구하고 극동지역의 생활 수준 및 산업 인프라는 러시아 내에서도 여전히 뒤처진 상태이다.

한편 대러시아주의 혹은 확대된 유라시아 파트너십은 러시아의 아시아 회귀 정책보다 한 단계 더 큰 그림의 지정학적 기획 또는 구상이라고 할 수 있다. 이것은 유라시아라는 지역적 공간을 유럽에서 아시아에 이르는 새로운 지역으로 통합하려는 기획이며 이를 러시아와 중국이 주도적으로 끌어나가려는 것이다.[24] 러시아는 현재 미국 주도의 단극체제에서 다극적 세계질서 multipolar world order로의 전환은 불가피한 현실이 되었다는 데서 중국과 상황 인식을 공유하고 있으며, 그러한 전환을 위한 기초는 양국 간에 일대일로와 Northern Polar Road를 통해 다극적 동맹multipolar alliance으로 완성되었고, 이후 인도와 ASEAN을 품어 확대유라시아Greater Eurasia를 구축한다는 전략을 추진하고 있다.[25] 그리고 그 구체적인 방식은 CIS 지역 경제통합 플랫폼인 유라시아경제연합과 일대일로 프로젝트를 추진하는 중국의 상하이협력기구 SCO(Shanghai Cooperation Organization)의 협력을 강화하는 것이다. 따라서 이는 극동지역과 동북아시아를 중심으로 한 러시아의 신동방정책보다 더 큰 지리적 스케일에서 러시아가 오랫동안 자신의 우선적인 대외정책 투사 지역이었던 유럽과 중앙아시아를 포함한 CIS 지역, 동남아시아와 남아시아, 그리고 동북아시아를 아우르는 지정학적 비전으로 볼 수 있다. 물론 이러한 구성 또는

24 Glenn Diesen, "Europe as the Western Peninsula of Greater Eurasia", *Journal of Eurasian Studies* 12(1), 2021.

25 성원용, 「러시아의 신동방정책과 대유라시아주의」, 『비교경제연구』 29(2), 2022, 208~209쪽.

비전에 대한 시각은 다양하다. 이미 러－중간 지역파트너십이 구축된 실체[26]라고 보는 시각이 존재하는 반면, 허상에 불과한 구호[27]라는 시각도 존재한다. 하지만 러시아의 확대유라시아 파트너십 구상을 어떻게 평가하든 이러한 확장된 시각의 구상이 그 자체로 러시아의 ASEAN 인식과 전략에 영향을 미칠 것임은 분명해 보인다. 또한 러시아의 극동지역개발 프로그램의 총합이자 탈유럽 대외정책의 전략적 지평확대라 할 수 있는 아시아 회귀정책의 존재와 실행은 그 성공 여부와 관계없이 러시아의 대 ASEAN 정책을 적극적으로 가져가게 만드는 역할을 할 것이다.

3) 러시아 대외정책에서 ASEAN의 위치와 러시아의 전략 이익

이상 살펴본 러시아 대외정책의 기조와 정책은 러시아의 대외정책에서 ASEAN의 현재 위치를 가늠하고 ASEAN과의 관계에서 러시아가 취하고자 하는 전략적 이익이 무엇인지 추정할 수 있게 한다.

먼저 무엇보다 분명해 보이는 점은 러시아의 대외정책에 있어 ASEAN은 지역적 우선순위에서 앞쪽에 있다고 말하긴 어렵다는 점이다. 앞서 살펴본 바와 같이 러시아의 대외정책의 지역적 우선순위는 전통적으로 CIS 지역, 유럽과 서방 국가, 그리고 아시아 국가의 순이었다. 그리고 아시아 국가 중에서도 러시아의 대외정책이 우선적으로 고려하는 국가들은 한・중・일 등 동북아 국가들이었다. 동북아 국가들은 다른 아시아 국가들에 비해 큰 경제규모와 소비력을 가졌으며 첨단기술 중심의 산업구조를 갖추고 있다. 특히 한・중・일 3국은 세계 10대 원유 및 천연가스 수입국이면서 러시아 극동지역과

26 Glenn Diesen, Op. cit., p.21.

27 Starr, S. Frederic, "Greater Eurasia : Russia's Asian Fantasy", *KENNAN CABLE* 46, January 2020, p.8.

연해 있는 국가들로 러시아의 주력 산업인 에너지 자원 수출은 물론 극동개발 프로젝트의 성공을 위해서라도 긴밀한 협력과 관리가 필요한 국가들이다. 물론 이러한 기조는 앞서 살펴본 바와 같이 가장 최근에 발표된 대외정책개념에서는 상당 부분 변화된 기류를 보인다. 또한 아시아·태평양지역을 ASEAN 국가들로 한정하고 우크라이나 전쟁 이후 서방에 밀착해 있는 한국과 일본은 아예 언급하지 않는 등 상대적으로 ASEAN의 위치가 격상되었다고 할 수 있다. 물론 이러한 변화가 러시아 대외정책 기조의 근본적인 변화인지, 아니면 전쟁이라는 극한의 갈등 상황 속에서 기능적으로 나타난 프로파간다 역할의 변화인지는 아직 단언할 수 없다. 하지만 분명한 것은 러시아의 대외정책에서 ASEAN의 중요성은 예전보다 증가했다는 점이다. ASEAN 국가들은 최근 아시아지역은 물론 세계적으로도 빠르게 성장하는 경제권역 중 하나이며, ASEAN 중심성을 강하게 주창하며 국제 외교무대에서도 그 영향력을 키워나가고 있다.[28] 이에 더해 러시아의 대외정책이 지향하는 다극체제 형성과 확대유라시아 파트너십 구상에서 ASEAN의 가치는 러시아에게는 없어서는 안 될 퍼즐조각과 같다고 할 수 있다. 러시아가 다극체제를 언급할 때, 그것은 중국과 인도의 부상과 역할 강화, 그리고 이들과의 연대를 염두에 둔 것이다.[29] 즉, 중국과 인도와의 연대를 통한 미국에 대응하는 아시아 블록을 구축, 그리고 아시아지역에서의 지역 강대국으로서 이 블록에서 영향력을 확보하고 유지하겠다는 것이다. 이러한 다극체제를 구성하는 하나의 극이 되려는 러시아에게 인도 및 중국으로부터 분명한 독자성을 갖는 ASEAN과의 연대와 협력은 아시아지역에서 중국, 인도와 연대 및 균형을 동시에 이루어야 하는 러시아에게 상당이 유용한 전략적 도구로서 의미를 갖는다. 한편 러

28 이재현, 「이슈브리프 : 아세안 중심성에 대한 이해와 한국의 전략」, 아산정책연구원, https://www.asaninst.org/contents/category/publications/issue-briefs/ (검색일 : 2023.10.29)

29 제성훈·강부균, 앞의 글, 53쪽.

시아는 손상된 서방과의 관계를 보완하기 위해 중국, 인도는 물론 '글로벌 사우스Global South'로 불리는 제3세계 개발도상국들과의 관계 강화에 주력할 것으로 보인다. 또 러시아가 주도하는 다자협력기구들인 EAEU(Eurasian Economic Union, 유라시아경제연합), SCO(Shanghai Cooperation Organization, 상하이협력기구), BRICS(브라질·러시아·인도·중국·남아공)의 확대와 기구 내 러시아의 위상 강화도 도모할 것으로 예상[30]된다. 오랫동안 EAEU-SCO-ASEAN의 연대와 협력을 도모해온 러시아의 전략적 이해와 ASEAN 국가들이 '글로벌 사우스' 범주에 당연히 포함된다는 사실을 고려한다면 러시아가 이러한 '글로벌 사우스' 연대에 ASEAN을 염두에 두는 것은 당연해 보인다. 즉, ASEAN은 지역 강대국을 추구하려는 러시아에게 중국과 인도 사이의 연대와 견제의 균형을 가능케 하는 역할로 러시아의 아시아지역 전략에서 중요한 가치를 가지며, 러시아의 글로벌 전략에서는 글로벌 사우스를 구성하는 하나의 큰 블록으로써 글로벌 사우스와의 연대를 추구하는 러시아에게 가치를 갖는다고 할 수 있다.

한편 확대유라시아 파트너십 구상과 신동방정책과 같은 러시아의 지정학적 구상과 정책에서도 ASEAN은 일정한 역할과 가치를 갖고 있다. 앞서 언급한 바와 같이 러시아의 확대유라시아 파트너십은 인식적으로는 러시아의 국가 정체성이 유럽이나 아시아 어느 한쪽이나 반반이 아닌 유라시아라는 통합적 지역에 기반하고 있다는 것을 의미하며, 개념적으로는 유라시아지역을 '블라디보스토크에서 리스본에 이르는'[31] 통합적 거대지역으로 인식하고 러시아를 중심으로 통합하려는 지정학적 구상임과 동시에 방법론적으로는 EAEU와 일대일로를 추진하는 SCO와의 연대와 협력을 통해 거대한 경제-안보 블록

30 현승수, 앞의 글, 6쪽.

31 '블라디보스토크에서 리스본'은 푸틴 대통령이 2016 상트뻬쩨르부르그 경제포럼에서 확대유라시아 구상을 제기하면서 사용한 말이다(Seçkin Köstem, "Russia's Search for a Greater Eurasia : Origins, Promises, and Prospects", *Kennan Cable* No.40, https://www.wilsoncenter.org/publication/kennan-cable-no-40-russias-search-for-greater-eurasia-origins-promises-and-prospects).

을 구축하겠다는 것이다. 여기서 '확장된 유라시아'의 개념은 유라시아에서의 다양하고 다층적인 국제협력을 뜻하며 유라시아지역 내 특정 프로젝트를 목적으로 하는 국제기구를 창설하고 특정 영역에서 개별 국가의 의지와 이익을 바탕으로 협력하는 것을 의미한다.[32] 또한 기존의 역내기구, 즉 SCO, ASEAN, APEC 등과 같은 아시아 지역내 다자협력기구와 EAEU와의 협력을 통해 경제적 통합을 추구하고 EAEU와 역내 주요 국가들과의 FTA를 추진한다. 즉, 확대유라시아 구상의 핵심은 EAEU를 이용한 경제협력과 통합이며 이 과정에서 핵심적인 파트너로 인식되는 것이 SCO와 ASEAN인 것이다.[33] 중국과 러시아의 영향력이 강한 SCO와 EAEU와는 달리 ASEAN은 중국과 러시아의 영향력 밖에 있는, 특히나 러시아와는 지리적, 역사적, 문화적으로 멀리 떨어진 10개 국가의 연합이다. 즉, EAEU와 SCO의 연대와 통합이 러시아와 중국의 협력 범위를 크게 뛰어넘지 못하는 성격인 데 반해 ASEAN과의 협력은 지리적으로나 경제적으로 기존의 범위를 넘어서는 진정한 외연 확장의 성격을 갖는다는 점이다. 다시 말해 러시아가 추구하는 EAEU-SCO-ASEAN 연대는 러시아의 확대유라시아 파트너십 구상의 확장 가능성을 보여주는 시금석이 될 것이다.

러시아의 대외정책에서 ASEAN은 분명 최우선 순위에 있는 정책 대상은 아니다. CIS 국가들, 중국, 인도, 동북아 국가들 등 러시아의 대외정책에서 ASEAN보다 앞선 순위의 국가와 지역들이 다수 존재한다. 하지만 이상 살펴본 바와 같이, 그럼에도 러시아의 대외정책에서 ASEAN이 갖는 가치는 ASEAN의 독자성에 있고, 러시아의 지역구상과 우크라이나 전쟁 이후 러시아가 구상하는 대외정책은 ASEAN의 중요성을 더욱 강조하고 있다고 할 수 있다.

32 김선래, 「러시아의 '확장된 유라시아 파트너십' 개념과 중러 협력」, 『러시아연구』 32(1), 2022, 34쪽.
33 김영진, 「러시아의 아시아 중시 정책의 주요 내용과 평가」, 『중소연구』 46(2), 2022, 34쪽.

4. 러시아와 ASEAN의 협력 유망분야

앞서 우리는 러시아와 ASEAN의 관계발전과 러시아의 대외정책에서 ASEAN의 위치와 중요성을 살펴보았다. 이 장에서는 이상의 논의를 바탕으로 러시아와 ASEAN 사이의 주요 부문에서의 협력 유망분야를 살펴봄으로써 러시아의 대 ASEAN 협력 정책의 발전 방향을 가늠해보고자 한다.

1) 에너지 자원 교역

에너지 자원의 생산과 수출은 러시아의 산업은 물론 정부 재정수입에서도 매우 중요한 위치를 점하고 있다. 2021년 기준 석유가스 산업은 러시아 GDP의 17.4%를 차지하고 있으며 투자의 11%, 수출의 48%를 담당하고 있다.[34] 더군다나 러시아는 이러한 에너지 자원을 최소한 전략적 도구 내지는 무기로 사용해오고 있다. 이렇듯 매우 중요한 전략산업이라고 할 수 있는 러시아의 에너지 자원 수출은 그동안 대단히 유럽 의존적이었다. 특히 러시아의 재정수입과 전략적 도구로서 역할이 큰 천연가스 수출의 경우 우크라이나 전쟁 이전에는 절반 가까이 유럽에 의존하고 있었다. ESPO(Eastern Siberia-Pacific Ocean oil pipeline), 시베리아의힘 등 중국향 에너지 파이프라인의 건설과 사할린 LNG 터미널 등 러시아는 그동안 중국을 중심으로 한 아시아 시장으로의 에너지 자원 수출 다각화를 추진해 왔다.

한편 ASEAN 국가들의 에너지 소비량은 그 경제적 성장과 더불어 빠르게 증가하고 있다. ASEAN 국가들의 에너지 소비량은 1차 에너지 공급량 기준 2000년에서 2020년 사이 약 79% 증가했다. 같은 기간 전통적인 에너지 고소

34 "РОССИЙСКИЙ СТАТИСТИЧЕСКИЙ ЕЖЕГОДНИК 2021", Федеральная служба государственной статистики, https://rosstat.gov.ru/folder/210/document/12994 (검색일 : 2023.11.10)

비 국가들이 밀집한 북미와 유럽지역의 에너지 소비량은 -7%와 -9%의 증가율을 보였고, 중남미와 아프리카는 각각 31%와 68%로 ASEAN 국가들보다 낮은 증가율을 보였다. 동기간 중동과 동북아시아는 100%가 넘는 증가율을 보였다.

〈표 7〉 지역별 1차 에너지 공급량 증가, %

	2005*	2010	2015	2020	20년 평균
ASEAN	22%	16%	11%	14%	79%
유럽	6%	-2%	-8%	-6%	-9%
중남미	12%	18%	10%	-10%	31%
중동	31%	31%	18%	4%	112%
아프리카	19%	17%	13%	7%	68%
북아메리카	3%	-4%	0%	-6%	-7%
동북아시아**	37%	31%	13%	12%	127%

출처 : IEA
* 2000년 대비 증가율
** 한중일 3국

ASEAN 국가들의 에너지 소비량 증가율이 중동과 동북아시아 국가들보다는 낮게 나타나지만, 다음을 고려했을 때 ASEAN은 러시아가 가장 주목하는 에너지 수출 확대 시장 중 하나이다. ASEAN은 러시아에게 가장 가용한 시장이다. 중동은 산유국들이 대부분인 지역으로 러시아가 수출확대를 고려할 대상이 아니다. 〈표 7〉에서 가장 높은 에너지 소비증가율을 보인 동북아시아는 그 증가율의 대부분이 중국으로부터 나왔다. 중국으로의 에너지 자원 수출 증가가 러시아가 앞으로도 추구해야 할 방향인지, 아니면 관리의 대상인지는 논의가 필요하다. 즉, 이미 러시아는 중국으로의 에너지 수출량을 상당량 증가시켜왔다. 러시아 정부가 "에너지 전략"에서 언급하는 아태지역 수출 증가를 통한 에너지 자원의 수출 다각화라는 목적을 고려할 때 중국은 더 이상 최선의 선택지가 아니다. 이에 반해 ASEAN 국가들은 전체 에너지 수입에서 아직 러시아산의 수입 비중이 매우 낮은 상태이며, 아직 많이 남아있는 경제

성장 여력, 충분한 크기의 시장, 상당히 젊은 인구구성 등 러시아가 아태지역 에너지 수출 확대 파트너로 삼기에 이상적인 조건들을 갖추었다. ASEAN 국가들에게도 러시아는 안정적인 에너지 수급 등을 위해 협력해야 할 전략적 파트너이다. 〈표 7〉과 같이 ASEAN의 에너지 소비량은 빠르게 증가하고 있다. 또한 ASEAN 전체에서는 생산-소비 배율이 약 1.1~1.2 사이에서 일정하게 유지되고 있으나, 말레이시아, 베트남, 캄보디아 등에서 이 배율이 급격히 악화하였다.[35] 또한 〈그림 2〉에서 보듯 2000년 이후 태국, 인도네시아,

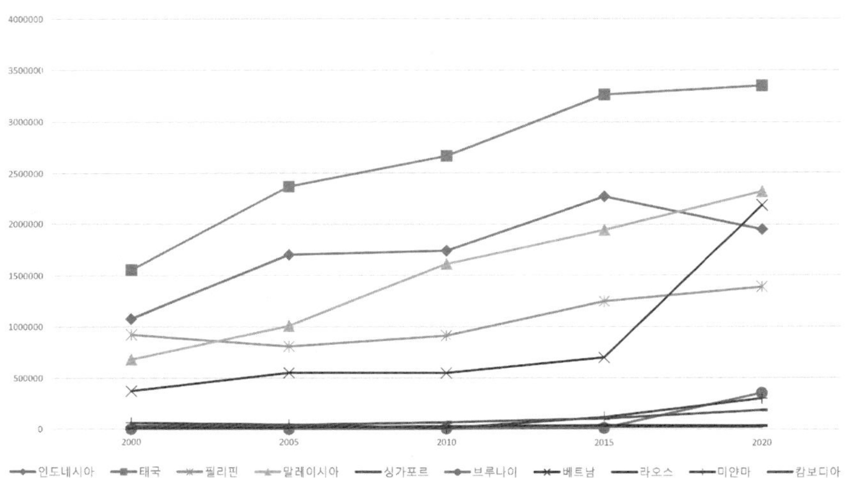

〈그림 2〉 ASEAN 국가별 1차 에너지 총 수입량, TJ
출처 : IEA

35 에너지자원 생산-1차공급 배율(생산/공급)

	2000	2005	2010	2015	2020		2000	2005	2010	2015	2020
인도네시아	1.5	1.6	1.8	2.0	1.9	브루나이	0.0	0.0	0.0	0.1	2.1
태국	0.6	0.6	0.6	0.6	0.5	베트남	1.4	1.5	1.1	1.0	0.6
필리핀	0.5	0.6	0.6	0.5	0.5	라오스	0.9	0.9	0.8	0.8	1.0
말레이시아	1.6	1.5	1.2	1.1	1.0	미얀마	1.2	1.5	1.6	1.5	1.2
싱가포르	0.0	0.0	0.0	0.0	0.0	캄보디아	0.8	0.8	0.7	0.6	0.5

출처 : IEA

말레이시아, 베트남과 같이 역내에서 경제적으로 큰 비중을 차지하는 국가들의 에너지 수입량이 빠르게 증가하고 있는 추세이다. 따라서 ASEAN 역시 안정적인 역내 에너지 안보를 위해 러시아와 에너지 부문에서의 협력을 증대시키려는 동인은 충분한 것이다.

주요 화석에너지원 중 천연가스는 러시아와 ASEAN 사이의 에너지 관계에서 가장 유망한 협력 아이템이 될 것으로 보인다. ASEAN 지역에서 석탄이 여전히 가장 큰 에너지원으로 소비되지만, 천연가스 소비가 전력 생산에서 차지하는 비중이 2050년 23.6%까지 증가할 것으로 예측되는 반면 석탄은 10.6%로 감소할 전망이다.[36] 현재 ASEAN 국가들은 에너지 자원 수출국이지만 경제 발전으로 인한 소비 증가로 향후 몇 년 안에 국내 생산량이 최고조에 달하게 되고 결국 순수입국이 될 전망이다.[37]

2) 테러대응

우크라이나 전쟁 이후 서방세계가 러시아를 맹비난하고 다양한 제재를 가한 것과는 달리 ASEAN 국가들은 국가별로 다양한 반응을 보이고 있다. 인도네시아, 태국, 말레이시아와 같이 비동맹 기조 속에 중립적이고 신중한 자세를 취하는 국가가 있는 반면, 싱가폴, 필리핀과 같이 유엔에서 러시아의 우크라이나에 대한 배상금을 요구하는 결의안에 찬성표를 던진 국가도 있다. 즉, 서방세계와 달리 우크라이나 전쟁에 대한 ASEAN 국가들의 반응은 그 수위가 다양하며, 이러한 다양한 입장이 ASEAN이 국가연합 수준에서 러시아와 우크라이나 전쟁 이전과 같은 집단적 협력 발전을 군사안보 및 방산 분야에

36 "The 7th ASEAN Energy Outlook (AEO7)", ASEAN Centre for Energy (ACE), https://aseanenergy.org/ (검색일 : 2023.11.01)

37 Ramona S. Visenescu, "Russian-ASEAN cooperation in the natural gas sector. Lessons from the Russian-Vietnamese relation", *Energy policy* 119, 2018, pp.515~517.

서 논하기는 어려워 보이게 만든다는 것이다. 물론 동남아시아지역의 무기 공급에 있어 러시아가 가장 큰 역할을 해온 국가였던 것은 분명하다. 특히 베트남과 같이 전통적으로 러시아산 무기체계에 의존해왔던 국가의 경우 서방이나 한국과 같은 다른 무기체계로 한순간에 전환하는 것은 비현실적이라 할 수 있다. 또한 ASEAN이 우크라이나 전쟁 전인 지난 2021년 12월 러시아와 최초의 해군합동훈련인 'ARNEX-21'을 자바해에서 진행[38]하는 등 우크라이나 전쟁 전까지 양자간의 군사분야 협력이 발전되어 온 관성을 무시할 수도 없는 것도 사실이다. 하지만 베트남 정부가 중국 견제를 위해 미국과의 관계강화를 추진해 나가면서도 비밀리에 러시아산 무기의 대규모 수입을 추진[39]했던 것이나 러시아가 인도양과 동남아시아 해상에서의 군사훈련을 ASEAN이 아닌 미얀마와 진행[40]했다는 점 등은 오히려 우크라이나 전쟁 이후의 상황이 ASEAN 수준에서 러시아와 군사안보 및 방산 분야에서 적극적인 협력을 추진해 나가기 어려운 상황임을 방증한다고 할 수 있다.

전통적 군사안보 이외에 러시아와 ASEAN이 동남아시아 지역에서 공유할 수 있는 안보 이슈는 이슬람 테러리즘과 관련된 문제이다. 러시아와 ASEAN 국가들은 모두 이슬람 극단주의 테러에 대단히 민감하고 강경한 입장이다. 이는 이들이 최근까지 지속적으로 이슬람 테러공격에 노출되어 왔기 때문이다. 러시아의 경우 체첸공화국, 카바르디노발카르공화국, 다게스탄 공화국 등 북카프카스 자치공화국들에 이슬람 인구 비중이 높고 ASEAN 국가들에서

38 "Russia, Southeast Asia conclude first joint naval exercise", *Reuters*, December 4, 2021, https://www.reuters.com/world/asia-pacific/russia-southeast-asia-conclude-first-joint-naval-exercise-2021-12-04/ (검색일 2023.12.27)

39 송태화, 「베트남의 아찔한 양동작전… '11조원' 러 무기수입 추진」, 『국민일보』, 2023년 9월 11일, https://m.kmib.co.kr/view.asp?arcid=0924320408&code=11141100&sid1=int&sid2=0001 (검색일 : 2023.12.27)

40 Pooja Bhatt, "The Indian Ocean Is Witnessing a Surge in Russian Military Exercises", *The Diplomat*, December 13, 2023, https://thediplomat.com/2023/12/the-indian-ocean-is-witnessing-a-surge-in-russian-military-exercises/ (검색일 : 2023.12.27)

도 이슬람 인구 비중이 국가마다 다르지만, 상당한 수준이다.[41] 러시아는 소연방 붕괴 이후 체첸공화국의 독립 요구로 인한 일종의 내전을 겪었고 이후 지속적으로 북카프카즈 이슬람 테러집단과 ISIS의 테러공격을 받아왔다. 아래 〈표 8〉과 같이 러시아는 2000년대 들어 10차례가 넘는 이슬람 테러공격을 겪어왔다. 특히 베슬란 학교 인질극, 2010년 모스크바 지하철 테러, 2011년 도모제도보 공항 폭탄테러, 2014년 그로즈니 총격, 2017년 페테르부르크 지하철 테러 등 대도시와 일반 국민들의 생활에 밀착된 공간에서의 테러공격은 러시아가 이슬람 테러 방지에 대단히 큰 관심과 노력을 기울이게 만들었다.

한편 ASEAN 국가들에서의 이슬람 테러 문제는 2002년 발리 폭탄테러를 기점으로 그 심각성이 인식되었다. 2002년 10월, 200여 명이 사망한 인도네시아 발리 나이트클럽 폭탄테러는 동남아시아 테러의 심각성에 있어서 전환점이 된 사건이었다.[42] ASEAN 역내의 이슬람 테러 공격은 대부분 인도네시아와 말레이시아같이 이슬람 인구 비중이 높거나 절대 숫자가 많은 국가에서 일어났다. 특히 ASEAN 지역에서의 이슬람 테러 공격은 동 지역의 국가들에 상대적으로 이슬람 인구 비중과 절대수가 높은 국가들이 많고, 밀림으로 이루어진 지역이 많아 테러 조직이 은폐하기 쉬우며, 상대적으로 국경 지역의 통제가 허술하고 비자 규제가 강하지 않기 때문에 등의 이유가 꼽힌다. 러시아에서의 이슬람 테러 공격은 과거 체첸 반군을 중심으로 한 이슬람 테러 세력에 의한 것에서 점점 ISIS에 의한 테러공격이 중심이 되고 있다. 한편

41 ASEAN 국가들의 이슬람 인구 비중은 다양하다. 2023년 미 국무부 종교자유 보고서에 따르면 인도네시아 약 2억 2천 900만 명(전체인구 중 87%), 태국 375만 8400명(5.4%), 필리핀 698만 1710명(6.4%), 말레이시아 2152만 6500명(63.5%), 싱가포르 92만 4백명(15.6%), 브루나이 39만 2400명(82.1%), 베트남 약 80,000명(0.0008%), 미얀마 247만 3600명(4.3%), 캄보디아 33만 4200명(2%) 등이며 라오스는 그 수가 극미해 집계되지 않는다("2022 Report on International Religious Freedom", U.S. Department of State, https://www.state.gov/reports/2022-report-on-international-religious-freedom (검색일 : 2023.11.03).

42 최진태, 「동남아시아 이슬람 테러리즘 현황 및 전망에 관한 연구」, 『한국경호경비학회지』 14, 2007, 550쪽.

ASEAN 지역에서의 이슬람 극단주의 테러 공격은 그동안 거의 대부분 ISIS의 소행이었다.

〈표 8〉 러시아와 ASEAN 지역에서 주요 이슬람 극단주의 테러 현황

러시아				
#	년월	명칭	장소	테러주체
	02' 10월	모스크바 극장 인질극[43]	모스크바	체첸반군
1	04' 9월	베슬란학교 인질극[44]	북오세티아	체첸반군
2	10' 3월	모스크바 지하철 폭탄테러[45]	모스크바	이마라트 캅카스
3	11' 1월	도모제도보 공항 폭탄테러[46]	모스크바	체첸반군
4	12' 5월	마하치칼라(Makhachkala) 공격	다게스탄	이마라트 캅카스
5	14' 10월	그로즈니 폭탄테러	체첸	Opti Mudarov
6	14' 12월	그로즈니 총격	체첸	이마라트 캅카스
7	15' 12월	데르벤트(Derbent) 사원 총격	다게스탄	ISIL
8	17' 4월	뻬쩨르부르그 지하철 폭탄	뻬쩨르부르그	Imam Shamil Battalion
9	18' 2월	키즐랴르(Kizlyar) 교회 총격	다게스탄	ISIS
10	19' 3월	스타브로폴(Stavropol) 총격	슈파콥스키	ISIS
11	19' 4월	콜롬나(Kolomna) 폭탄 미수	콜롬나	ISIS
12	19' 7월	아치호이마르타놉스키 공격	체첸	ISIS
ASEAN				
#	년월	명칭	장소	테러주체
1	02' 10월	발리 폭탄테러	인도네시아	ISIS
2	09' 7월	자카르타 호텔공격	인도네시아	알카에다
3	16' 1월	자카르타 테러	인도네시아	ISI

43 「체첸 자살특공대 40여명 오페라극장 난입 모스크바서 700명 인질극」, 『중앙일보』, 2002.10.25, https://www.joongang.co.kr/article/4366711#home (검색일 : 2023.11.22)

44 "Beslan School Siege Fast Facts", *CNN Editorial Research*, https://edition.cnn.com/2013/09/09/world/europe/beslan-school-siege-fast-facts/index.html (검색일 : 2023.11.17)

45 "Moscow metro bombs kill dozens", *The Guadian*, 2010, https://www.theguardian.com/world/2010/mar/29/moscow-metro-bombs-explosions-terror (검색일 : 2023.11.17)

46 "Moscow bombing : Carnage at Russia's Domodedovo", *BBC*, 2011, airport(https://www.bbc.com/news/world-europe-12268662) (검색일 : 2023.12.24)

4	16' 6월	모비다 바 수류탄 공격	말레이시아	ISI
5	17' 5월	마라위 전투	필리핀	ISI
6	18' 5월	수라바야(Surabaya) 교회 폭탄테러	인도네시아	ISI
7	19' 1월	홀로(Jolo) 교회 폭탄테러	필리핀	ISI
8	20' 8월	홀로(Jolo) 섬 폭탄테러	필리핀	ISI
9	22' 12월	반둥 자폭테러	인도네시아	ISI

출처 : CNN Editorial Research, The Guadian, 중앙일보, BBC 등 국내외 언론을 저자가 취합

이러한 배경에서 2019년 국가로서 ISIS가 사실상 와해되고 ISIS에 가담하였던 자국민이 돌아오면서 러시아와 ASEAN 국가들에서 이슬람 극단주의 테러세력의 토착화 및 확산을 통제하는 것은 국가안보 차원에서도 매우 중요한 문제가 되었다. 2019년 바구즈 전투에서 패배 후 ISIS는 영토를 완전히 상실하게 되었고 이는 준 국가세력에 해당하던 ISIS가 지하드 이념에 기반한 테러조직으로 변모하였음을 의미하였다. 또한 중동 지역에서 퇴각하게 되면서, 조직의 생존을 위해 새로운 기반 지역을 모색해야 함을 의미하기도 하였다.[47] 이러한 맥락에서 ISIS는 필리핀과 인도네시아를 중심으로 동남아시아에서 세력 재확대를 모색하고 있다. 가장 최근의 외교장관 회담의 내용은 이 분야에서 러시아와 ASEAN의 협력 의지가 담겨 있는데, 여기서는 초국가적 범죄에 대한 ASEAN+러시아 고위관료회의SOMTC Plus Russia Consultation과 ASEAN+러시아 마약 문제 고위관료회의ASOD 등을 통해 테러리즘, 초국가적 범죄, 불법 마약 밀매를 조장하는 테러리즘과 폭력적 극단주의 퇴치 협력을 강화하기로 결의하였다. 그리고 이를 위해 안보 문제 고위 대표의 ASEAN－러시아 협의 개시, 2021~2023년 아세안 국방장관회의 플러스 대테러 전문가 실무그룹 등을 지속적으로 개최하기로 합의했다. 이렇게 러시아와 ASEAN이 모두 안보

47 박보라, 「알 바그다디 사후 1년, ISIS 위협 평가와 전망」, 『국가안보전략연구원 이슈브리핑』 통권 224, 2020, 1쪽.

위협으로 간주하고 있는 이슬람극단주의 테러공격에 대한 공동대응 및 협력을 바탕으로 마약밀매와 같은 국경을 넘어서는 범죄에 대한 대응으로도 그 범위를 넓혀 나가고 있다. 러시아와 ASEAN 사이에 지난 2021년 채택된 "ASEAN 국가들과 러시아의 전략적 파트너 관계 이행을 위한 포괄적 행동계획(이하 행동계획, Comprehensive Plan of Action (CPA) to Implement The Association of Southeast Asian Nations and The Russian Federation Strategic Partnership (2021~2025))"[48]에는 주요 협력 이행 과제 중 하나로 테러리즘 대응과 초국가적 범죄Counter-Terrorism and Transnational Crime를 꼽고 있다. 여기에는 테러와 범죄에 대응하기 위한 외교적 노력, 국제적 협력, 러시아와 ASEAN 사이의 제도적, 법률적 협력 및 논의, 실무기관 사이의 협력과 교류, 정보교환, 테러집단의 ICT 기술 사용 및 자금차단 등 실용적 협력의 확대 등을 이행 과제로 꼽고 있다.

3) 식량안보

이상 살펴본 에너지, 테러대응 분야 이외에 러시아와 ASEAN 사이에 협력의 발전이 유망한 분야 중 하나는 식량안보 부문이다. ASEAN 국가들의 인구는 2030년에는 7억 2,300만 명에 이를 것으로 예상되며 급속한 인구 증가, 가처분 소득 증가, 도시화, 식생활 패턴 변화로 인해 ASEAN 국가들의 모든 사람에게 충분하고 영양가 있는 식량을 보장해야 하는 식량 시스템에 대한 압력이 증가할 것으로 예상된다.[49] 또한 COVID-19 팬데믹에 이은 우크라이나 전쟁으로 인한 국제 식량공급망의 교란, 기후변화로 인한 식량 생산 조건

48 "COMPREHENSIVE PLAN OF ACTION (CPA) TO IMPLEMENT THE ASSOCIATION OF SOUTHEAST ASIAN NATIONS AND THE RUSSIAN FEDERATION STRATEGIC PARTNERSHIP (2021-2025)", ASEAN, https://asean.org/wp-content/uploads/2021/10/83.-ASEAN-RU-CPA-2021-2025-Final.pdf (검색일 : 2023.12.24)

49 Sundram Pushpanathan, "Food security in ASEAN : progress, challenges and future", *Frontiers in Sustainable Food Systems* 7, 2023.

의 급격한 변화 등은 동 지역의 식량안보 우려를 더욱 가중시키고 있다. 이러한 우려를 반영해 지난 9월 ASEAN 정상회의에서 식량안보와 영양 공급 강화에 관한 ASEAN 리더들의 선언문ASEAN leaders' declaration on strengthening food security and nutrition in response to crises을 채택하였다. 이 성명에서 ASEAN 국가들의 식량안보 수준 개선을 위한 역내 국가 간 협력과 연구개발, 기존 식량안보 매커니즘의 활용과 연계, 국제기구 및 씽크탱크들과의 협력 등 다양한 목표와 과제들이 언급되었으며, 식량위기 대응을 위해 전략적 및 발전 파트너들과의 협력을 제시하고 있다.[50] 이 정상회담에서는 호주, 캐나다, 러시아, 인도 등 ASEAN 파트너 4개국과 식량 공급 확대를 위한 협력을 합의하였고, Marsudi 인도네시아 외무장관은 "밀과 비료의 세계적인 생산국으로서의 러시아의 지위를 고려할 때 러시아의 지원은 매우 중요하다"고 언급했다.[51] 이는 ASEAN 국가들의 곡물생산 특징과 연결되어 있다. 동 지역에서의 곡물 생산 중 쌀과 옥수수가 차지하는 비중은 거의 99%에 육박하며, 대두, 밀, 보리, 수수, 기장 등은 1%에 불과하다.[52] 문제는 ASEAN 지역의 생활수준 향상과 도시화 증가로 인한 식생활의 변화, 가축사료용 곡물의 수요 증가 등 쌀 이외의 곡물에 대한 공급 압력이 점점 심해진다는 점이며, 러시아와 같은 밀 생산 대국과의 협력이 ASEAN 국가들에게는 특히 효과적일 수 있는 지점이다.

〈표 9〉 ASEAN의 곡물 수입 중 러시아의 비중, 백만 달러

	곡물 총수입액			밀 수입액				FFPI**
	총계	러시아	비중 A*	총계	러시아	비중 B*	비중 C*	
2012	9,782	21	0%	5,253	20	0%	97%	137

50 https://asean.org/wp-content/uploads/2023/09/ASEAN-Declaration-on-Strengthening-Food-Security.pdf (검색일 : 2023.12.23)

51 "ASEAN Secures Food Supply with Four Countries", KOMPAS, https://www.kompas.id/baca/english/2023/09/07/en-asean-amankan-pasokan-pangan-dengan-empat-negara (검색일 : 2023.12.13)

52 Pushpanathan, Op. cit.

53 https://data.aseanstats.org/trade-annually (검색일 : 2024.03.19)

54 https://www.fao.org/worldfoodsituation/foodpricesindex/en/ (검색일 : 2024.03.19)

2013	9,093	113	1%	4,892	113	2%	100%	129
2014	10,037	99	1%	4,927	99	2%	100%	116
2015	10,390	74	1%	5,239	73	1%	98%	96
2016	10,290	58	1%	5,836	45	1%	77%	88
2017	9,799	591	6%	5,967	443	7%	75%	91
2018	12,935	1,211	9%	6,643	1,186	18%	98%	101
2019	12,835	445	3%	6,730	445	7%	100%	97
2020	12,966	517	4%	6,419	407	6%	79%	103
2021	17,122	61	0%	8,434	21	0%	34%	131
2022	18,792	41	0%	9,368	25	0%	61%	155

출처 : 아세안통계포털,[53] 국제식량기구[54]
* 비중 A : ASEAN의 전체 곡물 수입 중 전체 러시아산 곡물의 비중; 비중 B : ASEAN의 전체 밀 수입 중 러시아산 밀의 비중; 비중 C : ASEAN의 전체 러시아산 곡물 수입 중 밀의 비중
** FAO Food Price Index

위의 〈표 9〉에서와 같이 ASEAN의 곡물 수입은 꾸준히 증가해 왔고, 그중 밀 수입액 역시 최근 들어 눈에 띄는 증가추세를 보이고 있다. ASEAN의 전체 곡물 수입 중 러시아의 비중은 2017~18년 기간 중 크게 증가했다 코로나 팬데믹 이후 빠르게 감소해 미미한 수준이다. 〈표 9〉의 '비중 B'값과 '비중 C'값에서 알 수 있듯, ASEAN의 러시아산 곡물 수입은 밀을 중심으로 이루어져 왔으며 2018년에는 ASEAN의 전체 밀 수입 중 18%를 차지했다. 즉, 지난 10년간 꾸준히 증가한 ASEAN의 밀 수입량과 러시아의 밀 생산능력, 그리고 ASEAN의 밀 수입 중 상당한 비중을 차지했던 경험 등을 고려했을 때 ASEAN과 러시아가 밀을 중심으로 한 식량안보 협력을 발전시켜 나가는데 충분한 조건이 조성되어 있다고 할 수 있다.

5. 맺는말

여기까지 러시아와 ASEAN의 관계 발전과정과 러시아의 대외정책에서

ASEAN의 위치, 러시아와 ASEAN의 주요 협력 유망분야들을 살펴보았다. 앞서 본 것과 같이 러시아와 ASEAN의 관계는 러시아연방이라는 국가의 성립과 함께 시작되었다고 할 수 있다. 양자 간 다양한 협력 매커니즘과 채널이 존재해왔으며 다양한 수준과 주제에서 양자 간 연대와 협력이 이루어져 왔음을 보았다. 또한 러시아의 입장에서 ASEAN은 지역적 차원의 전략뿐 아니라 글로벌 차원의 대외전략에 있어서 앞으로 더욱 중요한 의미를 가질 수 있는 거대 지역연합체임을 알 수 있었다. 그리고 에너지, 테러 및 식량안보 등 주요 분야에서 러시아와 ASEAN이 상호 협력을 더욱 심화 발전시켜나갈 수 있는 필요와 상보성을 갖고 있음을 확인하였다.

하지만 양자간의 전략적 파트너십의 의제들이 실행되고 주요 협력 유망분야에서 협력 발전이 이루어지기 위해서는 러시아와 ASEAN 사이에 구조적으로 존재해온 협력의 장애 요인들을 제거해 나가야 할 필요성은 여전히 존재한다. Kanaev[55]에 따르면 러시아와 ASEAN의 관계 발전을 가로막는 장애요인은 크게 물리적 연결성, 제도적 연결성, 그리고 사람 대 사람 연결성 문제로 구분된다. 물리적 연결성 문제는 러시아 극동의 부족한 교통 인프라와 러시아 극동지역의 아태지역 물류 네트워크에 대한 불충분한 통합성 때문에 발생하는 현저히 비싼 교통 및 물류비용, 러시아의 주요 대도시와 동남아시아 도시들로 연결된 직항 항공노선의 부족, 러시아의 철도 수송망과 항만들의 낮은 처리능력으로 인한 비효율 등 주로 러시아 동아시아지역의 인프라 개발과 지리적인 거리로 인해 발생하는 문제이다. 이는 상당 부분 소련과 러시아가 그동안 동아시아지역의 공급-생산망에 참여하지 않아 온 것은 물론 동아시아의 지역화 과정에도 참여하지 않아온 것에 원인이 있다고 할 수 있다. 즉, 이는 상당 부분 러시아의 극동지역개발과 결부되어 있다

55 Evgeny Kanaev, "Reenergizing the Russia-ASEAN Relationship : The Eurasian Opportunity", *Asian Politics & Policy* 10(4), 2018, pp.732~751.

고 할 수 있다.

두번째 장애요인인 제도적 연결성 문제는 러시아와 ASEAN 사이에 구축되어 있는 다양한 대화 및 협력 플랫폼들이 존재만 할 뿐 제 역할을 하지 못하고 연락만 유지하는 정도의 역할만을 수행한다는 것이다. 즉, 러시아-ASEAN 사이에 충분한 제도적 협력 장치 및 통로가 있음에도 불구하고 이들 제도적 장치들이 실제 작동하는 데에는 한계를 보인다는 것이다. Kanaev (2018)은 이는 상당부분 러시아의 정부 기관들이 이들 플랫폼의 활동을 충분히 지원하지 못하고 번거로운 관료주의적 절차로 인해 러시아와 ASEAN 사이의 협력 프로젝트의 선택과 실행 모두가 지연되는 것으로 보았다.

마지막 사람 대 사람의 연결성 문제는 러시아와 ASEAN 사이의 낮은 인적 교류 수준의 문제이다. 러시아는 중국이나 인도와 달리 동남아시아 지역에 어떤 민족적 연결고리도 갖고 있지 못하다. 또한 러시아와 ASEAN국가들 사이에 노동이주도 거의 존재하지 않는 수준이다. 즉, 러시아와 ASEAN 국가들이 어떤 방식으로든 사람 대 사람으로 대면하고 서로를 경험할 수 있는 기회가 제한적인 것이다. 또한 러시아는 동남아 시장에서 대량 소비될 수 있는 제품이나 브랜드를 갖고 있지 못하며, 많은 러시아 중소기업들은 동남아시아를 유망한 시장으로 보지 않는다. 즉, 러시아와 ASEAN의 국민들은 서로를 간접적으로라도 경험할 수 있는 기회가 제한적이다.

이러한 장애요인과 더불어 앞서 살펴본 바와 같이 러시아의 대 ASEAN 전략은 CIS 지역이나 서방과의 관계에 비해 우선순위가 떨어지며, 아시아에서도 러시아에게는 중국이나 인도 관계의 종속변수로 인식될 수밖에 없다는 점 등도 장기적으로는 장애요인이라 할 수 있다.

러시아는 우리나라의 북방정책의 주요 대상이었으나 우크라이나 전쟁 이후 급격히 그 관계가 냉각되어가고 있다. 동남아시아는 최근 빠르게 성장하는 지역으로 우리 정부도 이른바 '넥스트 차이나'의 한 지역으로 인식하고 우리 기업의 생산거점이자 소비시장으로 주목하고 있다. 이러한 측면에서 한국의 남-북방정책의 대상 사이의 관계와 러시아의 대 ASEAN 전략과 협력 등에 관한 연구는 한국의 지역협력 정책 입안에도 큰 도움이 될 수 있을 것이다. 하지만 서론에 언급한 바와 같이 러시아와 ASEAN 관계에 대한 국내 연구는 전무한 실정이며 이 글이 그 시작으로 전반적인 양자 관계를 알아보았을 뿐이다. 따라서 이 글은 러시아와 ASEAN의 상호인식, 양자 간의 개별 부문에서의 협력관계와 발전 방향에 대한 구체적인 연구, 러시아와 ASEAN의 개별 국가들과의 관계, 다른 국가 및 국가연합과 러시아-ASEAN 관계의 역학 등 다양한 후속연구에 의해 보완되어야 할 필요가 있다.

참고문헌

강봉구, 「푸틴 집권3기 러시아의 대외정책-주요 지역과의 관계를 중심으로」, 『대한정치학회보』 20(1), 2013.

강삼구, 「미국과 러시아의 중앙아시아·카스피해지역 패권정책 : 지역기구를 중심으로」, 『동서연구』 22(1), 2010, 175~211쪽.

강평기, 「러시아 대외정책의 근본방향, 목표, 대외관계 및 평가 : 서구지향에서 강국지향으로 전환」, 『슬라브학보』 25(1), 2010, 1~31쪽.

김선래, 「러시아의 '확장된 유라시아 파트너십' 개념과 중러 협력」, 『러시아연구』 32(1), 2022, 34쪽.

김영진, 「러시아의 아시아 중시 정책의 주요 내용과 평가」, 『중소연구』 46(2), 2022, 34쪽.

김태웅, 「러시아의 CIS 지역 분쟁개입과 지역 안보 레짐의 발전」, 『한국동북아논총』 51, 2009, 149~173쪽.

두진호, 「푸틴 집권 시기 러시아의 안보정책 평가와 전망 : 경로의존성을 중심으로」, 『군사논단』 70, 2012, 13~41쪽.

박보라, 「알 바그다디 사후 1년, ISIS 위협 평가와 전망」, 『국가안보전략연구원 이슈브리핑』 통권 224, 2020, 1쪽.

성원용, 「러시아의 신동방정책과 대유라시아주의」, 『비교경제연구』 29(2), 2022, 208~209쪽.

송태화, 「베트남의 아찔한 양동작전… '11조원' 러 무기수입 추진」, 『국민일보』, 2023년 9월 11일, https://m.kmib.co.kr/view.asp?arcid=0924320408&code=11141100&sid1=int&sid2=0001 (검색일 : 2023.12.27)

이재현, 「이슈브리프 : 아세안 중심성에 대한 이해와 한국의 전략」, 아산정책연구원, https://www.asaninst.org/contents/category/publications/issue-briefs/ (검색일 : 2023.10.29)

장덕준, 「러시아의 신동방정책과 동북아」, 『슬라브학보』 29(1), 2014.

제성훈·강부균, 「3기 푸틴 정부의 '대외정책개념'과 정책적 시사점」, 대외경제정책연구원, 12쪽, https://www.kiep.go.kr/gallery.es?mid=a10101010000&bid=0001&act=view&list_no=1874&cg_code=C13 (검색일 : 2023.11.03)

최진태, 「동남아시아 이슬람 테러리즘 현황 및 전망에 관한 연구」, 『한국경호경비학회지』 14, 2007, 550쪽.

「체첸 자살특공대 40여명 오페라극장 난입 모스크바서 700명 인질극」, 『중앙일보』, 2002.10.25, https://www.joongang.co.kr/article/4366711#home (검색일 : 2023.11.22)

현승수, 「2023년 러시아 연방 대외정책개념의 특징과 시사점」, 통일연구원, https://repo.kinu.or.kr/handle/2015.oak/14241 (검색일 : 2023.10.29)

"РОССИЙСКИЙ СТАТИСТИЧЕСКИЙ ЕЖЕГОДНИК 2021", Федеральная служба государственной статистики, https://rosstat.gov.ru/folder/210/document/12994 (검색일 : 2023.11.10)

Торкунов, А.В.,Стрельцов, Д.В., Колдунова, Е.В., "РОССИЙСКИЙ ПОВОРОТ НА ВОСТОК : ДОСТИЖЕНИЯ, ПРОБЛЕМЫ И ПЕРСПЕКТИВЫ", *Полис. Политические исследования* 5, 2020, pp.8~21.

"ASEAN Secures Food Supply with Four Countries", KOMPAS, https://www.kompas.id/baca/english/2023/09/07/en-asean-amankan-pasokan-pangan-dengan-empat-negara (검색일 : 2023.12.13)

"Beslan School Siege Fast Facts", CNN Editorial Research, https://edition.cnn.com/2013/09/09/world/europe/beslan-school-siege-fast-facts/index.html (검색일 : 2023.11.17)

"COMPREHENSIVE PLAN OF ACTION (CPA) TO IMPLEMENT THE ASSOCIATION OF SOUTHEAST ASIAN NATIONS AND THE RUSSIAN FEDERATION STRATEGIC PARTNERSHIP (2021-2025)", ASEAN, https://asean.org/wp-content/uploads/2021/10/83.-ASEAN-RU-CPA-2021-2025-Final.pdf (검색일 : 2023.12.24)

Diesen, Glenn, "Europe as the Western Peninsula of Greater Eurasia", *Journal of Eurasian*

Studies 12(1), 2021.

Kanaev, Evgeny, "Reenergizing the Russia-ASEAN Relationship : The Eurasian Opportunity", *Asian Politics & Policy* 10(4), 2018.

"The 7th ASEAN Energy Outlook (AEO7)", ASEAN Centre for Energy (ACE), https://aseanenergy.org/ (검색일 : 2023.11.01)

https://asean.org/wp-content/uploads/2023/09/ASEAN-Declaration-on-Strengthening-Food-Security.pdf (검색일 : 2023.12.23)

http://en.russia-asean20.ru/russia_asean/20160309/9441.html (검색일 : 2023.10.30)

https://www.cbr.ru/eng/statistics/ (검색일 : 2023.10.30)

https://mid.ru/en/foreign_policy/fundamental_documents/1860586/ (검색일 : 2023.10.30)

https://www.russia-asean.com/analytics/ (검색일 : 2023.10.30)

https://wits.worldbank.org/ (검색일 : 2023.10.30)

https://data.aseanstats.org/trade-annually (검색일 : 2024.03.19)

https://www.fao.org/worldfoodsituation/foodpricesindex/en/ (검색일 : 2024.03.19)

"Moscow bombing : Carnage at Russia's Domodedovo", *BBC*, 2011, airport, https://www.bbc.com/news/world-europe-12268662 (검색일 : 2023.12.24)

"Moscow metro bombs kill dozens", *The Guadian*, 2010, https://www.theguardian.com/world/2010/mar/29/moscow-metro-bombs-explosions-terror (검색일 : 2023.11.17)

Pooja Bhatt, "The Indian Ocean Is Witnessing a Surge in Russian Military Exercises", *The Diplomat*, December 13, 2023, https://thediplomat.com/2023/12/the-indian-ocean-is-witnessing-a-surge-in-russian-military-exercises/ (검색일 : 2023.12.27)

Ramona S. Visenescu, "Russian-ASEAN cooperation in the natural gas sector. Lessons from the Russian-Vietnamese relation", *Energy policy* 119, 2018.

"Russia, Southeast Asia conclude first joint naval exercise", *Reuter*, December 4, 2021, https://www.reuters.com/world/asia-pacific/russia-southeast-asia-conclude-first-joint-naval-exercise-2021-12-04/ (검색일 2023.12.27)

Starr, S. Frederic , "Greater Eurasia : Russia's Asian Fantasy", *KENNAN CABLE* 46, January 2020, pp.1~11.

Sundram Pushpanathan, "Food security in ASEAN : progress, challenges and future", *Frontiers in Sustainable Food Systems* 7, 2023.

"The momentum of ASEAN－Russia cooperation continues to increase", The Phnom Pehn Post, https://www.phnompenhpost.com/opinion/momentum-asean-russia-cooperation-continues-increase (검색일 : 2023. 10. 30)

Seckin Kostem, "Russia's Search for a Greater Eurasia : Origins, Promises, and Prospects", *Kennan Cable* No. 40, https://www.wilsoncenter.org/publication/kennan-cable-no-40-russias-search-for-greater-eurasia-origins-promises-and-prospects

www.mid.ru/en/foreign_policy/rso/asean/1862290/ (검색일 : 2023. 10. 30)

"2022 Report on International Religious Freedom", U.S. Department of State, https://www.state.gov/reports/2022-report-on-international-religious-freedom (검색일 : 2023. 11. 03)

러시아와 베트남의 협력관계
-상호 전략적 인식과 발전 양상의 분석-

박지원

1. 서론

러시아와 베트남간의 상호 관계는 대외적으로는 '포괄적 전략적 동반자관계comprehensive strategic partnership'라는 단어로 정의 된다. 그리고 이러한 단순한 정의를 넘어 양국은 과거 사회주의 시기부터 이어져 온 끈끈한 유대관계를 지속해오고 있다. 국가 간의 관계는 시간이 지나면서 다양한 국내외적 환경에 의해 영향을 받기 마련이다. 하지만 러시아와 베트남 간의 관계는 큰 부침 없이 수십 년간을 돈독한 유대 속에서 발전해왔다. 이러한 관계는 러시아와 우크라이나 간의 전쟁이 계속되고 러시아가 서방 주요국들로부터 제재를 받는 가운데에도 크게 영향을 받지 않고 있는 것으로 판단된다. 2023년 10월 17일 베이징에서 열린 '일대일로 정상회담'에서 베트남 보 반 트엉Vo Van Thuong 주석은 푸틴Vladimir Putin 러시아 대통령에게 "러시아는 베트남의 최우선 협력대상국 중 하나이며 양국 관계가 향후 전략적으로 더욱 심화되기를 바란다."고 이야기하였으며 푸틴 대통령도 이 점에 동의했다.[1] 실제로 우

1 Vietnam.vn, "President Vo Van Thuong meets President of the Russian Federation Vladimir

크라이나 전쟁 이후 베트남은 국제제재에 동참하지 않으면서 러시아를 지지하고 있을 뿐만 아니라, 러시아와의 관계를 강화하기 위해 다양한 노력을 지속하고 있다. 이러한 베트남의 행보는 단순히 양국 관계가 우호적이며 친밀하다는 이유만으로는 설명이 어렵다.

베트남은 미국 등 서방의 입장에서도 중국을 견제하기 위해 중요한 국가이며 베트남 역시 최근 미국과의 관계를 개선해 나가고 발전시키기 위한 행보를 계속하고 있다. 베트남은 러시아와 마찬가지로 최근 미국과도 '포괄적 전략적 동반자관계'를 체결했으며 양국의 협력은 가속화될 것으로 보인다. 그러나 베트남과 미국의 관계는 베트남과 러시아와의 관계와는 다르다. 베트남과 러시아의 관계는 뿌리 깊은 신뢰와 유대감이 자리 잡고 있다. 이는 양국 주요 인사의 언사뿐만 아니라, 국민들의 상호인식에서도 확인할 수 있다.

본 연구에서는 이처럼 오랜 기간 동안 지속되고 있는 러시아와 베트남 간의 긴밀한 관계의 근간에는 어떠한 상호인식과 전략이 자리하고 있는지 분석한다. 러시아의 대對아시아 관계에서 베트남이 차지하고 있는 비중과 중요성을 파악하고 반대로 베트남이 러시아에 대해 기대하고 있는 전략적 측면을 살펴본다. 이후에는 이러한 양국 관계에서 큰 축을 구성하고 있는 군사・안보, 통상, 에너지의 세 가지 측면에서 양국이 어떤 협력의 모습을 보이고 있는지 알아볼 것이다. 이후, 우크라이나 전쟁 이후 글로벌 환경의 변화에 따라 양국 관계에서 새롭게 조명되어야 할 측면에 대해서 논의할 것이다.

Putin", 18, Oct. 2023, https://vietnam.vn/en/chu-tich-nuoc-vo-van-thoung-gap-tong=thong-lien-gang-nga-vladimir-putin-s/ (검색일 : 2023.11.07)

2. 양국의 상호 전략적 이해관계

1) 러시아의 대對베트남 전략

소비에트 시대부터 베트남은 동남아시아에서 전통적인 소련의 동맹국으로 고려되었다. 지리적으로 소련과 멀리 떨어져있어, 동남아시아 시장이 러시아의 우선적인 협력 대상이 아닐 수 있었음에도 불구하고 소련에게 당시 베트남은 다음의 3가지 이유로 중요성을 가졌다.[2] 첫 번째는 러시아 극동지역과 연계된 물류루트의 개발 필요성이 대두되는 가운데 러시아는 베트남의 항구 이용을 필요로 했다. 둘째, 중국과의 문제에 있어서 베트남은 중국을 견제할 수 있는 중요한 수단이 되었다. 셋째, 글로벌 차원에서 미국과 경쟁을 하고 있는 소련에게 베트남은 중요한 자산이 되었다. 이런 이유로 소련은 다른 동남아시아 국가와는 달리 베트남과 밀접한 관계를 유지해야 할 필요성이 있었으며 그 관계를 유지해왔다.

반면, 소련 붕괴 이후 오랜 기간 동안, 아시아 지역 전체가 여전히 러시아에 있어서 전략적으로 중요한 지역으로 간주된 것은 아니었다. 러시아는 1990년대와 2000년대에 걸쳐 주로 미국, EU, CIS 지역 등에 대해 우선적인 협력정책을 전개했다. 러시아의 대對아시아 전략이 구체화된 것은 2010년대 푸틴 대통령 3기가 시작과 함께 러시아 극동지역의 개발이 본격화되면서 부터이다. 그 중에서도 러시아의 전략적 협력 대상은 주로 한국, 중국, 일본 등의 동북아시아 국가들이었다. 러시아는 동남아시아 국가들과는 교역이나 협력관계가 미미하다는 이유를 들어 2005년 동아시아정상회담East Asia Summit에 참여하기를 거부했을 정도였다.[3] 그러나 2015년 발생한 크림반도 사태와 서

2 F. A. Mediansky and Dianne Court, "The Soviet Union in Southeast Asia", *Canberra Papers on Strategy and Defence* No.29, 1984, pp.21~23.

방의 대對러 제재 상황에서 러시아는 아시아 지역에 대한 협력다각화 필요성을 자각하게 되었다. 여기에 2016년 러시아의 소치에서 개최된 '아세안ASEAN－러시아 3차 정상회담'은 러시아와 동남아시아 국가 간의 경제적－안보적 협력관계 강화를 위한 중요한 이벤트가 되었다. 그리고 이러한 러시아의 전략은 과거 소련시기 베트남에 대해 가졌던 전략과는 사뭇 다른 양상을 가지는 것이었다.

현재 러시아의 대對동남아시아 전략 중 중요한 부분은 성장하는 동남아시아 시장에서 수출시장, 특히 에너지, 군사용품, 자동차 등 운송 분야의 진입을 모색하고 레버리지를 만드는 것이다.[4] 이러한 측면에서 베트남의 역할을 매우 중요하다. 베트남은 전통적으로 러시아와 안보 및 군사 분야를 기반으로 우호적인 기조를 다져왔으며 1995년 아세안ASEAN에 회원국으로 가입하였다. 베트남은 아세안 내에서 인도네시아, 필리핀 등과 함께 경제규모가 큰 국가에 속하면서 저부가가치 중심의 제조업이 발전한 국가이다. 베트남은 개혁과정에서 대외투자를 통해 제조업 발전 및 수출 중심의 경제구조를 확립하면서 빠르게 성장하였다. 특히, 아세안과 국제무역기구WTO와 같은 국제기구 가입은 제조업 성장에 큰 도움이 되었다.[5] 초기에는 섬유, 의류 부문에 대한 투자가 집중되었으나 이후 전자 분야에 대한 투자로 이어지면서 글로벌 차원에서의 생산기지로 부상하게 되었다. 아세안 내에서 베트남의 이러한 역할은 지역 내의 제조 선진국인 싱가포르나 태국과 같은 선발 국가들과 베트남 이후의 후발 국가로 일컬어지는 캄보디아, 라오스, 미얀마와 같은 국가들을 지역 내에서 효과적으로 연계하는 효과를 기대하도록 한다. 지역 내의 공급망

3 Anna Kireeva, "Russia's East Asia Policy : New Opportunities and Challenges", *PERCEPTIONS* Vol.17, No.4, Winter 2012, p.66.

4 Dmitry Gorenburg and Paul Schwartz, "Russia's Strategy in Southeast Asia", *PONARS Eurasia Policy Memo* No.578, Mar. 2019, pp.3~4.

5 Anja Baum, "Vietnam's Development Success Story and the Unfinished SDG Agenda", *IMF Working Paper*, WP/20/31, 2019, p.8.

체계를 발전시키는 가교역할을 하는 것이며 베트남에 대한 투자가 활발하게 이어지는 이유이기도 하다. 러시아는 이처럼 성장하는 아세안 시장에서 베트남과의 경제협력을 활발히 추진함으로 산업부문에서 다른 아세안 국가에 대한 진출이나 협력을 좀 더 용이하게 할 수 있기를 기대하고 있는 것이다. 특히 우크라이나 전쟁 이후 서방과의 경제관계가 단절된 러시아로서는 동남아시아라는 성장시장에 대한 협력 기회를 베트남을 통해 확대시킬 수 있다.

러시아의 두 번째 기대 요인은 동남아 지역 내에서의 긴장 완화와 지역 안정 유지에 러시아가 베트남을 통해 영향력을 행사하고자 하는 것이다. 동남아시아 지역에서 미국과 중국의 패권이 충돌하고 있는 양상을 볼 때, 러시아는 이 지역 내의 다자간 협력체를 통해 다양한 문제에 대해 개입의 수준을 조정하는 방식으로 영향력을 확대해 나갈 수 있다.[6] 과거 동남아 지역에 대한 이해관계가 크지 않았던 러시아에 있어서 이러한 전략적 배경은 크게 고려 대상이 되지 않았다. 하지만 2010년대 중반 이후로 아시아 지역과의 협력 중요성이 부각되는 가운데 이러한 전략은 지역 국가들의 필요성에 부합하는 방식의 하나로 중요성을 갖게 되었다. 동남아시아 국가들이 지역 내에서 패권국인 미국과 중국의 충돌이 가시화되는 것을 원하지 않는 상황에서 다양한 주체들의 지역 정세에 대한 참여는 긴장 완화에 도움을 줄 수 있다. 러시아로서는 양자 간 협력관계에서 이와 같은 지역 국가들의 필요를 자주적이고 비간섭적인 측면에서 고려했다고 볼 수 있다. 그리고 이처럼 러시아 또는 러시아가 중심이 되는 유라시아경제연합EAEU과 동남아시아 국가들과의 포괄적인 협력체계를 구축하는 것은 국제적으로 EAEU의 위상을 드높일 뿐만 아니라, 러시아의 영향력을 확장하는 일이기도 하다.[7] 이 과정에서 베트남은 러시아

6 Антон Цветов, "РОССИЯ и АСЕАН : поиски экономической синергии иполитического едино мыслия", 25, Мая, 2016, https://russiacouncil.ru/analytics-and-comments/analytics/rossiya-i-asean-poiski-ekonomicheskoy-sinergii-i-politichesk/ (검색일 : 2023.11.01)

7 Александр Александрович РОГОЖИН и Наталия Григорьевна РОГОЖИНА, "Юго-Восточная

의 입장을 지지해 줄 중요한 우군이다. 이러한 계획은 2016년 푸틴 대통령이 제안한 '확장된 유라시아 파트너십Greater Eurasia Partnership'을 통한 남아시아 국가와의 연계 및 협력 강화와도 일맥상통하는 것으로 러시아의 이러한 전략에서 베트남의 전략적 활용도는 매우 높다.

2) 베트남의 대對러시아 전략 기조의 근간

베트남의 러시아에 대한 첫 번째 가장 기본적인 인식은 러시아가 역사적으로 베트남의 가장 중요한 전략적 지지자라는 점이다. 그리고 베트남과 러시아의 관계는 강력한 국가 안보 이해관계에 기반하고 있다. 냉전 기간 동안 소련은 베트남의 반식민주의자들이 프랑스를 축출할 수 있도록 지원했으며 이후 베트남 공산주의자들이 미군과 동맹국인 남베트남에 맞서 베트남을 통일하기 위해 싸울 수 있도록 도움을 주었다.[8] 당시 중국도 베트남의 입장을 지지했으나 1960년대 들어 소련과 중국 간의 중소분쟁이 발생하면서 상황은 바뀌게 되었다. 베트남은 초기에 중립적인 입장을 취하기 위해 노력했으나, 중국이 캄보디아의 반反베트남 크메르루즈Khmer Rouge정권을 지지하면서 베트남은 소련과 밀접한 군사적 관계를 맺게 되고 중국과는 반대편에 서게 된다. 1978년 12월, 크메르루즈 정권을 제거하기 위해 캄보디아를 침공하기 한 달 전, 베트남은 소련과 우호협력조약을 체결하여 안보동맹을 맺었으며 이에 맞서 중국은 1979년 2월 베트남 북부를 침공하기 시작했다. 이 전쟁에서 베트남은 제한적이나마 소련의 지원을 받을 수 있었으며 소련은 베트남 문제에 있어 중국에 대한 조정자 역할을 해왔다. 베트남은 소련과의 안보관계를 강

Азия в приоритетах российской политики ≪поворота к Азии≫", Контуры глобальных трансформаций : политика, экономика, право, Т.12. No.1, 2019, с.194.

8 Derek Grossman, "Why Vietnam Might Want to Reconsider its Russia Policy", Yusof Ishak Institute, Issue : 2022 No.50, p.3.

화함으로 중국으로부터의 위협을 대비하고 자국의 안전을 보장받을 수 있었던 것이다.

중국과의 이러한 갈등 관계는 남중국해South China Sea 영유권 분쟁을 통해서 잘 드러나고 있다. 그리고 이 문제 또한 최근에 불거진 것이라기보다는 역사적으로 뿌리가 깊은 것이다. 1974년 1월, 중국은 당시 베트남이 영유권을 갖고 있던 남중국해의 파라셀 군도Paracel Islands를 군사적으로 침략했다. 중국군은 파라셀 군도의 서쪽 지역을 점령하고 군도의 가장 큰 섬에 활주로, 항구 등을 포함하는 군사시설을 설치했다.[9] 그리고 1988년 중국은 다시 베트남군이 주둔하고 있는 스프래틀리 군도Spratly Islands의 5개 섬을 침공하면서 양국 간의 관계는 지속적으로 악화되었다. 이 과정에서 중국에 비해 군사적 열세에 있는 베트남은 소련의 무기를 계속 수입하고 소련의 안보체계에 의존함으로 자국의 국방력을 강화하는 든든한 후원자로서 소련을 활용할 수 있었다.

둘째, 소련은 1980년대까지 같은 사회주의 국가인 베트남에 대한 경제적 원조를 지속적으로 수행해왔다는 점에서 베트남 정권의 유지에 큰 도움을 주었다. 1960년대부터 소련은 베트남에 대한 주요 원조국으로 자리 잡았다. 1970년대 중반, 연간 약 5,000만 달러 수준이던 소련의 대對베트남 원조금액은 1980년대 중반까지 연간 1억 달러 수준으로 꾸준히 상승했다.[10] 당시 소련은 자본주의화 하던 인도, 멕시코, 브라질에 대한 원조는 줄이면서 베트남, 쿠바, 몽골과 같이 사회주의 체제를 굳건히 유지하는 국가들에 대한 원조는 확대하는 추세를 유지했으며 베트남에 대한 원조는 당시 베트남 사회주의 정권을 유지하는 데 결정적인 역할을 했다. 1970년대 베트남에서의 전쟁에서

9 "China's Maritime Disputes", https://www.cfr.org/timeline/chinas-maritime-disputes (검색일 : 2023. 09. 13)

10 Sally W. Stoecker, "Clients and Commitments : Soviet-Vietnamese Relations, 1978-1988", A Rand Note N-2737-A, Dec. 1989, p.13.

패한 미국은 베트남을 대한 무역 금지 조치를 취하여 미국과의 수출입뿐만 아니라 미국의 압력에 굴복한 다른 국가와의 교역도 차단했다. 또한 미국은 다른 국제기구에 베트남에 대한 지원을 거부하도록 압력을 가했으며 1990년대 초반까지도 베트남은 외교적으로 고립된 위치에 있었다. 베트남은 동남아시아연합ASEAN에 가입이 되지 않은 상황이었고, 미국 등 서방과는 전쟁 이후 수교 등 정상적인 관계를 성립하지 못했으며 교역 제한 조치의 지속 등으로 어려운 상황에 놓여 있었다.[11] 이러한 상황에서 베트남은 사회주의 체제 시기부터 밀접한 관계를 맺어왔으며 자국에 대한 전폭적인 지지를 보내는 러시아에 대해 일정부분 의존할 수밖에 없는 상황이었다. 러시아는 베트남이 필요한 여러 분야에서 막혀있는 대외 부문을 해소해 줄 수 있는 유일한 강대국이었다. 그리고 이러한 러시아의 역할은 최근까지도 지속되고 있다고 볼 수 있다.

셋째, 러시아는 베트남의 남중국해 석유 프로젝트의 핵심 파트너이다. 같은 사회주의 이념을 공유하는 국가로서 베트남에게 소련은 1960년대부터 에너지 개발의 유일한 협력자 역할을 해왔다. 1960년대부터 베트남의 에너지 개발에 관여해온 소련에 대해 당시 호치민Ho Chi Minh 주석은 "소련이 바쿠에서의 개발과 같이 베트남에서의 원유가스 산업을 육성하는 데 도움을 주기를 바란다."고 언급했다[12] 이후 베트남의 에너지 산업 발전에서 소련과 뒤를 이은 러시아는 거의 유일한 협력자로서 함께 참여해왔다. 최근 베트남 정부는 에너지 협력을 다변화하려는 움직임을 보이고 있으나 이 분야에서 러시아에 대한 의존은 여전히 지속되고 있다.

베트남의 러시아에 대한 인식은 여론조사를 통해 잘 드러나고 있다. 지난 2014년 러시아의 크림반도 합병 당시와 이후 서방의 러시아에 대한 제재가

11 "Rough Waters Ahead for Vietnam-China Relations", https://www.carnegieendowment.org/2020/09/30/rough-waters-ahead-for-vietnam-china-relations-pub-82826 (검색일 : 2023.09.13)

12 "A Brief History of The Oil and Gas in Vietnam", http://www.energyglobalnews.com/a-brief-history-of-the-oil-and-gas-in-vietnam/ (검색일 : 2023.10.14)

지속되던 2017년, 미국의 여론조사 전문기관인 「퓨 리서치 센터Pew Research Center」에서 시행한 러시아에 각 국별 이미지 조사는 베트남 국민들이 러시아에 대해 매우 우호적인 시각을 갖고 있음을 잘 나타내고 있다.

〈표 1〉 러시아에 대한 동남아시아 국가별 이미지 : 2014 · 2017년

구분	2014년		2017년	
	호감(%)	비호감(%)	호감(%)	비호감(%)
베트남	75	14	83	13
인도네시아	38	43	36	40
필리핀	46	43	55	26
인도	39	16	47	13
미국	19	72	29	63
폴란드	12	81	21	69

주 : 확신/비확신에 포함되지 않은 평가는 무응답 또는 판단불가
자료 : Pew Research Center, "Russia's Global Image Negative amid Crisis in Ukraine(2014)", and "Public Worldwide Unfavorable Toward Putin, Russia(2017)"

2014년 크림반도 사태 이후에 행해진 본 조사에서 베트남 국민들 중 75%는 러시아에 대해 호감을 갖고 있다고 응답했으며 이는 조사대상 44개국 중 자국인 러시아국민(92%)을 제외하고 유일하게 70%대를 기록한 국가이다.[13] 2017년에 베트남 국민들의 러시아에 대한 호감도는 83%로 상승하여 다른 국가들을 압도하는 수준이었는데, 러시아에 대해 적대적인 태도를 갖고 있는 미국이나 폴란드를 차치하더라도 동남아시아의 주요 국가인 인도네시아, 필리핀, 인도 등의 주요국과 비교해서 월등히 높은 호감도를 나타냈다.

베트남 국민의 이러한 인식이 2022년의 우크라이나 전쟁을 기점으로 크게 변화하고 있다는 기조는 보기 어렵다. 적어도 베트남의 지도부는 과거와 변함없이 러시아에 대한 일정 수준 이상의 신뢰를 보이고 있으며 국민들은 대

13 Pew Research Center, "Russia's Global Image Negative amid Crisis in Ukraine", 7, Jul. 2014, p.3.

체로 러시아에 대한 지지를 표명하고 있다.[14] 동맹 수준에서 러시아를 바라보는 베트남의 인식은 큰 틀에서 유지되고 있다고 볼 수 있다.[15]

3. 주요 협력 분야 및 함의

양국 간의 협력은 다양한 방면에서 이루어지고 있으나 핵심 축은 과거 같은 사회주의적 이념을 공유했던 국가로서 역사적으로 협력관계가 다져진 군사·안보 분야, 교역을 기반으로 하는 통상 부문 협력, 그리고 최근 중요성을 더해가고 있는 에너지 협력 분야의 3가지 축을 중심으로 구분할 수 있다.

1) 군사·안보 : 전통적 협력 기반

러시아와 베트남 간 협력관계의 기본은 군사·안보 분야이다. 이는 과거 소련과 베트남이 공통된 사회주의 체제의 틀을 유지해왔기 때문이다. 사회주의 체제하에서 양국은 긴밀한 군사 및 안보 시스템을 공유해왔고, 이러한 관계는 소련 붕괴 이후에도 지속되어 왔다. 베트남으로서는 중국 등과의 분쟁에서 자국 군을 강화해야 할 필요가 있었으며 주로 러시아를 통해서 이러한 필요를 충족시켜왔다. 사실상 현대까지 베트남이 보유한 무기 시스템의 사실상 상당 부분은 러시아(과거 소련)산이 차지하고 있으며 유일한 예외의 일부는

14 "Explaining the Vietnamese Public's Mixed Responses to the Russia-Ukraine Crisis", https://thediplomat.com/2022/03/explaining-the-vietnamese-publics-mixed-responses-to-the-russia-ukraine-crisis/ (검색일 : 2023.09.29)

15 2022년 아세안(ASEAN) 국가들을 대상으로 시행된 "러시아의 우크리이나 침공에 대해 얼마나 우려하는가?"에 대한 설문조사에서 베트남 국민들은 '매우 우려(56.6%)'와 '어느 정도 우려(33.8%)'로 우려한다는 응답이 절대적으로 높았으나 이를 러시아에 대한 반감으로 해석하는 것은 무리가 있다. Sharon Seah et al., *The State of Southeast Asia : 2023 Survey Report*, Singapore : ISEAS-Yus of Ishak Institute, 2023, p.18.

1975년 베트남전 종전 당시 미국으로부터 노획한 무기들이라고 평가될 정도이다.[16] 베트남이 러시아로부터 구매한 무기는 주력 탱크는 물론, 잠수함, 전투기에까지 이른다.

〈표 2〉 베트남이 러시아(소련)로부터 구매한 주요 군사 장비

구분	장비	모델명	수량	러시아(소련) 생산개시 연도	베트남에 인도한 연도
육군	주력 탱크	T54/55	850	1940~50년대	1970년대
	경탱크	PT-76	300	1950년대	1960년대
	개인화기	BTR-40/60/152	1,100	1950년대	1960~80년대
	다연발 로켓	BM-21	350	1960년대	1960~70년대
해군	잠수함	Hanoi(Kilo급)	6	1990년대	2010년대
	기뢰 탐지선	Sonya	4	1970년대	1980~90년대
	해안방어 미사일	K-300 P Bastion-P	n.a.	2000년대	2010년대
	대(對)잠수함 공격용 헬기	Ka-28 Helix-A	10	1980년대	1980년대
공군	전투기	Su-30MK2 Franker G	35	2000년대	2000~10년대
	훈련용 전투기	Yak-52	30	1970년대	1990년대
	중거리 지대공 미사일	S-125-2TM Pechora-2TM	약 30	2000년대	2010년대
	단거리 지대공 미사일	S-125-M Pechora-M	약 21	1960년대	1970년대

자료 : The International Institute for Strategic Studies, "Arming Vietnam : Widened International-security Relations in Support of Military-capability Development", Mar. 2023, p.8.

베트남은 주력 탱크로 러시아제 T54/55를 1970년대부터 들여오기 시작해 850대를 수입하여 배치하였다. 소비에트 시절인 1950년대부터 생산하기 시작한 경탱크 PT-76 모델도 300대를 수입하였다. 해군의 경우에도, 킬로kilo급

16 The International Institute for Strategic Studies, "Arming Vietnam : Widened International-security Relations in Support of Military-capability Development", Mar. 2023, p.7.

잠수함 6척을 2010년대에 도입하였고, 그 밖에도 기뢰탐지선, 해안방어 미사일, 대對잠수함 공격용 헬기도 러시아산이다. 공군에서는 러시아의 주력 전투기인 SU-30 기종을 2000년대부터 도입하기 시작해 35대를 실전 배치하였고, 중・단거리 지대공 미사일도 러시아로부터 도입되었다. 베트남은 동남아시아 지역에서 최근 군비 지출이 가장 많이 증가한 국가 중 하나인데 1995년부터 2021년까지 베트남의 무기 수입액은 총 90억 7,000만 달러이며 이 중에서 러시아로부터의 구입이 74억 달러로 81.6%를 차지했다.[17] 과거 그래왔던 것처럼 주변국과의 해양 영유권 문제가 지속되는 등 군사력 강화의 필요성이 대두되는 한, 베트남은 자국의 경제성장과 함께 군비 지출을 높여갈 수 있으며 가장 중요한 파트너는 러시아가 될 개연성이 높다.

이와 같이 베트남과 러시아 간의 강력한 군사적 연대는 소비에트 시기부터 이어진 이념적 연대와 군사적 협력관계가 근간을 이루고 있으며 러시아는 베트남과의 '군사・기술 협력Military Technical Cooperation'을 적극적으로 추진하면서 관계를 강화해 나가고 있다. 양국 간 이 분야에서의 협력은 1953년을 기점으로 시작되었으며 1998년 하노이Hanoi에서 군사・기술 협력 분야를 규제하는 협정이 체결되었다. 이어 1999년에는 정부 간 위원회가 설립되기도 했다. 특히, 지난 2008년 양국 정상 간의 서명으로 체결된 「2020년까지 군사기술 협력에 관한 정부 간 양해각서Межправительственный Меморандум о Стратегии Военно-Технического Сотрудничества на период до 2020г.」는 양국 간의 군사협력에서 새로운 추동력을 제공했다.[18] 이 협정이 체결된 이후, 베트남의 러시아산 미사일, 잠수함 등의 무기 구매는 더욱 가파르게 진행되었다.

17 International Trade Administration, "Vietnam – Country Commercial Guide : Defense and Security Sector", https://trade.gov/country-commercial-guides/vietnam-defense-and-security-sector (검색일 : 2023.09.14)

18 "Военно-техническое Сотрудничество России : Государства Юго-Восточной Азии и АТР", https://www.russiancouncil.ru/analytics-and-comments/columns/geoploitics-arms-market/voenno-tekhnicheskoe-sotrudnichestvo-rossii-gosudarstva-yugo-vostochnoy-azii-i-atr/ (검색일 : 2023.09.14)

러시아의 기술기업인 로스텍Rostec은 2019년 베트남의 붕타우Vung Tau 지역에 러시아가 베트남에 수출한 헬기인 TVZ-117과 VK-2500 기종의 엔진 수리를 위한 통합지원센터를 설립하고 인력 교육 및 서비스를 제공해왔다.[19] 서방 언론은 이 시설의 개소가 단순한 유지보수MRO(maintenance, repair, overhaul)를 위한 시설이 아니라, 러시아산 무기의 판매를 포함한 더 넓은 국방 협력을 위한 초석이라고 보았다.[20]

군사 분야에서 양국의 특수한 관계를 잘 보여주는 것은 베트남의 러시아에 대한 캄란 만Cam Ranh bay 군사기지 사용권 부여 사례이다. 이 지역에는 베트남의 중요 군사기지가 있는데, 이 지역은 러일 전쟁당시는 러시아군이, 태평양 전쟁 시기에는 일본 해군이 군사적 목적으로 사용한 바 있다. 미국은 1960년대 베트남 전쟁 당시 인근 지역을 확장해 항공기의 활주로로 사용한 적도 있으며 1975년 종전 이후에는 이를 베트남에 반환하였다. 이후 소련은 1978년에 이 곳을 25년간 임차하기로 베트남 정부와 합의하였으며 1987년까지 기지를 기존의 4배인 100㎢로 확장하는 등 소련의 대외 군사기지 중 가장 중요한 기지 중 하나로 활용하였다.[21] 하지만, 소련붕괴 이후 러시아는 연간 2억 달러USD의 캄란 군사기지 사용금액에 합의하지 않으면서, 2002년 5월 이 군사기지에서 철수하게 된다. 이후 다시 중국과 관련한 이곳의 전략적 중요성이 부각되면서 미국과 러시아가 이곳을 다시 군사기지로 활용하는 것을 고려한다는 의혹이 제기되기도 하였으나 베트남은 이를 공식적으로 부인한 바 있다. 베트남의 대외 군사정책은 이른바 '3불3 Nos' 정책으로 요약된다. 이는 △동맹불허no alliances, △자국 영토에 외국군 주둔 불허no foreign basing on its

19 "Rostec Opens Helicopter Engines Repair Center in Vietnam", https://www.rostec.ru/en/news/rostec-opens-helicopter-engines-repair-center-in-vietnam (검색일 : 2023.09.15)

20 "What's in Russia's New Military Facility in Vietnam?", https://www.thediplomat.com/2019/04/whats-in-russias-new-military-facility-in-vietnam/ (검색일 : 2023.09.15).

21 Agnieszka Rogozinska and Aliksander Ksawery Olech, "The Russian Federation's Military Bases Abroad", *Institute of New Europe*, p.59.

territory, △제3국에 대항하는 타국과의 연대 불허no alignment with a second country against a third이며[22] 이에 따라, 이들의 캄란 만 군사기지 사용을 원칙적으로 불허하고 있다. 그러나 이는 명분일 뿐, 사실상 러시아는 캄란 만 군사기지를 베트남 해군을 훈련한다는 이유로 자국 해군의 선박 수리 및 공군기지로 활용하는 특별한 혜택을 누리고 있다.[23]

2) 통상 : 자유무역협정FTA 체결을 통한 협력확대

러시아와 베트남은 러시아가 속한 유라시아경제연합EAEU을 기반으로 FTA가 체결되어 있다. 러시아, 벨라루스, 카자흐스탄, 아르메니아, 키르기스스탄의 5개 회원국을 가진 EAEU의 출범이 2015년 1월인데, EAEU와 베트남의 FTA 체결은 2015년 5월 29일로 매우 빠른 시기에 이루어졌다. 이로써, 베트남은 EAEU와 FTA를 체결한 첫 번째 국가가 되었다. EAEU와 베트남 간에 이처럼 큰 이견 없이 빠른 속도로 FTA가 체결될 수 있었던 이유는 무엇일까? 사실 러시아와 베트남의 FTA 체결에 대한 논의는 2009년 러시아가 '관세동맹Customs Union'을 추진하던 시기부터 이어져 왔다. 하지만, 양국의 신속한 FTA 체결은 다음의 몇 가지 이유에 근거한다.[24] 첫째는 양자가 오랜 기간 동안 신뢰할만한 협력관계를 쌓아왔기 때문이다. FTA 체결 이후 베트남 언론은 이를 양자 간 포괄적이고 전략적인 협력관계에서 베트남의 역할을 인정한 결과로 보았다. 두 번째, 베트남은 다층적인 외교정책을 구현해왔으며 2014

22 "How To Read Vietnam's Latest Defense White Paper : a Message To Great Power", https://warontherocks.com/2019/12/how-to-read-vietnams-latest-defense-white-paper-a-message-to-great-powers/ (검색일 : 2023.09.21)

23 Agnieszka Rogozinska and Aliksander Ksawery Olech, op. cit., p.60.

24 Nikolai V. Fedorov, "New Policy of towards Vietnam? State Administration of the Russian Federation and a Realization of the Free Trade Agreement between the EAEU and Vietnam", *Public Administration Issues*, Special Issue, 2018, pp.70~71.

년 크림반도 사태 이후 서방의 대對러 제재 시행과 거리를 두어왔던 것이 작용했다. 셋째, 베트남의 수출지향적인 경제구조 구축을 위한 FTA 확대 전략의 성과이다. 마지막으로, EAEU와 베트남 간의 교역금액이 비교적 낮은 수준에 머물러 있었기 때문이며 특히, EAEU의 입장에서 FTA 체결 이후 EAEU 회원국의 제조업에 미치는 영향은 미미할 것으로 파악되었기 때문이다. 체결 당시 베트남에서 러시아로 수출되는 가장 높은 비중을 차지하는 것은 스마트폰과 컴퓨터 장비였는데 이 품목들은 FTA 체결 이전에도 비관세로 수입되었으므로 체결 이후 교역에 크게 영향을 주지 않을 것으로 판단되었다.[25]

EAEU는 과거 소련 연방권 국가들 중심의 회원국으로 구성되어있으며 이 지역에서 영향력을 유지하려는 러시아의 정치적 의도가 내재된 경제공동체로서[26] 출범 초기부터 확장성에 대한 의구심이 지적되어왔다. 하지만 출범 초기 베트남과의 FTA 체결은 러시아를 중심으로 하는 EAEU의 대외 네트워크 확장 가능성과 성장 가능성을 대외적으로 제시하는 좋은 계기가 되었다. FTA 체결을 통해 EAEU와 베트남은 2025년까지 평균 관세율을 EAEU의 경우 9.7%에서 2%로, 베트남의 경우 10%에서 1%로 낮추기로 하였으며 상호 교역제품의 약 60% 가량은 수입 관세를 제로(0) 수준으로 삭감하기로 합의하였다. 그리고 일정한 테스트 기간이 종료된 뒤에는 무관세 교역제품의 비중을 88%까지 확대하기로 하였으며 이에 따라 2020년까지 양국 교역액 목표는 2014년의 37억 달러에서 두 배에 달할 것으로 추정되었다.[27] 특히 베트남과의 FTA에서 특이할만한 점은 러시아 정부와 베트남 정부가 「러시아 투자자 및 서비스 제공자를 위한 특별 제도Special Regime for Russian Investors and Service

25 "Шесть вопросов о ЗСТ ЕАЭС – Вьетнам", https://www.russiancouncil.ru/analytics-and-comments/analytics/shest-voprosov-o-zst-eaes-vetnam/?sphrase_id=102868010 (검색일 : 2023.08.01)

26 Ksenia Kirkham, "The formation of the Eurasian Economic Union : How successful is the Russian regional hegemony?", *Journal of Eurasian Studies* Vol.7, 2016, p.114.

27 Evgeny Vinokurov, "Eurasian Economic Union : Current state and preliminary results", *Russian Journal of Economics* Vol.7, 2017, p.65.

Providers」에 합의하고 베트남에 투자하는 러시아 기업에 대해서만 현지 기업과 동등한 수준의 사업과 관련한 혜택을 누릴 수 있도록 결정한 것이었다. 이러한 혜택은 우선적으로 당시 진행 중이던 자동차 조립 프로젝트, 발전소 및 운송 인프라 건설, 정유시설 프로젝트 등에 적용되었다.

양국의 주요 협력 프로젝트 가운데 대표적인 것으로 자동차 조립 프로젝트는 러시아의 주요 상용차 제조기업인 KAMAZ, GAZ, UAZ가 베트남에 조립공장을 설립하는 것이다. 이 프로젝트는 양자 간 FTA 협의 기간에 논의되었으며 본격적으로 사업이 추진된 것은 2017년 3월 양국 정부 간 자동차 생산에 관한 프로토콜을 체결하면서 부터이다.[28] 이후 베트남 주석 령으로 발효된 문서에 따르면, 베트남 정부는 FTA 규정에 근거하여 2017년부터 2021년까지 베트남으로 수입되는 러시아산 차량 반제품SKD에 대해 0%의 세율을 적용하기로 결정하였다.[29] 이와 같은 협력을 통해 베트남에서의 상용차 생산에서 2025년까지 부품의 현지화율을 차종에 따라 40~50%까지 확대하는 것이 베트남 정부의 목표이다. 다만, 이 프로젝트는 이후 코로나19 사태 등을 맞아 계획대로 추진되지 못했으며 차종이나 현지 생산 부품 등에 대해 재논의가 필요한 상황이다. 하지만 양국 간의 FTA를 기반으로 제조업 협력에 대한 구체적인 사업이 진행되었다는 점에서 의미가 있다.

FTA 체결 이후 러시아와 베트남의 교역금액은 우크라이나 전쟁 이전까지 기대했던 바와 같이 대체로 증가세를 보여 왔다.

28 "Vietnam and Russian collaboration in automobile manufacturing", https://www.vietnamnet.vn/en/vietnam-and-russian-collaboration-in-automobile-manufacturing-E193021.html (검색일 : 2023.08.09)

29 "Decision No.08/2017/QDTTg dated March 31, 2017 guiding the implementation of the protocol between the Socialist Republic of Vietnam and the Government of the Russia Federation on supporting the production of motor vehicles in the territory of Vietnam", vanbanphapluat.co, https://www.vanbanphapluat.co/decision-08-2017-qd-ttg-supporting-the-production-motor-vehicles-in-the-territory-vietnam-russia (검색일 : 2023.08.09)

〈표 3〉 FTA 체결 전 · 후 러시아 - 베트남 교역 주요 품목 추이

(단위 : 백만 달러)

러시아 수출	2014년	2020년	2021년	2022년
1	에너지 · 연료 (132.0)	에너지 · 연료 (541.2)	철 · 철광석 (636.1)	에너지 · 연료 (722.7)
2	비료 (107.0)	곡물 (305.2)	에너지 · 연료 (469.1)	비료 (351.9)
3	군수용품 (93.6)	철 · 철광석 (212.1)	육류 (219.1)	철 · 철광석 (255.7)
4	전자기기 · 부품 (78.5)	비료 (118.0)	비료 (183.1)	생선 · 갑각류 (146.3)
5	보일러 · 기계 및 부품 (67.9)	생선 · 갑각류 (106.1)	목재류 (84.8)	육류 (108.2)
Total	747.0	1,873.9	2,265.6	2,237.5

베트남 수출	2014년	2020년	2021년	2022년
1	전자기기 · 부품 (804.0)	전자기기 · 부품 (1,669.6)	전자기기 · 부품 (1,588.3)	전자기기 · 부품 (310.1)
2	보일러 · 기계 및 부품 (150.0)	의류(니트) (187.6)	보일러 · 기계 및 부품 (176.1)	커피 · 차류 (164.4)
3	커피 · 차류 (145.0)	커피 · 차류 (180.6)	신발류 (159.3)	생선 · 갑각류 (124.1)
4	신발류 (115.0)	의류 · 악세사리 (179.4)	의류 · 악세사리 (131.7)	의류 · 악세사리 (110.2)
5	생선 · 갑각류 (103.0)	보일러 · 기계 및 부품 (160.7)	커피 · 차류 (130.5)	의류(니트) (109.7)
Total	1,840.0	3,387.0	2,847.0	1,333.1

주 : Total 금액은 순위 이외의 모든 수출품 합계를 의미

자료 : 2014년은 OEC(https://oec.world/bilateral-country/vnm/partner/rus), 2020년부터 2022년까지는 Global Trade Atlas

베트남에 대한 러시아의 수출금액은 FTA 체결 이후 크게 늘어난 것을 볼 수 있다. 2014년 7억 4,700만 달러이던 러시아의 수출은 코로나19 발생 이전인 2020년에는 18억 7,300만 달러까지 확대되었으며 2021년에는 22억 달러를 상회한다. 이후 2022년 우크라이나 전쟁에도 러시아의 수출은 별다른 영향을 받지 않았다. 다만, 주요 수출 품목은 FTA 체결 전후에 다소 차이가

나타나고 있는 것을 볼 수 있다. 2014년에는 에너지・연료와 비료 이외에도 군수용품이나 전자기기・부품, 기계 및 관련 부품의 수출이 많았으나 최근에는 이런 제품들의 수출은 상위 목록에서 사라졌다. 대신, 곡물이나 철・철광석류, 육류, 목재, 생선・갑각류 등의 수출이 높은 순위를 차지하고 있다.

베트남의 대對러 수출은 FTA 이후 크게 증가했으나 2022년은 우크라이나 전쟁으로 인해 타격을 받았다. 2014년 베트남의 수출액은 18억 4,000만 달러에서 2020년과 2021년은 각각 33억 8,700만 달러, 28억 4,700만 달러로 증가했으나 2022년에는 13억 3,100만 달러에 그쳤다. 이처럼 베트남의 수출이 급감한 것은 우크라이나 전쟁으로 인해 물류 공급망에 차질이 발생했으며 금융기관 간 지급 문제도 불거졌기 때문이다.[30] 이를 개선하기 위해 러시아 선사인 페스코FESCO는 베트남에서 블라디보스토크로 가는 직항로를 도입하였고 육로로 연결되는 철도노선도 개발되었다. 반면, 베트남의 러시아에 대한 수출품목은 크게 변화하지 않았다. 가장 높은 비중을 보이는 것은 전자기기・부품으로 2014년에는 약 8억 달러의 수출이 이루어졌으나 2020년과 2021년에는 크게 늘어나 각각 16억 6,960만 달러, 15억 8,830만 달러를 기록하였다. 다만, 2022년에는 전쟁의 영향으로 3억 1,010만 달러 수출에 그쳤다. 동同 품목의 수출이 가장 높은 순위를 지키고 있는 것은 한국의 LG나 삼성과 같은 기업의 제품이 베트남에서 생산되어 러시아로 수출되고 있기 때문이다. 이들 기업은 러시아 내수용 제품은 주로 러시아에서 생산해왔으나 일부 품목은 베트남 공장을 활용하고 있다. 서방의 수출통제 품목에 포함될 가능성이 높은 보일러・기계 및 부품류 등도 2021년 수출은 1억 7,610만 달러에 달했으나 2022년에는 수출품목 5위 안에서 사라졌다. 그리고 그 자리를 주로 경공업 제품이 차지한 것을 볼 수 있다.

30 "Russia-Vietnam Trade Disrupted, But Growth Potential Remains", https://www.russia-briefing.com/news/russia-vietnam-trade-disrupted-but-growth-potential-remains.html/ (검색일 : 2023.08.10)

다만, 양국은 향후 상황이 정상화되면 교역이 크게 증가할 것으로 기대하고 있다. 2023년 4월 모스크바에서 열린 '정부 간 위원회Intergovernmental Commission on Trade, Economic, Scientific, and Technical Cooperation' 24차 회의에서 양국은 2025년까지 교역을 100억 달러 수준으로 확대하기로 합의하였으며 이를 위해 다양한 산업부문에서 포괄적인 협력안을 마련할 계획이다.[31]

3) 에너지 : 협력의 핵심 축

베트남은 세계에서 가장 역동적으로 성장하는 국가 중 하나이다. 그리고 늘어나는 인구와 빠른 산업화는 베트남의 에너지 수요를 크게 증가시키고 있다. 이에 따라 베트남 정부의 중요한 과제 중 하나는 확대되는 에너지 수요에 대응하여 자국의 에너지원을 빠르게 개발하는 것이었다. 하지만, 석탄, 원유, 천연가스뿐만 아니라, 풍부한 신재생에너지 자원을 보유하고 있음에도 베트남은 전반적인 에너지원의 계획과 관리, 관련 인프라에 대한 투자 등이 미흡한 것으로 평가된다.[32] 이런 측면에서 러시아는 베트남의 에너지 개발에 도움이 된다. 안보 분야만큼이나 양국의 에너지 협력은 역사가 깊은데, 양국은 1980년 7월 3일 「소련과 베트남간의 베트남 남부 대륙붕 원유・가스 지질탐사 및 생산협력에 관한 협정Соглашение между правительствами СССР и СРВ о сотрудничестве в проведении геологической разведки и до-бычи нефти и газа на континентальном шельфе юга СРВ」과 이어진 1981년 6월 19일 「소련과 베트남 간 합작 석유 및 가스기업 ≪비엣소브페트로≫설립에 관한 협정Соглашения об учреждении на паритетных началах совместного советско-вьетнамского нефтегазового предприятия ≪Вьетсовпетро≫」을 체결하면서 협력을 본격화했다.[33] 이 협정의 체결로 설립

31 "Russian-Vietnamese Trade to reach $10 billion by 2025", https://www.government.ru/en/news/48169 (검색일 : 2023.08.21)

32 ADB, "Vietnam Energy Sector Assessment, Strategy, and Roadmap", Dec. 2015, pp.13~14.

된 '비엣소브페트로Vietsovpetro사社'는 이후 러시아와 베트남의 에너지 관련 경제협력에서 중요한 역할을 해왔다. 이 기업은 러시아의 '자루베쉬네프트Zarubezhneft'와 베트남의 '페트로베트남Petrovietnam'의 합작으로 설립되었으며 에너지 부문에서 양측의 이해관계를 반영하고 에너지 협력을 지속하는 동력으로서 작용했다.

비엣소브페트로의 주요 프로젝트 중 하나는 베트남 남쪽 대륙붕에 위치한 '화이트타이거White Tiger'와 '드래곤Dragon' 필드로, 양국이 개발한 첫 번째 프로젝트이자 가장 큰 성과를 거두고 있는 블록이다. 뒤이어 04-3 블록에서는 2016년 '티엔 웅Thien Ung' 원유・가스전의 개발이 시작되었으며 2019년에는 인근 09-3/12 블록의 '벨루가Beluga'유전이 시운전되기 시작하는 등[34] 활발한 유전 및 가스전 탐사와 개발이 진행되고 있다. 비엣소브페트로는 사실상 원유 탐사와 채굴 기술이 없는 베트남에게 합작회사를 통해 기술을 제공하고 전문 인력을 양성하는 중요한 통로로서 기능했다. 원유정제와 관련한 분야에서도 자루베쉬네프트는 페트로베트남과 '등꿧Dung Quat' 지역에 베트남 최초의 원유정제공장을 건설하기 위한 합작기업인 '비엣로스Vietross'를 설립하였다. 합작회사 설립은 1998년에 이루어졌고, 비록 명확히 알려지지 않은 이유로 인해 2002년 자루베쉬네프트는 합작회사의 지분을 정리하고 해당 사업에서 손을 떼기로 결정하였으나[35] 이 프로젝트는 베트남 정부가 이후 단독으로 추진하면서 베트남 최초의 정유공장이 되었다.

2000년대부터 본격화된 양국의 에너지 협력을 촉진하게 된 기반은 2006년 11월, 러시아의 푸틴 대통령이 APEC 정상회담을 계기로 베트남을 국빈 방문

33 Макухин А.Г., "ОСОБЕННОСТИ СОТРУДНИЧЕСТВА РФ И СРВ В СФЕРЕ ЭНЕРГЕТИКИ", *Sciences of Europe* #40, 2019, с.12.

34 "Zarubezhneft 홈페이지", https://www.zarubexhneft.ru/en/deyatelnost/razvedka-i-dobycha/?ELEMEN T_ID=60 (검색일 : 2023.08.25)

35 "Russia out of Vietnam refinery project", https://www.neftegazru.com/news/politics/429111-russia-out-of-vietnam-refinery-project (검색일 : 2023.08.30)

하면서 체결한 에너지 협력 문서이다. 푸틴 대통령과 베트남의 '응구엔 민 트리엣Nguyen Minh Triet' 주석은 에너지 협력과 관련한 두 가지 문서에 서명했는데, 첫째는 「원유·가스 지질탐사 및 생산 분야에서 추가 협력에 관한 공동 협정O Дальнеишем Сотрудничестве в Области ГеологическойРазведкии Добычи Нефти и Газа」이며 둘째는 「러시아 가스프롬과 베트남 페트로베트남 간의 전략적 협력에 관한 협정Соглашение о Стратегическом Сотрудничестве между "Газпром" и Вьетнамской НефтегазовойКорпорацией "Петровьетнам"」이다. 첫 번째 협정은 합작기업인 비엣소브페트로를 기반으로 양국이 에너지 부문에서의 협력을 굳건히 하기 위한 목적으로 체결되었다. 이 협력을 기반으로 베트남의 새로운 원유 및 가스전에 대한 탐사와 개발이 이루어졌으며[36] '화이트타이거'와 '드래곤' 필드의 개발이 성공적으로 수행되었다.

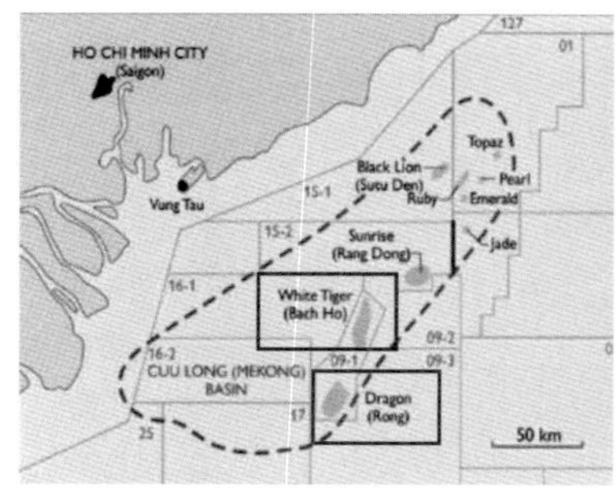

◂ 〈그림 1〉 화이트타이거 & 드래곤 필드 위치
https://researchgate.net/figure/Location-map-of-the-White-Tiger-field-Cuu-Long-basin-fig1_329109573
▸ 〈그림 2〉 둥꿧 정유소
https://www.vir.com.vn/dung-quat-oil-refinery-to-increase-capacity-101672.html

또한, 두 번째 협정에서는 가스프롬과 페트로베트남의 전략적 협력에 관한

36 "Совместная Декларация Президента РФ и Президента Социалистической Республики Вьетнам О Дальнеишем Сотрудничестве в Области ГеологическойРазведкии Добычи Нефти и Газа", Президент России, https://www.special.kremlin.ru/supplement/2930 (검색일 : 2023.08.30)

기초를 놓았는데, 이는 양국이 베트남의 탄화수소 에너지자원의 탐사, 개발, 운송, 판매 등에 대해 협력하기로 한 포괄적인 협정이다. 그 이전인 2001년에도 가스프롬과 페트로베트남은 베트남의 특정 광구에서만 협력하기로 하는 협정을 체결한 바 있으나[37] 이번 협정을 통해 협력 범위는 베트남의 전역으로 확대되었다. 이후 2008년의 협정에서 양사는 4개 광구의 개발에 대해 협력하기로 합의하였으며 이를 위해 양사가 각각 51%(가스프롬)와 49%(페트로베트남)의 지분을 갖는 '가스프롬비에트GazpronViet'를 설립하게 된다.

당시 러시아는 1990년대의 심각한 경기 침체에서 벗어나 2000년대의 글로벌 경기 호황을 맞아 기업의 해외 진출을 활발히 추진하던 시기였다. 이 시기에 러시아의 원유 기업들도 자국 내에서의 에너지 생산에 그치는 것이 아니라 해외자원개발에 많은 노력을 기울이기 시작했다. 러시아의 에너지 기업들은 유라시아 주변국과 중남미까지 진출하는 가운데, 베트남과의 협력도 이 시기에 본격화되었다고 볼 수 있다.

에너지 부문에서 양국의 협력관계는 탄소 자원의 탐사와 개발에만 그치지 않았으며 원자력 부문에서도 지속되었다. 지난 2002년 양국은 원자력 개발에 관한 협정을 체결한 이후 협력을 강화해 왔는데, 2010년 10월 베트남 최초의 원자력 발전소인 '닌투안Ninh Thuan 1호'를 러시아가 턴키turnkey 방식으로 공급하기로 합의하였다. 최초의 계획은 2030년까지 5개의 성, 8개 부지에 총 14기(15GW)의 원자로를 건설하여 베트남 에너지 생산의 10%를 생산하고, 장기적으로 2050년까지 원자력 비중을 20~25%까지 확대하겠다는 것이었다.[38] 그리고 2011년 11월, 건설비용의 약 85%에 해당하는 80억 달러를 러시아의

37 ""Газпром" и Петровьетнам Подписали Соглашение о Стратегическом Партнёрстве", https://www.1prime.ru/INDUSTRY/20091215/755527541html (검색일 : 2023.08.31)

38 "Vietnam's amazing nuclear journey – why it ended, what it means for South East Asia", http://energypost.eu/vietnam-dumps-nuclear-power-economic-reasons-rest-south-east-asia-may-follow (검색일 : 2023.09.06)

차관으로 제공하기로 합의하였으며 공사는 2014년 착공해 2020년부터 운영을 시작할 계획이었다.[39] 하지만, 베트남 정부는 2016년 11월, 경제적인 이유로 모든 원자력 발전소의 건설을 포기하는 것으로 결정하였으며 이후 원자력 발전소 건설과 관련한 구체적인 진행은 없는 것으로 알려지고 있다. 당시 베트남의 원자력 발전소 건설 포기는 러시아와의 문제만은 아니었다. 베트남 정부는 일본과도 원자력 발전소 건설을 추진해왔고, 미국, 프랑스, 한국 등과도 개발과 관련한 협약을 체결했으나 더 이상의 진전은 없었다. 하지만 베트남에게 원자력 부문에서의 최우선 협력 국가는 러시아였다. 정부가 발전소 설립을 중단한 이후인 2017년 7월, 러시아 국영원자력기업인 로스아톰Rosatom과 베트남 과학기술부는 베트남에 「핵 과학 및 기술센터nuclear science and technology center」를 설립하는 양해각서를 체결하였다.[40] 이 센터의 설립은 베트남의 원자력 개발과 관련한 기초적인 인프라 개발과 베트남 인력에 대한 기술 교육 등을 수행하는 것을 목적으로 하며 베트남의 원자력 개발에서 러시아가 우선적인 파트너로서 고려된다는 점을 확인시켜 주었다.

신재생에너지 분야에서도 양국은 밀접한 관계를 유지하고 있다. 러시아 로스아톰은 베트남 북서쪽 '손 라Son la' 지역에 128MW 규모의 풍력발전소를 건설하는 프로젝트를 추진하기 위해 베트남 에너지 기업인 '안 슈안 에너지An Xuan Energy KSC'와 협력계약을 체결했다.[41] 이는 러시아 기업 최초의 해외 풍력발전 건설 사례가 될 것으로 기대되고 있다. 또한 러시아 자루베즈네프트와 베트남 T&T 그룹도 신재생에너지원 협력확대를 위한 협약을 체결하는 등

39 "Nuclear Power in Vietnam", http://www.world-nuclear.org/information/library/country-profiles/countries-t-z/vietnam.aspz (검색일 : 2023.09.06)

40 "nuclear center for Vietnam", https://www.rosatomnewsletter.com/2017/07/07/nuclear-center-for-vietnam/ (검색일 : 2023.09.06)

41 "Russian nuclear firm Rosatom plans first foreign wind firm in Vietnam", https://windpower montly.com/article/1794088/russia-nuclear-firm-rosatom-plans-first-foreign-wind-farm-vietnam (검색일 : 2023.09.06)

양국 간의 에너지 협력은 신재생에너지 분야로도 확대되고 있다.

4. 우크라이나 전쟁 이후 양국 관계의 도전과 과제

러시아의 우크라이나 침공 당시, 유엔UN은 러시아를 규탄하거나 처벌하는 것과 관련한 4가지 결의안을 제출했다. 많은 국가들이 4가지 결의안에 모두 찬성한 가운데 베트남은 1)러시아에게 우크라이나에서의 군대철수 요구, 2)러시아의 침공이 인도주의적 관점에서 초래한 위험에 대한 비난, 4)러시아의 우크라이나 영토 합병에 대한 비난 등의 3가지 안건에 대해서는 기권을, 3)러시아를 UN인권이사회UNHRC에서 자격정지 시키는 안건에 대해서는 반대표를 던졌다.[42] 이로서 베트남은 하나 이상의 안건에 반대표를 던지거나 기권한 19개 국가가운데 하나에 속하게 되었으며 이 문제에서 러시아와 같은 편에서 있음을 드러내게 될 수밖에 없었다. 그러나 이러한 베트남의 태도는 남중국해 문제에서 국제법의 준수를 기대하는 것과 동시에 국제관계에서 무력을 사용하거나 무력으로 타 국가를 위협하는 행위에 반대하는 입장을 고수해온 베트남의 정책과 정면으로 배치되는 것일 뿐만 아니라, 인도·태평양의 다른 국가들에게 강대국이 약소국을 침략할 때에 침묵할 수도 있다는 신호를 보내는 것일 수 있었다.[43] 즉, 베트남으로서는 러시아에 동조함으로써 얻게 되는 전략적 이익보다는 향후 초래될 수 있는 전략적 불안정성이 더 커진 상황이며 이는 러시아와 중국 간의 밀착관계를 고려할 때 더욱 부각될 수 있다. 러시아와 기존과 같은 수준에서의 밀착관계를 유지하는 것은 베트남으로서는

42 "Where does your country stand on the Russia-Ukraine war?", https://www.aljazeera.com/news/2023/2/16/mapping-where-every-country-stands-on-the-russia-ukraine-war (검색일 : 2023.10.21).

43 Derek Grossman, op. cit., pp.5~6.

국제관계에서 부담이 될 수 있다는 의미이다.

또한, 우크라이나 전쟁으로 인해 러시아가 국제적으로 재평가 받게 된 영역은 군수 및 국방과 관련된 분야이다. 우크라이나와의 전쟁 초기만 하더라도 러시아는 압도적인 군사력을 통해 손쉽게 승리를 거둘 수 있을 것으로 평가되었으나[44] 실제로 결과는 그렇지 못했으며 이에 대한 원인으로 오래된 러시아 무기체계와 초기 작전 운영의 비효율성 등이 지적되면서[45] 러시아 국방산업의 경쟁력이 평가절하되었다. 세계에서 최고 수준으로 평가받던 러시아 국방력이 실제보다 과대평가 되어왔다는 지적이었다. 또한, 우크라이나 전쟁으로 인해 러시아와 미국을 중심으로 한 서방의 대립적인 관계가 지속되고 있다는 점도 베트남에게는 부담이다.

그리고 이러한 상황은 러시아의 무기체계에 크게 의존하고 있는 베트남 내부에서 우려를 낳고 있다. 현재 베트남이 러시아와의 무기 거래에서 직면하게 된 어려움은 크게 3가지인데[46] 첫째는 미국은 '적성국 대응법CAATSA'에 따라 잠재적으로 러시아 무기를 구입하는 고객에게 재정적 처벌을 부과할 수 있으며 베트남이 그 대상이 될 수 있다는 점이다. 둘째는 우크라이나 전쟁을 통해 러시아가 베트남의 적성국인 중국과 밀접한 관계를 유지하고 있다는 것이다. 셋째는 전쟁으로 인해 러시아산 무기의 부품공급이 어려워지고 있다는 점이다. 최근의 무기 거래에서 베트남은 과거 러시아에 대한 지나친 의존에서 벗어나 이스라엘, 한국, 미국산 등으로 수입을 다변화하는 추세이다. 실제

44 "Russian Officials Predicted A Quick Triumph In Ukraine. Did Bad Intelligence Skew Kremlin Decision-Making?", https://www.rferl.org/a/russia-invasion-ukraine-intelligence-putin/31748594.html (검색일 : 2023.10.7).

45 Mykhaylo Zabrodskyi, Jack Watling, Oleksandr V Danylyuk and Nick Reynolds, "Preliminary Lessons in Conventional Warfighting from Russia's Invasion of Ukraine : February–July 2022", *Royal United Services Institute for Defence and Security Studies*, 2022, pp.44~52.

46 "Could Vietnam's relations with Russia be another casualty of the war in Ukraine?", https://asialink.unimelb.edu.au/insights/could-vietnams-relations-with-russia-be-another-casualty-of-the-war-in-ukraine (검색일 : 2023.10.07).

로 베트남 정부는 자국의 국방력 강화를 위해 미국산 F-16 전투기의 구매를 고려하고 있다. 이 문제는 2023년 8~9월에 걸쳐 미국과 베트남에서 열린 양국 간 회담의 공식적인 주제였으며 미국은 전투기 공급을 위해 베트남에 특별한 자금조달 조건을 제시할 것을 고려 중인 것으로 알려지고 있다.[47] 미국의 입장에서는 인도・태평양 지역에서 중국을 견제할 수 있는 수단으로서 베트남의 전략적 지위는 더욱 중요해지고 있으며 베트남으로서도 과도한 러시아 의존성을 일정 부분 완화시켜줄 수 있는 대안으로서 미국의 역할은 중요할 수 있다. 2023년 9월 미국과 베트남은 양국 간의 관계를 지난 2013년 체결된 '포괄적 동반자관계comprehensive partnership'에서 '포괄적 전략적 동반자관계comprehensive strategic partnership'로 격상시켰다. 베트남과 '포괄적 전략적 동반자관계'를 체결하고 있는 국가는 러시아, 중국, 인도, 한국의 4개 국가였으며 미국을 이와 동등한 지위로 격상한 것은 향후 미국과 긴밀한 관계를 맺기 위해 노력하고 있다는 메시지를 준다는 점에서 의미가 있다. 백악관은 이를 양국 관계에서 '전례 없이 중요한 발전unprecedented and momentous elevation'으로 평가하고 경제, 과학기술, 인적자원, 환경, 재생에너지, 금융 등 광범위한 분야에서의 협력이 강화될 것으로 바라보았다.[48] 여기에는 러시아와 베트남이 매우 밀접하게 협력하고 있는 분야인 원유 등의 전통적인 에너지 개발과 군사 분야에 대한 직접적인 언급은 배제되었으나 경제 분야에서 미국의 관심사인 글로벌 공급망 협력 관점에서의 기술투자 및 산업분야의 협력은 추진력을 가질 수 있을 것으로 보인다.

47 "Biden aides in talks with Vietnam for arms deal that could irk China", https://www.reuters.com/world/biden-aides-talks-with-vietnam-arms-deal-that-could-irk-china-2023-09-23/ (검색일 : 2023.10.21)

48 The White House, "FACT SHEET : President Joseph R. Biden and General Secretary Nguyen Phu Trong Announce the U.S.-Vietnam Comprehensive Strategic Partnership", https://www.whitehouse.gov/briefing-room/statements-releases/2023/09/10/fact-sheet-president-joseph-r-biden-and-general-secretary-nguyen-phu-trong-announce-the-u-s-vietnam-comprehensive-strategic-partnership/ (검색일 : 2023.10.21)

미국과 베트남의 최근의 이러한 외교적 전환은 러시아에게는 경계해야 하는 사안이 될 수 있다. 하지만, 최근 베트남은 외교적으로 실리를 추구하는 태도를 보이고 있으며 여전히 베트남에게 러시아는 가장 우선적인 협력 대상이다. 베트남과 미국과의 최근 밀접한 협력 행보에도 불구하고 베트남이 러시아로부터 약 80억 달러 상당의 무기거래를 추진하고 있다는 사실이 최근 알려지기도 했다.[49] 2023년 10월 모스크바에서 양국은 에너지 개발, 교역, 과학기술 분야 등에 대한 협력에 대해 추가적으로 합의하였다. 이러한 양국 관계의 공고함은 역사적으로 축적된 이데올로기적 동질성, 베트남의 관료적 행태, 중국 요인, 베트남에서의 러시아 에너지 개발 등의 다양한 원인으로 인해 쉽게 약화되지는 않을 것이다.[50] 다만, 양국 간의 관계에서 기존의 협력분야가 아닌 새로운 협력의 영역을 찾는 것은 중요한 과제가 될 수 있을 것이다.

5. 결론

러시아에게 베트남은 동남아시아 지역에서 유일하게 장기간 우호적인 협력관계를 이어 온 국가이다. 과거 소련 시기에는 사회주의의 이념적인 끈이 양국을 밀접히 연결시켜주는 중요한 고리였다면 최근에는 다양한 측면에서 양국의 이해관계가 강화되고 있다. 러시아는 성장하는 동남아시아 시장에서 수출시장, 특히 에너지, 군사용품, 자동차 등 운송 분야의 진입을 모색하고자 하는데 베트남은 이를 위해 중요한 국가이다. 베트남 시장에서의 입지를 바탕으로 다른 동남아시아 시장에 대한 진출로를 확보하고자 하는 것은 러시아

49 "Vietnam Reportedly Seeking Military Aid From Both Moscow and Washington", https://www.voanews.com/a/vietnam-reportedly-seeking-military-aid-from-both-moscow-and-washington/7283324.html (검색일 : 2023.10.21)

50 Derek Grossman, op. cit., p.6.

의 중요한 전략이며 특히, 우크라이나 전쟁으로 인해서 서방과의 경제관계가 단절된 상황에서 이는 매우 의미가 있다. 또한 러시아는 동남아 지역에서 미국과 중국 간의 긴장이 조성되는 상황에서 베트남을 통해 외교적 입지를 강화하려는 포석도 가지고 있다. 베트남의 입장에서 러시아는 중국과 겪고 있는 남중국해 분쟁 상황에서 자국의 입장을 옹호해 줄 수 있는 중요한 파트너이다. 또한 과거부터 베트남의 주요한 경제 파트너로서의 역할, 베트남의 에너지 자원 개발에서 핵심적인 도움을 주고 있다는 점도 전략적으로 중요한 의미를 가진다.

이러한 양국의 이해관계는 크게 3가지 측면에서 발전되어왔다. 첫째는 군사·안보 분야 협력으로 소련 시기부터 우방으로서 이 분야는 양국협력의 가장 근간을 이루어왔으며 러시아의 군사기술과 무기를 베트남에 이전 또는 판매하는 형태로 지속되고 있다. 둘째는 통상 분야 협력인데, 러시아가 주도하는 EAEU와 베트남간의 FTA 체결을 통해 통상 및 투자가 활발히 전개되고 있다. 셋째는 베트남의 주요 유전 등 에너지 개발에서 러시아가 적극적으로 참여하는 방식의 에너지 협력이다. 이 3개의 주요 축을 통해 양국 관계는 공고함이 유지되고 있다.

하지만 수십 년을 이어온 굳건한 양국 관계는 최근의 우크라이나 전쟁으로 인해 일정 부분 우려를 낳고 있다. 중국과의 분쟁 가운데 처해있으며 국제관계에서 무력 사용에 반대해 온 베트남의 입장에서 러시아의 행보는 부담스러운 것이 사실이다. 여기에 더해, 러시아의 군사 및 무기체계에 크게 의존하고 있는 베트남에게 이번 우크라이나 전쟁에서 러시아군이 보여준 모습은 적지 않게 실망감을 주었을 것으로 보인다. 여기에는 미국 '적성국대응법'의 잠재적 영향, 러·중간의 긴밀한 관계, 전쟁으로 인한 러시아산 부품 수급의 어려움 등도 포함된다. 미국은 최근 베트남과의 관계 강화를 동남아시아 지역에서 중국을 견제하기 위한 전략의 일부로서 전개하고 있다. 베트남의 입장에서도 국제관계에서 미국과의 협력을 강화하는 것은 실익이 크다고 판단하고 있다. 하지만, 이러한 관계 속에서도 베트남의 러시아에 대한 신뢰는 여전히 굳건하다고 볼 수 있다. 러시아에 대한 국제사회의 제재 분위기 속에서도 베트남은 이에 동참하지 않고 있으며 그 이후에도 양국 정상은 다양한 분야에서 새로운 협력의 지평을 넓혀가기 위해 노력하고 있다.

중단기적인 측면에서 러시아와 베트남의 관계를 흔들만한 중대한 균열의 요소가 있다고 보기는 어렵다. 다만, 베트남은 과거와는 달리 국제관계에서 다양한 국가들과 협력관계를 확장해 나가고 있으며 러시아는 서방과 단절된 상황에서 비서방권 국가들과의 유대를 공고히 해야 하는 입장으로 협력의 대상은 제한될 수밖에 없다. 이러한 상황에서 향후 양국의 협력 형태가 어떤 방식으로 전개될지 주목할 필요가 있다.

참고문헌

ADB, "Vietnam Energy Sector Assessment, Strategy, and Roadmap", Dec. 2015.

Baum, A., "Vietnam's Development Success Story and the Unfinished SDG Agenda", *IMF Working Paper*, WP/20/31, 2019.

Fedorov, N. V., "New Policy of towards Vietnam? State Administration of the Russian Federation and a Realization of the Free Trade Agreement between the EAEU and Vietnam", *Public Administration Issues*, Special Issue, 2018.

Gorenburg, D. and Schwartz, P., "Russia's Strategy in Southeast Asia", *PONARS Eurasia Policy Memo* No.578. Mar. 2019.

Grossman, D., "Why Vietnam Might Want to Reconsider its Russia Policy", Yusof Ishak Institute, Issue : 2022 No.50.

Kireeva, A., "Russia's East Asia Policy : New Opportunities and Challenges", *PERCEPTIONS* Vol.17, No.4. Winter 2012.

Kirkham, K., "The formation of the Eurasian Economic Union : How successful is the Russian regional hegemony?", *Journal of Eurasian Studies* Vol.7, 2016.

Mediansky, F. A. and Court, D., "The Soviet Union in Southeast Asia", *Canberra Papers on Strategy and Defence* No.29, 1984.

Pew Research Center, "Russia's Global Image Negative amid Crisis in Ukraine", 7, Jul. 2014.

Rogozinska, A. and Olech, A. K., "The Russian Federation's Military Bases Abroad", *Institute of New Europe*.

Seah, S. et al., The State of Southeast Asia : 2023 Survey Report, Singapore : ISEAS-Yusof Ishak Institute, 2023.

Stoecker, S. W., "Clients and Commitments : Soviet-Vietnamese Relations, 1978-1988", *A Rand Note N-2737-A*, Dec. 1989.

The International Institute for Strategic Studies, "Arming Vietnam : Widened International-security Relations in Support of Military-capability Development", Mar. 2023.

Vinokurov, E., "Eurasian Economic Union : Current state and preliminary results", *Russian Journal of Economics* Vol.7, 2017.

Zabrodskyi, M. Watling, J. Oleksandr, V. D. and Reynolds, N., "Preliminary Lessons in Conventional Warfighting from Russia's Invasion of Ukraine : February–July 2022", *Royal United Services Institute for Defence and Security Studies*, 2022.

Макухин А.Г., "ОСОБЕННОСТИ СОТРУДНИЧЕСТВА РФ И СРВ В СФЕРЕ ЭНЕРГЕТИКИ", *Sciences of Europe* #40, 2019,

"A Brief History of The Oil and Gas in Vietnam", http://www.energyglobalnews.com/a-brief-history-of-the-oil-and-gas-in-vietnam/ (검색일 : 2023.10.14)

"Biden aides in talks with Vietnam for arms deal that could irk China", https://www.reuters.com/world/biden-aides-talks-with-vietnam-arms-deal-that-could-irk-china-2023-09-23/ (검색일 : 2023.10.21)

"China's Maritime Disputes", https://www.cfr.org/timeline/chinas-maritime-disputes (검색일 : 2023.09.13)

"Could Vietnam's relations with Russia be another casualty of the war in Ukraine?", https://asialink.unimelb.edu.au/insights/could-vietnams-relations-with-russia-be-another-casualty-of-the-war-in-ukraine (검색일 : 2023.10.07)

「Decision No.08/2017/QDTTg dated March 31, 2017 guiding the implementation of the protocol between the Socialist Republic of Vietnam and the Government of the

Russia Federation on supporting the production of motor vehicles in the territory of Vietnam, https://www.vanbanphapluat.co/decision-08-2017-qd-ttg-supporting-the-production-motor-vehicles-in-the-territory-vietnam-russia (검색일 : 2023.08.09)

"Explaining the Vietnamese Public's Mixed Responses to the Russia-Ukraine Crisis", https://thediplomat.com/2022/03/explaining-the-vietn-mese-publics-mixed-responses-to-the-russia-ukraine-crisis/ (검색일 : 2023.09.29)

"How To Read Vietnam's Latest Defense White Paper : a Message To GreatPower", https://warontherocks.com/2019/12/how-to-read-vietnams-latest-defense-white-paper-a-message-to-great-powers/ (검색일 : 2023.09.21)

International Trade Administration, "Vietnam－Country Commercial Guide : Defense and Security Sector", https://trade.gov/country-commercial-guides/vietnam-defense-and-security-sector (검색일 : 2023.09.14)

"nuclear center for Vietnam", https://www.rosatomnewsletter.com/2017/07/07/nuclear-center-for-vietnam/ (검색일 : 2023.09.6)

"Nuclear Power in Vietnam", http://www.world-nuclear.org/information/library/country-profiles/countries-t-z/vietnam.aspz (검색일 : 2023.09.06)

"President Vo Van Thuong meets President of the Russian Federation Vladimir Putin", 18, Oct. 2023, https://vietnam.vn/en/chu-tich-nuoc-vo-van-thoung-gap-tong=thong-lian-gang-nga-vladimir-putin-s/ (검색일 : 2023.11.07)

"Rostec Opens Helicopter Engines Repair Center in Vietnam", https://www.rowtec.ru/en/news/rostec-opens-helicopter-engines-repair-center-in-vietnam (검색일 : 2023.09.15)

"Rough Waters Ahead for Vietnam-China Relations", https://www.carnegieendowment.org/2020/09/30/rough-waters-ahead-for-vietnam-china-relations-pub-82826 (검색일 : 2023.09.13)

"Russian nuclear firm Rosatom plans first foreign wind firm in Vietnam", https://windpowermontly.com/article/1794088/russia-nuclear-firm-rosatom-plans-first-foreign-wind-farm-vietnam (검색일 : 2023.09.06)

"Russian Officials Predicted A Quick Triumph In Ukraine. Did Bad Intelligence Skew Kremlin Decision-Making?", https://www.rferl.org/a/russia-invasion-ukraine-intelligence-putin/31748594.html (검색일 : 2023.10.07)

"Russia out of Vietnam refinery project", https://www.neftegazru.com/news/politics/429111-russia-out-of-vietnam-refinery-project (검색일 : 2023.08.30)

"Russia-Vietnam Trade Disrupted, But Growth Potential Remains", https://www.russia-briefing.com/news/russia-vietnam-trade-disrupted-but-growth-potential-remains.html/ (검색일 : 2023.08.10)

"Russian-Vietnamese Trade to reach $10 billion by 2025", https://www.government.ru/en/news/48169 (검색일 : 2023.08.21)

The White House, "FACT SHEET : President Joseph R. Biden and General Secretary Nguyen Phu Trong Announce the U.S.-Vietnam Comprehensive Strategic Partnership", https://www.whitehouse.gov/briefing-room/statements-releases/2023/09/10/fact-sheet-president-joseph-r-biden-and-general-secretary-nguyen-phu-trong-announce-the-u-s-vietnam-comprehensive-strategic-partnership/ (검색일 : 2023.10.21)

"Vietnam and Russian collaboration in automobile manufacturing", https://www.vietnamnet.vn/en/vietnam-and-russian-collaboration-in-automobile-manufacturing-E193021.html (검색일 : 2023.08.09)

"Vietnam Reportedly Seeking Military Aid From Both Moscow and Washington", https://www.voanews.com/a/vietnam-reportedly-seeking-military-aid-from-both-moscow-and-washington/7283324.html (검색일 : 2023.10.21)

"Vietnam's amazing nuclear journey－why it ended, what it means for South East Asia", http://energypost.eu/vietnam-dumps-nuclear-power-economic-reasons-rest-south-east-asia-may-follow (검색일 : 2023.09.06)

"What's in Russia's New Military Facility in Vietnam?", https://www.thediplomat.com/2019/04/whats-in-russias-new-military-facility-in-vietnam/ (검색일 : 2023.09.15)

"Where does your country stand on the Russia-Ukraine war?", https://www.aljazeera.com/news/2023/2/16/mapping-where-every-country-stands-on-the-russia-ukraine-war (검색일 : 2023.10.21)

Zarubezhneft홈페이지, https://www.zarubexhneft.ru/en/deyatelnost/razvedka-i-dobycha/?ELEMENT_ID=60 (검색일 : 2023.08.25)

"Военно-техническое Сотрудничество России : Государства Юго-Восточной Азии и АТР", https://www.russiancouncil.ru/analytics-and-comments/columns/geoploitics-arms-market/voenno-tekhnicheskoe-sotrudnichestvo-rossii-gosudarstva-yugo-vostochnoy-azii-i-atr/ (검색일 : : 2023.09.14)

"Газпром" и Петровьетнам Подписали Соглашение о Стратегическом Партнёрстве", https://www.1prime.ru/INDUSTRY/ 20091215/755527541html (검색일 : 2023.08.31)

"Совместная Декларация Президента РФ и Президента СоциалистическойРеспублики Вьетнам О Дальнеишем Сотрудничестве в Области ГеологическойРазведкии Добычи Нефти и Газа", https://www.special.kremlin.ru/supplement/2930 (검색일 : 2023.08.30)

Цветов, А., "РОССИЯ и АСЕАН : поиски экономической синергии иполитического едино мыслия", 25, Мая, 2016, https://russiacouncil.ru/analytics-and-comments/analytics/rossiya-i-asean-poiski-ekonomicheskoy-sinergii-i-politichesk/ (검색일 : 2023.11.01)

"Шесть вопросов о ЗСТ ЕАЭС－Вьетнам", https://www.russiancoun-cil.ru/analytics-and-comments/analytics/shest-voprosov-o-zst-eaes-vetnam/?sphrase_id=102868010 (검색일 : 2023.08.01)

푸틴 3기 이후 러시아와 인도네시아의 협력 관계 분석*

이주연

1. 서론

전통적으로 러시아와 인도네시아 관계는 비교적 긍정적으로 평가할 수 있다. 1960년대 후반 수카르노 정권이 몰락한 이후 인도네시아 국민은 서방에 대해 부정적 인식을 갖게 되었다. 또한, 2000년대 초 아프가니스탄과 이라크 전쟁과 같은 이슬람 세력에 대한 서방의 공격은 인도네시아 국민에게 반서구적 정체성을 형성하게 하는 계기가 되었다. 반면, 20세기 소련은 인도네시아에 대해 재정, 군사, 교육 등의 지원을 실행했고 1960년대 네덜란드 식민지였던 서뉴기니 지역 회복에 도움을 주었다. 따라서 소련을 계승한 러시아를 바라보는 인도네시아의 인식은 비교적 우호적이라고 평가할 수 있다.[1]

한편, 2012년 푸틴 3기 이후 러시아의 아시아로 회귀Pivot to Asia를 중심으로 한 신동방정책 대외정책이 실행되기 시작하면서 러시아는 비서구 국가와

* 이 글은 『슬라브학보』 39권 1호(2024)의 글을 일부 수정 및 보완한 것임을 밝힌다.

1 Gilang Kembara, "Indonesia : Looking Up to Russia, and Away from Europe", institutmontaigne, http://www.institutmontaigne.org/en/expressions/indonesia-looking-russia-and-away-europe (검색일 : 2023.10.01)

의 협력을 중요시하기 시작했다. 특히 2014년 크림반도 병합, 2022년 우크라이나 침공 이후 러시아는 서방과 심각한 갈등 관계를 형성하고 있고 러시아는 국제사회에서 고립되지 않기 위해 인도네시아와의 협력이 중요한 상황이다.

2022년 발리에서 G20 정상회의가 개최되었고 주요 의제는 우크라이나 전쟁이었다. G20 발리 지도자 선언G20 Bali Leaders's Declaration을 살펴보면, 우크라이나 전쟁이 세계 경제에 미치는 부정적 영향을 강조하며 러시아의 철수를 요구했다.[2] 해당 G20 정상회의의 의장국이 인도네시아임으로 인도네시아가 우크라이나 전쟁에 큰 관심이 있는 것으로 보인다. 그러나 우크라이나 전쟁 이후 인도네시아가 러시아에 적대적인 입장으로 변했다고 판단하기 어렵다. 왜냐면 서방의 비판에도 불구하고 푸틴을 초청하기로 한 결정을 유지했기 때문이다.[3]

그렇다면 러시아와 인도네시아 관계를 어떻게 규명할 수 있는가? 또 우크라이나 전쟁 이후 양국의 관계 변화가 가능한 것인가? 본 글은 이와 같은 문제의식을 바탕으로 양국의 외교 관계의 특징과 한계점 그리고 향후 양국 관계를 전망하는 것을 목표로 한다. 본 글의 시기적 범위는 특히 푸틴 3기 이후와 조코 위도도Joko Widodo(이하 조코위) 재임 이후 시기에 초점을 맞추어 분석한다. 왜냐면 러시아와 인도네시아 관계가 냉전 시기부터 이어진 것은 사실이지만, 러시아의 비서구 외교정책이 두드러진 시기를 푸틴 3기 이후로 판단하기 때문이다.

본 글의 목표 달성을 위한 글 진행은 다음과 같다. 우선 러시아와 인도네시

2 "G20 Bali Leaders' Declaration", Whitehouse, https://www.whitehouse.gov/briefing-room/statements-releases/2022/11/16/g20-bali-leaders-declaration/ (검색일 : 2023.10.05)

3 Radityo Dharmaputra, "Understanding Indonesia's Response to Russia's war in Ukraine : A Preliminary Analysis of the Discursive Landscape", *Journal of Global Strategic Studies* 2(1), 2022, p.118.

아의 주요 외교정책 기조를 분석하여 양국이 거시적으로 지향하는 외교정책의 특징과 목표를 분석한다. 둘째, 양국의 군사·안보, 통상 관계를 살펴보아 양국이 어떤 협력 관계를 구축하고 있는지 파악한다. 마지막으로 우크라이나 전쟁 이후 양국 관계의 입장과 관계 상황을 살펴본다.

2. 러시아·인도네시아의 외교정책 평가

1) 러시아 외교정책의 특징

푸틴 3기 러시아 외교정책의 특징으로 우선 비서방적 대외정체성을 들 수 있다. 이와 관련하여 강봉구는 러시아가 문명적, 역사적, 인종적으로 유럽 국가에 가깝지만, 국민정체성은 서유럽과 다름을 주장했다. 특히 연구자는 2000년대 중반부터 발생한 색깔혁명의 영향으로 비서방적 대외정체성이 1990년대 친서방 대외정체성을 밀어냈다고 설명하면서 러시아가 비서방적 대외정체성의 영향으로 비교적 자국과 동일한 대외정체성 즉, '주권적이지만 비민주적' 범주에 속하는 국가들과의 협력을 추구하고 있다고 분석했다.[4]

한편, 2015년 국가안보전략(이하 NSS)과 2021년 국가안보전략을 비교해보면, 푸틴 3기 러시아의 대외정체성이 비서방적 대외정체성이었다면, 푸틴 4기 이후부터는 노골적인 반서방 대외정체성으로 변화했음을 알 수 있다. 가령 2015년 NSS의 경우 미국, 유럽연합, NATO 등과의 협력 사항들에 적시되어 있지만, 2021년 NSS에서는 이러한 내용을 삭제했다.[5] 즉, 푸틴 3기와 비

4 강봉구, 「우크라이나 위기와 미국－러시아 관계 : 대외정체성 대립의 장기화」, 『슬라브학보』 30(3), 2015, 4~7쪽.

5 김성진, 「푸틴 집권 4기 러시아 국가안보전략의 변화」, 『중소연구』 45(4), 2021/2022, 195쪽.

교하여 푸틴 4기의 대외정체성은 더욱 강도 높은 수준으로 서방과의 갈등을 의미하는 것이다.

이 같은 서방과의 충돌은 2023년 러시아연방 대외정책개념으로 더욱 구체화되어 명시됐다. 해당 문서에서 서방 헤게모니, 신식민주의, 서방 집단, 다극화된 세계, 러시아 혐오증, 신나치주의 등 우크라이나 침공의 명분으로 사용했던 용어들을 대거 찾아볼 수 있다. 또한, 서방과의 대결 구도 속에서 중국, 인도, 이슬람 세계, 아프리카, 중남미, 동남아시아 등 '글로벌 사우스Global South'와의 협력을 강조했다.[6] 결국 러시아의 대외정체성은 서방이 아님을 넘어서 서방과 대립하는 정체성으로 변화하고 있으며, 이와 같은 대외정체성을 실현하기 위해서 비서방국과의 협력 강화가 중요한 상황이다.

둘째, 아시아 중시 정책이다. 대표적인 아시아 중시 정책으로 신동방정책을 예로 들 수 있다. 2012년 푸틴 3기 이후 러시아는 아시아로 회귀Pivot to Asia를 골자로 하는 신동방정책 기조를 보이기 시작했다. 신동방정책 수립의 원인은 다양하지만, 내부요인으로 상대적으로 경제·사회적으로 발전이 더딘 러시아 극동과 시베리아 지역을 개발하겠다는 목적과 2008년 글로벌 금융위기 이후 푸틴 정권의 약화 등이 있다. 그리고 외부 요인으로 아시아 국가의 경제성장에 따른 아시아 국가와의 협력의 필요성 증가와 동아시아 지역에서 미국의 영향력 강화를 견제하면서 중국의 급부상 대비의 필요성 등이 있다.[7]

이 같은 목적으로 한 신동방정책은 2014년 크림반도 병합 이후 서방과의 갈등 관계 형성으로 신동방정책의 필요성과 추진 속도가 높아졌다. 문제는 서방과의 마찰이 심화함에 따라 신동방정책의 한계점이 나타나기 시작했다는 것이다. 본래 신동방정책은 중국과의 협력을 강화하면서 극동 지역 내 과

6 현승수, 「2023년 '러시아연방 대외정책개념'의 특징과 시사점」, 『통일연구원』 Online Series CO 23-14, 2023, 2~4쪽.

7 장덕준, 「러시아의 신동방정책과 동북아」, 『슬라브학보』 29(1), 2014, 239~243쪽.

도한 중국화를 한국과 일본과의 협력으로 완화하는 것을 특징으로 한다. 그러나 한국과 일본은 미국의 동맹국으로 미・러 관계가 악화되는 시점에서 러시아와의 협력을 높이기 어려운 문제가 있다. 심지어 2022년 러시아의 우크라이나 침공 이후 한국과 일본은 적극적으로 러시아 제재에 참여하고 있다. 따라서 중국과의 협력을 통한 경제적 이득이라는 관점에서 신동방정책은 비교적 성과가 있지만, 과도한 중국화를 견제하기 위한 한국과 일본의 협력은 이끌지 못하고 있다.

아시아 중시 정책의 두 번째 예로 확대유라시아 파트너십Greater Eurasian Partnership(이하 GEP)을 들 수 있다. GEP는 중국 위협이라는 개념을 대신하여 확대유라시아 공동체를 구성하기 위해 중국의 일대일로와의 연계를 강조한다. 그리고 인도, 파키스탄, 이란 등과 같은 개별 국가를 포함하여 상하이협력기구SCO, 동남아국가연합ASEAN 등과의 협력[8]을 추진하는 양자・다자간 협력 구상이다. 이처럼 GEP를 다자적 협력으로 구상한 이유로 앞선 신동방정책과 마찬가지로 중국의 급속한 부상에 따른 잠재적 마찰을 줄이기 위함이 있다.[9]

GEP의 의미를 성원용의 의견을 빌려 설명해보자면, 러시아는 동서축의 유라시아 대륙 공간에서 해양과 대륙을 포괄하는 공간으로의 변화를 추구하고, 이를 구체화하기 위해 국제운송회랑에 대한 지배권 강화를 추구한다. 그리고 러시아는 인도와 ASEAN과의 협력 강화를 통해 중장기적으로 유라시아 가치사슬 재편과 군사 안보협력 지대를 재편하려는 목적이 있다.[10] 결국 GEP는

8 2017년 5월 베이징에서 개최된 일대일로 국제 포럼에서 푸틴은 ASEAN이 대유라시아 파트너십 형성의 기반이 될 수 있음을 언급하기도 했다. David Lewis, "Strategic Culture and Russia's "Pivot to the East:" Russia, China, and "Greater Eurasia"", https://www.marshallcenter.org/en/publications/security-insights/strategic-culture-and-russias-pivot-east-russia-china-and-greater-eurasia-0 (검색일 : 2023.10.21)

9 김영진, 「러시아의 아시아 중시 정책의 주요 내용과 평가」, 『중소연구』 46(2), 2022, 331~333쪽.

10 성원용, 「러시아의 신동방정책과 대유라시아주의」, 『비교경제연구』 29(3), 2022, 245쪽.

신동방정책과 비교하여 아시아의 범주를 동아시아에 국한하지 않고 서남아시아, 동남아시아까지 확장한 전략에 중국이 포함되어 있기 때문에 자연스럽게 중국의 패권적 영향력 확장 위험성을 견제하는 효과가 있다.[11]

〈그림 1〉 확대유라시아 파트너십 구상도
출처 : https://metallicman.com/tag/fiat/?print=print-search

11 김선래, 「러시아의 '확장된 유라시아 파트너십' 개념과 중러 협력」, 『러시아연구』 32(1), 2022, 43쪽.

셋째, 국제질서의 다극화와 소지역 패권주의이다. 푸틴 집권 이후 러시아가 추구하는 대외정책 노선은 '자주적 강대국' 노선으로 사실상 과거 강대국으로의 복귀를 목적으로 한다. 그리고 이와 같은 목적은 학자마다 주장하는 내용은 다르지만, 적어도 구소련 지역에서 우월적인 영향력 즉 소지역 패권주의 획득이다. 또한 이와 같은 소지역 패권주의를 통해 얻고자 하는 국제질서 환경은 다극화된 국제질서이다.

특히 국제질서의 다극화와 소지역 패권주의 형성의 대표적인 최근 사례로 러시아의 우크라이나 침공을 들 수 있다. 이와 관련해 장세호는 우크라이나 전쟁의 원인을 소련 붕괴 이후 지속적인 나토의 확장으로 발생한 러시아의 안보위협 인식, 우크라이나와 미국의 협력 강화로 인한 유라시아 지역 세력 불균형의 우려 그리고 미국의 아프가니스탄 철수에 따른 미국의 세력 약화 인식 등으로 설명했다. 그리고 연구자는 우크라이나 나토 가입 저지, 유라시아 지역에서 자국에 불리한 안보지형 변경 그리고 국제사회의 다극질서 강화 등을 목적에 두고 있다고 주장했다.[12]

이처럼 러시아의 우크라이나 전쟁 사례에서 찾아볼 수 있듯이, 국제질서 다극화와 소지역 패권주의 경향의 외교정책은 다소 공세적인 외교정책 방식인 것으로 판단할 수 있다. 또한 현재 우크라이나 전쟁은 진행되고 있고 우크라이나 전쟁 승・패 여부에 따라 러시아 외교정책의 근간이 변화할 수 있다는 점에서 향후 주요 변수로 작용할 가능성이 높다.

2) 인도네시아 외교정책의 특징

인도네시아 외교정책의 특징으로 첫째, 중견국 외교이다. 1950년대 인도네

12 장세호, 「2021~2022년 우크라이나 사태 : 러시아의 목표・전략과 향후 전망 변수」, 『국제지역연구』 26(1), 2022, 5~13쪽.

시아 초대 부통령 모하마드 하타가 주장한 것과 같이 “인도네시아는 소국 혹은 중견국이 외부 간섭 없이 자유롭게 자신의 행동을 결정할 권리를 보호하는 글로벌 질서를 추구한다.” 즉, 인도네시아는 주권, 평등한 국제법, 다자 및 국제적 협력을 통한 평화적 해결 등을 강조한다.

한편, 인도네시아의 외교정책은 전통적으로 ‘독립적’이고 ‘적극적’인 특징을 지니고 있다. 그리고 인도네시아는 비교적 부족한 군사, 경제 역량을 지역 및 국제기구를 활용하여 비서구 중견국으로서 국제무대에서 외교적 영향력을 행사하는 모습도 찾아볼 수 있다.[13] 결국 인도네시아의 중견국 외교는 서지원이 주장한 것과 마찬가지로 인도네시아는 ‘독립적’, ‘적극적’ 외교원칙을 고수하면서 거대담론을 중심의 규범 외교 그리고 많은 국가를 초청하는 포용적 다자외교를 추구하는 경향이 있다.[14]

이와 같은 인도네시아 외교정책의 최근 사례로 우크라이나 전쟁 이후 인도네시아의 외교적 행보에서 찾아볼 수 있다. 조코위는 2022년 6월 26~28일 개최된 G7 정상회의 참석 이후 29일 우크라이나를 방문해 젤렌스키를 만났고, 30일에는 모스크바에서 푸틴과 정상회의를 개최했다.[15] 이것은 우크라이나 전쟁을 해결하기 위한 소통의 창구 혹은 가교 역할을 하겠다는 의지를 보여준 것으로 상당한 외교적 상징성을 보여준다. 물론 푸틴이 G20 정상회의에 불참했고 이후 전쟁에서 실질적인 평화적 성과를 얻은 것은 아니다. 그럼에도 불구하고 인도네시아가 우크라이나 전쟁을 종식하기 위한 장소를 마련하기 위해 노력했다는 점은 인도네시아의 외교적 적극성과 독립성을 느낄 수 있다.

13 Ahmad Rizky Mardhatillah Umar, Rheea Saggar, “What is Indonesia's vision for the international order?”, Chathamhouse, https://www.chathamhouse.org/2023/07/what-indonesias-vision-international-order (검색일 : 2023.10.03)

14 서지원, 「'대국' 인도네시아의 중견국 외교 : '독립적, 적극적' 외교 추구」, 『동아연구』 40(1), 2021, 210쪽.

15 이지혁, 「G20 의장국 외교를 중심으로 살펴본 조코위 행정부의 외교정책 : 지속성과 변화」, 『동남아연구』 33(1), 2023, 48쪽.

둘째, 다자주의를 활용한 외교정책 수립 · 실행이다. 먼저 다자주의를 활용한 인도네시아 외교정책은 유도요노 정부에서 시기에서 찾아볼 수 있다. 유도요노 재임은 인도네시아의 민주주의 정치체제 전환 이후로 '균형적이고 역동적인 외교Dynamic Equilibrium' 노선으로 G20 정상회의를 통해 국제적 다자외교 노선을 보여주었다. 또한, 2008년 발리 민주주의 포럼BDF을 통해 민주화된 국내정치 상황을 외교정책에 반영하는 모습이었다.[16]

이후 조코위 시기는 민주주의에 초점을 맞추기 보다는 경제 상황에 초점을 맞춘 외교정책 노선을 설정했다. 즉, 조코위 정부는 현실적 외교down to earth diplomacy, 국민 우선 외교pro-people diplomacy로 무엇보다 자국민과 경제를 우선시하는 외교정책을 수립 · 실행했다. 또한, 조코위는 효율적인 경제협력을 위해 다자간 포럼보다 양자 외교를 선호하는 경향을 보였지만, 본래의 다자주의 외교정책 노선을 포기한 것은 아니었다.[17] 따라서 최경희가 주장한 것과 마찬가지로 21세기는 복합외교 시대이기 때문에 인도네시아는 여전히 아세안을 통한 다자외교를 활발하게 실행했다.[18]

셋째, 인도네시아 외교정책에서 이슬람 요인이다. 평화로운 인도네시아 이슬람 외교정책은 인도네시아의 민주화 시기(1998~2004년)와 2001년 9 · 11테러 이후 미국의 대테러 전쟁 상황과 결합하여 수립됐다. 해당 시기 인도네시아는 민주화를 진행하는 한편 극단 이슬람주의를 비난하며, 이슬람과 민주주의가 양립하는 국내 정치 상황을 조성했다. 그리고 이 같은 평화주의적 이슬람은 외교 도구로 활용되어 국제분쟁 개입할 수 있는 명분을 획득했고, 이를 통해 국제사회에서 인도네시아의 외교역량을 보여주기 시작했다.[19]

16 최경희, 「지정학적 중간국 인도네시아 외교전략 : 세 번의 지정학적 단층대 충돌과 선택」, 『국가전략』 27(3), 2021, 213~214쪽.

17 Muhammad Tri Andika, "An Analysis of Indonesia Foreign Policy Under Jokowi's Pro-People Diplomacy", *Indonesian Perspective* 1(2), 2016, pp.7~8.

18 최경희, 앞의 책, 214~215쪽.

19 Amanda tho Seeth, "Indonesia's Islamic Peace Diplomacy : Crafting a Role Model for Moderate

한편, 2016년 11월 4일 50만 명의 대규모 종교 시위 이후 인도네시아 외교정책에서 이슬람 요인은 강화되기 시작했다. 시위대는 자카르타 주지사였던 아혹Ahok을 신성모독 혐의로 처벌할 것을 요구했고 12월 2일 시위에는 조코위가 시위에 참석하며 사실상 시위대의 의견에 동조했다. 이후 엔우NU[20]와 이슬람지도자협의회MUI 리더인 마루프 아민Ma'ruf Amin을 부통령으로 임명하기도 했다. 또한, 2019년 대통령 2기에도 조코위는 이슬람 조직을 단속하기보다는 포용하는 모습으로 인도네시아 외교정책에서 이슬람 요인은 더욱 중요해질 가능성이 있다.[21]

이와 같은 이슬람 요인이 가미된 인도네시아 외교정책의 특징을 거칠게 요약해보자면, 이슬람과 관련된 문제에서 평화적인 방법으로의 적극적 개입으로 평가할 수 있다. 대표적인 사례로 2021년 미얀마 쿠데타에 대한 인도네시아의 외교정책에서 찾아볼 수 있다. 왜냐면 일반적으로 인도네시아는 타국의 국내문제에 개입하는 것을 꺼리는 경향이 있지만, 이슬람인 로힝야인의 문제로 ASEAN 국가 중 비교적 적극적으로 미얀마 문제에 접근하고 있기 때문이다.[22]

3) 외교정책 비교와 시사점

앞선 러시아와 인도네시아의 외교정책 특징을 정리해보자면 표 1과 같다. 러시아와 인도네시아의 공통된 정체성은 비서구 정체성이다. 그러나 러시아

Islam", *GIGA Focus Asia* 2, 2023, pp.4~5.

20 인도네시아 이슬람 대중단체로 보다 구체적인 내용은 다음 논문을 참조하길 바란다. 제대식, 「인도네시아의 권력투쟁과 NU의 정치성향 : 실체 해부를 통해서」, 『한국이슬람학회논총』 17(1), 2007, 145~172쪽.

21 Gurjit Singh, "Islam and its role in Indonesia's foreign policy", Orfonline, https://www.orfonline.org/expert-speak/islam-role-indonesia-foreign-policy-68410/ (검색일 : 2023.10.05)

22 인도네시아는 쿠데타 이후 미얀마의 국가행정평의회(SAC)를 강력하게 비난했고, 국민민주연맹(National League for Democracy) 정치 구금자들의 석방을 촉구했다.

의 경우 서구와 완전히 갈등적 관계로 사실상 반서방 정체성에 가까우므로 인도네시아의 비서구 정체성과 유사하다고 설명하기는 어렵다. 그러나 이것은 양국의 관계에서 우호성을 높이는 요인으로 작용할 것으로 예측할 수 있다. 왜냐면 러시아와 인도네시아가 보유하고 있는 비서구 정체성으로 인해 서방의 보편적 가치관을 따르기보다는 자국의 정체성을 유지·확산하는 것이 중요하기 때문이다. 이와 같은 관점에서 비서구 국가와의 협력 필요성의 인식을 공유한다는 공통점은 양국의 협력을 추동하는 주요 동기로 작용할 수 있다.

외교정책의 특징의 경우 러시아는 아시아를 중시하는 외교정책으로 확대 유라시아 파트너십을 통해 ASEAN과의 협력을 추구한다는 점에서 인도네시아의 가치를 높게 평가할 수 있다. 먼저 ASEAN의 가치를 임경한의 의견을 빌려 간략하게 설명해보자면, ASEAN의 경제 규모는 5번째로 크고 인구수는 세계 인구의 9% 수준인 약 6억 5천만 명에 달한다. 그리고 2018년 미·중 무역전쟁이 본격화함에 따라 글로벌 기업들이 ASEAN으로 공장을 옮기기 시작하며 경제적 가치는 더욱 높아질 것으로 예측되고 있다. 더욱이 ASEAN은 지리적으로 대륙 세력이 해양으로 진출하기 위한 공간이고, 반대로 해양 세력이 대륙 세력의 해양진출을 저지하기 위한 전략적 거점이기도 하다.[23] 이와 같은 관점에서 인도네시아는 ASEAN 경제의 36%로 가장 큰 경제 규모를 차지하고 있고,[24] 인구도 약 2억 7천만 명으로 세계 4위이자, ASEAN에서 가장 많은 인구수를 보유하고 있다. 즉, 러시아가 ASEAN을 겨냥한 외교정책을 수립·실행함에 있어서 인도네시아는 주요 파트너국인 것이다.

23 임경한, 「지정학 관점에서 본 림랜드 아세안(ASEAN)의 가치와 미·중 경쟁」, 『동남아연구』 30(2), 2020, 10~14쪽.

24 「'아세안 경제규모 1위' 인니와 미래 신산업 전방위 협력」, KITA, https://www.kita.net/board/totalTradeNews/totalTradeNewsDetail.do;JSESSIONID_KITA=055955BA351A8EA29EEEBBF5B568E846.Hyper?no=77953&siteId=1 (검색일 : 2023.11.08)

한편, 인도네시아 입장에서 러시아의 대인도네시아 정책을 꺼릴 이유가 적다. 왜냐면 앞서 언급한 것과 마찬가지로 독립적, 적극적 외교로 정의되는 인도네시아 외교정책은 국제정세에 맞춘 외교정책이기보다는 자국의 국익을 우선시하는 외교정책으로 평가할 수 있기 때문이다. 즉, 구체적인 내용은 후술하겠지만, 우크라이나 전쟁이라는 변수가 발생한 상황에서 인도네시아는 서방의 눈치를 보기보다는 자국의 국익을 최우선 하는 외교정책을 선호하는 점에서 러시아의 아시아 중시 외교정책에 대치되지 않는다.

외교 선호방식으로 양국이 다자주의를 선호하지만, 실질적인 외교 문제 해결에 있어서 러시아는 공세적인 방식을 선호하고, 인도네시아는 평화적인 방식을 선호하는 점에서 차이가 있다. 그러나 러시아가 추구하는 공세적인 외교정책의 대상이 인도네시아가 아니고, 서방과 서방의 정체성을 따르는 국가에 국한된다는 점에서 부정적인 요인으로 작용하지 않는다.

외교목표의 경우 러시아는 다극화, 소지역 패권주의로 그리고 인도네시아는 중견국으로 부상과 국내경제 강화로 설명할 수 있는데 이것은 상호 외교정책의 수립·실행에 있어서 부정적 영향을 주기보다는 양국의 협력을 만드는 요인으로 작용할 수 있다. 왜냐면 러시아 입장에서 국제질서의 다극화와 소지역 패권주의를 완성하기 위해서는 자국을 지지할 수 있는 제3의 국가가 필요하다. 그리고 인도네시아 입장에서 중견국 부상을 위해서 강대국과 우호적 관계 형성이 필요하고, 이를 바탕으로 경제적 이득도 얻을 수 있기 때문이다.

마지막으로 향후 외교정책의 변수로 러시아는 우크라이나 전쟁 그리고 인도네시아는 이슬람 요인을 들 수 있다. 물론 우크라이나 전쟁의 영향이 단순히 러시아와 우크라이나에 국한되지 않고 국제적인 문제로 작용하고 있다는 점에서 인도네시아에 영향을 미치는 요인으로 작용하기도 한다. 마찬가지로 이슬람 요인은 러시아도 영향을 받는 요인이기도 하다.[25] 결국 우크라이나 전

25 소련 붕괴 이후 북코카서스 지역과 체첸에서 발생하는 테러의 위협에 놓여 있었다. 가령 러시아는

쟁과 이슬람 요인은 각각 외교정책에 변수로 작용하지만, 이것은 공통의 요인으로 작용한다고 판단할 수 있다.

앞선 내용을 요약하자면, 양국이 지향하는 외교정책에서 상호 간 직접적인 언급이 부족하고, 실질적인 접점이 크게 나타나지 않는다. 그러나 거시적 관점에서 양국이 지향하는 외교정책의 목표, 선호방식, 향후 변수 등이 상호 간 이율배반적이지도 않으므로 양국의 외교정책은 갈등요인보다는 협력요인으로 판단할 수 있다.

〈표 1〉 러시아와 인도네시아 외교정책 특징 요약

	러시아	인도네시아
정체성	비서구, 반서방	비서구
외교정책	아시아 중시 외교정책	독립적, 적극적 외교정책
외교 선호방식	다자주의, 공세적 외교	다자주의, 평화적 외교
외교목표	다극화, 소지역 패권	중견국으로 부상, 국내경제
향후 변수	우크라이나 전쟁	이슬람

출처 : 저자 정리

3. 러시아와 인도네시아의 주요 협력과 평가

1) 경제협력과 평가와 전망

러시아와 인도네시아는 2002년부터 무역 및 경제, 군사 및 기술 협력 공동위원회Joint Committee on Trade & Economic, Military & Technical Cooperation를 운영

1994년 1차 체첸전쟁과 1999-2000년 2차 체첸전쟁을 포함하여 2002년 모스크바 인질극 사건, 2004년 베슬란 인질극 사건 등 이슬람 테러로 대규모 민간인 인명 피해가 발생했다. 물론 2000년대에 비교하여 이슬람 테러가 안정화된 것은 사실이지만, 여전히 이슬람 테러에 문제의식이 있다. Dmitri Trenin, "Russia and anti-terrorism", *European Union Institute for Security Studies* Jan.1, 2005, pp.101~107.

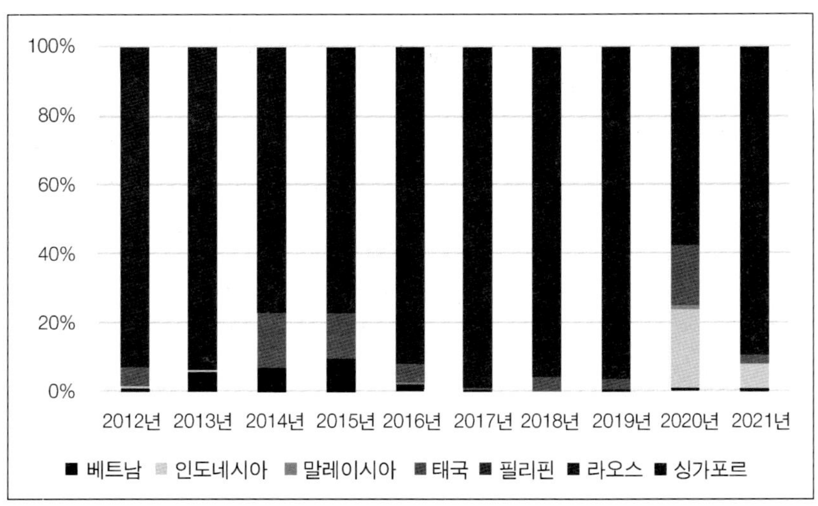

〈그림 2〉 러시아의 대ASEAN FDI 추이
출처 : 러시아 중앙은행의 자료를 저자가 편집[26]

하고 있고, 2003년 메가와티 수카르노푸트리Megawati Sukarnoputri 대통령이 러시아에 방문하여 21세기 우호 및 동반자 관계를 선언했다.

〈그림 2〉와 같이 러시아의 ASEAN 국가들에 대한 외국인직접투자FDI(Foreign Direct Investment)를 살펴보면 싱가포르에 대한 FDI가 압도적으로 높음을 알 수 있다. 인도네시아의 경우 2012년부터 2019년까지 누적 FDI가 5백만 달러로 매우 낮은 금액이 투자되었다. 그러나 2020년과 2021년은 각각 5,700만 달러, 6,700만 달러로 크게 상승하는 모습을 보였다. 이로써 인도네시아는 2020년부터 ASEAN에서 두 번째로 러시아의 FDI 투자 비중이 높은 국가가 되었다.

한편, 2016년 러시아-ASEAN 정상회의에서 양국은 정상회담을 개최했고, 해당 회담에서 조코위는 인도네시아 철도 건설, 칼리만탄(보르네오)항만 건설, 정유 등 인프라에 대한 러시아의 투자에 관심을 표명했다.[27] 그리고 2022년

26 브루나이, 라오스 등은 러시아 중앙은행 통계에 집계되지 않았기에 제외했다.

양국 정상의 공동성명에서 인도네시아가 적극적으로 인도네시아 원자력 프로젝트에 러시아의 투자를 언급한 것은 아니지만, 푸틴은 인도네시아 원자력 산업 발전에 관심을 보이기도 했다.[28]

2022년 중반까지 인도네시아에 대한 러시아의 투자를 살펴보면, 러시아는 149개 이상의 프로젝트에 투자를 실행했다. 특히 인도네시아가 새로운 수도 누산타라를 개발함에 따라 러시아의 인프라 투자가 논의되고 있고, 특히 철도 분야에 러시아가 투자하길 원하고 있다. 러시아 국영 기업인 로사톰Rosatom, 로스텍Rostec 그리고 로스코스모스Roscosmos 등은 인도네시아의 풍부한 천연자원에 관심을 가지고 해당 분야의 협력을 높이고 있다. 특히 석유화학 분야의 경우 러시아의 로스네프트Rosneft는 인도네시아 국영 석유회사 페르타미나Pertamina와 함께 인도네시아 동부자바에 정유공장 건설 계획을 추진하고 있다.[29]

결국 러시아의 대인도네시아 FDI는 비교적 낮은 수준이지만, ASEAN 국가에서 인도네시아의 비중이 점차 증가세를 보인다는 점에서 긍정적으로 평가할 수 있다. 그리고 에너지, 철도 등 러시아가 경쟁력이 있는 산업군들에 투자 협력이 이루어지고 있으므로 투자부문에서 향후 협력이 점차 증대할 가능성이 있다. 다만, 인도네시아의 대러시아 투자는 사실상 찾아보기 어려우므로 양국의 투자가 일방적이라는 점은 문제점으로 지적할 수 있다.

러시아와 인도네시아 사이 주요 교역 품목을 살펴보면 표 2와 같다. 2021년 기준 러시아는 인도네시아에 약 6억 8,000만 달러 수준으로 수출하고 있

27 "Indonesia interested in Russian investment in infrastructure and oil refining", TASS, https://tass.com/economy/876589 (검색일 : 2023.11.08)

28 "Putin Shows Interest in Developing Nuclear Industry in Indonesia", TEMPO, https://en.tempo.co/read/1607592/putin-shows-interest-in-developing-nuclear-industry-in-indonesia (검색일 : 2023.11.09)

29 Emil Avdaliani, "Russia and Indonesia : The Trade and Investment Dynamics", Russia_Briefing, https://www.russia-briefing.com/news/russia-and-indonesia-the-trade-and-investment-dynamics.html/ (검색일 : 2023.11.05)

었다. 주요 상위 5개 품목은 비료, 에너지류, 철, 알루미늄, 기타 광물류 등으로 대체로 자원을 수출했다. 인도네시아의 경우 러시아에 약 13억 8,650만 달러로 수출금액이 러시아보다 높았다. 주요 상위 5개 품목으로 팜유, 원자로 관련 제품, 커피·차, 고무류, 전자제품 등이 있었다.

이처럼 전체 수출금액 대비 양국의 교역량은 매우 낮은 수준으로 평가할 수 있다. 특히 러시아는 에너지를 수출하는 무역 구조이고, 인도네시아도 에너지 수출국임으로 뚜렷한 교역량의 증가가 나오기 어렵다.[30] 그러나 무역량의 증가 관점에서 살펴본다면, 투자부문과 같이 교역부문도 긍정적으로 바라볼 수 있다. 왜냐면 2020년 양국의 교역액이 23억 달러였지만, 2021년에는 40% 증가한 33억 달러까지 증가했고, 이 수치는 소련 붕괴 이후 30년 동안 사상 최고치이기 때문이다. 또한, 러시아의 대인도네시아 수출 중 약 3억 달러 규모의 품목이 싱가포르 등을 통해 수출되어 집계되지 못한다는 점과 인도네시아가 대러제재에 참가하지 않고 있다는 점은 양국 교역의 긍정적인 점으로 평가할 수 있다.[31]

〈표 2〉 2021년 러시아와 인도네시아 양자 간 주요 교역 품목 비교

단위 : 천 달러

	러시아 수출 (인도네시아/세계)	인도네시아 수출 (러시아/세계)
1	비료 (239,739/12,494,548))	팜유 (947,131/35,204,423)
2	에너지 · 연료 (156,099/212,417,990)	원자로 관련 제품 (80,237/6,954,700)

30 인도네시아는 LNG 수출국으로 세계 LNG 무역의 약 4%를 차지하고 있고 천연가스 매장량은 중국과 호주 다음으로 아시아 태평당 지역에서 크다. "인도네시아 에너지, 수마트라 해역에서 천연가스 매장 확인", Gasnews, http://www.gasnews.com/news/articleView.html?idxno=109652 (검색일 : 2023.11.08)

31 "Russia-Indonesia trade turnover rises by 40% to $3.3 bln in 2021", TASS, https://tass.com/economy/1429969 (검색일 : 2023.12.11)

3	철 (113,115/28,888,981)	커피 · 차 (57,878/1,877,279)
4	알루미늄 (44,895/8,667,438)	고무류 (47,414/6,395,164)
5	기타 광물류 (27,616/1,113,179)	전자제품 (27,755/14,553,193)
Total	680,976/492,314,339	1,386,511/291,979,103

출처 : ITC를 토대로 저자가 정리

한편, 양국의 무역 장벽이 허물어진다면, 양국이 얻을 수 있는 경제적 이득은 상당히 높을 것으로 예측되고 있다. 이와 관련하여 유라시아경제연합 EAEU(Eurasian Economic Union)은 양국 경제관계 강화의 주요 요인으로 설명할 수 있다. 왜냐면 인도네시아는 유라시아 시장 진출을 원하고, 러시아는 EAEU와 인도네시아 더 나아가 ASEAN과의 FTA를 추진하여 경제협력 공간을 확대를 추구하고 있기 때문이다. 게다가 EAEU와 베트남의 FTA 체결 사례와 일대일로와 같은 메가 프로젝트를 통한 물류 인프라의 발전으로 EAEU－인도네시아의 FTA 체결이 긍정적이다.[32] 즉, EAEU－인도네시아의 FTA 체결이 된다면, 양국의 교역에서 무역 장벽이 허물어지게 되고, 더 높은 경제적 이득을 상호 획득할 수 있을 것으로 기대할 수 있다.

2) 군사 · 안보 분야 협력 평가와 전망

인프라와 자원 분야 이외에도 국방과 항공우주 분야에서 양자 협력의 윤곽이 나타나고 있는데 2010년 9월 군사 및 기술 협력 강화를 위한 협정 Agreement for Strengthening Military and Technical Cooperation 체결 이후 양국은 군

32 Hendra Manurung, Teuku Rezasyah, Arry Bainus, Rusadi Kantaprawira, “Strengthening Indonesia-Russia Trade Economy Relations : Indonesia's Effort to Access Eurasia Market”, *Международная торговля и торговая политика* 7(4), 2021, pp.93~109.

사 및 기술 협력에 관한 정부간 위원회를 설립했다. 2003년부터 2012년까지 러시아는 인도네시아에 SU-27, SU-30 전투기를 각각 5대, 11대 그리고 Mi-17와 Mi-35 헬리콥터를 각각 18대, 3대 공급했다.

그러나 경제협력과 마찬가지로 러시아와 인도네시아 사이 안보협력은 사실상 미비한 수준이다. 표 3에서 나타나듯이 2000년부터 2019년까지 인도네시아의 러시아제 무기 수입금액은 11억 달러 수준으로 동남아국가 중에서도 낮다. 전체 무기 수입 중 비율도 16%로 사실상 러시아제 무기에 의존하는 구조가 아님을 알 수 있다.

〈표 3〉 동남아시아 지역에 대한 러시아의 무기 수출

단위 : 백만 달러

	2000-04	2005-09	2010-14	2015-19	전체	전체 무기 수입 중 비율
인도네시아	267	206	675	-	1,148	16%
베트남	446	404	3,278	2,387	6,515	84%
말레이시아	63	1,221	14	156	1,454	31%
미얀마	341	443	651	-	1,435	39%
라오스	8	4	14	76	102	44%
태국	-	3	20	27	73	2%
총합	1,125	2,281	4,652	2,646	10,704	-

출처 : SIPRI

물론 2018년 2월 당시 인도네시아 국방부 장관이 러시아에 방문하여 SU-35 전투기 11대를 11억 4천만 달러에 구매하는 계약을 체결하였으나 아직까지 SU-35를 인도네시아가 수입하지 못하고 있다. 특히 2020년 3월 미국이 인도네시아가 SU-35 전투기를 수입할 경우 CAATSA(countering America's Adversaries Through Sanctions Act) 제재를 부과하겠다고 경고하며 SU-35 대신 F-16을 인도네시아가 수입할 것을 제안했다.[33] 즉, 인도네시아의 SU-35 전투기 수입이 매우 불투명해진 것이다.

그러나 장기적 관점에서 인도네시아는 러시아와 안보협력을 강화할 가능성이 높고, 특히 해양 안보를 위해 러시아와 협력이 필요하다. 왜냐면 남중국해 나투나 제도Natuna Islands와 관련하여 인도네시아와 중국 사이 잠재적 갈등이 있기 때문이다. 물론 인도네시아는 중국과 경제협력을 강화하는 것은 사실이다. 그러나 인도네시아는 나투나 해역의 해양 권리 보호를 위해 나투나 군항 건설, 해상 군사훈련 강화, 에너지 자원 통제를 통한 중국 견제 등을 통해 강경한 태도를 견지하고 있다.[34]

이와 같은 해양 안보의 필요성 이외에도 인도네시아가 해군 개혁을 위해 러시아와 협력한다면, 비교적 저렴한 비용으로 개혁을 단행할 수 있다. 또한, 러시아가 서구와 비교하여 내정 불간섭 원칙을 준수한다는 점도 인도네시아 입장에서 매력적이다. 왜냐면 동티모르 위기 시 인도네시아에 제재를 가한 미국과 다르게 새로운 분쟁이 발생했을 시 러시아는 인도네시아를 지원할 수 있기 때문이다.[35]

마찬가지로 러시아는 인도네시아에 무기를 판매하여 얻는 경제적 이득도 있지만, 동남아시아 지역에서 일어날 수 있는 과도한 중국화를 견제한다는 점에서 인도네시아와의 안보협력은 긍정적이다. 또한, 인도네시아와 중국 사이에서 벌어질 수 있는 갈등을 중재하여 동남아시아 지역에서 러시아의 외교적 입지를 확대할 수 있는 여지도 있다.

한편, 전통적 안보영역 이외에도 비전통 안보에서 러시아와 인도네시아 사이의 협력을 찾아볼 수 있다. 특히 테러문제에서 높은 협력의 가능성이 있는

33 "2021/33 "Russia's Defence Diplomacy in Southeast Asia : A Tenuous Lead in Arms Sales but Lagging in Other Areas" by Ian Storey", https://www.iseas.edu.sg/articles-commentaries/iseas-perspective/2021-33-russias-defence-diplomacy-in-southeast-asia-a-tenuous-lead-in-arms-sales-but-lagging-in-other-areas-by-ian-storey/ (검색일 : 2023.11.08)

34 Yizheng Zou, "China and Indonesia's responses to maritime disputes in the South China Sea : forming a tacit understanding on security", *Marine Policy* 149, 2023, pp.2~4.

35 Hendra Manurung, "The Impacts of Indonesia and Russia Trade Relations on Indonesia's Maritime Security", *Journal of International Studies* 12, 2016, pp.10~14.

데 이것은 인도네시아 국방부 장관이 모스크바에서 언급한 내용을 토대로 유추해볼 수 있다. 해당 발언을 살펴보면 인도네시아는 테러리스트를 주요 적으로 간주하면서 대테러 분야에서 정보교환, 합동훈련, 관계자 교류, 양국 연례 안보 대화 강화 등을 통한 대테러 안보협력 강화를 시도하고 있다.[36]

비전통 안보협력에 있어서 인도네시아 정부는 서방보다 러시아와 협력하는 것을 더욱 선호한다. 왜냐면 미국이 테러와의 전쟁을 통해 대대적으로 이슬람 세계에 대한 공세를 실행했고, 이로써 인도네시아 국민이 반미 정서를 가지고 있기 때문이다.[37] 즉, 인도네시아가 가지고 있는 이슬람 테러문제를 해결하기 위한 국제협력에서 서구보다는 러시아를 선호하는 경향이 있으므로 양국의 비전통 안보협력은 유망한 분야라고 평가할 수 있다.

4. 우크라이나 전쟁 이후 양국 관계

인도네시아는 우크라이나 전쟁 이후 4차례의 UN 결의안에서 3번의 찬성과 1번의 기권표를 던졌다. 찬성표를 행사한 투표 내용은 우크라이나 내 러시아군 철수, 러시아의 우크라이나 침공에 대한 비인도주의적 문제 그리고 러시아의 우크라이나 지역 합병이었다. 반면, 인도네시아가 반대표를 행사한 결의안은 러시아를 유엔인권이사회에서 탈퇴시키는 내용이었다.[38] 즉, 인도

36 Hendra Manurung, Arry Bainus,, Rusadi Kantaprawira, Teuku Rezasyah, "Indonesia's Defence Diplomacy in Asia Pacific : A Study on Indoneia-Russia Defence Cooperation", *Journal of Pharmaceurical Negative Result* 13(8), 2022, p.889.

37 2020년 조사한 결과에 따르면 인도네시아인 42%만 미국에 호의적인 인식이 있었다. "Why are Indonesians on social media so supportive of Russia?", Aljazeera, https://www.aljazeera.com/news/2022/3/19/why-are-indonesians-on-social-media-so-supportive-of-russia (검색일 : 2023.11.18)

38 "Where does your country stand on the Russia-Ukraine war?", Aljazeera, https://www.aljazeera.com/news/2023/2/16/mapping-where-every-country-stands-on-the-russia-ukraine-war (검색일 : 2023.11.18)

네시아는 우크라이나 전쟁 이후 비교적 모호한 외교적 입장을 보이고 있다. 마찬가지로 러시아는 인도네시아를 비우호국으로 지정하지 않고 여전히 인도네시아에 우호적인 외교정책을 고수하고 있다.[39]

우크라이나 전쟁 이후 양국 관계가 우크라이나 이전과 비교했을 때 큰 변화가 감지되고 있지 않다. 물론 러시아 국영 에너지 기업인 자루베즈네프트Zarubezhneft가 인도네시아에 있는 하버 에너지Harbour Energy의 투나Tuna 오일과 가스 프로젝트 종료를 계획 중[40]이지만 이것은 양국의 관계 문제이기보다는 대러 제재에 따른 문제에 가깝다. 게다가 2023년 3월 러시아와 인도네시아는 범죄 인도 협정을 체결하는 등 초국가적 범죄 분야에서도 협력을 강화했다.[41] 또한, 푸틴과 조코위는 2022년 정상회담을 실행했으며 2023년 10월 17일 중국에서 개최된 일대일로 포럼에서 비공식 회담을 열기도 했다.[42]

한편, EAEU－인도네시아 FTA와 관련해서도 긍정적인 결과를 얻고 있다. 2023년 7월 24~26일 EAEU－인도네시아 FTA 3차 협상이 이루어졌고, 3차 협상으로 상품무역, 전자상거래, 원산지 규정, 법・제도적 문제 협상에 큰 진전을 이루었다. 이에 양측은 2024년에 FTA 협상이 완료될 수 있을 것으로 기대하고 있다.[43] 만약 지금과 같은 속도로 FTA 협상이 마무리된다면, 상호간 유라시아와 동남아시아 시장 진출이 원활하게 될 것이다. 특히 러시아 입

39 "Russian government approves list of unfriendly countries and territories", TASS, https://tass.com/politics/1418197?utm_source=en.wikipedia.org&utm_medium=referral&utm_campaign=en.wikipedia.org&utm_referrer=en.wikipedia.org (검색일 : 2023.11.02)

40 "Russia's Zarubezhneft to sell stake in Indonesia's Tuna block－regulator", Reuter, https://www.reuters.com/article/indonesia-gas-idINL1N3940HY/ (검색일 : 2023.11.15)

41 "Indonesia, Russia Sign Extradition Agreement", Voanews, https://www.voanews.com/a/indonesia-russia-sign-extradition-agreement-/7031140.html (검색일 : 2023.10.14)

42 "Jokowi Meets Vladimir Putin in China", Tempo, https://en.tempo.co/read/1785181/jokowi-meets-vladimir-putin-in-china (검색일 : 2023.11.19)

43 "Indonesia optimistic IEAEU-FTA negotiations can be completed in 2024", Antaranews, https://en.antaranews.com/news/301203/indonesia-optimistic-ieaeu-fta-negotiations-can-be-completed-in-2024 (검색일 : 2023.12.20)

장에서 서방과의 극단적인 대립과 대러제재로 서방으로부터 압박을 받는 상황에서 FTA 체결은 비서구 지역으로 출구를 조성한다는 점에서 고무적인 결과이다.

결국 우크라이나 전쟁 이후 양국의 외교적 입장과 실질적인 관계의 변화는 찾아보기 힘들다. 그렇다면 왜 우크라이나 전쟁 이후에도 양국의 관계가 유지되는 것인가? 러시아 입장에서 첫째, 국제사회에서 외교적 고립을 회피하기 위함이다. 우크라이나 전쟁 이후 러시아는 유엔 인권이사회에서 퇴출되었고 서방은 WTO와 G20에서 러시아를 배제하면서 고립을 시도했다. 또한 경제협력개발기구OECD에서 러시아를 제외하는 조치를 통해 조세, 국제 비즈니스 규정, 무역 등을 포함한 문제에 대한 협상에 참여가 어렵게 되었다.[44]

따라서 러시아는 우크라이나 전쟁 이후 냉전 시기 수준으로 악화한 러시아와 서방과의 관계 속에서 러시아가 국제적으로 고립되지 않기 위해 비서구 국가의 지지가 필요하다. 즉, 자유주의 연대로 분류되지 않는 국가와의 관계를 유지하여 국제사회에서 출구를 마련해야 하고, 이와 같은 관점에서 비교적 중립적 외교정책을 고수하고 있는 인도네시아는 훌륭한 파트너인 것이다.

둘째, 글로벌 가치사슬의 재편이다. 이와 관련하여 이상준은 우크라이나 전쟁이 국지전 성격을 넘어 국제사회의 변화를 촉진하고 있고, 특히 EU와 러시아 사이 무역구조가 전쟁 이후에도 회복되기 어렵기 때문에 에너지, 식량, 광물 자원, 기술 등에서 글로벌 공급망 재편이 불가피할 것이라고 분석했다.[45] 즉, 러시아는 기존의 서방 시장을 대체할 아시아 시장의 개척이 필요한 것이다. 이러한 관점에서 ASEAN은 필수 협력 지역이고 ASEAN과 원활한 협력을 위해서는 인도네시아와 지속적인 협력이 필요하다.

44 Kester Kenn Klomegan, "Russia Studying the Impact of Isolation", Moderndiplomacy, https://moderndiplomacy.eu/2023/11/19/russia-studying-the-impact-of-isolation/ (검색일 : 2024.01.02)

45 이상준, 「러시아-우크라이나 전쟁 1년 평가와 전망」, 『The Asean Institute for Policy Studies』 Issue Brief, 2023, 9쪽.

인도네시아의 대러시아 외교정책 유지의 원인으로 첫째, 우크라이나 전쟁이 국제사회에서 인도네시아 외교역량을 강화하는 기회로 작용하기 때문이다. 앞서 언급한 것과 마찬가지로 인도네시아는 국제사회에서 평화로운 국제질서를 추구하고 이를 수행하는 방법을 다자주의 방식을 선호하는 경향이 있다. 이런 관점에서 우크라이나 전쟁과 같이 극단적으로 양측이 나누어진 상황을 평화적으로 해결하거나, 혹은 해결하려는 모습을 보이는 것만으로도 충분히 국제사회에서 인도네시아의 외교역량을 보여주는 것이다. 따라서 인도네시아는 러시아와 서방 중 특정 세력을 자극하지 않는 선에서 협상을 주도하는 외교적 행보를 보이는 것만으로 충분히 자국의 몸값을 올리는 셈인 것이다.

둘째, 우크라이나 전쟁이 인도네시아 경제에 미치는 피해가 미비하다. 앞서 살펴본 것과 같이 러시아와 인도네시아 사이의 무역 규모는 상당히 작고 단기적으로 인도네시아 종합지수, 환율 등이 안정화되었다. 물론 국내 석유 수요의 60%를 수입에 의존하는 경제구조이므로 인도네시아가 국제 유가 인상에 따른 보조금 지출액이 높아지는 것은 사실이다. 그러나 인도네시아의 주요 수출품목인 석탄, 팜원유, 니켈, 구리 등 원자재 가격 상승으로 오히려 긍정적인 영향도 있다.[46]

물론 식품 부분의 수입이 악화하고 있고, 우크라이나 전쟁의 장기화로 세계 경제가 침체된다면, 원자재 수요 감소로 인도네시아 경제도 악화할 가능성이 있다. 그럼에도 불구하고 단기적 관점에서 2022년 인도네시아 경제는 5.3% 상승하여 10년 만에 가장 높은 경제 성장세를 보였다는 점에서 러시아

46 정세호, 「우크라이나 사태가 인도네시아 경제에 미치는 영향」, KOTRA, https://dream.kotra.or.kr/kotranews/cms/news/actionKotraBoardDetail.do?pageNo=4&pagePerCnt=10&SITE_NO=3&MENU_ID=70&CONTENTS_NO=1&bbsGbn=00&bbsSn=244%2C322%2C245%2C484%2C246%2C444%2C242%2C505&pNttSn=193667&pStartDt=&pEndDt=&sSearchVal=&pRegnCd=&pNatCd=&pKbcCd=&pIndustCd=&sSearchVal= (검색일 : 2023.11.19)

를 부정적 시각으로 바라보지 않을 수 있다. 즉, 만약 우크라이나 전쟁이 단기적으로 인도네시아 경제에 타격을 주었다면, 반러시아 정서를 높일 수 있었지만, 그렇지 않았기 때문에 오히려 인도네시아 정부는 러시아와 협력을 유지하는 외교정책 노선을 채택한 것으로 보인다.

5. 결론

본 글은 러시아와 인도네시아의 외교 관계를 분석하기 위해 양국의 외교정책의 특징을 우선 분석했다. 분석결과 러시아는 비서구 혹은 비서방 정체성을 바탕으로 아시아 중시 외교정책을 수립・실행하고 있었다. 그리고 외교정책 실행에서 보이는 문제점을 해결하는 방식은 다자주의, 공세적 외교를 선호했다. 러시아의 외교목표는 국제사회의 다극화 질서 구축과 유라시아 지역에서 패권을 구축하는 것이었다.

인도네시아의 경우 비서구 정체성을 바탕으로 독립적이고, 적극적인 외교정책을 수립・실행하는 것으로 분석됐다. 해결방식에 있어서 인도네시아는 러시아와 마찬가지로 다자주의를 선호하지만, 러시아와 다르게 평화적 방식으로 외교 문제를 해결하는 것을 선호했다. 인도네시아는 국제 및 지역의 협력과 평화를 추구하면서 가장 우선시하는 목표는 국내경제였다. 마지막으로 조코위 시기 새롭게 부상하는 외교정책 결정요인으로 이슬람 요인이 있었다.

결과적으로 양국이 지향하는 외교정책이 실질적인 접점이 없지만, 양국의 외교정책은 상호 간 이율배반적이지 않았다. 즉, 양측이 추구하는 외교정책은 자국의 이익을 높이는데 부정적인 요인으로 작용하지 않았다. 따라서 국제무대라는 2차원 평면에 러시아의 외교정책과 인도네시아의 외교정책이 평행하게 놓여 있지 않기 때문에 두 외교정책이라는 선이 교점을 형성하게 되는 것이다.

한편, 러시아와 인도네시아의 경제, 안보협력의 경우 비교적 가시적 성과가 부족한 것으로 분석됐다. 그러나 향후 양국이 협력을 강화한다면, 얻을 수 있는 이익이 크기 때문에 양국 모두 협력 강화에 긍정적일 것으로 판단된다. 특히 양국이 서방과의 협력에 부정적인 인식이 있고, 과도한 중국화를 견제해야 한다는 점에서 상호 간 자국의 이익을 확대할 수 있는 제3의 세력으로 가치가 있다.

러시아와 인도네시아는 지리적으로 멀리 떨어져 있고 경제, 정치, 문화, 역사 등의 측면에서도 긴밀한 접점을 찾기 어렵다. 또한, 외교정책 측면에서도 두드러진 협력의 요인을 찾기 어렵다. 그러나 양국의 관계는 우크라이나 전쟁이라는 국제적 위기 상황에서 변화하지 않고, 이전의 상황과 같이 유지하고 있으며, 부분적으로 양국의 관계가 강화되는 것처럼 보인다.

이와 같은 원인으로 러시아는 국제사회 고립 회피와 국제사회 블록화를 추구하기 위해서 동남아시아 지역이 매우 중요하고, 그중 인도네시아와의 협력이 중요하기 때문이다. 그리고 인도네시아의 경우 우크라이나 전쟁으로 인해 인도네시아가 입는 피해가 적었을 뿐 아니라 오히려 자국의 외교적 역량을 강화할 기회가 됐다.

그렇다면 향후 양국의 외교 관계는 지금과 같은 수준으로 유지할 것인가? 현재 우크라이나 전쟁은 양국의 외교 관계에 큰 영향을 주지 않는 변수인 것으로 보이지만, 향후 우크라이나 전쟁 요인은 다르게 작용할 가능성을 배제하기 어렵다. 왜냐면 우크라이나 전쟁이 가져올 수 있는 미래 상황의 스펙트럼이 너무 광범위하기 때문이다. 따라서 향후 추가 연구를 통해 우크라이나 전쟁의 장기화, 러시아의 승리, 패배, 휴전 등 다양한 관점에서 양국의 관계를 전망해보는 분석이 필요할 것으로 보인다.

참고문헌

강봉구, 「우크라이나 위기와 미국－러시아 관계 : 대외정체성 대립의 장기화」, 『슬라브학보』 30(3), 2015, 4~7쪽.

김선래, 「러시아의 '확장된 유라시아 파트너십' 개념과 중러 협력」, 『러시아연구』 32(1), 2022, 43쪽.

김성진, 「푸틴 집권 4기 러시아 국가안보전략의 변화」, 『중소연구』 45(4), 2021/2022, 195쪽.

김영진, 「러시아의 아시아 중시 정책의 주요 내용과 평가」, 『중소연구』 46(2), 2022, 331~333쪽.

서지원, 「'대국' 인도네시아의 중견국 외교 : '독립적, 적극적' 외교 추구」, 『동아연구』 40(1), 2021, 210쪽.

성원용, 「러시아의 신동방정책과 대유라시아주의」, 『비교경제연구』 29(3), 2022, 245쪽.

이상준, 「러시아－우크라이나 전쟁 1년 평가와 전망」, 『The Asean Institute for Policy Studies』 Issue Brief, 2023, 9쪽.

이지혁, 「G20 의장국 외교를 중심으로 살펴본 조코위 행정부의 외교정책 : 지속성과 변화」, 『동남아연구』 33(1), 2023, 48쪽.

임경한, 「지정학 관점에서 본 림랜드 아세안(ASEAN)의 가치와 미·중 경쟁」, 『동남아연구』 30(2), 2020, 10~14쪽.

장덕준, 「러시아의 신동방정책과 동북아」, 『슬라브학보』 29(1), 2014, 239~243쪽.

장세호, 「2021~2022년 우크라이나 사태 : 러시아의 목표·전략과 향후 전망 변수」, 『국제지역연구』 26(1), 2022, 5~13쪽.

정세호, 「우크라이나 사태가 인도네시아 경제에 미치는 영향」, KOTRA, https://dream.kotra.or.kr/kotranews/cms/news/actionKotraBoardDetail.do?pageNo=4&pagePerCnt=10&SITE_NO=3&MENU_ID=70&CONTENTS_NO=1&bbsGbn=00&bbsSn=244%2C322%2C245%2C484%2C246%2C444%2C242%2C505&pNttSn=193667&pStartDt=&pEndDt=&sSearchVal=&pRegnCd=&pNatCd=&pKbcCd=&pIndustCd=&sSearchVal= (검색일 : 2023.11.19)

제대식, 「인도네시아의 권력투쟁과 NU의 정치성향 : 실체 해부를 통해서」, 『한국이슬람학회논총』 17(1), 2007, 145~172쪽.

최경희, 「지정학적 중간국 인도네시아 외교전략 : 세 번의 지정학적 단층대 충돌과 선택」, 『국가전략』 27(3), 2021, 213~214쪽.

현승수, 「2023년 '러시아연방 대외정책개념'의 특징과 시사점」, 『통일연구원』 Online Series CO 23-14, 2023, 2~4쪽.

「'아세안 경제규모 1위' 인니와 미래 신산업 전방위 협력」, KITA, https://www.kita.net/board/

totalTradeNews/totalTradeNewsDetail.do;JSESSIONID_KITA=055955BA351A8EA29EE EBBF5B568E846.Hyper?no=77953&siteId=1 (검색일 : 2023.11.08)

「인도네시아 에너지, 수마트라 해역에서 천연가스 매장 확인」, Gasnews, http://www.gasnews.com/news/articleView.html?idxno=109652 (검색일 : 2023.11.08)

Andika Muhammad Tri, "An Analysis of Indonesia Foreign Policy Under Jokowi's Pro-People Diplomacy", *Indonesian Perspective* 1(2), 2016, pp.7~8.

Dharmaputra Radityo, "Understanding Indonesia's Response to Russia's war in Ukraine : A Preliminary Analysis of the Discursive Landscape", *Journal of Global Strategic Studies* 2(1), 2022, p.118.

Manurung Hendra, "The Impacts of Indonesia and Russia Trade Relations on Indonesia's Maritime Security", *Journal of International Studies* 12, 2016, pp.10~14.

Manurung Hendra. Bainus Arry. Kantaprawira Rusadi. Rezasyah Teuku, "Indonesia's Defence Diplomacy in Asia Pacific : A Study on Indoneia-Russia Defence Cooperation", *Journal of Pharmaceurical Negative Result* 13(8), 2022, p.889.

Manurung Hendra. Rezasyah Teuku. Bainus Arry. Kantaprawira Rusadi, "Strengthening Indonesia-Russia Trade Economy Relations : Indonesia's Effort to Access Eurasia Market", *Международная торговля и торговая политика* 7(4), 2021, pp.93~109.

Seeth Amanda tho, "Indonesia's Islamic Peace Diplomacy : Crafting a Role Model for Moderate Islam", *GIGA Focus Asia* 2, 2023, pp.4~5.

Trenin Dmitri, "Russia and anti-terrorism", *European Union Institute for Security Studies* Jan.1, 2005, pp.101~107.

Zou Yizheng, "China and Indonesia's responses to maritime disputes in the South China Sea : forming a tacit understanding on security", *Marine Policy* 149, 2023, pp.2~4.

Avdaliani Emil, "Russia and Indonesia : The Trade and Investment Dynamics", Russia_Briefing, https://www.russia-briefing.com/news/russia-and-indonesia-the-trade-and-investment-dynamics.html/ (검색일 : 2023.11.05)

Kembara Gilang, "Indonesia : Looking Up to Russia, and Away from Europe", institutmontaigne, http://www.institutmontaigne.org/en/expressions/indonesia-looking-russia-and-away-europe (검색일 : 2023.10.01)

Klomegan Kester Kenn, "Russia Studying the Impact of Isolation", Moderndiplomacy, https://moderndiplomacy.eu/2023/11/19/russia-studying-the-impact-of-isolation/ (검

색일 : 2024. 01. 02)

Lewis David, "Strategic Culture and Russia's "Pivot to the East:" Russia, China, and "Greater Eurasia"", https://www.marshallcenter.org/en/publications/security-insights/strategic-culture-and-russias-pivot-east-russia-china-and-greater-eurasia-0 (검색일 : 2023. 10. 21)

Singh Gurjit, "Islam and its role in Indonesia's foreign policy", Orfonline, https://www.orfonline.org/expert-speak/islam-role-indonesia-foreign-policy-68410/ (검색일 : 2023. 10. 05)

Umar Ahmad Rizky Mardhatillah. Saggar Rheea, "What is Indonesia's vision for the international order?", Chathamhouse, https://www.chathamhouse.org/2023/07/what-indonesias-vision-international-order (검색일 : 2023. 10. 03)

"2021/33 "Russia's Defence Diplomacy in Southeast Asia : A Tenuous Lead in Arms Sales but Lagging in Other Areas" by Ian Storey", https://www.iseas.edu.sg/articles-commentaries/iseas-perspective/2021-33-russias-defence-diplomacy-in-southeast-asia-a-tenuous-lead-in-arms-sales-but-lagging-in-other-areas-by-ian-storey/ (검색일 : 2023. 11. 08)

"G20 Bali Leaders' Declaration", Whitehouse, https://www.whitehouse.gov/briefing-room/statements-releases/2022/11/16/g20-bali-leaders-declaration/ (검색일 : 2023. 10. 05)

"Indonesia interested in Russian investment in infrastructure and oil refining", TASS, https://tass.com/economy/876589 (검색일 : 2023. 11. 08)

"Indonesia optimistic IEAEU-FTA negotiations can be completed in 2024", Antaranews, https://en.antaranews.com/news/301203/indonesia-optimistic-ieaeu-fta-negotiations-can-be-completed-in-2024 (검색일 : 2023. 12. 20)

"Indonesia, Russia Sign Extradition Agreement", Voanews, https://www.voanews.com/a/indonesia-russia-sign-extradition-agreement-/7031140.html (검색일 : 2023. 10. 14)

"Jokowi Meets Vladimir Putin in China", Tempo, https://en.tempo.co/read/1785181/jokowi-meets-vladimir-putin-in-china (검색일 : 2023. 11. 19)

"Putin Shows Interest in Developing Nuclear Industry in Indonesia", TEMPO, https://en.tempo.co/read/1607592/putin-shows-interest-in-developing-nuclear-industry-in-indonesia (검색일 : 2023. 11. 09)

"Russia-Indonesia trade turnover rises by 40% to $3.3 bln in 2021", TASS, https://tass.com/economy/1429969 (검색일 : 2023. 12. 11)

"Russian government approves list of unfriendly countries and territories", TASS, https://tass.com/politics/1418197?utm_source=en.wikipedia.org&utm_medium=referral&utm_ca

mpaign=en.wikipedia.org&utm_referrer=en.wikipedia.org (검색일 : 2023.11.02)
"Russia's Zarubezhneft to sell stake in Indonesia's Tuna block－regulator", Reuter, https://www.reuters.com/article/indonesia-gas-idINL1N3940HY/ (검색일 : 2023.11.15)
"Where does your country stand on the Russia-Ukraine war?", Aljazeera, https://www.aljazeera.com/news/2023/2/16/mapping-where-every-country-stands-on-the-russia-ukraine-war (검색일 : 2023.11.18)
"Why are Indonesians on social media so supportive of Russia?", Aljazeera, https://www.aljazeera.com/news/2022/3/19/why-are-indonesians-on-social-media-so-supportive-of-russia (검색일 : 2023.11.18)

찾아보기

【자】

【카】

【타】

【파】

【하】

【 A 】

지은이 소개

김영진

고려대학교 경제학 박사, 영국 옥스퍼드대학교 St. Antony's College Post Doc.

현 한양대학교 아태지역연구센터 교수

주요 논저 : 「유라시아경제연합(EAEU)과 유럽연합(EU) : 경쟁과 협력의 변주」(2023), 「러시아의 아시아 중시 정책의 주요 내용과 평가」(2022), 「미중 무역전쟁의 전개와 영향 : 러중 경제협력을 중심으로」(2022), 『유라시아와 일대일로 : 통합, 협력, 갈등』(공저, 2019), 「일대일로와 중앙아시아 국가들의 대응 : 경제적 기회와 도전」(2019), 「자원기반 경제에서의 경제발전의 성과와 한계 : 투르크메니스탄의 에너지 정책을 중심으로」(2018) 등.

염동호

일본 호세이대학교 경제학 박사

한신대학교 평화교양대학 부교수.

주요 논저 : 「러-일관계 협력과 갈등 메커니즘의 게임이론적 분석 - 북방 4도서 영유권 분쟁과 경제협력을 중심으로 -」(2022), 「러-일관계 협력과 갈등 메커니즘」(2021), 「러시아의 지역 산업구조 변화 분석 : 특화계수와 노동생산성 변화를 중심으로」(2020), 「EAEU 경제통합 수준과 확장 가능성에 관한 연구 : 경제적 수렴조건 분석을 중심으로」(2019), 「러시아 극동지역의 산업구조 분석 : 특화계수와 노동생산성 변화를 중심으로」(2019), 『한 · 유라시아경제연합 산업협력 증진방안』(공저, 2017)」 등.

이현태

서울대학교 경제학 박사

전 대외경제정책연구원 부연구위원

현 서울대학교 국제대학원 교수

주요 논저 : 「러시아의 극동개발전략과 동북아시아 : 한 · 중 · 일의 대러 협력 특징과 방향성을 중심으로」(2024), 「중국의 공급망 정책 변화와 중국발 공급망 교란의 영향력 평가」(2023), 「시진핑 집권 10년, 중국 경제 회고와 전망」(2023), 「한중 수교 30년, 대중 무역의 성과와 과제, 현대중국연구」(2022) 등.